中国法学会研究会支持计划
最高人民法院审判理论研究会主持

中国法院类案检索与
裁判规则专项研究

# 婚恋财产纠纷案件裁判规则（一）

代秋影　主编

法律出版社
LAW PRESS·CHINA

# 中国法院类案检索与裁判规则专项研究说明

最高人民法院“五五改革纲要”提出“完善类案和新类型案件强制检索报告工作机制”，周强首席大法官提出法官办案应当进行案件检索。为配合司法体制综合配套改革，落实周强首席大法官的指示要求，循序推进人民法院类案同判工作，中国应用法学研究所组织了最高人民法院审判理论研究会及其下设18个专业委员会的力量，开展中国法院类案检索与裁判规则专项研究，并循序推出类案检索与裁判规则研究成果。

最高人民法院审判理论研究会及其分会的研究力量主要有最高人民法院法官和地方各级人民法院法官，国家法官学院和大专院校专家教授，国家部委与相关行业的专业人士，这些研究力量具有广泛的代表性，构成了专项研究力量的主体。与此同时，为体现法为公器，应当为全社会所认识，并利用优秀的社会专业人士贡献智慧力量，专项研究中也有律师、企业法务参加，为专项研究提供经验与智慧，并参与和见证法律适用的过程。以上研究力量按照专业特长组成若干研究团队开展专项研究，坚持同行同专业同平台研究的基本原则。

专项研究团队借助大数据检索平台，形成同类案件大数据报告，为使用者提供同类案件裁判全景；从检索到的海量类案中，挑选可索引的、优秀的例案，为使用者提供法律适用参考，增加裁判信心，提高裁判公信；从例案中提炼出同类案件的裁判规则，分析裁判规则提要，提供给使用者参考。从司法改革追求的目标看，此项工作能够帮助法官从浩如烟海的同类案件中便捷找到裁判思路清晰、裁判法理透彻的好判决（即例案），帮助法官直接参考从这些好判决中提炼、固化的裁判规则。如此，方能帮助法官在繁忙工作中实现类案类判。法院类案检索与裁判规则专项研究，致力于统一法律适用，实现法院依法独立行使审判权与法官依法独立行使裁判权的统一。这也正是应用法学研究的应有之义。

专项研究的成果体现为电子数据和出版物(每年视法律适用的发展增减),内容庞大,需要大量优秀专业人力长期投入。有关法院裁判案件与裁判内容检索的人工智能并不复杂,算法也比较简单,关键在于“人工”,在于要组织投入大量优秀的“人工”建设优质的检索内容。专项研究团队中的专家学者将自己宝贵的时间、智力投入到“人工”建设优质内容的工作中,不仅仅需要为统一我国法律适用、提升裁判公信力作出贡献的情怀,还需要强烈的历史感、责任感,具备科学的体系思维和强大的理性能力。此次专项研究持续得越久,越能向社会传达更加成熟的司法理性,社会也越能感受到蕴含在优质司法中的理性力量。

愿我们砥砺前行。

曹士兵

二〇一九年五月十六日

# 前　言

婚恋期间的财产纠纷能否快速、准确处理，会直接影响到个人、家庭和社会的和谐稳定。《婚恋财产纠纷案件裁判规则（一）》旨在为恋爱交往、同居和婚姻关系存续期间的财产纠纷中的法律适用提供裁判参考。

作为“中国法院类案检索与裁判规则”专项研究的组成部分，在研究方法上，专家组沿用以大数据分析为基础的研究方法，寄希望于通过大数据检索呈现司法裁判现状。根据最高人民法院《关于人民法院在互联网公布裁判文书的规定》的规定，离婚诉讼或者涉及未成年人子女抚养、监护的裁判文书不予公布，鉴于此，课题组制作完成的大数据报告只能反映现有数据库中的裁判现状，不一定是婚恋财产纠纷案件的司法全貌，但依然能够作为课题组精心提炼的裁判规则的重要分析依据，致力于为法官和读者在面临类似案件时提供法律适用参考。

在具体规则内容上，课题组从恋爱交往期间的财产赠与、婚约财产的确认和返还、同居析产纠纷、婚姻关系存续期间的财产纠纷等为切入视角，将司法实务中关注较多、争议较大的案件提炼为裁判规则，希望通过司法裁判大数据报告、可供参考的例案和裁判规则提要的说理，对统一社会各界对相关纠纷的法律适用标准和尺度，实现“类案同判”，帮助当事人尽快解决纷争，重启生活新篇章有所帮助。

本书专家组成员，湖南省长沙市岳麓区人民法院法官刘群、汪样，北京市西城区人民法院法官王凡参与了规则的提炼与撰写，北京市第二中级人民法院法官石磊、北京师范大学林艳琴教授对全文进行了审校。付承千、李辛、黄陈凤和林禛雨参与了大数据报告的检索、制作和筛选案例。特此说明。

**代秋影**

**2020 年 12 月**

# 法律法规缩略语对照

## 一、法律法规

1.《中华人民共和国民法典》(2020年5月28日通过,2021年1月1日起施行),简称《民法典》

2.《中华人民共和国民法总则》(2017年3月15日通过,2017年10月1日起施行,2021年1月1日失效),简称《民法总则》

3.《中华人民共和国民法通则》(1986年4月12日通过,1987年1月1日起施行,2009年8月27日修正,2021年1月1日失效),简称《民法通则》

4.《中华人民共和国婚姻法》(1980年9月10日通过,1981年1月1日起施行,2001年4月28日修正,2021年1月1日失效),简称《婚姻法》

5.《中华人民共和国继承法》(1985年4月10日通过,1985年10月1日起施行,2021年1月1日失效),简称《继承法》

6.《中华人民共和国合同法》(1999年3月15日通过,1999年10月1日起施行,2021年1月1日失效),简称《合同法》

7.《中华人民共和国物权法》(2007年3月16日通过,2007年10月1日起施行,2021年1月1日失效),简称《物权法》

8.《中华人民共和国未成年人保护法》(1991年9月4日通过,1992年1月1日起施行,2006年12月29日第一次修订,2012年10月26日修正,2020年10月17日第二次修正),简称《未成年人保护法》

9.《中华人民共和国侵权责任法》(2009年12月26日通过,2010年7月1日起施行,2021年1月1日失效),简称《侵权责任法》

10.《中华人民共和国城市房地产管理法》(1994年7月5日通过,1995年1月1日起施行,2007年8月30日第一次修正,2009年8月27日第二次修正,2019年8月26日第三次修正),简称《城市房地产管理法》

11.《中华人民共和国慈善法》(2016 年 3 月 16 日通过,2016 年 9 月 1 日起施行),简称《慈善法》

12.《中华人民共和国民事诉讼法》(1991 年 4 月 9 日通过,1991 年 4 月 9 日起施行,2007 年 10 月 28 日第一次修正,2012 年 8 月 31 日第二次修正,2017 年 6 月 27 日第三次修正),简称《民事诉讼法》

## 二、司法解释及司法文件

1. 最高人民法院《关于适用〈中华人民共和国民法典〉婚姻家庭编的解释(一)》(法释〔2020〕22 号,2020 年 12 月 25 日通过,2021 年 1 月 1 日起施行),简称《婚姻家庭编解释一》

2. 最高人民法院《关于适用〈中华人民共和国民法典〉继承编的解释(一)》(法释〔2020〕23 号,2020 年 12 月 25 日通过,2021 年 1 月 1 日起施行),简称《继承编解释一》

3. 最高人民法院《关于适用〈中华人民共和国民法典〉物权编的解释(一)》(法释〔2020〕24 号,2020 年 12 月 25 日通过,2021 年 1 月 1 日起施行),简称《物权编解释一》

4. 最高人民法院《关于审理买卖合同纠纷案件适用法律问题的解释》(法释〔2012〕8 号,2012 年 3 月 31 日通过,2012 年 7 月 1 日起施行;法释〔2020〕17 号,2020 年 12 月 23 日修正,2021 年 1 月 1 日起施行),简称《买卖合同解释》

5. 最高人民法院《关于确定民事侵权精神损害赔偿责任若干问题的解释》(法释〔2001〕7 号,2001 年 2 月 26 日通过,2001 年 3 月 10 日起施行;法释〔2020〕17 号,2020 年 12 月 23 日修正,2021 年 1 月 1 日起施行),简称《精神损害赔偿解释》

6. 最高人民法院《关于民事诉讼证据的若干规定》(法释〔2001〕33 号,2001 年 12 月 6 日通过,2002 年 4 月 1 日起施行;法释〔2019〕19 号,2019 年 10 月 14 日修正,2020 年 5 月 1 日起施行),简称《民事诉讼证据规定》

7. 最高人民法院《关于适用〈中华人民共和国民事诉讼法〉的解释》(法释〔2015〕5 号,2014 年 12 月 18 日通过,2015 年 2 月 4 日起施行;法释〔2020〕20 号,2020 年 12 月 23 日修正,2021 年 1 月 1 日起施行),简称《民事诉讼法解释》

8. 最高人民法院《印发〈关于贯彻执行《中华人民共和国民法通则》若干问题的意见(试行)〉的通知》[法(办)发〔1988〕6 号,1988 年 1 月 26 日通过,1988 年 4 月2 日起施行,2021 年 1 月 1 日失效],简称《民通意见》

9. 最高人民法院《关于适用〈中华人民共和国婚姻法〉若干问题的解释(一)》(法释〔2001〕30 号,2001 年 12 月 24 日通过,2001 年 12 月 27 日起施行,2021 年 1 月 1 日失效),简称《婚姻法解释一》

10. 最高人民法院《关于适用〈中华人民共和国婚姻法〉若干问题的解释(二)》(法释〔2003〕19 号,2003 年 12 月 4 日通过,2004 年 4 月 1 日起施行;法释〔2017〕6 号,2017 年 2 月 20 日修正,2017 年 3 月 1 日起施行;2021 年 1 月 1 日失效),简称《婚姻法解释二》

11. 最高人民法院《关于适用〈中华人民共和国婚姻法〉若干问题的解释(三)》(法释〔2011〕18 号,2011 年 7 月 4 日通过,2011 年 8 月 13 日起施行,2021 年 1 月 1 日失效),简称《婚姻法解释三》

12. 最高人民法院《关于人民法院审理离婚案件处理子女抚养问题的若干具体意见》(法发〔1993〕30 号,1993 年 11 月 3 日通过,1993 年 11 月 3 日起施行,2021 年 1 月 1 日失效),简称《离婚子女抚养意见》

13. 最高人民法院《关于人民法院审理离婚案件处理财产分割问题的若干具体意见》(法发〔1993〕32 号,1993 年 11 月 3 日通过,1993 年 11 月 3 日起施行,2021 年 1 月 1 日失效),简称《离婚财产分割意见》

14. 最高人民法院《关于人民法院审理未办结婚登记而以夫妻名义同居生活案件的若干意见》[法(民)发〈1989〉38 号,1989 年 12 月 13 日通过,1989 年 12 月 13 日起施行,2021 年 1 月 1 日失效],简称《未登记而以夫妻名义同居生活意见》

15. 最高人民法院《印发〈关于贯彻执行《中华人民共和国继承法》若干问题的意见〉的通知》[法(民)发[1985]22 号,1985 年 9 月 11 日通过,1985 年 9 月 11 日起施行,2021 年 1 月 1 日失效],简称《继承法意见》

16. 最高人民法院《关于适用〈中华人民共和国物权法〉若干问题的解释(一)》(法释〔2016〕5 号,2015 年 12 月 10 日通过,2016 年 3 月 1 日起施行,2021 年 1 月 1 日失效),简称《物权法解释一》

17. 最高人民法院《关于审理民间借贷案件适用法律若干问题的规定》(法释〔2015〕18 号,2015 年 6 月 23 日通过,2015 年 9 月 1 日起施行;法释〔2020〕6 号,2020 年 8 月 18 日第一次修正,2020 年 8 月 20 日起施行;法释〔2020〕17 号,2020 年 12 月 23 日第二次修正,2021 年 1 月 1 日起施行),简称《民间借贷解释》

# 目　录

# 婚恋财产纠纷案件裁判规则第 1 条：
## 恋爱期间一方自愿赠送给对方未超出日常交往范畴的财物，视为一般性赠与，恋爱关系终止后，赠与方要求返还的，一般不予支持

〔**规则描述**〕：我国《民法典》婚姻家庭编及其司法解释主要调整的是夫妻双方之间的财产、人身等法律关系。但在恋爱过程中，双方当事人往往会互相赠送价值不等的财物，当恋爱关系终止时，双方当事人会因财物的返还产生争议而诉诸法院。鉴于恋爱关系中的财物赠与具有增进感情的特殊目的性，一方自愿给付的财物，如烟酒、衣服、挎包、手表、化妆品等礼品，或者为共同就餐、旅游等支付的未超出日常人情往来范畴的消费性支出或生活开支，可视为一般性赠与，恋爱关系终止后，赠与方要求返还的，一般不予支持。

### 一、类案检索大数据报告

时间：2019 年 7 月 16 日之前，案例来源：Alpha 案例库，案件数量：49 件，数据采集时间：2019 年 7 月 16 日。本次检索获取 2019 年 7 月 16 日前共 49 篇裁判文书，其中：在恋爱关系终止时，恋爱期间为表达感情的一般性财物赠与认定为赠与并判决不予返还的案件有 47 件，约占 95.92%；认定为赠与并判决酌情予以返还的案件有 1 件，约占 2.04%；不认定为赠与并判决不予返还的案件有 1 件，约占 2.04%。整体情况如图 1－1 所示。

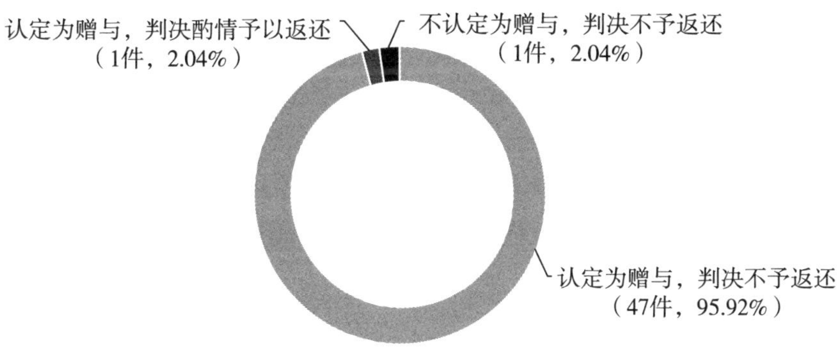


**图 1－1　案件裁判结果分布情况**

如图1－2所示,从案件案由分类情况可以看到,当前条件下案件的案由分布由多至少分别是合同、无因管理、不当得利纠纷类,物权纠纷类。其中合同、无因管理、不当得利纠纷案由类下为赠与合同纠纷,物权纠纷案由类下为返还原物纠纷。

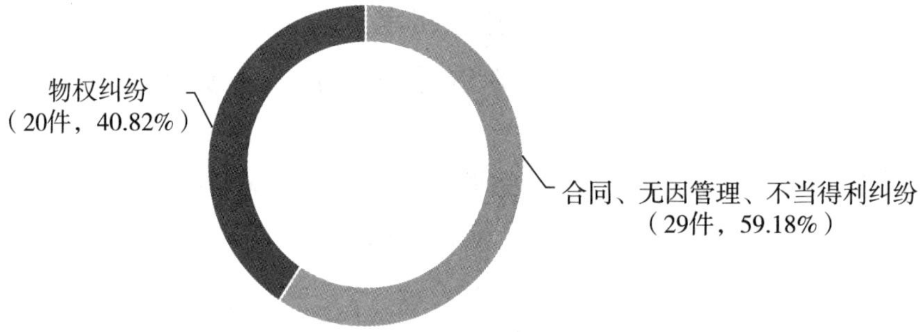


**图1－2 案件案由分类情况**

如图1－3所示,从案件审理程序分布情况可以看到,当前条件下案件的上诉率约为26.53%。

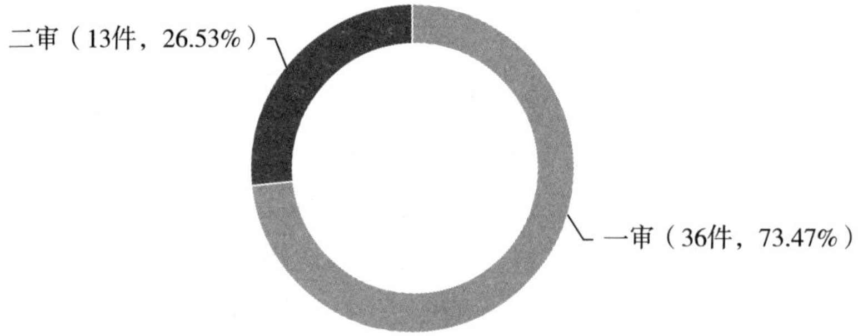


**图1－3 案件审理程序分布情况**

如图1－4所示,从案件二审裁判结果情况可以看到,当前条件下案件维持原判的比例较高,约为76.92%。

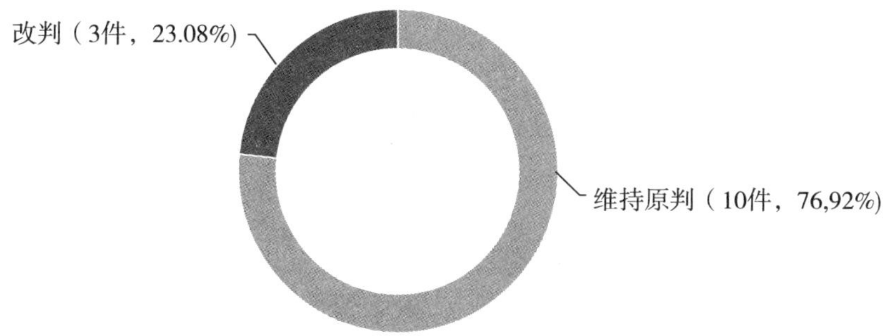


**图1-4　案件二审裁判结果情况**

## 二、可供参考的例案①

### 例案一 | 徐某阳与刘某双赠与合同纠纷案

**【法院】**

辽宁省沈阳市中级人民法院

**【案号】**

(2015)沈中民三终字第01522号

**【当事人】**

上诉人(原审原告):徐某阳,男

委托代理人:韩某某,律师

被上诉人(原审被告):刘某双,女

**【基本案情】**

2015年2月,徐某阳与刘某双通过一款名为“陌陌”的手机聊天软件相识。当时刘某双在沈阳市×××休闲会馆女宾部工作,后经双方多次聊天,于2015年2月14日确定恋爱关系。在双方交往期间,徐某阳给予刘某双现金1500元,通过微信红包的方式给被告转账共796元,并将一部苹果6 Plus手机送予刘某双。后徐某阳本人或通过朋友多次联系刘某双,均遭到刘某双的拒绝。双方终止恋爱关系后,徐某阳感觉在感情上和经济上遭到刘某双的欺骗,到沈阳市×××派出所报案,派出所以双方为恋爱关系为由拒绝受理,后徐某阳按照派出所提供的地址也未

① 例案中引用的法律法规等规范性文件,涉及的地名、机构名称、机关名称等,均以裁判文书生效时为准。全书同。

能找到刘某双,遂向法院提起诉讼,要求刘某双返还从徐某阳处索要的苹果6 Plus手机一部,如已使用或磨损,则返还徐某阳购买手机所花费的5500元,要求刘某双返还从徐某阳处多次索要的现金1500元及微信红包400余元。

**【案件争点】**

刘某双是否应予返还徐某阳在恋爱期间赠与的现金及财物。

**【裁判要旨】**

一审法院认为,根据《合同法》的规定,赠与合同是赠与人将自己的财产无偿给予受赠人,受赠人表示接受赠与的合同。赠与人在赠与财产的权利转移之前可以撤销赠与。本案中双方当事人系自由恋爱关系,恋爱中的男女通过互赠礼品表达情感为人之常情,本案中财产权利已经转移,赠与合同已经履行完毕。同时,《合同法》第192条①规定,受赠人有下列情形之一的,赠与人可以撤销赠与:(1)严重侵害赠与人或者赠与人的近亲属;(2)对赠与人有扶养义务而不履行;(3)不履行赠与合同约定的义务。徐某阳没有证据证明该赠与合同具备法律规定的可撤销的情形。故徐某阳要求刘某双返还现金、微信红包及苹果手机没有法律依据,一审法院不予支持。综上所述,依照《合同法》第185条②、第186条③、第192条,《民事诉讼法》第144条及《民事诉讼法解释》第90条之规定,判决驳回原告徐某阳的诉讼请求。

二审法院认为,依据《合同法》第186条的规定:"赠与人在赠与财产的权利转移之前可以撤销赠与。具有救灾、扶贫等社会公益、道德义务性质的赠与合同或者经过公证的赠与合同,不适用前款规定。"同时,依据第192条第1款的规定:"受赠人有下列情形之一的,赠与人可以撤销赠与:(一)严重侵害赠与人或者赠与人的近亲属;(二)对赠与人有扶养义务而不履行;(三)不履行赠与合同约定的义务。"本案中徐某阳自认于2015年2月与刘某双确定的恋爱关系,并在发表的最后陈述意见中表示钱与手机是徐某阳给刘某双的。本案双方当事人之间的赠与行为,不属于上述法律规定具有救灾、扶贫等社会公益、道德义务性质的赠与合同或者经过公证的赠与合同的情形。所以,一审法院认为本案中双方当事人系自由确定恋爱关系,恋爱中的男女通过互赠礼品表达情感为人之常情,现财产权利已经转移,赠与

---

① 对应《民法典》第663条,第1项变更为:"严重侵害赠与人或者赠与人近亲属的合法权益"。

② 对应《民法典》第657条。

③ 对应《民法典》第658条,第2款变更为:"经过公证的赠与合同或者依法不得撤销的具有救灾、扶贫、助残等公益、道德义务性质的赠与合同,不适用前款规定。"

合同已经履行完毕，并无不当。

另外，根据《民事诉讼法解释》第 90 条的规定："当事人对自己提出的诉讼请求所依据的事实或者反驳对方诉讼请求所依据的事实，应当提供证据加以证明，但法律另有规定的除外。在作出判决前，当事人未能提供证据或者证据不足以证明其事实主张的，由负有举证证明责任的当事人承担不利的后果。"本案中，因徐某阳在一审作出判决前未能提供证据证明其赠与行为具备上述法律规定的可撤销的情形，所以，应由徐某阳自行承担举证不能的不利后果。因此，徐某阳的诉讼请求不能得到法院的支持。综上所述，依照《民事诉讼法》第 170 条第 1 款第 1 项之规定，判决驳回上诉，维持原判。

## 例案二 ｜ 庄某勇与金某原赠与合同纠纷案

**【法院】**

云南省红河哈尼族彝族自治州中级人民法院

**【案号】**

(2015)红中民三终字第 70 号

**【当事人】**

上诉人(原审原告)：庄某勇，男

被上诉人(原审被告)：金某原，女

**【基本案情】**

庄某勇与金某原(越南人)于 2010 年 10 月确定恋爱关系，金某原在中国河口××边贸商城和中国河口××边贸商城打工且居住生活在中国。金某原与越南的范某威在越南结婚且于 2009 年 11 月 23 日离婚，婚生女范某薇(2008 年 12 月 10 日生)由金某原抚养。

庄某勇和金某原恋爱期间，庄某勇使用自己的淘宝账户分别于下列时间购买物品，消费情况如下：(1)2010 年 10 月 6 日，充话费，支出人民币 20.08 元；(2)2010 年 10 月 8 日，购买护甲油，支出人民币 23 元(包含运费)；(3)2010 年 10 月 8 日，购买指甲油，支出人民币 18 元(包含运费)；(4)2010 年 10 月 9 日，购买加钙底油和光泽亮油，支出人民币 108 元(包含运费)；(5)2010 年 10 月 15 日，购买指甲油，支出人民币 28 元(包含运费)；(6)2010 年 10 月 15 日，购买指甲油，支出人民币 57 元(包含运费)；(7)2010 年 10 月 15 日，购买指甲油，支出人民币 58 元(包含运费);(8)2010 年 10 月 27 日,购买三星 E1920NW 19 寸宽屏显示器,支出人民币 849 元(包含运费);(9)2010 年 10 月 28 日,购买漫步者 R201T08 电脑音箱,支出人民币 175 元(包含运费);(10)2010 年 12 月 6 日,购买指甲油,支出人民币 46 元(包含运费);(11)2011 年 7 月 18 日,购买儿童玩具遥控飞机,支出人民币 100 元(包含运费);(12)2011 年 11 月 8 日,购买儿童雪地靴,支出人民币 143 元(包含运费);(13)2011 年 11 月 8 日,购买女童牛仔裤和羊毛衫,支出人民币 187.20 元(包含运费);(14)2011 年 11 月 8 日,购买女童羊毛开衫、羊毛呢料长款连帽大衣和加厚夹绒棉裤,支出人民币 248 元(包含运费);(15)2013 年 1 月 2 日,购买热力贴,支出人民币 180 元(包含运费);(16)2013 年 10 月 7 日,购买三星 E2220W 22 寸液晶显示器,支出人民币 655 元(包含运费);(17)2013 年 12 月 17 日,购买电吹风,支出人民币 59 元(包含运费);(18)2014 年 1 月 2 日,购买女童冬装棉衣,支出人民币 118 元(包含运费)。上述购买物品共计消费人民币 3072 元。庄某勇指定商家的收货人都是金某原,收货地点是:中国河口×××县×××边贸商场一楼(2013 年 10 月前)或中国河口×××县中越××边贸商场内三楼(2013 年 10 月后)。金某原否认收到原告邮寄的上述货物。

庄某勇卡号为××的医疗保险卡消费情况如下:(1)2013 年 10 月 6 日在云南省×××职工医院消费 105.10 元;(2)2013 年 10 月 7 日在河口×××药店消费 63.60 元;(3)2013 年 10 月 9 日在河口×××药店消费 89.50 元;(4)2013 年 10 月 12 日在河口×××药店消费 8.50 元;(5)2013 年 10 月 14 日在河口×××药店消费 18 元;(6)2013 年 10 月 25 日在河口×××药店消费 72.40 元;(7)2013 年 11 月 18 日在河口×××药店消费 20.30 元;(8)2013 年 11 月 24 日在河口×××药店消费 125.30 元;(9)2013 年 11 月 29 日在河口×××药店消费 93.60 元;(10)2013 年 12 月 5 日在河口×××药店消费 56.80 元;(11)2013 年 12 月 7 日在河口×××药店消费 79.10 元;(12)2013 年 12 月 16 日在河口×××药店消费 99.60 元;(13)2013年 12 月 21 日在河口×××药店消费 96.20 元;(14)2013 年 12 月 23 日在云南鸿翔×××药店消费 18 元;(15)2013 年 12 月 23 日在河口×××药店消费 75 元;(16)2013 年 12 月 23 日在河口×××药店消费69.70元;(17)2014 年 1 月 2 日在河口×××药店消费 35.80 元;(18)2014 年 1 月 9 日在河口×××药店消费 202.70 元;(19)2014 年 1 月 10 日在河口×××药店消费1091.20元;(20)2014 年 1 月 16 日在河口×××药店消费 36.80 元;(21)2014 年 1 月 17 日在河口×××药店消费 373.20 元;(22)2014 年 1 月 18 日在河口×××药店消费 106 元;

(23)2014年2月4日在×××人民路药店消费346.30元。庄某勇仅认可第1次在云南省×××职工医院消费105.10元是其允许被告消费的，其他的第2次至第23次消费都是金某原占有了庄某勇的医保卡后擅自消费的；金某原否认持有庄某勇的医保卡进行上述消费行为。

庄某勇于2013年12月22日在河口×××海尔专卖店为金某原购买了价值1599元的热水器一台。对此，金某原予以认可。2011年至2014年2月3日，庄某勇、金某原及金某原的女儿经常到庄某勇的父母家里探望老人，庄某勇也经常从××市到××县与金某原相聚。2014年2月3日，庄某勇、金某原从××回到××，因琐事产生矛盾，导致双方分开，恋爱关系结束。庄某勇认为金某原利用双方的恋爱关系，隐瞒金某原与其他人相好的真相，骗取庄某勇的信任，使庄某勇陷入错误的认知，即在恋爱期间为金某原花费大量钱物，故要求金某原返还双方在恋爱期间庄某勇支出的上述相关费用人民币7848元：包括庄某勇为金某原购买的价值人民币1599元的热水器一台（折价1599元）、金某原消费的庄某勇医保卡上的费用合计人民币3177.60元、为金某原网购物品价值人民币3072.28元。金某原否认与其他人相好的事情，并提交了她的离婚证，证实其离婚后至今单身的事实。同时，金某原要求证人出庭作证，证实庄某勇、金某原分手的真实原因是因为庄某勇与另外的越南女人关系暧昧。庄某勇承认购买过衣物给其他越南女人，但否认与其他越南女人谈恋爱的事实。

**【案件争点】**

庄某勇要求金某原返还款项7848元的请求是否成立，应否支持。

**【裁判要旨】**

一审法院认为，2010年10月至2014年2月，庄某勇、金某原是恋爱关系，后双方因琐事产生矛盾，恋爱关系结束。庄某勇为金某原购买的热水器应当确认为赠与物品，虽然赠与行为已经完成，但金某原愿意返还赠与物品不违反法律规定，予以支持。

庄某勇要求金某原返还其为金某原消费支出的各项费用共计人民币7848元，金某原只承认收到庄某勇购买的价值1599元的热水器一台，对庄某勇诉讼请求要求给付的其他支出费用不予认可。除了提供打印的消费清单外，庄某勇没有提交诉讼请求要求返还的上述消费物品的费用系金某原使用的相应证据材料予以证实；庄某勇使用自己的淘宝账户购买物品指定收货人和给予其他人使用其医保卡进行消费的行为性质都属于赠与行为，庄某勇的赠与行为已经完成且该赠与的法律行为没有法定的撤销事由;即便是庄某勇能够证实上述费用是金某原使用,也没有要求金某原返还的法律依据,故除了金某原愿意返还的一台热水器外,庄某勇要求金某原返还消费支出费用的其他诉讼请求没有事实和法律依据,不予支持。综上所述,依照《合同法》第185条①、第192条②及《民事诉讼证据规定》第2条的规定,判决:(1)被告金某原于判决生效三日内返还原告庄某勇购买的热水器一台(原告庄某勇可以于前述判决时间后自行取走)。(2)驳回原告庄某勇的其他诉讼请求。

二审法院认为,庄某勇与金某原恋爱期间,即2010年10月至2014年2月,金某原除认可在此期间收到过庄某勇购买的价值1599元的热水器且愿意返还外,庄某勇提交的证据并不足以证明除热水器外的其余物品系金某原使用,且金某原存在应予返还的情况。对于庄某勇使用自己的淘宝账户购买指定物品、指定收货人和给予其他人使用其医保卡进行消费的行为,一审法院认定为赠与行为有事实和法律依据。庄某勇的赠与行为已经完成且无应该撤销的法定事由,即使庄某勇主张的物品及医保卡系金某原使用,庄某勇也无要求金某原予以返还的法律依据。故庄某勇主张其系被金某原欺骗才作出错误的财产处分行为,系无效行为,金某原应按价值予以返还的证据不足,不予支持。综上所述,依照《民事诉讼法》第170条第1款第1项之规定,判决:驳回上诉,维持原判。

## 例案三 | 黎某明与黄某琳赠与合同纠纷案

**【法院】**

湖北省武汉市武昌区人民法院

**【案号】**

(2015)鄂武昌民初字第01624号

**【当事人】**

原告:黎某明,男

被告:黄某琳,女

**【基本案情】**

2012年8月,黎某明与黄某琳建立恋爱关系,2013年1月双方解除恋爱关系,

---

① 对应《民法典》第657条。

② 对应《民法典》第663条,第1项变更为:"严重侵害赠与人或者赠与人近亲属的合法权益"。

2013年6月复合，2013年8月左右再次解除恋爱关系。

据黄某琳称，2013年6月底，黎某明开始催促黄某琳办理中信银行卡，当时黄某琳已有中国银行、农业银行等多张银行卡，以为黎某明需要以黄某琳身份办理中信银行卡有其他用途，于是同意了黎某明的要求。黎某明要求黄某琳在办理后立即提供其账号，并通过微信说给黄某琳一个惊喜，之后黄某琳才知道黎某明转了14,000元到该账户，并电话告知黄某琳可随意使用。在黎某明、黄某琳恋爱关系存续期间，该银行卡内的14,000元金额已被使用了10,000余元。

2013年7月27日，黎某明在黄某琳家里留宿，7月28日黄某琳的继父拿出8000元现金给黄某琳，黄某琳随手放在房间的梳妆台上。不久，黄某琳从洗手间出来，见黎某明挎包离去，黄某琳感到惊讶和气愤，即刻拦住黎某明，但黎某明向黄某琳发脾气同时亦有肢体上的碰撞。当时，黄某琳的继父见状担心黎某明会有更过分的行为，出面劝解，黎某明毅然离去。待黄某琳回到房间，发现黎某明未经黄某琳同意将8000元现金拿走。

2014年7月17日至21日，黎某明与黄某琳之间就黎某明向黄某琳索要14,000元的事宜进行了短信往来，从短信内容上未见黄某琳确认过其曾经应允过黎某明婚约或者双方就该14,000元约定过特殊的用途，反而可以看出黎某明确实从被告黄某琳处拿走8000元，黎某明认为该8000元系用于处理黄某琳继父被打纠纷一事的花费，但未提供相应证据予以证明。

黎某明称其于2013年7月8日转账给黄某琳的14,000元是用于购买二人结婚用品使用。2014年7月7日，黄某琳与第三人结婚，由此黄某琳履行上述约定义务无法实现。黎某明认为，受赠人不履行赠与合同约定义务的，赠与人可以撤销赠与，故向法院起诉，请求黄某琳返还14,000元。

**【案件争点】**

1. 黎某明、黄某琳之间是否属于赠与合同纠纷形成的法律关系问题。

2. 黄某琳所获的14,000元应否返还。

**【裁判要旨】**

法院认为，黎某明关于2013年3月14日与黄某琳约定2014年3月14日结婚的陈述与双方交往的时间相矛盾，且黎某明未能提供证据证明双方之间有过订婚的合意或事实，故法院认为黎某明、黄某琳之间并无婚约关系，本案并非婚约财产纠纷。

黎某明自愿向黄某琳的银行卡账户转款14,000元系黎某明对黄某琳的赠与，双方形成了赠与合同关系。黎某明、黄某琳之间的赠与合同,是双方真实意思表示,合法有效,双方应严格依约履行各自的权利义务。根据《合同法》第186条[①]第1款的规定,“赠与人在赠与财产的权利转移之前可以撤销赠与”。黎某明、黄某琳之间的赠与合同在黎某明向黄某琳转账14,000元后已发生法律效力。另外,虽然《合同法》第190条[②]规定“赠与可以附义务。赠与附义务的,受赠人应当按照约定履行义务”;第192条[③]规定“受赠人有下列情形之一的,赠与人可以撤销赠与:(一)严重侵害赠与人或者赠与人的近亲属;(二)对赠与人有扶养义务而不履行;(三)不履行赠与合同约定的义务。赠与人的撤销权,自知道或者应当知道撤销原因之日起一年内行使”。

但在本案中,黎某明并未提交证据证明黎某明对黄某琳的赠与系附有某种义务,在赠与14,000元后,双方恋爱关系存续期间,该款项也已支出10,000余元,黎某明也未能证明该支出款项系双方合意为结婚用品所花费。法院认为,黎某明的诉讼请求不符合《合同法》第192条规定的法定撤销情形,故不支持原告的诉讼请求。综上所述,依照《合同法》第186条、《民事诉讼法》第64条的规定,判决:驳回原告黎某明的全部诉讼请求。

## 三、裁判规则提要

### (一)恋爱期间男女双方互相给付财物行为的法律性质

在恋爱期间,男女双方为增进感情而相互给付一定财物的行为极为常见。双方在交往过程中相互赠送给付的财物,如果没有明显超出日常人情交往的范畴,在没有相反证据的情况下,一般会将该行为认定为以增进感情为目的的赠与。

根据我国《民法典》第657条的规定,“赠与合同是赠与人将自己的财产无偿给予受赠人,受赠人表示接受赠与的合同”。在一般情况下,如果要认定某一行为系赠与,需要证明当事人双方之间有赠与合意。但在有恋爱关系的双方当事人之间,这种赠与的合意很难有直接的证据予以佐证,在双方终止恋爱关系并发生争议时,往往各执一词,均会对给付财物或支付费用的行为做有利于己方的解释。在双方均无法证明自己主张的法律关系的性质时,就会出现类似法律上真伪不明的状

① 对应《民法典》第658条,第2款变更为:“经过公证的赠与合同或者依法不得撤销的具有救灾、扶贫、助残等公益、道德义务性质的赠与合同,不适用前款规定。”

② 对应《民法典》第661条。

③ 对应《民法典》第663条,第1项变更为:“严重侵害赠与人或者赠与人近亲属的合法权益”。

态，但法院是不能以此为由拒绝裁判的，故会综合考虑双方之间的恋爱关系、给付财物金额的大小、给付财物时的背景、人情往来的常识等情况，推定上述行为系赠与，从而按照赠与法律关系来处理双方之间的纠纷，如一方在具有特殊意义的时节（如七夕、情人节等）赠与财物、赠与以“520”“1314”等为标的额的金钱。

但是，鉴于这类赠与行为的目的是增进感情，所以，在将其认定为赠与行为时，还应当将是否超出“日常人情交往的范畴”作为考量因素之一。在判断是否超出“日常人情交往的范畴”时，要结合当事人自身的经济状况、当事人自身的消费水平和习惯、财物价值的大小、为对方支付费用金额的高低、当地的经济发展水平、当地的风俗和消费习惯等情况综合判断，即对“日常人情交往”的标准的判断是相对的，不是绝对的。

### （二）对因恋爱而发生的赠与纠纷与返还原物纠纷、不当得利纠纷的处理

如上所述，当事人在恋爱期间相互赠送未超过日常人情往来的财物或为对方支付一定的费用，一般推定为赠与，这实际上是在一定程度上放宽了受益一方的证明标准。给付财物的一方往往无法提供证据来推翻这种赠与关系，故在实践中，给付财物的一方会另想办法，通过其他案由来起诉受益方，要求返还财物或者折价补偿，最常见的是提起返还原物纠纷诉讼或不当得利纠纷诉讼。但这种主张一般也无法得到法院的支持。因为在返还原物纠纷中，主张返还的一方必须证明其对该物享有合法的所有权或者管理权，且对方无权占有这些物品。这又会涉及对给付财物行为的法律性质的审查和判断，在无证据证明双方之间存在诸如借用、委托保管等关系的情况下，一样会回到赠与的认定上。同理，对不当得利的审查也类似，此种给付一般属于给付型不当得利，结果意义上的举证责任应由主张返还的一方承担。

### （三）赠与人的撤销权

恋爱期间，一方给付对方没有明显超出日常人情交往范畴的财物的行为，一般认定为赠与，此时，如果这些财物已经交付或者变更登记，赠与方若希望要回已经给付的财物，只能通过行使赠与撤销权的方式。

我国《民法典》第 209 条第 1 款规定：“不动产物权的设立、变更、转让和消灭，经依法登记，发生效力；未经登记，不发生效力，但是法律另有规定的除外。”第 224 条规定：“动产物权的设立和转让，自交付时发生效力，但是法律另有规定的除外。”

基于此,在一般情况下,不动产如果已经变更登记至对方名下,或者动产已经交付给对方,赠与方不得再要求撤销赠与返还财物,即赠与方在此时不能行使任意撤销权,其只能举证证明有符合我国《民法典》第663条规定的法定撤销权的情形存在,才能撤销赠与。

恋爱期间赠送礼物,大多不以缔结婚姻为直接目的,一般仅为增进双方之间的感情。在这种前提下,礼物赠出后,在给付的当时就已经达到了目的,故即使之后恋爱关系终止,给付一方也不得再主张对方返还财物。

## 四、辅助信息

**高频词条:**

《民法典》

**第657条** 赠与合同是赠与人将自己的财产无偿给予受赠人,受赠人表示接受赠与的合同。

**第658条第1款** 赠与人在赠与财产的权利转移之前可以撤销赠与。

**第659条** 赠与的财产依法需要办理登记或者其他手续的,应当办理有关手续。

**第663条** 受赠人有下列情形之一的,赠与人可以撤销赠与:

(一)严重侵害赠与人或者赠与人近亲属的合法权益;

(二)对赠与人有扶养义务而不履行;

(三)不履行赠与合同约定的义务。

赠与人的撤销权,自知道或者应当知道撤销原因之日起一年内行使。

**第665条** 撤销权人撤销赠与的,可以向受赠人请求返还赠与的财产。

# 婚恋财产纠纷案件裁判规则第 2 条：

## 恋爱期间，一方或其近亲属以恋爱双方结婚为目的，自愿赠与另一方财物，视为附解除条件的赠与。当缔结婚姻目的无法实现时，赠与行为失效，赠与人要求对方返还的，一般予以支持。但赠与财物已用于双方共同生活支出的，可酌情扣减后返还

〔**规则描述**〕：恋爱过程中，男女双方为缔结婚姻，会赠与对方一些价值较大或蕴含结婚意义的财物。双方的近亲属因期盼晚辈结婚也常会赠与大额财物。如双方缔结婚姻的目的无法实现，受赠方继续留存上述财物有违公平原则和社会伦理。故如果能认定恋爱期间一方的赠与具有结婚目的，则应将此类赠与视为以不能结婚为解除条件的赠与。以结婚为目的，是指一方或其近亲属赠与另一方财物是为了使得恋爱双方缔结婚姻关系，存在缔结婚姻的心理预期，且受赠方无相反证据证明其属于双方当事人日常人情交往范围；或者根据我国传统民俗和一般公众认知，赠与的财物本身具有缔结婚姻的特殊含义。

### 一、类案检索大数据报告

时间：2019 年 7 月 16 日之前，案例来源：Alpha 案例库，案件数量：76 件，数据采集时间：2019 年 7 月 16 日。本次检索获取 2019 年 7 月 16 日前共 76 篇裁判文书，其中：有证据证明大额赠与为以结婚为目的而认定为附条件赠与的案件有 15 件，约占 19.74%；推定大额赠与为以结婚为目的，认定为附条件赠与的案件有 47 件，约占 61.84%；认为无证据证明大额赠与为以结婚为目的，认定为一般赠与的案件有 11 件，约占 14.47%；认为“结婚”或“共同生活”不能构成某种条件或义务的案件有 3 件，约占 3.95%。整体情况如图 2 - 1 所示。

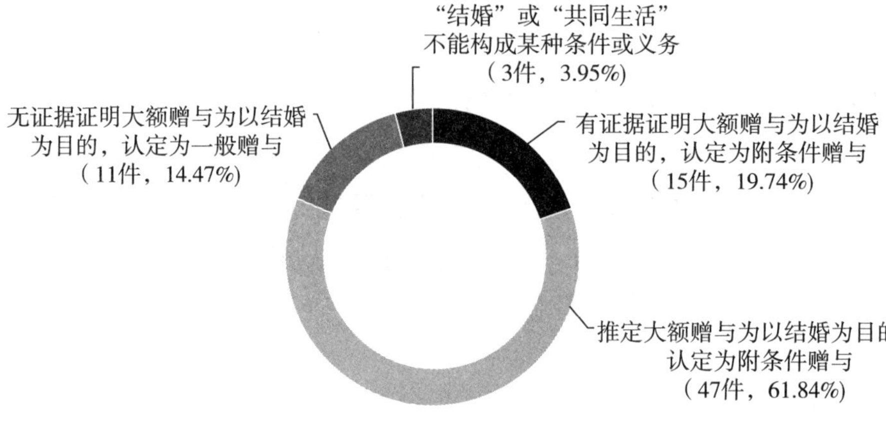


**图 2-1　案件裁判结果分布情况**

如图 2-2 所示,从案件案由分类情况可以看到,当前条件下案件的案由分布由多至少分别是合同、无因管理、不当得利纠纷类,物权纠纷类。其中合同、无因管理、不当得利纠纷案由类下为赠与合同纠纷,物权纠纷案由类下为返还原物纠纷。

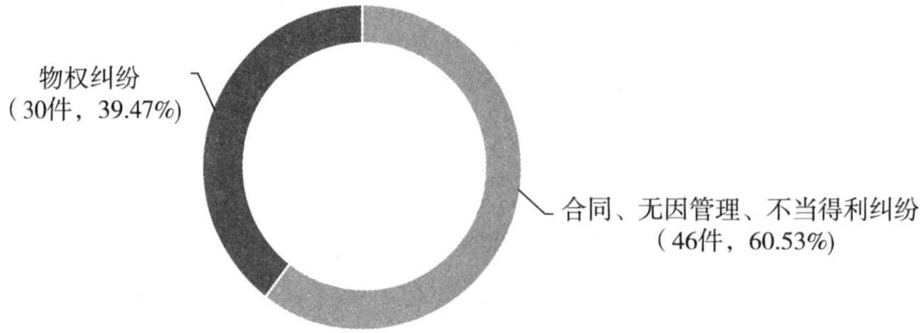


**图 2-2　案件案由分类情况**

如图 2-3 所示,从案件审理程序分布情况可以看到,当前条件下案件的上诉率约为 30.26%。

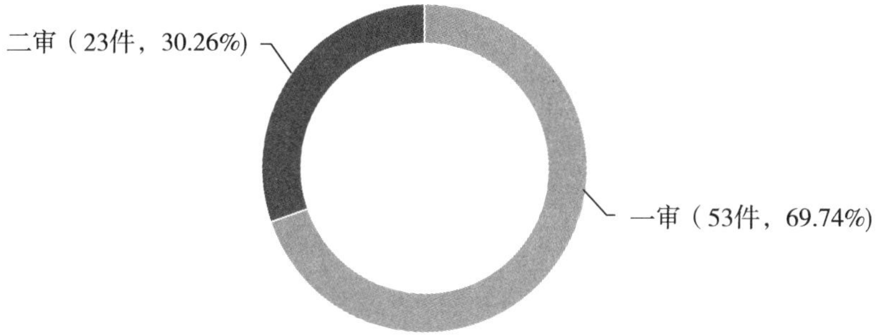


**图 2－3 案件审理程序分布情况**

如图 2－4 所示，从案件二审裁判结果情况可以看到，当前条件下案件维持原判的比例较高，约为 60.87%。

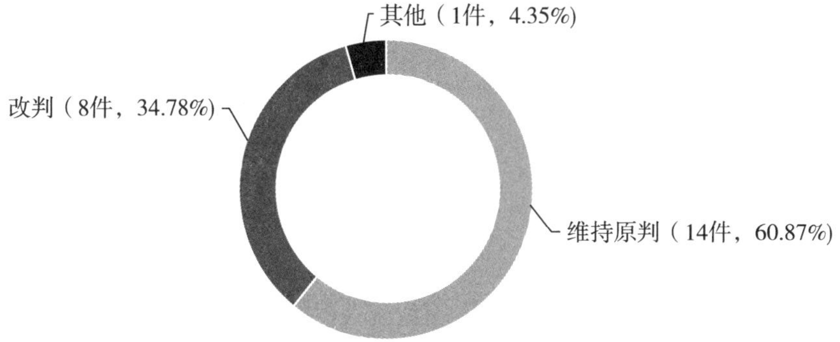


**图 2－4 案件二审裁判结果情况**

## 二、可供参考的例案

### 例案一 ｜ 姚某波与袁某赠与合同纠纷案

**【法院】**

四川省绵阳高新技术产业开发区人民法院

**【案号】**

(2018)川 0792 民初 512 号

**【当事人】**

原告：姚某波，男

委托代理人：苗某某，律师

被告:袁某,女

委托代理人:张某某,律师

**【基本案情】**

2017年2月,姚某波、袁某自愿建立恋爱关系,因分别在绵阳市和重庆市工作而未共同生活,至2017年12月下旬因故终结恋爱关系。恋爱前期,姚某波仅于2017年2月7日、2月9日、2月10日和6月5日通过微信、支付宝分别给付袁某人民币131.40元、300元、300元、1500元。但在2017年7月5日至12月7日,姚某波为被告袁某购买大量物品,并通过微信、支付宝频繁向被告交付现金,其中:2017年7月30日至9月23日,姚某波通过淘宝网购买总计3735.68元的宠物用品、女士香水、女士衣物等物品并由袁某收货,同期还代袁某支付网络购物款306.46元,所购物品及所代付购物款单笔金额均较低;2017年7月,姚某波共计向袁某交付现金7280元;2017年8月,姚某波共计向袁某交付现金34,267.40元(其中8月28日交付金额为520元和131.40元),同期还于8月27日("七夕节"前一日)购买价值5803元的金手镯,随后送给袁某;2017年9月,姚某波共计向袁某交付现金20,110元;2017年10月,姚某波共计向袁某交付现金5820元(其中10月1日交付金额为520元);2017年11月,姚某波共计向袁某交付现金12,810元;2017年12月7日,姚某波向袁某交付现金5000元。

另查明,袁某知晓姚某波存在大量负债,也曾表示愿意将钱款返还给姚某波。姚某波多次催要,袁某均称无钱而推诿。姚某波提出诉讼请求:判令袁某偿还借款95,563.94元。诉讼过程中,姚某波经法院释明法律关系后,变更诉讼请求为:判令袁某返还共计95,563.94元的财物。

**【案件争点】**

袁某是否应当将财物返还给姚某波。

**【裁判要旨】**

法院认为,情侣在具有特殊意义的时节向对方赠送礼物、以"520"和"1314"为标的额给付金钱,以及在日常生活中为对方的消费付款、给予对方生活帮助的现象屡见不鲜,此类开销的根本目的在于向对方表达爱慕之意及维系、发展当下情感,具有极为鲜明的感情色彩和特定性质,双方均不可能产生如恋爱失败需返还的潜在意识,故基于公众的普遍认知和社会伦理,此类开销在分手后原告不应再要求返还。

但是,除此之外的其他较大金额的赠与,除非有相反证据证明,否则应推定为是以促成婚姻为前提条件的赠与，视为附解除条件的赠与行为。若双方最终缔结了婚姻关系，赠与行为应保持其原有效力；若双方最终未能缔结婚姻关系，解除条件成就，赠与行为失效。

法院考虑双方恋爱关系持续期间和所交付赠与物的特性、金额、时间、密集度等因素，按如前所述的赠与行为是否附条件的推定规则，确定姚某波为袁某购买的日常生活消耗品、于“七夕”节赠与被告的金手镯、以“520”和“1314”为标的额赠与的金钱，不应视为以促成婚姻为目的的赠与。除此之外，姚某波赠与的部分金钱是为给予袁某生活帮助，亦不应视为以促成婚姻为目的的赠与。此两类赠与按其固有特性不应当被附加解除条件。综上所述，原告提出的部分诉讼请求成立，应当依法予以支持。依照《民法总则》第158条①，《合同法》第45条第1款②、第97条③的规定，判决：(1)袁某返还姚某波人民币65,000元；(2)驳回姚某波的其他诉讼请求。

## 例案二 | 王某华与徐某静赠与合同纠纷案

**【法院】**

四川省成都市郫都区人民法院

**【案号】**

(2016)川0124民初1245号

**【当事人】**

原告：王某华，男

委托代理人：陈某，律师

被告：徐某静，女

委托代理人：张某某，律师

**【基本案情】**

2015年，王某华在成都××××美容医院治疗脸部痤疮时，在该院收费室认

---

① 对应《民法典》第158条：“民事法律行为可以附条件，但是根据其性质不得附条件的除外。附生效条件的民事法律行为，自条件成就时生效。附解除条件的民事法律行为，自条件成就时失效。”

② 对应《民法典》第158条。

③ 对应《民法典》第566条第1款，变更为：“合同解除后，尚未履行的，终止履行；已经履行的，根据履行情况和合同性质，当事人可以请求恢复原状或者采取其他补救措施，并有权请求赔偿损失。”

识了被告徐某静,其后双方确定恋爱关系。原告、被告恋爱期间,被告徐某静表示其要购买房屋。原告王某华通过刷卡方式向开发商支付了房屋定金20,000元。2015年10月2日,原告、被告一同前往“××××广场”售楼部,在此,徐某静与成都××房地产开发有限公司签订《四川省商品房买卖合同(预售)》,购买了位于×县××镇××路××号××栋×单元××楼××××号房屋。该套房屋的首付款是225,000元(含定金20,000元),徐某静当时没有足够的首付款,与开发商商定先支付155,000元,剩余50,000元由其向开发商以借款的方式处理。购房当日徐某静将原告王某华提前转账的款项10,000元取出,与原告王某华当日取出的现金144,845元(一笔49,900元、一笔94,945元)一起,凑足了第一笔首付款155,000元。两人一起到售楼部处理买房事宜(被告携带现金到场),因售楼部工作人员表示其不收取现金,被告立即到附近的银行将上述现金存入其账户,并转账支付给开发商。原告于2015年11月30日、12月1日每日分4次每次5000元共取出40,000元、于12月2日转账给被告10,000元,以上款项共计50,000元,用于支付案涉房屋的第二笔首付款。原告于2015年10月21日、10月28日、11月18日、11月28日、2016年1月30日分别转账给被告还贷账户5000元、2000元、3000元、5000元、5000元,以上款项共计20,000元,被告将此款用于偿还房屋贷款。原告、被告于2016年2月1日分手,双方已不存在恋爱关系。原告王某华遂找被告徐某静退还其支付的房款,双方因此产生纠纷。

原告王某华诉称,恋爱期间,徐某静表示其要购买房屋,且看好了×县××镇“××××广场”的房屋。2015年9月19日,王某华向开发商支付房屋定金20,000元。之后,王某华通过向其父母、堂哥及单位同事借款等方式陆续凑到总计249,845元,数次坐车往返××镇,通过转账或现金等方式将钱分次拿给徐某静,让徐某静办理买房事宜。本以为徐某静办理完所有购房手续后会与王某华一起筹划结婚事宜,但徐某静却在此之后以种种理由说王某华不好,数次要求与王某华分手,并致电王某华父母说分手的事,对于王某华凑钱支付房屋首付款的事只字不提。王某华诉至人民法院,请求判决:徐某静退还王某华房屋首付款249,845元及其利息(2016年2月1日起按中国人民银行同期贷款利率计算至款项退清日止)、600元损失、医疗费365元、精神损害赔偿金3000元、交通费300元,以上共计254,110元。诉讼过程中,原告王某华放弃了600元损失、医疗费365元、精神损害赔偿金3000元、交通费300元的诉讼请求。

被告徐某静辩称,案涉房屋首付款225,000元,其中由王某华先行刷卡支付定金 20,000 元(后转为首付款),由被告徐某静家庭于 2015 年 10 月 2 日支付现金 155,000 元,由被告徐某静向案涉房屋的开发商借款 50,000 元(被告徐某静父亲收回对外借款后于 2015 年 12 月 2 日偿还)。因此,案涉房屋首付款中的 205,000 元与原告王某华无关。同时,徐某静收到王某华银行转款的金额仅为 40,000 元,且此款项并非用于支付房款。王某华取钱的行为与被告徐某静购买房屋没有关联,且王某华在此期间还出资买过车,原告取出的相应款项的用途有多种可能性。

法院结合在案证据与当事人陈述,对房屋款项支付情况认定如下:

1. 原告王某华于 2015 年 9 月 19 日用自己的信用卡支付定金 20,000 元。原告、被告对此事实均无异议。法院对房屋定金 20,000 元是原告王某华支付的事实予以确认。

2. 原告王某华的工商银行卡(尾号 71908)于 2015 年 10 月 1 日进账 50,000 元,于 2015 年 10 月 2 日卡取 49,900 元。

原告王某华的建设银行卡(尾号 08557)2015 年 9 月 30 日的余额为 15,000 元,于 2015 年 10 月 1 日转账给被告徐某静 10,000 元(成都银行尾号 39194)。

原告王某华的建设银行卡(尾号 08557)于 2015 年 10 月 1 日、2 日分别进账 30,000 元、60,000 元(此时余额共计 94,995 元),于 2015 年 10 月 2 日卡取 94,945 元(此笔款取款地点在建设银行 × 县 × × 支行,取款时间是 2015 年 10 月 2 日 12:59),扣除手续费 50 元后,当日此卡余额为 0 元。

原告王某华的工商银行卡(尾号 71908)、建设银行卡(尾号 08557)自购房前一日至购房日两天转账及取款总额共计 154,845 元。

被告徐某静成都银行卡里(尾号 39194)于 2015 年 10 月 1 日收到原告王某华转账的 10,000 元后卡里余额为 12,040.88 元,被告徐某静于 2015 年 10 月 2 日通过银行 ATM 取了两笔每笔 5000 元共计 10,000 元的现金,同日又存入现金 155,000 元,然后消费(支付房款)155,000 元(消费时间是 2015 年 10 月 2 日 14:05,被告徐某静表示其是带的现金到售房部,因开发商不收取现金,才到银行存款转账)。

原告王某华表示其将 2015 年 10 月 2 日取出的现金(一笔 49,900 元、一笔 94,945 元)与前一日转账给被告徐某静的款项(10,000 元)共计 154,845 元凑足 155,000 元后交给被告徐某静用于支付房款。被告徐某静表示上述款项与房款无关,第一笔首付款 155,000 元,其中 150,000 元系其于 2015 年 9 月底向其舅舅所借,其中 5000 元是其家人提供,同时,被告徐某静提供其舅舅的三张银行卡明细清单、委托书及抵款协议用于佐证其舅舅具有提供大量借款的能力,但被告徐某静舅舅的三张银行卡在截至第一笔首付款日即2015年10月2日前,账户余额合计不到2000元,且被告徐某静提供的委托书及抵款协议不能证明其舅舅收到所抵款项。

原告、被告一致认可签订合同当日,原告王某华陪同被告徐某静一起办理了购买案涉房屋的相关事宜。另外,原告王某华曾在微信对话中与被告徐某静父亲说过自己没有说实话,其并没有160,000多元。原告王某华对此表示其因虚荣曾说过自己月入过万以及有百万元的存款,但仅此证据不能否认房款系其支付的事实,原告王某华事后找家人、亲戚及朋友借了房款。

法院认为,被告徐某静的第一笔首付款154,845元是原告王某华支付,理由如下:第一,原告、被告恋爱期间,被告徐某静表示要购房,在被告购房前几日原告王某华银行卡内有大量现金入账,原告在被告购房前一日通过银行转账给被告的现金加上被告购房当日原告取出的现金共计金额为154,845元,与被告所购房屋第一笔首付款金额155,000元基本一致。第二,购房当日,原告王某华陪同被告徐某静一起到售楼部办理购房的有关事宜。原告王某华关于其在购房当日取出大额现金交由被告徐某静支付房款,原告、被告将款项凑齐后到售楼部交纳款项时,售楼部的工作人员表示其不收取现金,被告徐某静才到银行转账支付房款的陈述,与法院查明的原告王某华在买房当日到银行取款,然后被告徐某静到银行存入款项支付房款的过程基本相符,且原告王某华其中一笔取款的时间与被告徐某静在银行转账支付房款的时间相差仅一小时余。第三,被告徐某静提供的证据不能证明其舅舅在第一笔首付款前具有提供大额借款的能力,也没有提供其舅舅向其提供借款的证据,同时,按照被告徐某静所述,若其舅舅向其出借现金150,000元,其父母给了其5000元,被告身上已备有足额房款,但被告仍在购房当日将原告王某华头天转账给自己的现金10,000元取出,然后才存入155,000元,紧接着消费(支付房款)155,000元。另外,尽管从原告王某华与被告徐某静父亲的部分微信内容能够看出原告王某华表示其没有160,000多元,但相应微信内容仅为片段对话,无法展现整个事件全貌,且至购房日原告王某华通过向亲朋好友借款,实际具备了支付第一笔首付款的能力。综合本案证据及上述理由,法院认为,原告王某华支付第一笔首付款具有高度可能性,第一笔首付款中的154,845元应为原告王某华支付。

3. 原告王某华的工商银行卡(尾号71908)于2015年11月30日分4次每次5000元共取出20,000元、12月1日分4次每次5000元共取出20,000元,于12月

2 日转账给被告徐某静 10,000 元，以上款项共计 50,000 元。

原告王某华表示其在被告徐某静支付第二笔首付款前两日从 ATM 上分 8 次取款共计 40,000 元交给被告徐某静，当日转账 10,000 元给被告徐某静，以上款项共计 50,000 元，被告徐某静用此款支付了第二笔首付款。

被告徐某静对收到原告王某华 10,000 元转账无异议；对原告王某华在 ATM 上取款 40,000 元的事实无异议，但表示其并未收到此款，原告王某华此款的用途是什么其不清楚；第二笔首付款是用其父母回收的外债支付的。

法院认为，尽管通过 ATM 所取款项 40,000 元，原告王某华无证据证实此款交给了被告徐某静，但从取款时间发生在支付第二笔首付款前不久，以及此款与 2015 年 12 月 2 日（支付第二笔首付款当日）转账给被告徐某静的 10,000 元金额合计 50,000 元，与第二笔首付款的金额一致；同时，被告徐某静表示第二笔首付款来源于其父母回收的外债，但其并未提供证据证实其父母存在回收债务的事实。因此，原告王某华将上述款项用于被告徐某静支付房款具有高度可能性，法院确认第二笔首付款 50,000 元是原告王某华支付。

4. 2015 年 10 月 21 日、10 月 28 日、11 月 18 日、11 月 28 日、2016 年 1 月 30 日原告王某华通过其工商银行卡（尾号 34188）分别转账给被告徐某静农业银行账户（尾号 77178）5000 元、2000 元、3000 元、5000 元、5000 元，以上款项共计 20,000 元；2016 年 1 月 30 日原告王某华通过其同张银行卡转账给被告徐某静成都银行卡（尾号 39194）5000 元；被告徐某静用于偿还按揭贷款的银行卡是农业银行卡（尾号 77178），此卡显示案涉房屋从 2015 年 12 月起每月 10 日还款 5278.87 元，原告王某华转入被告徐某静此银行卡的 20,000 元中，17,800 元用于支付按揭款，另外 2200 元用于其他消费。

原告王某华表示，本案案涉房屋从 2015 年 11 月起开始支付房屋贷款，每月需 5000 余元，原告从 2015 年 10 月开始到 2016 年 1 月 30 日陆续向被告徐某静转账共计 25,000 元，用于被告支付房屋贷款。原告于 2016 年 2 月 1 日双方正式分手后就再未向被告转账支付房屋贷款了。

被告徐某静表示其只认可收到转账 20,000 元，但表示相关款项并非用于支付房屋贷款。

法院认为，通过银行转账记录可以认定原告王某华在 2015 年 10 月 21 日至 2016 年 1 月 30 日共向被告徐某静转款 25,000 元，其中向被告还贷账户内共转款 20,000 元，相应款项被告主要用于还贷，由此可以确认原告转入被告还贷账户内的款项是用于被告还贷,被告中途将其中的2200元挪作他用的行为并不改变原告转账的目的。至于原告王某华转账给被告徐某静非还贷账户的5000元,原告无证据证实此款与还贷有关。因此,法院确认原告王某华转给被告徐某静用作还贷的金额为20,000元。

**【案件争点】**

原告王某华支付的购房款是否应予返还。

**【裁判要旨】**

法院认为,恋爱中的情侣常常会为对方的消费付款,对于日常生活的开销,是双方维系和发展情感的必要支出,分手后,任何一方不应主张返还。但对于购房购车这样的大额支出,除非受赠与一方有相反证据证明,否则,应推定付款一方必然是以将来能够结婚的预期作为付款条件。因恋爱失败分手,不符合赠与一方在赠与时的心理预期。一旦双方没有缔结婚姻关系,原告赠与财产的目的落空,若确定房款仍归被告所有,有违公平、诚实信用原则,也会对社会风气产生负面作用。因此,原告出资为被告购买房屋的行为,是附条件的赠与行为。在原告、被告恋爱失败不能缔结婚姻的情况下,原告有权要求被告返还相应款项。综上所述,原告主张被告返还房款,有事实与法律依据,法院予以支持,返还金额为224,845元。尽管上述款项是基于原告、被告的感情交往发生,不具有资金拆借等性质,但原告要求返还该款项,应给被告合理的准备期限。因此,法院对原告主张相应款项应以中国人民银行同期贷款基准利率计算利息的请求予以支持,但起算时间应以起诉时间为宜。

综上所述,根据《民法通则》第4条①、第62条②,《合同法》第45条第1款③、第58条④,《民事诉讼法》第64条、第144条之规定,判决如下:(1)徐某静返还王某华224,845元及其利息。(2)如果未按本判决指定的期间履行给付金钱义务,应当依照《民事诉讼法》第253条之规定,加倍支付迟延履行期间的债务利息。

---

① 对应《民法典》第5条、第6条和第7条。

② 对应《民法典》第158条:"民事法律行为可以附条件,但是根据其性质不得附条件的除外。附生效条件的民事法律行为,自条件成就时生效。附解除条件的民事法律行为,自条件成就时失效。"

③ 对应《民法典》第158条。

④ 对应《民法典》第157条:"民事法律行为无效、被撤销或者确定不发生效力后,行为人因该行为取得的财产,应当予以返还;不能返还或者没有必要返还的,应当折价补偿。有过错的一方应当赔偿对方由此所受到的损失;各方都有过错的,应当各自承担相应的责任。法律另有规定的,依照其规定。"

## 例案三 | 华某某与陈某英、陈某婵赠与合同纠纷案

**【法院】**

广东省深圳市盐田区人民法院

**【案号】**

(2013)深盐法民一初字第40号

**【当事人】**

原告:华某某,男

委托代理人:胡某某,律师

被告:陈某英,女

被告:陈某婵,女

**【基本案情】**

华某某与陈某英于2011年12月通过网络相识后相恋。2012年2月8日、2月24日、3月13日、3月16日、4月2日,华某某分别通过银行转账给付陈某英人民币10,000元、20,000元、20,000元、10,000元、3000元,以上款项合计人民币63,000元。华某某在庭审中陈述给付陈某英上述款项是因为陈某英称其辞掉工作后没有生活来源,要求华某某给些钱,华某某未过问款项的用途。2012年4月19日,华某某通过银行转账给付陈某英人民币140,000元。2012年4月23日,陈某英通过银行转账给付陈某婵现金人民币100,000元。陈某英在庭审中陈述给付陈某婵款项是偿还借款,2012年4月19日华某某转款是因为陈某英称尚欠陈某婵人民币100,000元,华某某同意给付此款项是因为华某某要求结婚,陈某英同意结婚。2012年5月16日,华某某通过银行转账给付陈某英人民币40,000元,2012年6月16日,华某某通过银行转账给付陈某英人民币10,000元。2012年6月28日,华某某从江苏省南通市抵达深圳与陈某英见面,双方随即开始同居生活。2012年7月19日,华某某通过银行转账给付陈某英人民币300,000元。

2012年7月19日,华某某提取现金人民币80,000元用于支付位于梅林的一个餐馆的转让费用,华某某在庭审中确认要求两被告返还的款项中未包含该笔转让费用。该餐馆以华某某名义受让和经营,华某某陈述该餐馆的盈利是其自己享有,餐馆经营期间陈某英有在店里帮忙。

2012年9月4日因与华某某发生争吵,陈某英离开两人同居的房屋,双方解除同居关系。华某某在庭审中陈述同居期间自己承担大部分支出。

原告华某某诉称,华某某本在江苏南通市工作生活,离婚后独自抚养11岁的女儿。2012年年初,华某某在网上与被告陈某英认识,经过数次视频、信息、电话交流,陈某英表示其也是离异,愿意与华某某组成家庭。华某某也以为陈某英就是自己要找的好妻子。相熟后,两被告以合伙做生意需要资金周转等种种名义向华某某"借款",华某某认为马上要与陈某英结婚,先后向陈某英账户汇款人民币250,000元。至2012年5月,华某某再三催促陈某英到南通办理结婚手续,而陈某英则坚持要求华某某来深圳。华某某不顾亲属反对,卖掉南通的房子、车子,获款人民币1,000,000元,于2012年6月28日带着女儿来到深圳。来深圳后的第二天,两被告称之前做生意亏损巨大,尚欠巨额外债,为保证结婚愉快地进行,华某某应先借人民币500,000元给两被告还债。华某某在2012年6月29日带着女儿提取人民币200,000元现金交给被告陈某婵。此后,华某某先后与两被告及其亲属见面,商讨结婚事宜,但对方以种种借口拖延。华某某为结婚在龙华××村租下三室二厅的房子,并购下陈某英推荐的餐厅经营,于2012年7月19日支付餐厅转让费人民币80,000元,另将人民币300,000元转至被告陈某英账户内。此后陈某英虽来原告租住的婚房内居住,但与华某某分房居住。至8月底,华某某变卖全部家产所得的资产已全部花完,陈某英开始找各种理由与原告争吵。2012年9月4日,陈某英竟然拿刀割伤自己的手臂,一走了之。至11月初,华某某的餐厅也被迫转让。华某某诉请法院判令:(1)两被告立即连带支付华某某款项人民币750,000元以及自2012年11月16日起至付清款日的利息,按银行同期贷款利率计算;(2)两被告承担本案诉讼费。

被告陈某英辩称,2011年12月,陈某英与华某某玩QQ台球游戏时认识,之后华某某要求加QQ号,知道陈某英是香港居民后开始对其展开热烈追求,希望通过结婚获取香港身份。即使陈某英说自己欠下债务,华某某仍坚持说要帮其还债,并称半年后来深圳开店和结婚。自2011年12月起双方确定感情。华某某表示担心有别人追求陈某英,不愿意陈某英出去工作,自愿承担其所有生活费用并且帮其还债,所以陈某英没有出去上班。陈某英未向华某某要过钱,都是华某某自愿汇款。网聊时陈某英以为华某某为人善良、性格好,但是同居后发现华某某性格暴躁,因为考虑到自己年龄不小,就忍受着和华某某过日子。在华某某父女来深圳之前,陈某英就租房、买家电家私、准备华某某父女的衣服等事情支出费用,华某某给的人民币550,000元都已用于共同生活开支以及租店面等花销,不应该返还。

被告陈某婵辩称,陈某婵一开始就反对陈某英与华某某的婚事,陈某英之前一直有上班，在香港元朗销售汽车，收入也不错。陈某婵从来没有拿过原告华某某的钱。

**【案件争点】**

双方恋爱及同居期间华某某所称支付给两被告的相关款项，两被告是否应当返还。

**【裁判要旨】**

法院经审理认为，(1)关于2012年2月8日至4月12日转账支付的五笔合计人民币63,000元的款项。根据华某某与陈某英的陈述，上述款项是华某某考虑到陈某英辞职后无生活来源而自愿给付的费用，应属华某某对陈某英的赠与，因华某某未举证证明有撤销赠与的法定理由，其要求返还无法律依据，法院不予支持。(2)关于2012年4月19日至7月19日转账支付的合计人民币490,000元的款项。根据华某某与陈某英的庭审陈述，可以认定华某某与陈某英在2012年4月19日转账支付人民币140,000元时达成了结婚合意，华某某自此给付陈某英的上述几笔款项有很强的目的性和指向性，明显带有希望能和陈某英结婚的意愿，应属附解除条件的赠与行为，若双方最终缔结了婚姻关系，华某某赠与目的实现，该赠与行为保持原有效力；若双方未缔结婚姻关系，该赠与行为失去法律效力，双方的权利义务关系当然解除，赠与的财产恢复至初始状态。因华某某与陈某英已于2012年9月4日解除了同居关系，华某某的赠与目的已不能达到，陈某英对于华某某赠与的相关款项应予返还。华某某与陈某英同居生活期间，陈某英支出了部分生活开支，对华某某父女的生活有所帮助，且陈某英在华某某经营的餐馆帮忙，综合考虑上述因素并结合双方恋爱时间、分手原因及收入等情况，法院酌定陈某英可合理扣除生活费用及其他支出等合计人民币90,000元。因此，对于华某某主张的2012年4月19日至7月19日给付的人民币490,000元，陈某英应当返还人民币400,000元。华某某要求陈某英支付利息的请求于法无据，法院不予支持。陈某英关于华某某所给予款项已完全用于共同生活开支及经营店面支出的答辩意见，因无证据支持，法院不予采纳。(3)关于华某某主张的2012年6月30日给付陈某婵的人民币200,000元现金。因华某某仅提供了取款记录及与其有利害关系的证人证言，不足以证明其主张，法院对此不予支持。(4)关于陈某婵是否承担连带责任的问题。虽然2012年4月23日陈某英给付陈某婵的款项人民币100,000元来自华某某，但华某某附条件赠与的对象是陈某英而非陈某婵，华某某亦是将款项直接给付陈某英，鉴于民事法律行为的相对性，华某某只能向陈某英要求返还。故法院对于华某某要求陈某婵与陈某英就返还的款项承担连带责任的诉讼请求不予支持。

综上所述,依照《合同法》第45条第1款①、第97条②、第185条③、第186条第1款④以及《民事诉讼法》第64条第1款之规定,法院判决如下:(1)陈某英返还华某某人民币400,000元;(2)驳回华某某的其他诉讼请求。如果陈某英未按本判决指定的期间履行金钱给付义务,应当依照《民事诉讼法》第253条之规定,加倍支付迟延履行期间的债务利息。

## 三、裁判规则提要

### (一)以结婚为目的给付财物行为的法律性质

恋爱期间,一方或其近亲属以恋爱双方结婚为目的,自愿赠与另一方财物,该行为视为附解除条件的赠与。恋爱过程中,男女双方为缔结婚姻,会赠与对方一些价值较大或蕴含结婚意义的财物。双方的近亲属因期盼晚辈结婚也常会赠与其恋爱对象大额财物。若最终恋爱双方未能缔结婚姻,由受赠方继续留存财物有违公平原则和社会伦理。根据《民法典》第158条之规定,赠与合同可以附解除条件,条件成就时赠与行为失效。以上这种以缔结婚姻为目的而赠送恋爱对象大额财物的行为实际上也是一种附条件的赠与,其所附的条件就是恋爱双方缔结婚姻关系。赠与行为人在为这种赠与时的心理状态一般是,若双方顺利缔结婚姻,则其所赠与的财物就归对方所有,反之,如果双方因故没能缔结婚姻,则会因缺少给付财物的动机而收回其所赠与的财物。这种主观心理状态是一种隐性的意思表示,这种意思表示所产生的效果,符合解除条件的法律效果,故这种以结婚为目的而为的赠与即应视为附解除条件的赠与。当结婚目的无法实现时,赠与行为失效,赠与人要求对方返还财物的,法院一般予以支持。但赠与财物已用于双方共同生活支出的,可酌情扣减后返还。

---

① 对应《民法典》第158条:"民事法律行为可以附条件,但是根据其性质不得附条件的除外。附生效条件的民事法律行为,自条件成就时生效。附解除条件的民事法律行为,自条件成就时失效。"

② 对应《民法典》第566条第1款,变更为:"合同解除后,尚未履行的,终止履行;已经履行的,根据履行情况和合同性质,当事人可以请求恢复原状或者采取其他补救措施,并有权请求赔偿损失。"

③ 对应《民法典》第657条。

④ 对应《民法典》第658条第1款。

### （二）如何判断“以结婚为目的”

如上所述，以结婚为目的的赠与，赠与人在恋爱双方未能缔结婚姻关系时可以要求返还相应的财物，那么如何判断赠与人是否具有促使恋爱双方结婚的目的呢？

司法实践中，可从以下几方面判断赠与是否具有结婚目的：（1）赠与财物价值的大小。在恋爱过程中，恋爱双方相互给予对方一定的财物以取悦对方、增进感情，是很常见的，但在这种情形下，财物的价值一般不会很大。如果恋爱一方给予对方大额价值的财物，尤其是在超出其自身经济能力的时候，就需要考虑其给付财物的目的及背景。比如一方赠与另一方车辆、房屋或用于上述用途的款项的，除有相反证据证明，一般应认定其具有结婚的目的。（2）赠与方当地的经济发展水平、习俗以及赠与方自身的经济状况。在判断是否具有结婚的目的时，当地的社会习俗及经济发展水平也是需要考虑的因素。如果按照某地的风俗习惯，在恋爱双方结婚之前需要由一方或其父母给付对方一定的财物才能表达结婚的诚意，则这种给付就可以确定是一种以结婚为目的的赠与。（3）赠与的物品是否具有缔结婚姻的含义。依据我国传统民俗和一般公众认知，一方给予对方自己家的传家戒指、项链、手镯，或者为对方购买结婚戒指等其他与缔结婚姻直接关联的物品时，一般也应认定其具有结婚的目的。（4）给付财物的背景。在判断赠与是否附有结婚的条件时，往往还应考虑给付财物的背景，尤其在恋爱一方的近亲属给付对方相应的大额财物时更应考虑。何时、何地、因何而给付，都会对判断是否具有结婚目的产生影响。一方的近亲属在其恋爱期间赠与另一方大额财物（车辆、房屋、大额红包等），除有相反证据证明，一般应认定其具有让恋爱双方结婚的目的。

### （三）以结婚为目的的赠与行为的证明责任

我国《民事诉讼法》第64条第1款规定：“当事人对自己提出的主张，有责任提供证据。”根据这一规定，证明赠与是以结婚为目的的责任应由主张方承担。此时，主张方有三个对象需要证明，一是双方之间存在恋爱关系，且恋爱到了一定阶段，双方具有了初步的缔结婚姻关系的合意；二是该给付财物的行为是赠与；三是该赠与是附解除条件的赠与。

相对来说，恋爱关系的证明较后两者要容易。但通常情况下，主张方往往没有直接的证据证明赠与行为附上了缔结婚姻这一解除条件，对这一点的证明需要多个间接证据形成一个证据链来完成。在司法实践中，通常会区分不同的情形进行不同的认定:第一,一方赠与另一方车辆、房屋等大额财产或用于上述用途的款项,或者结婚戒指等具有结婚意义的物品或用于上述用途的款项的,除有相反证据证明,可认定该赠与具有结婚目的。第二,一方赠与另一方的财物价值较大但无法确定其用途或未指向具体用途的,可以推定该赠与具有结婚目的。但受赠方可以通过举证证明该财物属于男女日常交往范围或者不具有结婚的目的来推翻该推定。第三,一方的近亲属在其恋爱期间赠与另一方大额财物的,除有相反证据证明,可认定其具有促使恋爱双方结婚的目的。在认定恋爱期间一方或其近亲属对另一方的赠与具有缔结婚姻的目的后,则可以推定该赠与合同以不能结婚为解除条件。由此,若双方最终缔结婚姻,赠与行为保持其原有效力;若双方最终未能缔结婚姻,赠与行为失效,受赠人应返还受赠财物。

## 四、辅助信息

**高频词条:**

**《民法典》**

**第 5 条**　民事主体从事民事活动,应当遵循自愿原则,按照自己的意思设立、变更、终止民事法律关系。

**第 6 条**　民事主体从事民事活动,应当遵循公平原则,合理确定双方的权利和义务。

**第 7 条**　民事主体从事民事活动,应当遵循诚信原则,秉承诚实,恪守承诺。

**第 157 条**　民事法律行为无效、被撤销或者确定不发生效力后,行为人因该行为取得的财产,应当予以返还;不能返还或者没有必要返还的,应当折价补偿。有过错的一方应当赔偿对方由此所受到的损失;各方都有过错的,应当各自承担相应的责任。法律另有规定的,依照其规定。

**第 158 条**　民事法律行为可以附条件,但是根据其性质不得附条件的除外。附生效条件的民事法律行为,自条件成就时生效。附解除条件的民事法律行为,自条件成就时失效。

**第 566 条第 1 款**　合同解除后,尚未履行的,终止履行;已经履行的,根据履行情况和合同性质,当事人可以请求恢复原状或者采取其他补救措施,并有权请求赔偿损失。

**第 657 条**　赠与合同是赠与人将自己的财产无偿给予受赠人,受赠人表示接受赠与的合同。

**第658条第1款** 赠与人在赠与财产的权利转移之前可以撤销赠与。

**第659条** 赠与的财产依法需要办理登记或者其他手续的，应当办理有关手续。

**第663条** 受赠人有下列情形之一的，赠与人可以撤销赠与：

(一)严重侵害赠与人或者赠与人近亲属的合法权益；

(二)对赠与人有扶养义务而不履行；

(三)不履行赠与合同约定的义务。

赠与人的撤销权，自知道或者应当知道撤销原因之日起一年内行使。

**第665条** 撤销权人撤销赠与的，可以向受赠人请求返还赠与的财产。

## 婚恋财产纠纷案件裁判规则第3条:
## 有配偶者在婚姻存续期间与他人恋爱并赠与财物,如该财物属于夫妻共同财产,未经配偶同意的赠与行为系无权处分,非经追认赠与行为不发生效力,当事人请求返还的,一般予以支持。如该财物属于赠与方个人财产,当事人请求返还的,一般不予支持

〔**规则描述**〕:我国《民法典》第153条第2款规定,违背公序良俗的民事法律行为无效。公序良俗原则的适用,其意义在于对私法自由进行必要的限制,弘扬社会公共道德。但是,对于违背公序良俗行为无效的认定宜适用“相对无效”原则,即应当限定在必要范围内,只赋予权益受害一方有主张无效的权利。我国《民法典》婚姻家庭编规定,夫妻应当互相忠实,互相尊重。婚姻关系存续期间发生婚外恋情,不仅违背了夫妻忠实义务,有悖于善良风俗和社会公共道德的要求,往往还会因婚外恋情的花费或财物赠与而在财产方面侵犯配偶一方的夫妻共同财产权益。因此,赠与方的配偶属于权益受害一方,有权主张该赠与行为无效并请求返还赠与财物。对于赠与方单方而言,其不是上述民事法律关系中的利益受损者,且其在违背公序良俗、侵害夫妻共同财产方面具有主观过错,故在其配偶未主张返还时,其单独提出返还请求的,一般不予支持。同理,若赠与方以其个人财产赠与婚外恋情对象的,属于其处分个人财产的权利和意思表示的自由,不适用本条规则,可按一般赠与原则处理。

### 一、类案检索大数据报告

时间:2019年9月1日之前,案例来源:Alpha案例库,案件数量:23件,数据采集时间:2019年9月1日。本次检索获取2019年9月1日前共23篇裁判文书,其中:有配偶者与他人恋爱并赠与财物,配偶请求返还财物,法院予以支持的案件有8件,约占34.78%;法院部分予以支持的案件有12件,约占52.17%;法院不予支持的案件有3件,约占13.05%。整体情况如图3-1所示。

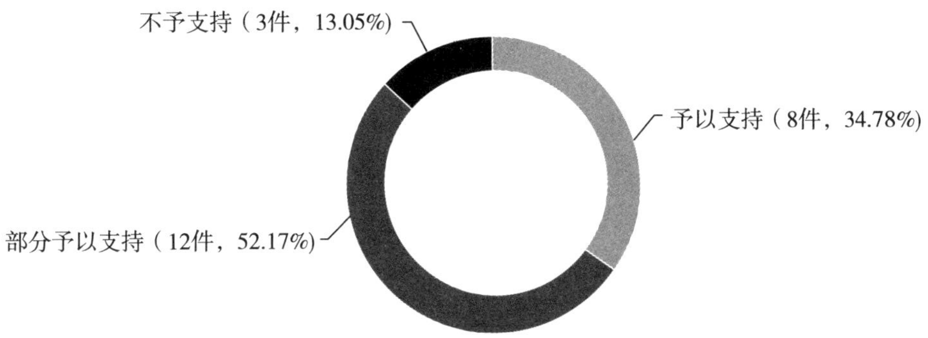


**图3－1　案件裁判结果分布情况**

如图3－2所示，从案件案由分类情况可以看到，当前条件下案件的案由分布由多至少分别是合同、无因管理、不当得利纠纷类，物权纠纷类。

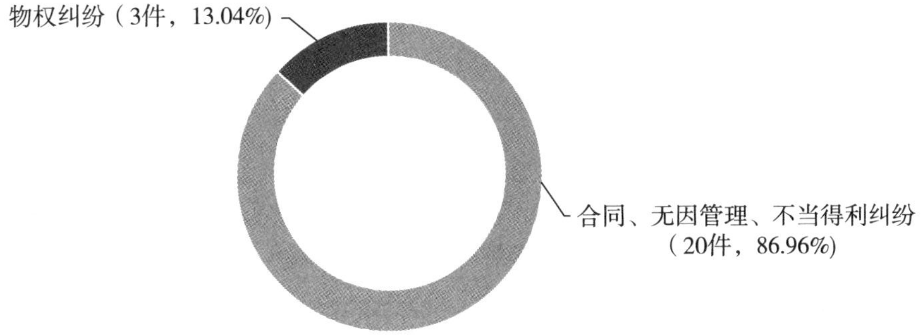


**图3－2　案件案由分类情况**

如图3－3所示，从案件审理程序分布情况可以看到，当前条件下案件的上诉率约为30.43%。

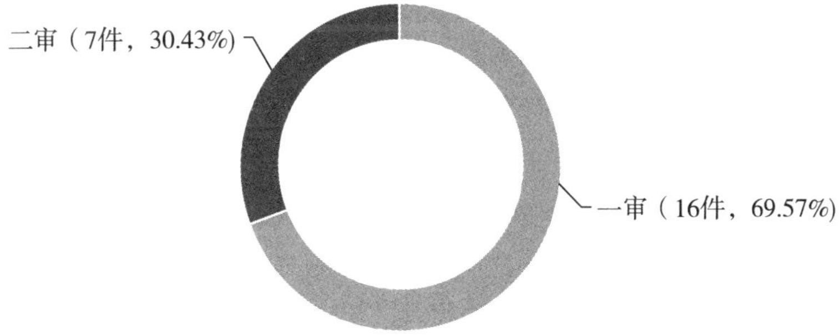


**图3－3　案件审理程序分布情况**

如图3-4所示,从案件二审裁判结果情况可以看到,当前条件下案件维持原判的比例较高,约为85.71%。

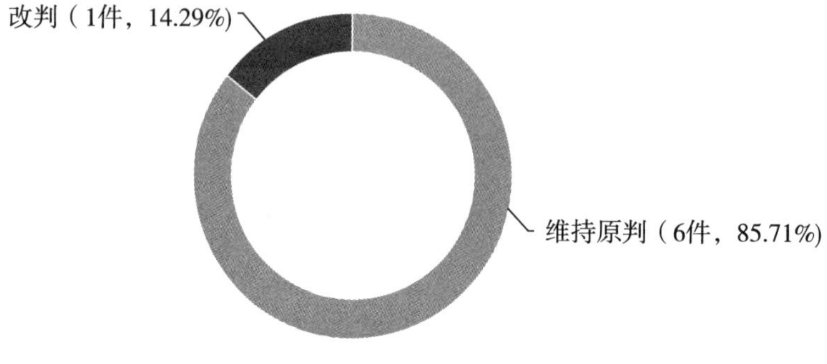


**图3-4 案件二审裁判结果情况**

## 二、可供参考的例案

### 例案一 | 赵某晴、孙某东与杨某玲赠与合同纠纷案

**【法院】**

北京市第三中级人民法院

**【案号】**

(2018)京03民终8259号

**【当事人】**

上诉人(原审被告):赵某晴,女

委托诉讼代理人:郑某某

被上诉人(原审原告):杨某玲,女

委托诉讼代理人:任某

被上诉人(原审被告):孙某东,男

委托诉讼代理人:薛某

**【基本案情】**

杨某玲与孙某东系夫妻关系,二人于1997年7月22日登记结婚。赵某晴与孙某东于2010年发展为恋爱关系。赵某晴称与孙某东交往之初并不知晓孙某东已结婚,孙某东则称其已向赵某晴告知婚姻状况。2014年12月4日,孙某东通过交通银行向赵某晴汇款人民币200万元。赵某晴提交中国建设银行账户交易明

细，用以证明赵某晴在与孙某东恋爱期间为孙某东消费的事实，孙某东给付赵某晴的200万元系对其支付费用的偿还。杨某玲对该证据的真实性和证明目的均不予认可，表示该证据的款项数额与人民币200万元不符，且无法证明支出的款项与孙某东有关。孙某东对该证据的真实性和证明目的均不予认可，表示即使该证据真实存在，亦不能证明系赵某晴在双方恋爱期间为孙某东支出的费用。

赵某晴提交中国建设银行和招商银行的账户交易明细，用以证明赵某晴与孙某东经济地位平等，并非依靠孙某东生活，在双方恋爱同居期间曾有大量的经济往来。杨某玲对该证据的真实性不持异议，但表示该证据中的转账记录与本案无关。孙某东对该证据的真实性不持异议，但不认可证明目的，表示双方交往期间主要依靠孙某东的收入维持生活。

赵某晴提交孙某东诉赵某晴民间借贷纠纷案的开庭笔录，用以证明孙某东对人民币200万元的性质存在矛盾陈述，先后表示为理财、借款及赠与，故孙某东的陈述不应被采信。杨某玲对该证据的真实性不持异议，但不认可关联性和证明目的。孙某东对该证据的真实性不持异议，但不认可证明目的，表示孙某东之所以在民间借贷纠纷案件中将人民币200万元说成是理财转借款，是怕刺激到杨某玲，杨某玲在得知孙某东与赵某晴的不正当关系后多次想自杀。

赵某晴申请证人赵某、刘某出庭作证。赵某表示：(1)其系赵某晴的同事，任赵某晴的行政助理；(2)赵某晴与孙某东系恋爱关系，在2013年至2014年赵某晴与孙某东共同生活期间，生活支出包括房租、给孙某东购买品牌衣物的费用、旅行费用等都是赵某晴承担的，孙某东曾多次从其处拿走人民币5万元至10万元不等的现金。刘某表示：(1)其系赵某晴的朋友；(2)2013年，其与赵某晴、孙某东一起打过高尔夫球并吃过饭，当时他们闲聊说过谈婚论嫁的事情，并且聊得很开心；(3)还有一次其到喜来登酒店找赵某晴取东西时见过孙某东，当时打过招呼；(4)据其所知，赵某晴的房租大概每月两三万元，都是赵某晴支付，其与赵某晴一起购物时赵某晴经常给孙某东购买衣物和礼品。杨某玲、孙某东对两位证人的证言均不予认可。赵某晴对两位证人的证言予以认可。

孙某东提交汇款申请书和证明书，用以证明：(1)孙某东于2010年3月至2013年12月通过交通银行(香港)向赵某晴汇款共计191,085美元；(2)孙某东与赵某晴交往期间的支出都是孙某东承担的，孙某东给赵某晴的钱款远不止本案所涉及的数目。杨某玲对该组证据予以认可。赵某晴对该组证据的真实性不持异议，但不认可关联性和证明目的，表示双方恋爱同居期间存在多笔经济往来，不能证明生活支出均由孙某东承担。

孙某东申请证人刘某1出庭作证。刘某1表示:其和杨某玲、孙某东系大学同学;2010年的时候,内蒙古赤峰市阿鲁科尔沁天山旗进行土地拍卖,其公司准备参加竞拍,由于资金问题,其与孙某东联系,孙某东对此事非常感兴趣,专门从北京回赤峰参加竞拍;孙某东回赤峰时带了一个女孩儿,大约20岁,说叫赵某晴,自称是孙某东的女朋友,当时大家一起聊天时会提到上学时的事情,也会提及孙某东的家庭及孩子,赵某晴就在旁边听着,不怎么说话;后来土地没有竞拍上,孙某东和赵某晴就一起回北京了。赵某晴对刘某1证言的真实性、合法性和关联性均不予认可。杨某玲和孙某东对刘某1的证言均予以认可。

经询,孙某东明确表示若赠与行为被认定无效,同意赵某晴将人民币200万元全部返还给杨某玲。

另查,2016年7月,孙某东以民间借贷纠纷为由将赵某晴诉至法院,要求赵某晴偿还借款人民币200万元。在该案中,孙某东诉称其本打算用人民币200万元购买理财财产,且签订了理财合同,后觉得收益不高,就没有实际购买,而此时赵某晴正好资金短缺,孙某东就将该人民币200万元借给赵某晴,约定借款期限为6个月,后孙某东于2014年12月4日将人民币200万元支付给赵某晴。法院经审理认为,赵某晴和孙某东交往期间存在多笔经济往来,款项性质不限于借贷,存在赠与和孙某东通过赵某晴购买理财等情况,仅凭汇款凭证无法证明人民币200万元系借款性质,故裁定驳回孙某东的起诉。赵某晴和孙某东均未提起上诉。

一审法院判决赵某晴返还给原告杨某玲人民币200万元。

赵某晴不服一审判决,提起上诉称,(1)一审法院认定赵某晴于2010年与孙某东发展成为不正当男女关系,这是孙某东的单方欺骗与隐瞒行为,与赵某晴无关,赵某晴是无过错方,赵某晴在与孙某东交往之初,并不知道其已婚,孙某东告知其是单身,同时多次向赵某晴承诺要结婚,赵某晴与孙某东恋爱后曾为孙某东做过人工流产,遭受了身体和精神上的巨大痛苦。后赵某晴得知孙某东有家室,于是提出分手。孙某东出于内疚和欺骗,且因自己耽误赵某晴5年多的青春和同居期间赵某晴为两人付出的生活费用,自愿拿出人民币200万元作为补偿。(2)本案不同于以往案例中的男女包养关系的赠与,赵某晴对孙某东有家室并不知情,且赵某晴有稳定的经济收入,与孙某东经济关系对等,并时常出借巨额款项给孙某东经济救急,并非依赖孙某东的经济支持,赵某晴与孙某东交往期间有大量经济往来。(3)一审法院认定涉案的人民币200万元是孙某东在杨某玲不知情的情况下对赵某晴的赠与行为是错误认定，该款项是孙某东对赵某晴 5 年共同生活费用的偿还。同时，孙某东曾以民间借贷起诉，被法院裁定驳回。而且孙某东欺骗了赵某晴的感情，且在同居期间全部生活开销均由赵某晴负担，现孙某东串通其妻子杨某玲将已经偿还给赵某晴的生活开销再索要回去。

杨某玲称，赵某晴明知孙某东有家室，因为赵某晴代理他们的家庭理财，多次与杨某玲电话联系过。

孙某东称，(1)赵某晴明知杨某玲是孙某东的配偶，借理财的机会故意与孙某东建立不正当婚外情关系。(2)关于生活费用情况。第一，赵某晴作为刚毕业的大学生，其所陈述的自己承担了与孙某东交往的费用，与常理不符，孙某东作为公司老板，不可能让情人承担交往费用。第二，流水单并不能证明资金属于赵某晴。第三，赵某晴与孙某东二人为不正当的男女关系，涉案的人民币 200 万元是孙某东在杨某玲不知情的情况下给的赵某晴，侵害了杨某玲的权益，同意一审判决将人民币 200 万元返还杨某玲。

**【案件争点】**

赵某晴在婚外恋情期间获赠的财产是否应该返还。

**【裁判要旨】**

一审法院认为，夫妻在婚姻关系存续期间所得的财产归夫妻共同所有，夫妻对共同所有的财产有平等的处理权。在婚姻关系存续期间，夫妻双方对共同财产不分份额地共同享有所有权，夫或妻非因正常生活需要处分夫妻共同财产时，应当协商一致，任何一方无权单独处分夫妻共同财产。本案中，孙某东在与杨某玲婚姻关系存续期间，于 2010 年与赵某晴发展为不正当男女关系，2014 年 12 月 4 日，孙某东在杨某玲不知情的情况下向赵某晴转账人民币 200 万元，该转账行为属于处分夫妻共同财产的行为。该行为既非因日常生活需要，又未经杨某玲同意，损害了杨某玲的利益，且孙某东转让财产的行为是基于其与赵某晴之间的不正当男女关系，有悖公序良俗原则，故该赠与行为无效，赵某晴由此取得的财产应予以返还。现孙某东同意赵某晴将全部款项返还给杨某玲，法院不持异议。赵某晴关于人民币 200 万元系孙某东对其在双方恋爱同居期间支出的生活费用的偿还的抗辩意见，缺乏事实和法律依据，法院不予采纳。综上所述，依据《民法总则》第 8 条①、

① 对应《民法典》第 8 条。

《婚姻法》第 17 条[①]、《婚姻法解释一》第 17 条[②]之规定,判决:(1)确认孙某东于 2014 年 12 月 4 日向赵某晴转账人民币 200 万元的赠与行为无效;(2)赵某晴向杨某玲返还人民币 200 万元。

二审法院认同一审法院的裁判理由。依照《民事诉讼法》170 条第 1 款第 1 项规定,判决驳回上诉,维持原判。

## 例案二 | 胡某兰与聂某园、王某根赠与合同纠纷案

**【法院】**

广东省深圳市中级人民法院

**【案号】**

(2017)粤 03 民终 2212 号

**【当事人】**

上诉人(原审原告):胡某兰,女

委托诉讼代理人:崔某某

委托诉讼代理人:李某某

上诉人(原审被告):聂某园,女

委托诉讼代理人:伍某某

被上诉人(原审被告):王某根,男

**【基本案情】**

胡某兰与王某根于 1997 年 7 月 22 日登记结婚。王某根在隐瞒胡某兰的情况下,于 2009 年开始与聂某园建立恋爱关系,二人持续恋爱关系至 2016 年上半年。王某根在与聂某园结束恋爱关系后向胡某兰坦白了相关事实。

现胡某兰提交了王某根在与聂某园维持恋爱关系期间的部分银行交易记录、收款收据、商品房预售合同复印件、银行卡等证据,具体情况如下:(1)2014 年 1 月 19 日至 2015 年 9 月 18 日,王某根通过其个人银行卡取现共计 141,013.5 元,胡某

---

① 对应《民法典》第 1062 条,变更为:"夫妻在婚姻关系存续期间所得的下列财产,为夫妻的共同财产,归夫妻共同所有:(一)工资、奖金、劳务报酬;(二)生产、经营、投资的收益;(三)知识产权的收益;(四)继承或者受赠的财产,但是本法第一千零六十三条第三项规定的除外;(五)其他应当归共同所有的财产。夫妻对共同财产,有平等的处理权。"

② 对应《民法典》第 1062 条。

兰以及王某根均主张上述取现款项以现金方式赠与给了聂某园。聂某园对此不予认可。(2)2013年1月11日，王某根在深圳市某汽车有限公司刷卡消费5万元，胡某兰以及王某根主张该款项是为聂某园购买粤B×××××号车辆而支付给车辆销售商的购车款。对此，聂某园虽确认粤B×××××号车辆确实是登记在自己名下且由自己使用，但辩称购车款由自己支付。庭审时，聂某园的代理人对于一审法院关于粤B×××××号车辆是否是于2013年1月11日在深圳市某汽车有限公司购买的问题表示不清楚。(3)2014年12月9日，聂某园与深圳市某房地产集团有限公司签订一份《深圳市房地产买卖合同(预售)》，约定聂某园以5,432,263元的购置价向深圳市某房地产集团有限公司购买深圳市××区×雅苑(一期)1栋×单元14层A单元×号房，聂某园占有100%的份额。该房屋的购房首期款1,632,263元由王某根刷卡支付，此后，王某根还不定期向聂某园用于归还购房按揭贷款的银行账户内转入款项，从2015年2月至2016年4月共计转账金额为174,313.5元。胡某兰和王某根称实际支付了按揭款318,284.88元，除王某根转账的174,313.5元外，还通过将现金存入按揭还款银行账户的方式交纳按揭贷款。现胡某兰主张上述三项财物均是王某根在与聂某园维持不正当男女关系期间赠与聂某园，属于无效赠与合同，并据此提出了涉案的全部诉讼请求。

另查：(1)聂某园为购买涉案深圳市××区×雅苑(一期)1栋×单元14层A单元×号房的房产向深圳农村商业银行办理了金额为人民币380万元的购房按揭贷款，王某根为承担连带保证责任的保证人。(2)从2016年5月起(王某根与聂某园结束恋爱关系)，该房屋的按揭贷款一直由聂某园自行归还。(3)胡某兰委托深圳市国颂资产评估有限公司对×雅苑(一期)1栋×单元14层A单元×号房进行了价值评估，该评估公司以2016年7月29日作为评估基准日，评估该房产价值为10,799,360元。

再查，聂某园从2012年3月起入职深圳市××电子科技有限公司，王某根是该公司的法定代表人，同时在该公司任领导职务，胡某兰是该公司的股东，同时在公司财务部门任职。

二审法院查明，胡某兰一审时提交了中国工商银行出具的王某根名下尾号为5975的账户明细，显示2013年1月11日消费5万元，交易场所为深圳市某汽车有限公司。

二审法院对一审查明的其他事实予以确认。

【案件争点】

一审案件争点:

1. 胡某兰所主张的相关财物是否是王某根赠与聂某园的。

2. 若上述财物属于赠与,该赠与行为的法律效力如何认定。

3. 若赠与行为无效,法律后果如何承担。

二审案件争点:

1. 王某根赠与聂某园的购车款、购房款数额如何认定。

2. 涉案房产的增值部分是否应当返还。

【裁判要旨】

一审法院认为,关于本案的第一个争议焦点。(1)2014年1月19日至2015年9月18日,王某根通过其个人银行卡取现的款项合计141,013.5元。对此,一审法院认为,上述款项均是王某根个人取现,王某根没有证据证明其取现后赠与了聂某园,故一审法院不予确认。(2)2013年1月11日,王某根在深圳市某汽车有限公司消费5万元。对此一审法院认为,粤B×××××号车辆确实是登记在聂某园名下且由其使用,原告提供了王某根使用其个人银行卡在深圳市某汽车有限公司刷卡消费购车的记录,聂某园虽否认,但未能提交反证证明其不是在上述车行购买的车辆以及自己足额付款购车的相应证据,故一审法院认定该5万元确实是王某根赠与聂某园的。(3)聂某园向深圳市某房地产集团有限公司购买×雅苑(一期)1栋×单元14层A单元×号房的相关首期款以及按揭款。庭审时聂某园认可王某根支付的房产首期款1,632,263元为赠与,一审法院予以确认。对于按揭贷款,聂某园辩称全部由自己归还。对此一审法院认为,首先,用于按揭贷款银行扣款的银行卡原件由王某根持有,王某根在2015年2月至2016年4月共计向该账户内转账174,313.5元,聂某园称上述款项均用于二人的生活消费,但没有提交证据证明该银行卡除了用于归还按揭贷款外还用于其他消费,故一审法院认定王某根所转账的上述款项即174,313.5元均是赠与给聂某园归还按揭贷款的货币。至于王某根称其以现金形式存入的其他款项,因缺乏证据证明,一审法院不予支持。

关于第二个争议焦点。胡某兰与王某根之间存在合法有效,受到法律保护的婚姻关系,二人在婚姻关系存续期间取得的财产为夫妻共同财产。现王某根在与胡某兰的婚姻关系存续期间与聂某园保持了近七年的恋爱关系,违反了其应当忠诚对待婚姻的义务,且其在违反忠诚义务的情况下,还大额支出款项用于为聂某园购置车辆以及房屋,没有证据证明其所支出的款项是经胡某兰认可的,也没有证据证明其所支出的款项属于不应当归属于夫妻共同财产的个人财产，胡某兰有权对王某根擅自处分夫妻共同财产的行为提出异议。聂某园与王某根保持恋爱关系七年之久，其辩称自己不知道王某根已婚的说法没有说服力：首先，聂某园在王某根任法定代表人的深圳市××电子科技有限公司就职，而胡某兰不仅是该公司股东，也同时在该公司财务部门任职，聂某园应当知晓王某根与胡某兰之间的婚姻关系；其次，聂某园与王某根相处时间不短，不可能不询问王某根的个人情况，若其确实与王某根有感情基础，必然提出建立长期稳定的婚姻关系的请求，在这种情况下，王某根是无法回避其已婚的事实的。因此，一审法院认定聂某园知道或者应当知道王某根为已婚的事实，其与王某根保持长期恋爱关系的行为已经违反了社会公序良俗。王某根基于双方这种违反社会公序良俗的恋爱关系将一审法院前述认定的财物赠与给聂某园，胡某兰作为王某根的合法配偶有权要求认定赠与合同无效。

关于第三个争议焦点。根据我国《合同法》的相关规定，合同无效的，自始无效，合同双方因该合同取得的财产，应当予以返还。具体到本案：(1)胡某兰主张的现金141,013.5元，因一审法院未认定为王某根对聂某园的赠与，故不存在确认无效并返还财产的法律后果。(2)购车款5万元、购房首期款以及部分按揭款合计1,806,576.5元确属于王某根对聂某园的赠与，应当认定无效，聂某园应当承担返还的义务。现双方最大的争议在于对涉案房屋的增值部分应当如何处理，若认为王某根赠与的仅仅是其付出的1,806,576.5元货币，那么房产的增值部分就与王某根、胡某兰无关；若认为王某根赠与聂某园的是房产，那么该房产的增值部分也应当在赠与合同无效后返还给王某根。现胡某兰主张聂某园返还增值部分的事实依据就是认为王某根赠与聂某园的是涉案房产这一不动产本身，而不是王某根支出的首期以及部分按揭款，故主张该不动产增值的部分应当按照王某根投入的比例返还。对此一审法院认为，首先，从物权的角度看，不动产物权的设立经依法登记发生效力，涉案房产是聂某园向开发商深圳市某房地产集团有限公司购买获得物权，依法登记在聂某园名下，聂某园享有100%的物权。该房产并非王某根向开发商购买，再由王某根转让给聂某园，王某根从未拥有过该房产的物权，何来赠与房产给聂某园的权利？其次，从涉案房产的购买动机看，据王某根在庭审时的说法可知，是“聂某园承诺与其生儿子，所以要求先买房”，王某根于是答应出资买房。王某根本身与其配偶即胡某兰有居住场所，其也并不是因为想买房投资才购买涉案房产，然后再赠与聂某园，因此，其本身没有投资购房的动机，那么房屋本身价格的变动均与王某根无关。(3)从王某根因该房产赠与给聂某园的款项金额看，涉案房产的购置价为5,432,263元,王某根赠与的部分款项仅为1,806,576.5元,约为房屋购置价的1/3,聂某园为此作为借款人在银行负债人民币380万元。而在双方的恋爱关系终止后,王某根没有继续赠与聂某园按揭款项,聂某园作为房屋的所有权人以及按揭贷款的借款人,从2015年5月起继续履行归还按揭贷款的义务。因此,胡某兰和王某根主张赠与聂某园的是房产不具说服力。(4)从胡某兰损失的夫妻共同财产的角度看,在涉案房产中所支出的属于胡某兰和王某根的夫妻共同财产仅限于1,806,576.5元,而不包含增值部分的价值,因为双方并没有投资房产的行为,该房产的增值部分也理所当然与夫妻共同财产无关。倘若胡某兰委托评估的房产价值并非增值至两倍,而是减少至原来的1/2,恐怕胡某兰并不会要求按照王某根出资的1/2主张还款。事实上,王某根为聂某园购买车辆出资的5万元也是同样的道理,胡某兰并没有主张按照车辆现在的评估价格较原购置价的比例来归还赠与的款项,那么何以房产就要提出不一样的诉讼请求呢?综上所述,一审法院认为,王某根既没有赠与不动产给聂某园的意思表示,也没有赠与不动产给聂某园的法律事实。因此,聂某园在该赠与合同无效后应当承担的法律后果为向胡某兰、王某根返还购房首期款以及部分按揭款合计1,806,576.5元。

关于胡某兰要求撤销王某根为聂某园按揭贷款提供的担保的诉讼请求,一审法院认为,王某根自愿为聂某园提供担保,担保产生的债务并不必然认定为夫妻共同债务,故胡某兰的该项诉讼请求没有法律依据,一审法院不予支持。综上所述,依照《合同法》第52条[①]、第58条[②]的规定,判决:(1)确认王某根赠与聂某园购车款50,000元、购房首期款以及按揭贷款还款合计1,806,576.5元的赠与合同无效;(2)聂某园应向胡某兰返还购车款50,000元;(3)聂某园应向胡某兰返还购房首期款以及按揭贷款还款1,806,576.5元;(4)驳回胡某兰的其他诉讼请求。

二审法院认为,首先,关于王某根赠与聂某园的购车款,胡某兰已在一审提交证据证明王某根的银行卡于2013年1月11日在深圳市某汽车有限公司消费5万元,聂某园如主张其名下的车辆并非2013年1月11日在上述车行购买仅需提供发票证据即可,但聂某园未能提供上述证据,结合王某根、聂某园的恋爱关系,在聂

---

① 该条第4款、第5款对应《民法典》第153条,变更为:"违反法律、行政法规的强制性规定的民事法律行为无效。但是,该强制性规定不导致该民事法律行为无效的除外。违背公序良俗的民事法律行为无效。"

② 对应《民法典》第157条,变更为:"民事法律行为无效、被撤销或者确定不发生效力后,行为人因该行为取得的财产,应当予以返还;不能返还或者没有必要返还的,应当折价补偿。有过错的一方应当赔偿对方由此所受到的损失;各方都有过错的,应当各自承担相应的责任。法律另有规定的,依照其规定。"

某园未能提供反驳证据的情况下，二审法院采信王某根消费的上述5万元系赠与聂某园的购车款。其次，关于聂某园名下涉案房产的首期款1,632,263元由王某根在其与胡某兰婚姻关系存续期间赠与，各方当事人均予以确认，对于涉案房产的按揭贷款部分，根据王某根与聂某园的银行转账记录，王某根在2015年2月至2016年4月共计向聂某园账户转账174,313.5元，但胡某兰、王某根均主张上述期间的按揭贷款318,284.88元皆由王某根赠与聂某园，包括上述直接转账的174,313.5元和其他现金给付的部分，对于现金给付的部分，胡某兰、王某根并未提交证据证明王某根取出现金后交付给了聂某园，故其上述主张缺乏证据支持，二审法院不予采信。同理，胡某兰还主张王某根银行卡中取现的141,013.5元亦为赠与聂某园的款项，缺乏证据佐证，二审法院不予采信。最后，关于涉案房产的增值部分是否应当返还。从涉案房产在购买时即登记在聂某园名下、由聂某园本人向银行贷款偿还房贷、聂某园和王某根分手后聂某园自付房贷等事实来看，王某根赠与聂某园的应当是购房的货币，而非房产，涉案房产的增值或贬值均与王某根、胡某兰夫妻共同财产无关，故本案赠与合同无效后的法律后果不包括涉案房产的增值部分。另外，胡某兰要求撤销王某根为聂某园按揭贷款提供担保，因王某根系自愿为聂某园提供担保，该担保合同还涉及其他债权人的利益，而王某根并未实际承担担保人的法律后果，该后果亦未实际损害胡某兰的利益，故胡某兰该项诉讼请求缺乏事实和法律依据，二审法院不予支持。综上所述，依照《民事诉讼法》第170条第1款第1项之规定，判决：驳回上诉，维持原判。

## 例案三 | 潘某虹与白某、李某霞赠与合同纠纷案

**【法院】**

内蒙古自治区鄂尔多斯市伊金霍洛旗人民法院

**【案号】**

(2019)内0627民初493号

**【当事人】**

原告：潘某虹，女

委托诉讼代理人：李某

委托诉讼代理人：王某某

被告：白某，男

被告:李某霞,女

委托诉讼代理人:张某某

**【基本案情】**

潘某虹与白某于2013年5月7日在鄂尔多斯市伊金霍洛旗民政局登记结婚,婚姻关系存续至今。李某霞与白某结识于2018年4月,2018年7月发展为同居关系,在共同生活期间,白某向李某霞微信转款37,746元,李某霞向白某微信转款7510元。2018年7月,李某霞从白某母亲的存折里取款14,000元。2018年10月,李某霞从白某卡里取款50,000元。

潘某虹诉至人民法院称,李某霞与白某交往期间,白某通过各种方式私自赠与李某霞财物合计141,746元,其中40,000元系2018年7月17日李某霞购买陆风汽车车款,37,746元系白某通过手机微信转账赠与李某霞,50,000元系李某霞自行套取密码取走的款项,14,000元系李某霞于2018年7月18日自行取走白某存放在其母亲存折上的款项。白某基于不正当男女关系赠与李某霞141,746元,且该款项属于夫妻共同财产。根据法律规定,白某的赠与行为属于无效行为,故诉至法院,请求:(1)确认白某对李某霞141,746元赠与无效;(2)判令李某霞向潘某虹返还上述款项;(3)由李某霞承担本案全部诉讼费用。

白某称,潘某虹所称141,746元系李某霞向其的借款,并非赠与。

李某霞称,潘某虹所述的4万元是李某霞自己开店挣的钱。李某霞与白某成为恋人后,通过相互微信转账支付共同生活的费用,且上述费用已全部消费。白某说自己没有文化,且没有时间亲自去取款,让李某霞帮忙拿他母亲的存折和他的银行卡取钱,存折密码和卡密码也是白某告诉的。潘某虹所述的5万元是李某霞帮白某取的,用于白某去包头购买碎石机。李某霞还从白某母亲的存折里取款1.4万元给白某,用于发放白某司机的工资。潘某虹所述141,746元是赠与不是事实,白某所述141,746元是借款也不是事实。

**【案件争点】**

1. 李某霞在白某的卡及其母亲的存折中所取的64,000元现金是否交给白某。

2. 上述64,000元属于借款还是赠与。

3. 白某赠与李某霞财物的行为是否有效,若无效,是否应全额向潘某虹返还。

**【裁判要旨】**

法院认为,第一,关于李某霞从白某的银行卡及其母亲的存折中所取的64,000元现金是否交给白某。根据举证责任的分配原则,应由李某霞对其辩解理由予以举证证明。因李某霞未能举证，故认定64,000元款由李某霞占有。第二，上述64,000元属借款还是赠与。根据本案及常理分析，借款应出具借条，白某对借款事实未能举证，根据双方的特殊关系，结合本案的具体情况进行综合分析，该款应认定为赠与。第三，白某赠与李某霞财物的行为是否有效，若无效，是否应全额向潘某虹返还。首先，夫妻一方与他人婚外保持不正当的两性关系，违反了《婚姻法》关于夫妻之间负有互相忠实、互相尊重义务的规定，是以对夫妻关系的背叛和对配偶的精神伤害为代价，以对他人权利的侵害为前提的，这种婚外恋情是违背公序良俗、挑战道德底线、违反社会公德和婚姻伦理秩序，必须予以谴责的违法关系。根据《民法通则》第7条①“民事活动应当尊重社会公德，不得损害社会公共利益，扰乱社会经济秩序”以及《合同法》第52条②的损害社会公共利益即有违公序良俗的合同无效的规定，白某基于其与李某霞之间的婚外恋情赠与李某霞财物的行为具有不正当性，这种依附于“婚外情”的财产赠与行为不应受到法律保护，在效力上应予以否定。其次，根据《婚姻法》第17条③及《婚姻法解释一》第17条④的规定，夫妻在婚姻关系存续期间所得财产，除有特殊规定外，归夫妻共同所有；夫妻对共同所有的财产，有平等的处理权。对于夫妻共同共有的财产，在共有关系没有解除的情况下，不应进行分割。本案中无证据显示潘某虹与白某对夫妻共同财产的共有关系已解除，故潘某虹对白某赠与李某霞的财物具有完全的共有权益，即在婚姻关系存续期间，夫妻双方对共同财产不分份额地共同享有所有权，夫或妻非因日常生活需要对夫妻共同财产做重要处理决定，夫妻双方应当协商一致，取得一致意见，任何一方无权单独处分。若夫妻一方超出日常生活需要擅自处分夫妻共同财产，将共同财产无偿赠与他人，损害了另一方财产权益。同时，李某霞系无偿取得财

---

① 对应《民法典》第8条，变更为：“民事主体从事民事活动，不得违反法律，不得违背公序良俗。”

② 该条第4款、第5款对应《民法典》第153条，变更为：“违反法律、行政法规的强制性规定的民事法律行为无效。但是，该强制性规定不导致该民事法律行为无效的除外。违背公序良俗的民事法律行为无效。”

③ 对应《民法典》第1062条，变更为：“夫妻在婚姻关系存续期间所得的下列财产，为夫妻的共同财产，归夫妻共同所有：(一)工资、奖金、劳务报酬；(二)生产、经营、投资的收益；(三)知识产权的收益；(四)继承或者受赠的财产，但是本法第一千零六十三条第三项规定的除外；(五)其他应当归共同所有的财产。夫妻对共同财产，有平等的处理权。”

④ 对应《民法典》第1062条。

产,不符合《物权法》第106条①关于"善意取得"的构成要件,故该赠与行为应认定为无效行为。最后,根据《合同法》第58条②的规定,合同无效或被撤销后,因该合同取得的财产,应当予以返还;不能返还或者没有必要返还的,应当折价补偿。综上所述,潘某虹以李某霞获赠财物的行为侵犯其共同财产权及违背公序良俗为由要求返还64,000元的主张,于法有据,法院予以支持;潘某虹要求李某霞返还40,000元购车款的诉讼请求,无证据证明,法院不予支持;白某向李某霞微信转款37,746元及李某霞向白某微信转款7510元,李某霞辩称此款在共同生活期间已花销,此辩解理由符合当地生活消费水平及常理,故潘某虹的此项诉讼请求法院不予支持。李某霞辩称并不知晓白某的婚姻状况,本身就是受害者,白某隐瞒已婚事实,以恋爱为名追求异性,骗情骗色,不予返还赠与财物的辩解理由于法无据,法院不予采信。综上所述,依照《民法通则》第7条③,《合同法》第52条④、第58条⑤,《物权法》第106条,《婚姻法》第17条⑥及《婚姻法解释一》第17条⑦,《民事诉讼法解释》第90条之规定,判决如下:(1)白某对李某霞64,000元人民币的赠与无效;(2)李某霞返还潘某虹人民币64,000元;(3)白某不承担责任;(4)驳回潘某虹的其他诉讼请求。

## 三、裁判规则提要

### (一)有配偶一方给付恋爱一方财物行为的性质认定

在确定有配偶者一方给付恋爱方财物后给付方的配偶是否有权请求返还时,应先确定这种给付的法律性质,然后根据这种法律性质来分析给付方的配偶是否有返还请求权。

首先,我国《民法典》第657条规定:"赠与合同是赠与人将自己的财产无偿给

---

① 对应《民法典》第311条,第1款第1项变更为"(一)受让人受让该不动产或者动产时是善意";第2款变更为"受让人依据前款规定取得不动产或者动产的所有权的,原所有人有权向无处分权人请求损害赔偿"。

② 对应《民法典》第157条,变更为:"民事法律行为无效、被撤销或者确定不发生效力后,行为人因该行为取得的财产,应当予以返还;不能返还或者没有必要返还的,应当折价补偿。有过错的一方应当赔偿对方由此所受到的损失;各方都有过错的,应当各自承担相应的责任。法律另有规定的,依照其规定。"

③ 对应《民法典》第8条。

④ 对应《民法典》第153条。

⑤ 对应《民法典》第157条。

⑥ 对应《民法典》第1062条。

⑦ 对应《民法典》第1062条。

予受赠人，受赠人表示接受赠与的合同。”由此可见，赠与合同具有单务性、无偿性。从给付方与接受方恋爱双方之间的情感关系以及给付方的给付目的来看，给付方与恋爱对方之间通常具有一定的情感关系或者性关系，给付方给付恋爱对方一定的财物，其目的是建立或者维系双方之间的这种关系。从常理来看，在建立或维系这种关系时，给付方是不会要求接受财物一方支付对价的，故这种给付是一种单方且无偿的给付。如果对方表示接受，则此时这种给付与接受的行为符合赠与的法律性质。

其次，对该类“赠与合同关系”的认定，一般都是就“口头赠与事实”的确认。我国《民事诉讼法解释》第109条规定：“当事人对欺诈、胁迫、恶意串通事实的证明，以及对口头遗嘱或者赠与事实的证明，人民法院确信该待证事实存在的可能性能够排除合理怀疑的，应当认定该事实存在。”根据该条规定，虽然对赠与事实的证明标准较高，即一般“口头赠与事实”需要达到的证明标准是“排除合理怀疑”的程度，但是，基于有配偶者与恋爱方之间的情感关系，司法实务中一般会要求否认给付财物的行为是赠与行为的一方提供相反的证据证明存在能够否定赠与的合理怀疑事实，比如双方之间存在借贷、委托理财、买卖等法律关系，如果否认赠与的一方不能就此提供相应的证据，则可以认定这种给付行为即为赠与。

有观点认为这种给付并非赠与，在结束这种恋爱关系时有配偶一方给付对方财物时更是如此，接受财物一方在双方的恋爱关系中并非毫无代价，其可能也会为对方付出一定的情感和精力，有配偶者给付对方财物更像是对对方的一种生活上的照顾或补偿，这种给付并不同于一般的无须对价的赠与，故不能通过赠与的法律规定来规范。这种观点是值得商榷的。首先，有配偶者与他人恋爱或者保持不正当两性关系有违公序良俗，这种关系是不为法律所保护的，不能因接受财物一方的情感付出而否定这种给付单务、无偿的性质。其次，接受财物一方的这种付出并非法律规定的“对价”，亦不能通过法律来强制对方履行，法律并不救济此种“对价”。

### （二）赠与行为的效力

有配偶者给付恋爱对方财物，双方之间形成了赠与关系，如果其赠与的财物是其与配偶的夫妻共同财产，则这种赠与合同应是无效的。首先，《民法典》第153条第2款规定：“违背公序良俗的民事法律行为无效。”赠与方赠与受赠方财物的目的是维系婚外不当的两性关系，而这种婚外两性关系违背了我国法律规定的夫妻相互忠实的义务，也为社会道德所不允许，是违背公序良俗的行为，故基于此种行为而为的赠与也应归于无效。其次,我国法律施行婚后财产法定共同制,如果夫妻双方没有特别约定,夫妻双方在婚后取得的财产一般为夫妻双方共同共有。《民法典》第 299 条规定:“共同共有人对共有的不动产或者动产共同享有所有权。”第 301 条规定:“处分共有的不动产或者动产以及对共有的不动产或者动产作重大修缮、变更性质或者用途的,应当经占份额三分之二以上的按份共有人或者全体共同共有人同意,但是共有人之间另有约定的除外。”《婚姻法解释一》第 17 条规定:“夫或妻非因日常生活需要对夫妻共同财产做重要处理决定,夫妻双方应当平等协商,取得一致意见。”虽然《婚姻法解释一》已被最高人民法院于 2020 年 12 月废止,且《婚姻法解释一》第 17 条的条文内容也未被《婚姻家庭编解释一》所吸纳,但是这一条所规定的精神依然延续于《民法典》婚姻家庭编中。《民法典》第 1060 条规定:“夫妻一方因家庭日常生活需要而实施的民事法律行为,对夫妻双方发生效力,但是夫妻一方与相对人另有约定的除外。夫妻之间对一方可以实施的民事法律行为范围的限制,不得对抗善意相对人。”《民法典》的这一条以及第 1064 条,共同构成了夫妻间的日常家事代理制度。夫妻之间的家事代理制度只存在于日常生活需要的范畴内,故如果赠与方所赠与的财物是其与配偶的夫妻共同财产,且赠与行为超出了日常生活的范畴,则这种赠与侵犯了其配偶的共有权,是无权处分的行为,这种行为是无效的。

当然,这里还涉及赠与合同这一负担行为与赠与标的物所有权转移这一处分行为二者之间的关系及各自的效力问题。有观点根据《买卖合同解释》(2012 年)第 3 条的规定,类推认为这种情况下也应区分债权行为与物权行为,即赠与合同这一债权行为(负担行为)是有效的,但转移标的物所有权这一物权行为(处分行为)是无效的。这种观点具有一定的合理性,可资参考借鉴。虽然《买卖合同解释》已由最高人民法院于 2020 年进行了修正,修正后的《买卖合同解释》删除了上述第 3 条的规定,但这并不意味着债权行为与物权行为两分的原则已被摒弃。当然,也有观点否认我国实行这种两分原则,认为两分原则完全可以用合同成立及合同履行理论解释,且这种解释不像两分原则那么复杂,更贴近人们的日常生活。这种观点也有一定的道理。因该争论不是本规则讨论的重点,在此不做赘述。

综上所述,这种赠与行为无效自无疑义。但该行为究竟应是全部无效,还是部分无效?对此,有不同的观点。一种观点认为,该行为部分无效。其理由为:夫妻双方对夫妻共同财产共同享有权利,这种权利在实际实现时一般为均分,即夫妻双方各分得一半的所有权,故赠与方在赠与行为中处分其配偶的那一半财产权益是无效的，但是其处分其个人所享有的那一半的财产权益应是有效的，换言之，赠与方配偶虽然有权要求受赠方返还财物，但其只能要求受赠方返还一半的受赠财产。另一种观点认为，赠与行为应全部无效。其理由为：第一，这种赠与违背公序良俗，应予以全部的负面评价；第二，在婚姻关系尚未解除或者夫妻之间没有相反约定时，夫妻双方对夫妻共同财产是共同共有的，而在共同共有中，夫妻双方对共有财产是不分份额地共同享有权利，不应在解决赠与问题时事先将夫妻之间的财产权利份额予以划分，且如果认为处分行为部分有效，也与《民法典》第301条相关法律规定的关于处分共同共有物应经全体共同共有人同意的规定相悖。笔者认为，后一种观点是合理且可行的。

### （三）有权要求返还财物的主体

《民法典》第155条规定："无效的或者被撤销的民事法律行为自始没有法律约束力。"第157条规定："民事法律行为无效、被撤销或者确定不发生效力后，行为人因该行为取得的财产，应当予以返还；不能返还或者没有必要返还的，应当折价补偿。有过错的一方应当赔偿对方由此所受到的损失；各方都有过错的，应当各自承担相应的责任。法律另有规定的，依照其规定。"故赠与无效后，受赠方应当返还受赠的财产。

在赠与行为无效后，赠与方的配偶有权要求受赠方返还相应的财物。那么，赠与方是否有权要求受赠方返还相应的财物？

如前所述，赠与无效的理由之一为该行为违背了公序良俗。赠与方能否以此为由主张赠与无效，进而要求受赠方返还财物？答案是否定的。在赠与方的配偶没有主张自己的权利或者明确放弃主张自己权利的情况下，赠与方不得要求返还。这涉及不法原因给付问题。所谓不法原因给付，指的是行为人基于违背公序良俗或者法律、行政法规强制性规定的原因所为的给付。虽然我国《民法典》并未对此进行明确的规定，但是考虑到赠与人是有违公共道德的一方，尤其是在受赠人不知赠与人有配偶的情况下，赠与人是唯一的过错方，此时若允许其追回财产，有违人情事理，也有违法理，无法取得良好的社会效果。此种情形下，即便是超出日常交往范畴的财物，赠与人亦不能主张返还。请注意本条规则与第一条裁判规则的区别适用。

(四)在确定赠与行为的效力时应否考虑受赠方对赠与方的婚姻状况是否知情

如前所述,赠与行为无效的理由,一是该行为违背了公序良俗;二是赠与方擅自处分了夫妻共同财产,侵犯了其配偶方的共同财产权。故无论受赠方是否知晓赠与方的婚姻情况,均不能对这两个原因造成实质性的影响。换言之,即使受赠方不知道赠与方的婚姻状况,也不能改变这种赠与的不法性以及赠与方擅自处分共同共有财产的非法性。故在确定赠与行为的效力时,可不考虑受赠方是否知晓赠与方的婚姻状况。

(五)应返还的财产是什么

《民法典》第 157 条规定:"民事法律行为无效、被撤销或者确定不发生效力后,行为人因该行为取得的财产,应当予以返还;不能返还或者没有必要返还的,应当折价补偿"。那么,在赠与行为无效后,受赠方应当返还什么财物?

如果受赠方受赠的财物形式没有发生变化,则受赠方应当将该财物本身予以返还。如果该财物在受赠后发生了自然增值(如房屋价格的自然上涨等),该自然增值部分也应予以返还。

如果受赠方受赠的财物形式已经受赠人的行为发生了转化(如赠与人赠与受赠人一笔钱,受赠人用该笔钱购买了房屋、车辆、电器等),则受赠方需要返还的财物为最初的财产形态价值,一般不返还转化后的财产。因为赠与方在赠与财物时,赠与的只是该财物本身,而并非转化后的财产形态,其侵犯的只是其配偶对该赠与财产的共有权,并非转化后财产的共有权。

## 四、辅助信息

**高频词条:**

**《民法典》**

**第 8 条** 民事主体从事民事活动,不得违反法律,不得违背公序良俗。

**第 153 条** 违反法律、行政法规的强制性规定的民事法律行为无效。但是,该强制性规定不导致该民事法律行为无效的除外。

违背公序良俗的民事法律行为无效。

**第 155 条** 无效的或者被撤销的民事法律行为自始没有法律约束力。

**第157条** 民事法律行为无效、被撤销或者确定不发生效力后,行为人因该行为取得的财产,应当予以返还;不能返还或者没有必要返还的,应当折价补偿。有过错的一方应当赔偿对方由此所受到的损失;各方都有过错的,应当各自承担相应的责任。法律另有规定的,依照其规定。

**第299条** 共同共有人对共有的不动产或者动产共同享有所有权。

**第300条** 共有人按照约定管理共有的不动产或者动产;没有约定或者约定不明确的,各共有人都有管理的权利和义务。

**第301条** 处分共有的不动产或者动产以及对共有的不动产或者动产作重大修缮、变更性质或者用途的,应当经占份额三分之二以上的按份共有人或者全体共同共有人同意,但是共有人之间另有约定的除外。

**第311条** 无处分权人将不动产或者动产转让给受让人的,所有权人有权追回;除法律另有规定外,符合下列情形的,受让人取得该不动产或者动产的所有权:

(一)受让人受让该不动产或者动产时是善意;

(二)以合理的价格转让;

(三)转让的不动产或者动产依照法律规定应当登记的已经登记,不需要登记的已经交付给受让人。

受让人依据前款规定取得不动产或者动产的所有权的,原所有权人有权向无处分权人请求损害赔偿。

当事人善意取得其他物权的,参照适用前两款规定。

**第566条第1款** 合同解除后,尚未履行的,终止履行;已经履行的,根据履行情况和合同性质,当事人可以请求恢复原状或者采取其他补救措施,并有权请求赔偿损失。

**第657条** 赠与合同是赠与人将自己的财产无偿给予受赠人,受赠人表示接受赠与的合同。

**第658条第1款** 赠与人在赠与财产的权利转移之前可以撤销赠与。

**第659条** 赠与的财产依法需要办理登记或者其他手续的,应当办理有关手续。

**第663条** 受赠人有下列情形之一的,赠与人可以撤销赠与:

(一)严重侵害赠与人或者赠与人近亲属的合法权益;

(二)对赠与人有扶养义务而不履行;

(三)不履行赠与合同约定的义务。

赠与人的撤销权,自知道或者应当知道撤销事由之日起一年内行使。

**第1042条第2款** 禁止重婚。禁止有配偶者与他人同居。

**第1043条** 家庭应当树立优良家风,弘扬家庭美德,重视家庭文明建设。

夫妻应当互相忠实,互相尊重,互相关爱;家庭成员应当敬老爱幼,互相帮助,维护平等、和睦、文明的婚姻家庭关系。

**第1060条** 夫妻一方因家庭日常生活需要而实施的民事法律行为,对夫妻双方发生效力,但是夫妻一方与相对人另有约定的除外。

夫妻之间对一方可以实施的民事法律行为范围的限制,不得对抗善意相对人。

**第1062条** 夫妻在婚姻关系存续期间所得的下列财产,为夫妻的共同财产,归夫妻共同所有:

(一)工资、奖金、劳务报酬;

(二)生产、经营、投资的收益;

(三)知识产权的收益;

(四)继承或者受赠的财产,但是本法第一千零六十三条第三项规定的除外;

(五)其他应当归共同所有的财产。

夫妻对共同财产,有平等的处理权。

**第1064条** 夫妻双方共同签名或者夫妻一方事后追认等共同意思表示所负的债务,以及夫妻一方在婚姻关系存续期间以个人名义为家庭日常生活需要所负的债务,属于夫妻共同债务。

夫妻一方在婚姻关系存续期间以个人名义超出家庭日常生活需要所负的债务,不属于夫妻共同债务;但是,债权人能够证明该债务用于夫妻共同生活、共同生产经营或者基于夫妻双方共同意思表示的除外。

# 婚恋财产纠纷案件裁判规则第 4 条:
## 与有配偶者恋爱并赠与个人财物,若有配偶者未告知赠与方其已结婚,赠与方以有配偶者欺诈为由请求撤销赠与行为并返还财物的,一般予以支持

〔**规则描述**〕:有配偶者在婚姻存续期间与他人产生婚外恋情,他人及其近亲属在不知有配偶者已结婚的情况下,可能会赠与其财物。赠与方在赠与财物时一般具有促进恋情或缔结婚姻的意思,但由于有配偶者已经结婚,上述目的自始即无法达成。赠与方基于对有配偶者婚姻状况的错误认识作出赠与,该赠与行为明显违背了赠与方的真实意思表示。有配偶者在与他人恋爱时,显然负有告知他人其已婚的义务,但其故意隐瞒自己已婚的事实,以此骗取赠与方的财物,符合欺诈的构成要件,被欺诈者(赠与方)有权请求撤销该赠与行为。赠与行为被撤销后,依据《民法典》第 157 条之规定,赠与财物应予返还。由于人民法院只能依照当事人的诉请撤销赠与行为,在司法实践中,如果当事人主张赠与行为无效,人民法院可以向其释明变更诉讼请求。

### 一、类案检索大数据报告

时间:2019 年 9 月 9 日之前,案例来源:Alpha 案例库,案件数量:7 件,数据采集时间:2019 年 9 月 9 日。本次检索获取 2019 年 9 月 1 日前共 354 篇裁判文书,并从上述文书中人工筛选出 7 件与有配偶者恋爱并赠与财物的案件,其中:与有配偶者恋爱并赠与个人财物,赠与方请求返还财物,法院予以支持的案件有 3 件,约占 42.86%;法院部分予以支持的案件有 3 件,约占 42.86%;法院不予支持的案件有 1 件,约占 14.28%。整体情况如图 4 – 1 所示。

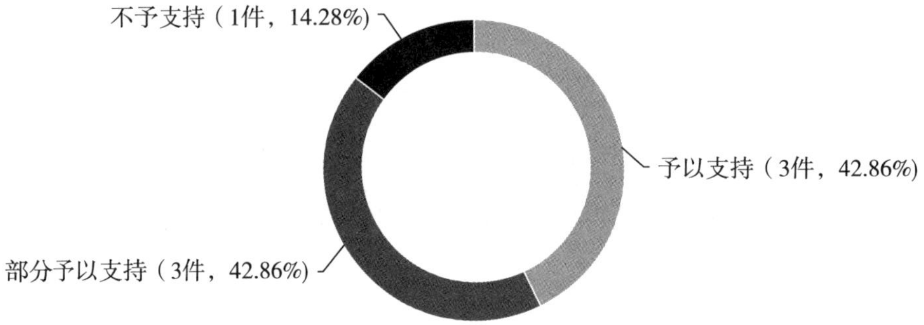


**图4-1　案件裁判结果分布情况**

如图4-2所示,从案件案由分类情况可以看到,当前条件下案件的案由分布由多至少分别是其他赠与合同纠纷、附义务赠与合同纠纷,其中其他赠与合同纠纷6件,附义务赠与合同纠纷1件。

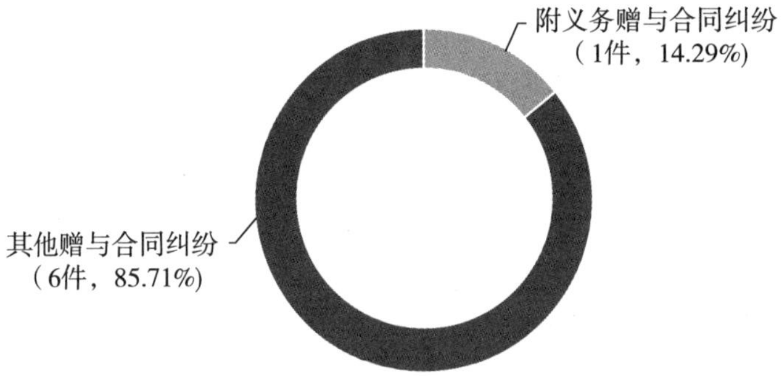


**图4-2　案件案由分类情况**

如图4-3所示,从案件审理程序分布情况可以看到,当前条件下案件的上诉率约为28.57%。

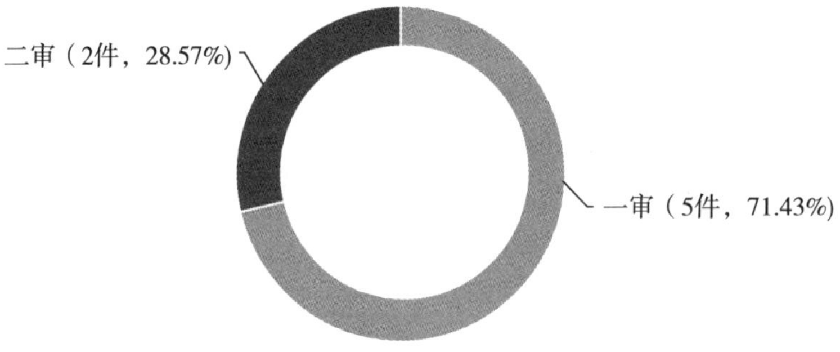


**图4-3　案件审理程序分布情况**

如图4-4所示，从案件二审裁判结果情况可以看到，当前条件下案件维持原判和改判的各有1件，占比均为50.00%。

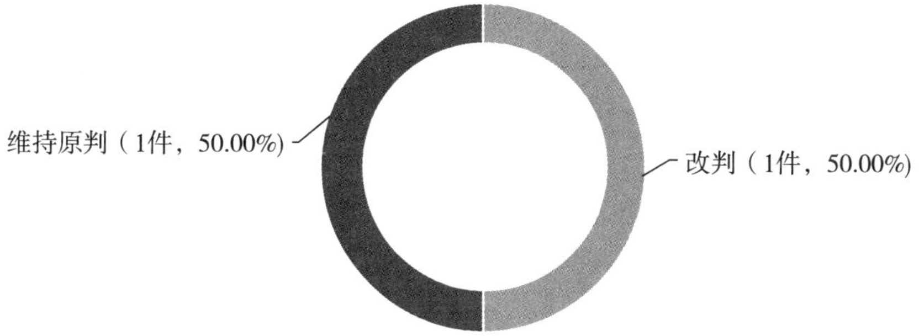


**图4-4　案件二审裁判结果情况**

## 二、可供参考的例案

### 例案一 | 王某生与陈某梅赠与合同纠纷案

**【法院】**

广东省东莞市第二人民法院

**【案号】**

(2014)东二法虎民一初字第645号

**【当事人】**

原告：王某生，男

委托代理人：张某某，律师

被告：陈某梅，女

**【基本案情】**

原告王某生与被告陈某梅于2009年左右经朋友介绍认识，于2010年7月左右建立恋爱关系。王某生称，陈某梅向其隐瞒已婚事实，以单身的身份与其建立恋爱关系。从2010年到2014年4月，陈某梅以生病、因吸毒被关押需要钱用、买衣服、给朋友过生日、请朋友唱歌、车费等名义，让王某生先后通过现金或汇款的方式向其支付了105,250元。为维护自身合法权益，王某生遂起诉至法院，请求判令：(1)陈某梅返还赠与的款项10,000元；(2)本案诉讼费由陈某梅承担。

法院经审理查明，陈某梅与案外人卢某某于2004年5月18日登记结婚，结婚证字号：04×××××。根据账户交易明细(客户)、银行借记卡明细对账单、汇款明细、网银查询清单及客户收付款入账通知,王某生从2011年12月至2014年6月先后分多次向陈某梅汇款合计4310元。针对现金交付的部分,王某生表示因缺乏证据而暂不进行诉请,但保留进一步向陈某梅主张的权利。

**【案件争点】**

陈某梅是否应当将财物返还给王某生。

**【裁判要旨】**

法院认为,王某生在与陈某梅恋爱期间,先后多次应陈某梅的要求向其汇款,双方之间成立赠与合同关系,本案是赠与合同纠纷。

《合同法》第54条第2款[①]规定:"一方以欺诈、胁迫的手段或者乘人之危,使对方在违背真实意思的情况下订立的合同,受损害方有权请求人民法院或者仲裁机构变更或者撤销。"对照本案,陈某梅隐瞒自己已婚的事实,以单身的身份与王某生建立恋爱关系,在恋爱期间多次向王某生索要钱财,存在欺诈行为,该欺诈行为直接导致王某生在违背真实意思的情况下作出赠与行为。因此,王某生现诉请撤销该赠与合同,要求陈某梅返还所赠与的款项,理由成立,依法予以支持。但鉴于目前证据仅能显示王某生向陈某梅交付的款项为4310元,故返还赠与款项应确定为4310元。综上所述,法院依照《合同法》第54条、第185条[②]以及《民事诉讼法》第64条第1款、第144条的规定,判决如下:(1)陈某梅应向王某生返还赠与款项4310元;(2)驳回王某生的其他诉讼请求。

## 例案二 | 姜某丽、付某兴与付某、艾某1、艾某2、潘某撤销赠与合同纠纷案

**【法院】**

吉林省吉林市中级人民法院

**【案号】**

(2017)吉02民终3434号

**【当事人】**

上诉人(原审被告):艾某1,女

委托诉讼代理人:张某某,律师

① 对应《民法典》第148条,变更为:"一方以欺诈手段,使对方在违背真实意思的情况下实施的民事法律行为,受欺诈方有权请求人民法院或者仲裁机构予以撤销。"

② 对应《民法典》第657条。

被上诉人(原审原告):姜某丽,女

被上诉人(原审原告):付某兴,男

委托诉讼代理人:陈某某,律师

原审被告:付某,女

委托诉讼代理人:孙某某,律师

原审被告:潘某某,男

法定代理人:付某,女

原审被告:艾某2,男

法定代理人:艾某1,女

**【基本案情】**

姜某丽、付某兴为夫妻关系,付某是二人的独生女。付某于2004年开始与晏某(2011年6月15日死亡)恋爱,于2007年8月9日登记结婚,潘某某是付某与晏某的婚生子。艾某1是晏某的前妻,二人于1999年6月2日结婚,2007年1月11日经成都市青白江区人民法院判决离婚,婚生子艾某2于2005年3月5日出生。姜某丽原为吉林市第一建筑工程股份有限公司建筑施工公司(以下简称一建公司)职工,2005年自案外人代某处取得涉案房屋,对此姜某丽提供以下证据予以证明:(1)一建公司与代某签订的抹账协议一份,载明:因甲方(一建公司)欠乙方(代某)供料款,因甲方资金紧张,经双方协商,甲方以皇烨公司住宅两套即西山小区,建筑面积88.94平方米,单价为每平方米1500元,总价值为133,423.50元,抵欠乙方供料款。甲方协助乙方办理财务抹账手续,乙方负责办理房屋进户手续、房屋产权手续,乙方负担办理房屋手续中所发生的一切费用。(2)2005年10月15日代某出具的收条一份,载明:今收到姜某丽抹账房款壹拾万元整。至此西山小区房屋由姜某丽取得,西山小区即为幸福一区。(3)2017年5月18日,一建公司及经办人高某某出具证明一份,载明:我们是吉林市第一建筑工程股份有限公司建筑施工公司(由以前的吉林市第一建筑工程公司建筑施工公司更名而来),我公司于2003年承包皇烨公司的昌邑区幸福一区住宅建设施工项目。皇烨公司事后用商品房抵顶给我公司的工程施工费。其间公司又欠代某个人的材料款,我公司就用其中的一套皇烨公司给的抵账房转抹给代某冲抵抵欠他的材料款。代某又将这套顶账房卖给我公司员工姜某丽,该房屋坐落地点是吉林市××区××一区××楼×单元×层××号,面积88.94平方米,上述有关抹账、顶账手续由我公司参与办理。同时一建公司提供财务顶账凭证,证明皇烨公司的工程款417,369元分别支付给代某

10万元,寇某某317,369元。

姜某丽、付某兴取得涉案房屋后,赠与晏某。晏某于2005年11月13日以自己的名义与皇烨公司签订商品房买卖合同,皇烨公司出具收据一份,载明交款人为晏某,交款金额为97,844元,交款方式为转账。但是该房屋一直没有办理房屋所有权登记,直到2014年3月26日该房屋作为无籍房办理房屋所有权登记,但因晏某已经死亡,付某、潘某某以晏某继承人的身份登记为所有权人,二人按份共有,每人占有50%的份额。2011年7月30日晏某母亲张某某在成都市律政公证处作出放弃对晏某继承权的声明。2017年4月姜某丽的女儿付某收到晏某的前妻艾某1要求分割夫妻共同财产的起诉书,姜某丽、付某兴得知晏某有前妻艾某1及儿子艾某2。

二审法院经审理查明的事实与一审法院相同。

**【案件争点】**

姜某丽、付某兴请求撤销赠与行为是否应予支持。

**【裁判要旨】**

2017年4月晏某前妻起诉请求分割涉案房屋时,姜某丽、付某兴才知道晏某接受赠与时有妻子、儿子,并且当时尚未离婚的事实,因此晏某在接受赠与时隐瞒其尚未离婚、有妻子及儿子的事实,导致姜某丽、付某兴将房屋赠与晏某,该行为违背了姜某丽、付某兴的真实意思,根据《合同法》第54条①的规定,其请求撤销该合同应予支持。审理中艾某1主张晏某对该房屋不是赠与所得,但是艾某1仅以涉案房屋登记在晏某名下进行抗辩,并未对购房款来源及房屋购买途径等提交证据证明或作出合理说明,所以对艾某1的主张,法院不予支持。同时艾某1主张在晏某去世后,2012年姜某丽、付某兴通过保险理赔单应当知道晏某有前妻及儿子,其撤销权已经灭失,但是该保险理赔单是在四川保险公司进行的理赔,由付某办理,艾某1没有提供证据证明姜某丽、付某兴见到该保险理赔单,也没有证据证明姜某丽、付某兴通过理赔一事便知道晏某有前妻及儿子的事实,即便付某知道,也不能推断姜某丽、付某兴当然知道,所以对艾某1的主张,法院不予支持。根据《合同

---

① 对应《民法典》第148条,变更为:"一方以欺诈手段,使对方在违背真实意思的情况下实施的民事法律行为,受欺诈方有权请求人民法院或者仲裁机构予以撤销。"

法》第54条①、第55条②的规定，撤销姜某丽、付某兴赠与晏某涉案房屋的行为。

## 例案三｜罗某楠与韦某菲赠与合同纠纷案

**【法院】**

上海市普陀区人民法院

**【案号】**

（2014）普民一（民）初字第4753号

**【当事人】**

原告：罗某楠，男

委托代理人：尤某某，律师

被告：韦某菲，女

委托代理人：陈某，律师

**【基本案情】**

韦某菲系KTV服务人员且已婚，罗某楠、韦某菲于2013年年初相识并恋爱，2013年8月罗某楠为韦某菲购车支付54,000元。此后罗某楠、韦某菲因是否结婚、是否返还上述钱款产生争执。2013年11月12日，罗某楠、韦某菲签订了由韦某菲拟定的"放弃债权声明"，主要内容为："甲方（即罗某楠）放弃对乙方（即韦某菲）所享有的以下债权：放弃为乙方购置车辆时（名爵MG3，车牌为苏K×××××××）所花费的人民币54,000元。甲乙双方经协商本着自愿原则签订本协议，不存在强迫及引诱签订的情况。本声明自甲方签字起生效，债务人乙方是否签字不影响债权人甲方放弃对乙方的债权权利。"

审理中，罗某楠为证明其因为韦某菲答应与其结婚而为韦某菲支付购车款并签订"放弃债权声明"，向法庭提交了关于罗某楠、韦某菲微信聊天记录的公证书，该聊天记录显示的内容为："你看看人家多好，车给了就给了""你怎么好意思来问我要5万的啦""如果你嫁给我了，我什么都是你的，还会和你搞车嘛""那你车送

① 对应《民法典》第148条。

② 对应《民法典》第152条，变更为："有下列情形之一的，撤销权消灭：（一）当事人自知道或者应当知道撤销事由之日起一年内、重大误解的当事人自知道或者应当知道撤销事由之日起九十日内没有行使撤销权；（二）当事人受胁迫，自胁迫行为终止之日起一年内没有行使撤销权；（三）当事人知道撤销事由后明确表示或者以自己的行为表明放弃撤销权。当事人自民事法律行为发生之日起五年内没有行使撤销权的，撤销权消灭。"

我呀,别再问我要你付的那些车的钱”“好呀,你离了我就送你”……“那万一我离婚了,我们又吵架,你又像这次一样说钱是你付的,要我还你买车的钱怎么办”“那我两边都没着落了”“你写份保证书,保证以后不会问我要车,也不会问我要买车的钱”“可要是我给你写了保证书,你不离了,我不是人车都没啦”……“放心啦,不会跑的,等过好年我和他离了,我马上就嫁你,到时候你别反悔就行”“哪能反悔呢,必须娶你……”“那我写好车子的东西拿给你,你要签哦”“嗯嗯,签的”“反正你要嫁我的,这车算聘礼呗”……韦某菲对上述微信聊天记录无异议。

**【案件争点】**

韦某菲是否应该返还购车款。

**【裁判要旨】**

公民合法权益受法律保护。从罗某楠、韦某菲的陈述及微信聊天记录看,罗某楠在恋爱中为韦某菲支付了购车款54,000元,后因结婚受阻而向韦某菲讨要购车款,韦某菲则以离婚后嫁给罗某楠为由,让罗某楠在放弃债权申明书上签名。由此可以认定,罗某楠支付购车款以及申明放弃债权的行为是以韦某菲与之结婚为前提的,即罗某楠的赠与行为附加了条件,而韦某菲系有夫之妇,根本无法履行该条件,却仍然接受罗某楠的追求和巨额赠与,其“离婚后嫁你”的说法具有欺骗性。现韦某菲声称从未向罗某楠表示过结婚的可能,与聊天记录内容不符,故法院对韦某菲的陈述不予采信。依据《合同法》第54条①之规定,罗某楠要求韦某菲返还赠与的54,000元,法院予以支持。

## 三、裁判规则提要

有配偶者与他人恋爱但不告知其已婚事实,他人或其近亲属在双方恋爱过程中赠与其财物的,该赠与行为系因受欺诈而实施的法律行为,赠与方主张撤销的,一般予以支持。若赠与方明知有配偶者已婚仍赠与财物的,该赠与行为有效。

### (一)赠与方不知受赠方有配偶而为赠与的情形

#### 1.赠与方因受赠方的欺诈而不知其有配偶并作出赠与行为的情形

我国《民法典》第148条规定:“一方以欺诈手段,使对方在违背真实意思的情

① 对应《民法典》第148条,变更为:“一方以欺诈手段,使对方在违背真实意思的情况下实施的民事法律行为,受欺诈方有权请求人民法院或者仲裁机构予以撤销。”

况下实施的民事法律行为，受欺诈方有权请求人民法院或者仲裁机构予以撤销。”可见，因受欺诈而实施的民事法律行为是可撤销的民事法律行为。一般认为，受欺诈的民事法律行为的构成要件有四项：(1)欺诈方须有欺诈行为；(2)欺诈方须有欺诈的故意；(3)被欺诈方须因欺诈行为而陷入错误认知，并基于错误认知而作出意思表示；(4)被欺诈方的意思表示违背其真实意思。其中，欺诈行为既可以表现为积极行为，也可以表现为消极不作为。被欺诈方须因欺诈行为而陷入错误认知，并基于错误认知作出意思表示。如果欺诈方虽实施了欺诈行为，但被欺诈方并未因此而陷入错误判断，或者虽陷入了错误判断，但并未基于该错误判断作出违背其真实意愿的意思表示，也不构成受欺诈的民事法律行为。

在我国，自然人的婚姻状况信息涉及个人隐私，非经法定程序，他人不得查询。无配偶者在与有配偶者恋爱期间，关于对方的婚姻状况，无配偶者只能通过对方或其亲友的陈述来得知，在对方或其亲友故意不告知真实婚姻状况或故意告知虚假婚姻状况的情形下，无配偶者是无法获知对方婚姻状况的。在无配偶者误信有配偶者未婚而与其建立恋爱关系的情况下，无配偶者及其近亲属可能会出于促进恋情或者促进双方缔结婚姻的目的而赠与有配偶者一定的财物。但是，根据一般公众认知和社会道德准则，如果赠与方知晓有配偶者已经结婚，其大概率不会基于上述目的作出赠与。同时，有配偶者与他人恋爱时负有告知对方自身婚姻状况的义务。如果其故意不告知对方自身真实的婚姻状况或者故意告知对方虚假情况，则其在接受赠与标的物时即具有了欺诈的故意。

综上所述，有配偶者以欺诈的手段故意使赠与方陷入错误的认识，赠与方基于对有配偶者婚姻状况的错误认识而作出赠与，该赠与行为与有配偶者的欺诈行为有因果关系，该赠与行为符合受欺诈而实施的法律行为的构成要件。根据我国相关法律规定，这种因欺诈而作出的赠与行为是可撤销的民事法律行为，赠与方当然可诉请人民法院撤销赠与。在赠与被撤销后，根据《民法典》第 157 条的规定，赠与方亦有权要求受赠方返还相应的财物。

2. 赠与方因第三人的欺诈而不知对方有配偶并作出赠与行为的情形

《民法典》第 149 条规定：“第三人实施欺诈行为，使一方在违背真实意思的情况下实施的民事法律行为，对方知道或者应当知道该欺诈行为的，受欺诈方有权请求人民法院或者仲裁机构予以撤销。”从该条规定来看，若要撤销因第三人欺诈而为的民事法律行为，须满足以下几种情况：(1)第三人有欺诈的故意；(2)第三人实施了欺诈行为；(3)行为人因欺诈行为而陷入了错误的认知，并基于该错误认知作出了违背其真实意愿的法律行为;(4)相对人知道或者应当知道第三人实施了欺诈行为。

在无配偶者与有配偶者恋爱过程中,也存在无配偶者误信他人提供的关于有配偶者未婚的信息而与其建立或维系恋爱关系的情形。第三人向无配偶者提供这类信息可能是出于无意,也可能是出于故意。在第三人自身也不知有配偶者已婚或者第三人自身也误信有配偶者未婚的情况下,第三人向无配偶者提供有配偶者未婚的信息,这是第三人非出于故意而告知错误信息的情形。有配偶者的朋友或亲属基于其他原因而故意隐瞒有配偶者的婚姻状况或者故意告知无配偶者虚假的婚姻状况(如有配偶者的亲友基于有配偶者与其配偶的夫妻感情不和,矛盾尖锐,出于为有配偶者另组家庭的考虑而故意隐瞒其已婚的事实),这是出于故意的情形。只有在第三人故意提供虚假婚姻状况或者故意隐瞒真实婚姻状况的情形下,才成立欺诈。

需要注意的是,《民法典》规定的第三人欺诈的民事法律行为的构成要件中包括“相对人知道或者应当知道第三人实施了欺诈行为”。在有配偶者与无配偶者恋爱的情形下,是否要求有配偶者也“知道或应当知道第三人实施了欺诈行为”?笔者认为,此时无须赠与方举证证明有配偶者“知道或者应当知道第三人实施了欺诈行为”。因为有配偶者对自己的婚姻状况是明知的,在恋爱关系的建立或维系过程中,其应如实向对方陈述自己的婚姻状况。无论第三人是否向无配偶者提供了虚假信息或者隐瞒了真实信息,均不影响有配偶者履行自己的如实告知义务。即使无配偶者因误信第三人提供的不实信息而与有配偶者建立或维系了恋爱关系,有配偶者也有义务使无配偶者了解真实情况,在其接受赠与的财物时更应如此。如果有配偶者欲以《民法典》第 149 条的规定进行抗辩,其应举证证明在对方接受赠与财物时其已经如实告知了赠与方自己真实的婚姻状况,否则无碍于欺诈行为的成立。

### (二)赠与方明知受赠方有配偶而为赠与的情形

除上述情形外,司法实践中也存在部分赠与方明知或应知受赠方已婚但仍赠与财物的案件。赠与方在知晓有配偶者婚姻状况的前提下仍赠与其财物,其意思表示是真实的,且一般具有相应的民事行为能力。依据《民法典》第 143 条之规定,该赠与行为的效力如何,关键在于其是否违反法律、行政法规的强制性规定以及公序良俗。司法实践中,法院在认定上述赠与行为的效力时持有不同观点。有法院认为此种赠与行为是赠与方对其个人财产的处分,应尊重其意思自治,认定其有效。也有法院认为，与有配偶者产生婚外恋情违背社会公序良俗，基于婚外恋情赠与财物的行为亦应认定为无效。

笔者认为，一方面，与有配偶者产生婚外恋情确实违背社会公序良俗，但将违背公序良俗的行为认定为无效时宜适用“相对无效”原则，即应当限定在必要范围内，只赋予权益受害一方主张行为无效的权利。我国《民法典》婚姻家庭编规定，夫妻应当互相忠实，互相尊重，互相关爱。婚姻关系存续期间发生婚外恋情，不仅违背了夫妻忠实义务，也有悖于善良风俗和社会公共道德的要求。相对于受赠方的配偶而言，赠与方和受赠方均不是上述民事法律关系中的利益受损者，且赠与方和受赠方对于违背公序良俗具有主观过错，故不应赋予赠与方主张赠与无效的权利。若赠与方以其个人财产赠与恋情对象的，属于其处分个人财产的权利和意思表示的自由，应按一般赠与原则处理。另一方面，公序良俗的内涵会随着社会的发展而有不同的内容，在不同的社会区域也可能会有不同的含义，实践中对公序良俗的适用应当严格把控，对当事人是否违背公序良俗应当具体案件具体分析。正如天津市第一中级人民法院在（2018）津 01 民终 10293 号民事判决书中所言：“从法律规定可以看出‘不违反公序良俗’是‘不违反法律、行政法规的限制性规定’的有力补充。当民事法律行为的内容未被法律、行政法规所规定时，公序良俗则是认定其是否符合民事法律行为有效要件的标准。公序良俗的层级仅低于法律、行政法规的成文规定，因此，在审理案件中应对公序良俗严格把握，合理行使自由裁量权，防止对公序良俗泛化解释，造成对意思自治不合理的限制。”

综上所述，与有配偶者产生婚外恋情并赠与财物的行为违背公序良俗，但赠与方无权主张该赠与行为无效。该赠与行为应比照一般赠与处理，赠与方请求返还财物的，一般不予支持。

## 四、辅助信息

**高频词条：**

**《民法典》**

**第 8 条** 民事主体从事民事活动，不得违反法律，不得违背公序良俗。

**第 143 条** 具备下列条件的民事法律行为有效：

（一）行为人具有相应的民事行为能力；

（二）意思表示真实；

（三）不违反法律、行政法规的强制性规定，不违背公序良俗。

**第148条** 一方以欺诈手段,使对方在违背真实意思的情况下实施的民事法律行为,受欺诈方有权请求人民法院或者仲裁机构予以撤销。

**第149条** 第三人实施欺诈行为,使一方在违背真实意思的情况下实施的民事法律行为,对方知道或者应当知道该欺诈行为的,受欺诈方有权请求人民法院或者仲裁机构予以撤销。

**第152条** 有下列情形之一的,撤销权消灭:

(一)当事人自知道或者应当知道撤销事由之日起一年内、重大误解的当事人自知道或者应当知道撤销事由之日起九十日内没有行使撤销权;

(二)当事人受胁迫,自胁迫行为终止之日起一年内没有行使撤销权;

(三)当事人知道撤销事由后明确表示或者以自己的行为表明放弃撤销权。

当事人自民事法律行为发生之日起五年内没有行使撤销权的,撤销权消灭。

**第153条** 违反法律、行政法规的强制性规定的民事法律行为无效。但是,该强制性规定不导致该民事法律行为无效的除外。

违背公序良俗的民事法律行为无效。

**第155条** 无效的或者被撤销的民事法律行为自始没有法律约束力。

**第157条** 民事法律行为无效、被撤销或者确定不发生效力后,行为人因该行为取得的财产,应当予以返还;不能返还或者没有必要返还的,应当折价补偿。有过错的一方应当赔偿对方由此所受到的损失;各方都有过错的,应当各自承担相应的责任。法律另有规定的,依照其规定。

**第657条** 赠与合同是赠与人将自己的财产无偿给予受赠人,受赠人表示接受赠与的合同。

# 婚恋财产纠纷案件裁判规则第 5 条：

## 当事人请求返还按照习俗给付的彩礼的，双方当事人尚未办理结婚登记手续也未共同生活，且给付金额较大的，应当予以支持。但若双方当事人未办理结婚登记已经共同生活的，需酌情考虑双方当事人的共同生活情况，对返还请求予以部分支持或不予支持

〔**规则描述**〕：《婚姻家庭编解释一》第 5 条规定："当事人请求返还按照习俗给付的彩礼的，如果查明属于以下情形，人民法院应当予以支持：（一）双方未办理结婚登记手续；（二）双方办理结婚登记手续但确未共同生活；（三）婚前给付并导致给付人生活困难。"该条规定若男女双方未办理结婚登记手续，一方要求返还彩礼的，人民法院应予支持。但现实生活中存在既未办理结婚登记手续也未共同生活的情形，也存在虽未办理结婚登记手续但是已经共同生活并生育子女的情形。在前一种情况下，一般应当返还彩礼。但是在后一种情况下，并非必须返还彩礼，是否返还彩礼以及返还多少彩礼，应当根据案件的具体情况进行判断，在处理此类纠纷时，应当综合考虑以下因素来决定是否返还彩礼以及返还的数额：（1）双方共同生活时间长短；（2）未办理结婚登记的原因；（3）彩礼的数额；（4）彩礼的实际使用情况；（5）女方妊娠、生育情况；（6）订婚或共同生活的对外公示效应给双方当事人造成的社会评价影响；（7）当地风俗习惯；（8）双方的其他共同事务处置。

### 一、类案检索大数据报告

时间：2019 年 10 月 9 日之前，案例来源：Alpha 案例库，案件数量：6520 件，数据采集时间：2019 年 10 月 9 日。本次检索获取 2019 年 10 月 9 日前共 6520 篇裁判文书，其中：婚约财产纠纷中，当事人请求返还按照习俗给付的彩礼，法院予以支持的案件有 2282 件，占比约 35.00%；法院部分予以支持的案件有 3859 件，占比约 59.19%；法院不予支持的案件有 379 件，占比约 5.81%。整体情况如图 5－1 所示。

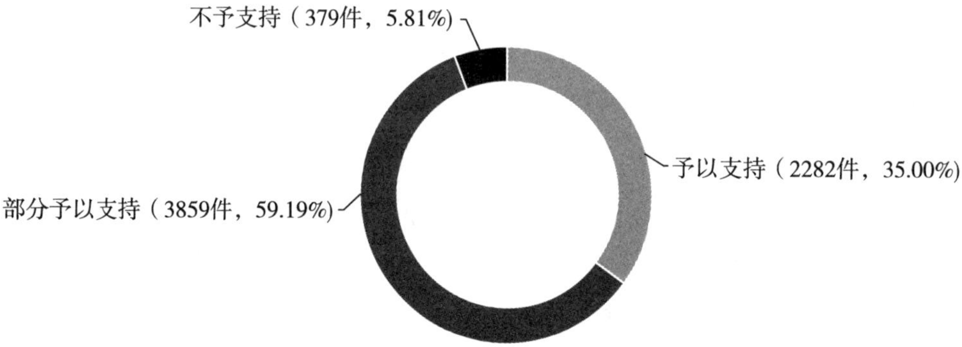


图 5 -1　案件裁判结果分布情况

如图 5 -2 所示,从案件案由分类情况可以看到,当前条件下案件的案由分布全部为婚约财产纠纷。

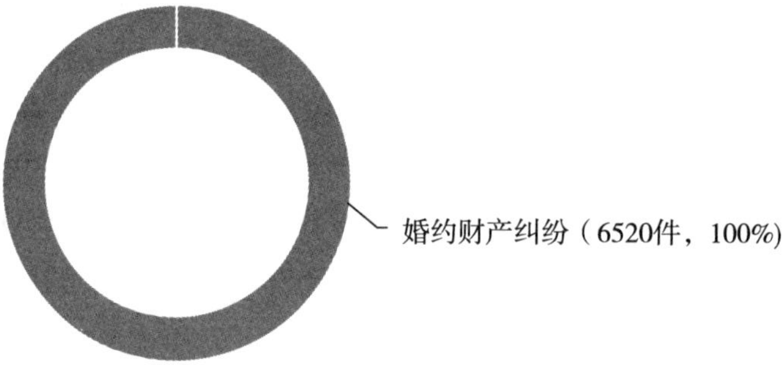


图 5 -2　案件案由分类情况

如图 5 -3 所示,从案件审理程序分布情况可以看到,当前条件下案件的上诉率约为6.10% ,再审率约为0.08% 。

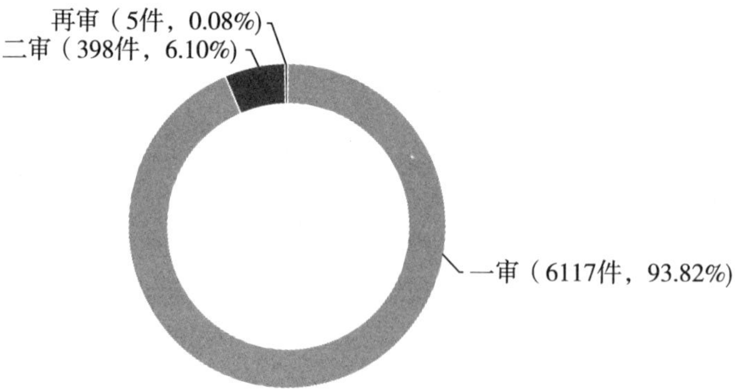


图 5 -3　案件审理程序分布情况

如图 5-4 所示,从案件二审裁判结果情况可以看到,当前条件下案件维持原判的比例较高,约为 72.61%。

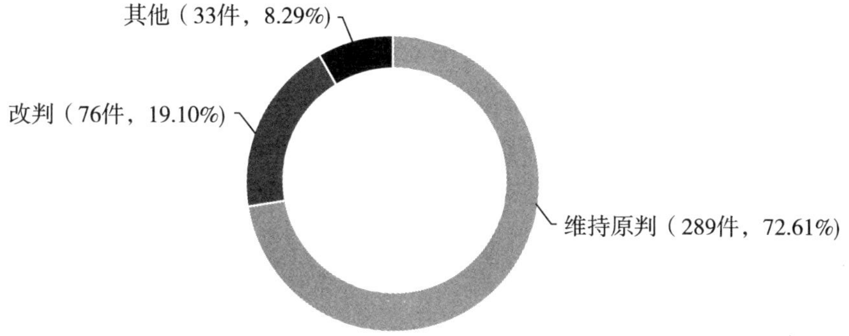


**图 5-4 案件二审裁判结果情况**

## 二、可供参考的例案

### 例案一 | 胡某与钟某、邓某婚约财产纠纷案

**【法院】**

江西省龙南县人民法院

**【案号】**

(2015)龙民一初字第 543 号

**【当事人】**

原告:胡某,男

委托诉讼代理人:胡某某,律师

委托诉讼代理人:李某某,律师

被告:钟某,女

被告:邓某,女,系被告钟某母亲

委托诉讼代理人:陈某某,律师

**【基本案情】**

胡某与钟某于 2013 年 3 月经人介绍认识,于 2013 年 4 月确立恋爱关系。随后,胡某按当地习俗,分别于 2013 年端午节、中秋节前往钟某家"捎节"。胡某在与钟某谈婚期间,为钟某购买了价值 2131 元的金项链、1044 元的挂坠、1497 元的戒指、2903 元的手链、5557 元的钻石戒指,并通过网络购物平台为钟某购买了价值

680 元的自行车、1979 元的小米手机一部及部分衣物、饰品。2013 年 4 月 20 日晚,胡某向钟某方支付了见面礼 39,000 元,2013 年 12 月 4 日,胡某还向 ××新娘摄影店支付了胡某、钟某拍摄婚纱照费用 2899 元。胡某与钟某于 2014 年 1 月 8 日举办婚礼时,向钟某方支付了"三牲礼"9360 元、"恩钱"20,000 元、聘金 8800 元、"断奶衣"1600 元,钟某方也购买了价值 12,800 元的洗衣机、冰箱、彩电,以及棉被等床上用品,并为胡某购买了价值 1799 元的柒牌男装一套作为嫁妆。婚后,胡某向钟某支付了钟某方举办婚礼的宴席款 17,400 元。

胡某与钟某举办婚礼后,未办理结婚登记,也未生育子女。钟某在胡某家中及胡某在广州的住处分别居住了一段时间,但因家庭琐事及双方性格原因,胡某、钟某发生矛盾,2015 年 2 月开始分居。

另查明,胡某在与钟某同居之前有过一次婚史,但于 2010 年左右离异。

**【案件争点】**

1. 胡某给付的彩礼是否应予返还。

2. 如应返还,彩礼的返还金额是多少。

3. 邓某是否应当承担连带返还责任。

**【裁判要旨】**

胡某、钟某未按法律规定办理结婚登记手续就开始同居生活,其同居关系法律不予保护。《婚姻法解释二》第 10 条①第 1 款第 1 项规定,"当事人请求返还按习俗给付的彩礼的,如果查明属于以下情形,人民法院应当予以支持:(一)双方未办理结婚登记手续的……"本案胡某与钟某经人介绍相识后,虽依习俗举行了结婚仪式,但一直未办理结婚登记手续,故胡某要求钟某返还彩礼的请求,法院予以支持。关于彩礼的性质,法院认为男方以结婚为目的,按照本地习俗给付女方数额较大的金钱和物品应认定为彩礼,因此胡某给付钟某的见面礼 39,000 元以及价值 2131 元的金项链、1044 元的挂坠、1497 元的戒指、2903 元的手链、5557 元的钻石戒指,举办婚礼当天胡某支付给女方父母的"恩钱"20,000 元、聘金 8800 元、"断奶衣"1600 元,应认定为彩礼。胡某支付给钟某方 26 户亲戚每户 360 元共计 9360 元的"三牲礼",以及举办婚礼当天随的"啓客"红包、"开箱"红包等,系胡某、钟某及双方亲属之间的一种礼尚往来,在性质上属于自愿赠与,因此上述款项不宜认定为彩礼。胡某通过网络购物平台为钟某购买的自行车、手机及衣物饰品等,也属于胡某

① 对应《婚姻家庭编解释一》第 5 条。

对钟某的自愿赠与，不属于彩礼。胡某还向钟某方给付了酒席礼17,400元，但钟某方已为举行婚礼置办了酒席，该款属于置办酒席的正常开支，因此该款也不应认定为彩礼。胡某支付的婚纱照费用2899元、婚礼当天高速公路通行收费210元也不属于彩礼，至于胡某要求钟某返还“捎节”费用、开锁箱、改口费、三年大学费用、赔偿男方请客及烟酒等费用的请求，首先胡某没有向法庭提交相关证据予以证明，其次上述费用也不属于彩礼性质，故法院不予支持。

关于返还彩礼的金额问题。胡某为钟某购买的价值2131元的金项链、1044元的挂坠、1497元的戒指、2903元的手链、5557元的钻石戒指，钟某自认收到上述物品，并可返还给胡某，故应由钟某将上述物品返还给胡某，如上述物品出现遗失或其他不能返还的情况，则应支付同等金额的金钱给胡某。胡某支付的见面礼39,000元、“恩钱”20,000元、聘金8800元、“断奶衣”1600元合计69,400元，胡某、钟某于2014年1月8日举行结婚仪式后至2015年2月双方分居，其间共同生活了一年多，双方在该期间因生活消费等客观上实际消耗了69,400元的部分。另外，钟某方购买的价值12,800元的洗衣机、冰箱、彩电，以及床上用品、衣服等嫁妆，现由胡某在使用，可折抵部分彩礼后归胡某所有。综上所述，法院酌定应返还的金额为40,000元。

本案审理过程中，胡某认为钟某隐瞒真实姓名，钟某认为胡某隐瞒婚史，存在欺骗行为，但都没有提交证据予以证明，法院不予采信。邓某作为钟某的母亲，代女儿收受彩礼符合风俗习惯，目的为用于女儿婚事，是一种家事行为，且钟某在举办婚礼前及与胡某分居后都与邓某一起居住生活，应认定共同接受了彩礼，应负共同的返还义务。综上所述，依照《婚姻法解释二》第10条①第1款第1项、《民事诉讼法》第64条之规定，法院判决如下：(1)被告钟某、邓某共同返还价值2131元的金项链、1044元的挂坠、1497元的戒指、2903元的手链、5557元的钻石戒指给原告胡某。如上述物品出现遗失或其他不能归还的情况，则由被告钟某、邓某支付同等金额的金钱给原告胡某。(2)被告钟某、邓某共同返还彩礼款40,000元给原告胡某。(3)被告钟某购买的洗衣机、冰箱、彩电以及床上用品、衣服等嫁妆归原告胡某所有。(4)驳回原告胡某的其他诉讼请求。

---

① 对应《婚姻家庭编解释一》第5条。

## 例案二 | 上诉人徐某1、陈某与被上诉人刘某婚约财产纠纷案

**【法院】**

贵州省黔西南布依族苗族自治州中级人民法院

**【案号】**

(2019)黔23民终298号

**【当事人】**

上诉人(原审被告):徐某1,女

法定代理人:徐某2,系徐某1之父

法定代理人:陈某,系徐某1之母

上诉人(原审被告):陈某,女

二上诉人共同委托诉讼代理人:陈某某,律师

被上诉人(原审原告):刘某,男

**【基本案情】**

陈某系徐某1母亲,刘某与徐某1在浙江打工期间认识,双方于2018年××月××日按农村风俗结婚,未办理结婚登记手续。刘某为了与徐某1结婚,支付了徐某1、陈某手信钱6680元、酒肉钱8800元和彩礼钱86,000元(其中6680元手信钱是刘某请王某某交给徐某1的爷爷,徐某1的爷爷将钱交给徐某1;彩礼钱当时讲好的是88,000元,但实际拿去徐某1家的是86,000元,酒肉钱是和彩礼钱一起支付的)。上述款项徐某1及其母亲陈某用于购买陪嫁财产(电视机一台、电视柜一个、电烤炉茶几一台、冰柜一台、被子两床、床垫一套),以上陪嫁财产现均在刘某家中,并部分用于办酒席、买酒肉。按农村风俗结婚后,徐某1与刘某于2018年×月××日分开。2018年×月××日,刘某到陈某家中接徐某1,徐某1不愿回去,也不同意退还彩礼钱。现刘某起诉要求徐某1、陈某返还其支付的手信钱6680元、酒肉钱8800元和彩礼钱88,000元,共计103,480元。陈某不同意返还,认为徐某1与刘某已经共同生活,且徐某1离开是因为被刘某打,所以彩礼钱不应当返还。

徐某1、陈某上诉称,徐某1与刘某于2018年××月××日按农村习俗结婚时,不满18周岁,刘某亦不满22周岁。双方共同生活期间,刘某长期对徐某1实施暴力。2018年9月底,徐某1无法忍受刘某的暴力行为,躲避到陈某家。2018年9月29日,刘某追至陈某家实施暴力,陈某劝阻,遭到暴打住院。2018年10月6日,徐某1返回刘某家居住,遭受刘某一家辱骂和暴打,后在民警帮助下得以离

开，后一直不敢回家。关于手信钱、彩礼和酒肉钱：根据一审中证人王某、曾某证言可知，6680元手信钱是由王某经王某某之手交给徐某1的爷爷之后，再由其转交给当时未成年的徐某1；彩礼钱86,000元、酒肉钱8800元并未交上诉人陈某。

刘某二审辩称，刘某所主张的手信钱、彩礼钱及酒肉钱的数额、给付事实及受领对象，一审中已被证人证言所证实，且徐某1和陈某不持异议。刘某与徐某1之间的婚约关系依照的是农村风俗习惯，刘某已依约将手信钱、彩礼钱及酒肉钱如数交付徐某1和陈某，但在刘某和徐某1按照农村风俗举行婚礼后，徐某1即离开刘某。

二审法院查明的案件事实与一审查明的基本一致，故对一审查明的案件事实予以确认。

**【案件争点】**

1. 刘某给付徐某1的彩礼钱是否应当返还。
2. 如应返还，则返还金额为多少。
3. 一审判决徐某1、陈某共同返还彩礼钱52,680元是否恰当。

**【裁判要旨】**

刘某与徐某1经人介绍认识谈婚，并通过中间人支付手信钱6680元、酒肉钱8800元和彩礼钱86,000元的事实双方均无异议，予以认定。根据双方的诉辩意见，一审法院归纳争议焦点为：(1)刘某给付徐某1的彩礼钱是否应当返还；(2)如返还则应返还多少。

关于争议焦点一。双方于2018年××月××日按农村风俗结婚后，于2018年××月××日分开后便未在一起生活，双方始终未办理结婚登记手续。给付彩礼是我国的民间婚俗，是男女双方以将来结婚为目的而为的给付，法律性质属于以结婚为成就条件的赠与行为。根据《婚姻法解释二》第10条①的规定："当事人请求返还按照习俗给付的彩礼的，如果查明属于以下情形，人民法院应当予以支持：(一)双方未办理结婚登记手续的；(二)双方办理结婚登记手续但确未共同生活的；(三)婚前给付并导致给付人生活困难的。适用前款第(二)、(三)项的规定，应当以双方离婚为条件。"本案中，刘某与徐某1共同生活半年后即分开，且刘某到徐某1娘家接过徐某1，但其不愿回去与刘某共同生活。双方结婚的条件未能成就，且双方未办理结婚登记手续，故刘某要求徐某1和陈某返还彩礼钱的诉讼请求，法

① 对应《婚姻家庭编解释一》第5条。

院予以支持。

关于争议焦点二。收取彩礼钱后,陈某称用于筹办婚礼酒席,购买陪嫁财产(电视机一台、电视柜一个、电烤炉茶几一台、冰柜一台、被子两床、床垫一套),以上陪嫁财产现均在刘某家中,双方当事人均认可产生以上花费,但均不能举证证明具体花费金额。根据双方庭审中的陈述,酒肉钱系双方举行婚礼置办酒席支出,不应返还。对于手信钱及彩礼金应予返还。但徐某1、陈某为筹备婚礼已经购买了陪嫁财产,且双方共同生活了近半年时间,也存在部分花费。法院综合考虑案件实际,在应予返还的手信钱、彩礼钱中予以扣减40,000元,即徐某1、陈某应返还刘某彩礼钱52,680元。根据《民法通则》第62条①,《婚姻法解释二》第10条②第1款第1项之规定,判决:(1)徐某1、陈某一次性共同返还刘某彩礼钱52,680元;(2)驳回刘某其余诉讼请求。

二审法院认为,本案中双方所争议的标的物为徐某1、刘某按照农村习俗结婚过程中按照风俗习惯所给付的彩礼。彩礼,就其性质而言,系刘某及其家人以与徐某1结婚组建家庭为目的而给付徐某1及其家人的财产;给付彩礼的行为,属于附条件的赠与。本案中,徐某1与刘某按农村风俗结婚时未满18周岁,依据《未成年人保护法》第15条③的规定:"父母或者其监护人不得允许或者迫使未成年人结婚,不得为未成年人订立婚约。"双方按农村风俗结婚违反法律强制性规定,但此并不能改变按风俗习惯所给付彩礼的性质以及双方因婚姻关系未能缔结而产生要求返还按照风俗习惯给付的彩礼的纠纷本质。因此,一审认定本案案由为婚姻财产纠纷并无不当。同时,刘某与作为未成年人的徐某1按照农村习俗结婚,违反法律的规定,且之后刘某、徐某1未共同生活,亦未办理且不能办理结婚登记,故依据《婚姻法解释二》第10条第1款第1项"当事人请求返还按照习俗给付的彩礼的,如果查明属于以下情形,人民法院应当予以支持:(一)双方未办理结婚登记手续的"的规定,给付的彩礼应当予以返还。因此,一审判决返还彩礼并无不当。

本案中双方对于收受彩礼的数额并不持异议,而应返还彩礼的数额,则应当根据双方共同生活的时间、是否生育子女、彩礼数额以及当地风俗习惯、双方是否存

---

① 对应《民法典》第158条,变更为:"民事法律行为可以附条件,但是根据其性质不得附条件的除外。附生效条件的民事法律行为,自条件成就时生效。附解除条件的民事法律行为,自条件成就时失效。"

② 对应《婚姻家庭编解释一》第5条。

③ 对应2020年10月17日修正的《未成年人保护法》第17条第9项,变更为:"未成年人的父母或者其他监护人不得实施下列行为:……(九)允许、迫使未成年人结婚或者为未成年人订立婚约。"

在过错以及过错程度等因素确定。首先,刘某应当知道徐某1为未成年人而与其按农村风俗结婚,徐某1父母明知徐某1为未成年人,仍同意二人按照农村风俗结婚,均违反了《未成年人保护法》的相关规定,存在违法过错。徐某1、陈某主张刘某对徐某1存在家庭暴力,但所举证据并不足以证实。其次,双方按农村习俗结婚后,共同生活约半年后便分开,未生育子女,生活时间较短,且本案刘某向徐某1一方给付彩礼10余万元,相对一般农村家庭收入而言,数额较大。最后,徐某1、陈某主张案涉彩礼除用于购买陪嫁财产外,其余均用于双方共同生产、生活,但并未提供相应的证据予以证实。综合上述因素,且徐某1一方主张用陪嫁彩礼折抵部分彩礼,加之考虑双方发生纠纷的实际情况,案涉陪嫁财产现在刘某家中使用管理,为避免诉累,二审法院认为,一审判决案涉陪嫁财产折抵部分彩礼后,酌情判决返还彩礼52,680元并无不当。

关于返还彩礼的责任主体的问题。徐某1与刘某按照农村风俗结婚时,是由其父母进行操办,且徐某1为未成年人,在刘某一方给付彩礼时,徐某1母亲陈某亦在场,陈某亦陈述徐某1的陪嫁财产系用彩礼进行购买,故参照最高人民法院《关于审理彩礼纠纷案件中能否将对方当事人的父母列为共同被告的答复》相关规定的精神,应当认定刘某给付的彩礼系向徐某1家庭共同给付,由徐某1与其父母共同收受案涉彩礼。因此,一审判决陈某与徐某1共同返还彩礼,亦无不当,二审法院驳回上诉,维持原判。

## 例案三 | 冶某某诉李某甲、鲁某某、李某乙婚约财产纠纷案

**【法院】**

青海省海西蒙古族藏族自治州德令哈市人民法院

**【案号】**

(2015)德民初字第394号

**【当事人】**

原告:冶某某,男

委托诉讼代理人:冶某甲,男

被告:李某甲,男

被告:鲁某某,女

被告:李某乙,女

【基本案情】

冶某某、李某乙于2015年5月16日按照当地风俗举行婚礼起,共同生活至2015年6月8日。其间,冶某某为缔结婚姻给付李某甲、鲁某某、李某乙的各项支出为:(1)提亲时,冶某某给付李某乙现金4000元、用于购置两套衣服的现金1000元;冶某某送给李某乙两块布料;冶某某送给李某乙两瓶酒、两包桂圆、两包红枣、两包茶叶。(2)订婚时,冶某某送给李某乙现金6000元、用于购置两套衣服的现金1000元、为李某乙父母购置衣服钱现金600元、给李某乙奶奶现金300元;冶某某送给李某乙两瓶酒、两包桂圆、两包红枣、两包茶叶、一套化妆品、金戒指一枚。(3)敬酒时给李某乙现金1700元、看家给付现金2000元。(4)送礼时,冶某某送给李某乙现金92,000元,送给李某乙两套衣服、为李某乙的兄妹购置两套衣服,以上衣服现在冶某某家中;冶某某给付李某乙用于购置父母亲两套衣服现金1200元、用于购置叔叔婶婶衣服现金600元;冶某某送给李某乙两瓶酒、两包茶叶、化妆品、冰糖与桂圆若干。(5)"淘婚"时,冶某某送给李某乙一套衣服,现在冶某某家中;冶某某送给李某乙两瓶酒、牛奶一箱。(6)照相支出3398元。(7)娶亲时,冶某某送给李某乙一套衣服、两套化妆品、两瓶酒。(8)"奶母钱"1600元,冶某某还送给李某乙一对银手镯。(9)"认门"时,冶某某送给李某乙一条毛毯、价值30元牛奶一箱、两瓶酒、"一条红"即被面;冶某某去李某乙奶奶家支出现金100元,送两瓶酒、价值30元牛奶一箱、"一条红"即被面;"回门"时给李某乙现金260元。

李某甲、鲁某某为筹办婚礼所支出的各项费用为:(1)李某乙的陪嫁物品,包括家用电器即"伊莱克斯"牌双缸洗衣机、"长虹"牌42寸智能电视机、"联想"牌电脑各一台都在冶某某家中,四件黄金首饰即黄金项链一条及黄金吊坠一个、黄金耳钉一对、黄金手镯一只、黄金戒指一枚在李某甲、鲁某某、李某乙家中,床上用品即被子三床、床单花布、床上四件套及枕头、被面、毛毯都在冶某某家中。(2)李某乙分别送给冶某某爷爷、爸爸、妈妈现金各300元,送给冶某某妹妹100元,以上现金合计1000元;李某乙送给冶某某的衣物均在冶某某家中。

【案件争点】

1. 冶某某给付的彩礼是否应当返还。

2. 如应返还,则返还金额为多少。

【裁判要旨】

冶某某与李某乙按照当地风俗举行婚礼后便开始同居生活,冶某某出生于1993年6月3日,在双方共同生活期间已达到法定婚龄,但仍没有办理结婚登记,故彩礼应视情况予以适当返还。关于冶某某的诉讼主张，(1)关于冶某某要求李某甲、鲁某某、李某乙返还彩礼款102,000元的诉讼主张。在说亲、订婚、送礼时，冶某某分别给付李某甲、鲁某某、李某乙现金4000元、6000元、92,000元，以上款项共计102,000元，其性质应为彩礼。双方对陪嫁物品的价值无法达成一致，冶某某、李某乙不再同居生活，应当避免物品不必要的损耗，防止产生新的矛盾，以最大限度减少双方当事人的损失为原则来确定以上物品的归属。李某乙陪嫁物品中的四件黄金首饰即黄金项链一条及黄金吊坠一个、黄金耳钉一对、黄金手镯一只、黄金戒指一枚皆在李某甲、鲁某某、李某乙家中，不存在应返还或折抵彩礼款的情形，而陪嫁家用电器、床上用品仍在冶某某家中，按照本地风俗习惯，床上用品应视为赠与，但家用电器价值较大，在确定返还彩礼款金额时应考虑李某乙陪嫁家用电器的出资，鉴于冶某某、李某乙未进行结婚登记，结合本地风俗、双方相处时间的长短等因素，法院酌定李某甲、鲁某某、李某乙共同返还冶某某彩礼款76,000元。(2)关于冶某某要求李某甲、鲁某某、李某乙返还"奶母钱"1600元的诉讼主张。鉴于李某甲、鲁某某、李某乙同意返还，故法院对该项诉讼主张予以支持。(3)关于冶某某要求李某甲、鲁某某、李某乙返还购买衣服等物品的15,402元的诉讼主张。该部分钱款应属冶某某自愿赠与行为，且李某甲、鲁某某、李某乙不同意返还，法院对李某甲、鲁某某、李某乙的该诉讼主张不予支持。(4)关于冶某某要求李某甲、鲁某某、李某乙返还现金400元(一对银手镯的价值)的诉讼主张。因李某甲、鲁某某、李某乙不认可一对银手镯的价值，且冶某某未提供证据证明该对银手镯的价值，故对冶某某此诉讼主张法院不予支持。冶某某及李某甲、鲁某某、李某乙提出的其他诉讼主张因无相关证据证实，故法院不予支持。综上所述，依照《婚姻法解释二》第10条①、《民事诉讼法解释》第9条之规定，判决如下：(1)被告李某甲、鲁某某、李某乙共同返还原告冶某某彩礼款76,000元、"奶母钱"1600元；(2)驳回原告冶某某的其他诉讼请求。

## 三、裁判规则提要

### (一)关于彩礼的认定

彩礼，是指根据当地的风俗习惯，以缔结婚姻并共同生活为目的而由一方及其家庭给付对方及其家庭的数额较大的财物，也被称为聘礼、纳彩、聘财等。讨论是

---

① 对应《婚姻家庭编解释一》第5条。

否应当返还彩礼的前提是确定彩礼的范围,即明确所给付的财物哪些属于彩礼,哪些不是彩礼,在此基础上才能讨论是否应当返还以及应当返还多少。在确定一方及其家庭给付对方及其家庭的财物是否为彩礼时,第一,应当考察给付及接受方所在地区是否有给付彩礼的习俗。如果没有这种习俗,就不能将给付的财物作为彩礼对待。一般而言,给付彩礼是迫于习俗的压力,而并非完全出于给付方的自愿。第二,应考虑给付方及接受方的目的。彩礼的给付是出于男女双方之后缔结婚姻的目的,如果没有缔结婚姻的意愿,也不能将给付的财物作为彩礼对待。第三,从财物价值上看,相对于给付方家庭条件、当地的经济发展水平来说,给付的财物价值应较大。第四,从财物的给付及接收参与者上看,男女双方的亲属,尤其是双方的父母一般会参与其中,参与者不仅仅局限于男女双方。第五,从给付方式上看,在一些情况下,给付彩礼具有一定的仪式感,是在特定的场合下,给付方亲自或通过他人(如媒人)给付给对方。

根据上述标准,给付彩礼明显区别于恋爱期间男女双方为促进感情而为的一般性财物赠与,也明显区别于在逢年过节或平时上门拜访时一方出于礼节考虑而赠与对方父母或其他亲属财物的行为。在男女双方及其亲属间因故产生彩礼返还纠纷时,给付财物的一方往往会将一般性的赠与也计算入彩礼之中,此时应当对其主张的各项财物逐一加以分析,明确彩礼的范围,剔除非彩礼的部分,再根据彩礼返还规则确定是否返还以及如何返还。对于为增进感情的一般性赠与行为,如果财物已经给付,赠与方不得再要求对方予以返还。

### (二)给付彩礼行为的法律性质

关于给付彩礼行为的法律性质,理论界有不同的认识,总体来看,存在以下几种观点:(1)一般性赠与说,即认为给付彩礼属于不附加任何条件的一般性赠与,一旦所赠与的财物所有权发生转移,赠与方即不得要求返还。此学说忽视了给付彩礼的目的以及给付彩礼的习俗性,值得商榷。(2)从契约说,即认为订立婚约系主契约,给付彩礼属于从契约,依附于婚约而存在。该学说忽视了彩礼并不具有与婚约密不可分的特点,在有些情况下,订立婚约时可以不给付彩礼,也可以没有婚约而直接给付彩礼,婚约并非彩礼存在的前提,该学说的观点有欠妥当。(3)证约定金说,即认为彩礼是为了证明婚约的存在,类似于合同法上的定金,给付一方不履行婚约的无权要求返还彩礼,接收一方不履行婚约的,须双倍返还彩礼。该学说忽视了彩礼的身份性,也忽视了彩礼证明男女双方缔结婚姻目的的独立性,且在社会生活中好像也没有接受彩礼方双倍返还彩礼的习俗，故该学说也有一定的缺陷。(4)附条件的赠与说，即认为给付彩礼是以男女双方将来结婚为条件的，如果双方未能缔结婚姻关系或未能共同生活，则收受彩礼的一方应当返还彩礼。(5)附负担的赠与说，即认为给付彩礼的一方为对方设定了一项负担，该负担即为与给付彩礼的一方结婚。负担，系指一方应履行特定的法律义务，若其不履行，则可以法律强制其履行。该学说忽视了男女双方缔结婚姻的自愿性，缔结婚姻并非为某一方设定了负担，反而是男女双方积极追求的结果，且缔结婚姻也不具有法律强制性，这种负担并不能通过法律的强制来履行，故该学说也不可采。

目前，通说认为给付彩礼是一种附条件的赠与行为，只是在所附的条件是生效条件还是解除条件方面有一定的分歧。

法律行为所附条件依据效力的不同可以分为生效条件和解除条件。生效条件，是指限制法律行为发生效力的条件，在条件成就时，法律行为发生效力，在条件成就前，法律行为不发生效力。解除条件，是指限制法律行为效力是否消失的条件，即在条件成就前，法律行为是生效的，在条件成就时，法律行为丧失其效力。《民法典》第158条规定："民事法律行为可以附条件，但是根据其性质不得附条件的除外。附生效条件的民事法律行为，自条件成就时生效。附解除条件的民事法律行为，自条件成就时失效。"给付彩礼的行为是一种民事法律行为，其也可以附有条件。

最高人民法院在2017年8月26日作出的《关于审理彩礼纠纷案件中能否将对方当事人的父母列为共同被告的答复》中表示："您认为涉婚赠与行为是附条件的赠与，在没有与对方缔结婚姻或最终离婚的情况下，赠与行为所附条件不复存在，我们同意您的观点。对于婚前给付财物的性质问题，有学者称为附条件的赠与行为，即以结婚为目的一方给予对方财物，一般数额较大。附条件赠与行为，如果条件不成或条件消失，给付方可请求返还。"从行文表述看，最高人民法院亦认可给付彩礼是一种附条件的赠与，但其并未言明是附生效条件还是附解除条件。从行文内容看，似应解释为附解除条件。

笔者认为，给付彩礼应是附解除条件的赠与，所附的解除条件为"双方未办理结婚登记手续且未共同生活或虽办理结婚登记手续但未共同生活或者虽办理了结婚登记手续但造成了给付方生活困难的，则彩礼接收方应将彩礼予以返还。"理由为：(1)给付彩礼本身带着强烈的目的性，这种目的就是希望男女双方缔结婚姻关系，给付彩礼蕴含着双方结婚这一条件。(2)从彩礼给付后的习惯做法来看，接收方接收彩礼后对彩礼具有完全的支配权,接收方可以将其用于自己的家庭生活,可以用于为女方置办嫁妆,也可以用于支付举办婚礼的费用,从这个角度看,给付方将彩礼给付对方,双方显然均有使这种赠与立即发生效力的意愿。(3)如果将其解释为附生效条件的赠与,其所附的生效条件只能是"男女双方办理结婚登记手续或者共同生活",那么此时接收方在办理结婚登记手续之前或者双方共同生活之前处分彩礼的行为将不会有法律依据,这种解释与习俗之间就会存在冲突。(4)《民法典》第159条规定:"附条件的民事法律行为,当事人为自己的利益不正当地阻止条件成就的,视为条件已经成就。"如果将给付彩礼视作附生效条件的赠与,那么在接收彩礼的一方以各种理由拖延办理结婚登记或者拖延进行共同生活的,按照该规定,就可以视为双方结婚的条件已成就或者可以视为双方已经共同生活,这显然解释不通。

### (三)返还彩礼的请求权基础

《民法典》第157条规定:"民事法律行为无效、被撤销或者确定不发生效力后,行为人因该行为取得的财产,应当予以返还;不能返还或者没有必要返还的,应当折价补偿。有过错的一方应当赔偿对方由此所受到的损失;各方都有过错的,应当各自承担相应的责任。法律另有规定的,依照其规定。"第158条规定:"民事法律行为可以附条件,但是根据其性质不得附条件的除外。附生效条件的民事法律行为,自条件成就时生效。附解除条件的民事法律行为,自条件成就时失效。"

如上所述,给付彩礼的行为系附解除条件的赠与行为,在所附的解除条件成就时,该赠与行为即丧失效力,此时接收彩礼一方即无继续占有彩礼的法律依据,给付彩礼方自得要求其予以返还。

### (四)对于未办理结婚登记手续的,应区分情况决定是否返还彩礼

依据《婚姻家庭编解释一》第5条第1款第1项的规定,若"双方未办理结婚登记手续的",当事人可以要求返还彩礼。此时,不能仅仅依据双方未办理结婚登记手续的情况就当然地判决返还彩礼,还应注意审查双方是否已经共同生活。只有双方既未办理结婚登记手续又未共同生活的,才应返还彩礼,即应将"双方未办理结婚登记手续又未共同生活"作为给付彩礼这种赠与行为所附的解除条件。对于虽然没有办理结婚登记手续,但是已经共同生活的情形,应该根据案件的具体情况来判断是否应当返还以及应当返还的数额。

对此，最高人民法院在2011年10月下发的《全国民事审判工作会议纪要》中已经明确指出，《婚姻法解释二》第10条第1款第1项规定的"双方未办理结婚登记手续"，并非针对双方已共同生活的情形，如果未婚男女双方确已共同生活但最终未能办理结婚登记手续，给付彩礼方请求返还彩礼，人民法院可以根据双方共同生活的时间、彩礼数额并结合当地风俗习惯等因素，确定是否返还及具体返还的数额。最高人民法院在2017年8月26日作出的《关于审理彩礼纠纷案件中能否将对方当事人的父母列为共同被告的答复》中又重申了这一观点。

如此规定，一是为了更加注重对婚姻生活实际内容的考察，尽量追求实质公平。因为男女双方缔结婚姻关系的目的并不仅是取得法律上的登记手续，更重要的是双方共同生活、相互扶持、相互陪伴、相互帮助的实质。如果双方长期共同生活，具有了婚姻生活的实质内容，若仅因未办理结婚登记手续而一律要求返还彩礼，有失公平。二是因为在一些农村地区，将举行婚礼视为结婚有着广泛的群众基础，在其意识中，婚礼的重要性远大于办理结婚登记手续，若一律因未办理结婚登记手续而判决返还彩礼，则会造成与当地习俗的冲突，达不到较好的社会效果。

### （五）如何认定"共同生活"

男女双方是否共同生活是判断是否应当返还彩礼及返还多少的重要参考因素。在确定双方是否共同生活时，应由主张存在共同生活事实的一方承担证明责任。

在判断双方是否共同生活时，应注重审查当地的习俗，男女双方的居住地点是否共同，日常生活是否具有融合性，经济上是否互帮互助，精神上是否相互慰藉，双方之间是否形成了类似于夫妻之间相互扶持的关系等。在确定双方是否共同生活时，应根据个案的情况具体判断。

### （六）彩礼的返还与过错

在司法实践中，常会遇见因男女某一方的原因导致双方未能办理结婚登记手续或者不能共同生活的情形，这种原因通常包括家庭暴力、出轨、一方有赌博或吸毒恶习等。在彩礼返还诉讼中，是否应将这些原因作为一方的过错进行考虑？

在我国台湾地区及其他国家的司法实践中，有两种处理模式，一为采取无过错主义原则，二为采取过错主义原则。

在采取无过错主义原则的处理模式中，是否返还彩礼并不考虑赠与人是否存在过错,即使其存在过错,也仅仅产生损害赔偿的责任。比如我国台湾地区“1958年台上字第1469号”案件即认为:“婚约之聘金,系有负担之赠与,上诉人既不愿履行婚约,则依第412条第1项、第419条第2项,被上诉人自得撤销赠与,请求返还赠与财物。纵解除婚约之过失责任系在被上诉人,亦仅生赔偿之问题,不能为拒绝返还之论据。”①在采取过错主义原则的处理模式中,是否返还彩礼需要考量赠与方是否存在过错,如日本有法院认为婚约因给付彩礼方的过错而终止时,给付方不得要求返还彩礼。

我国《婚姻法解释(二)》第10条征求意见稿第1款曾经规定:“一方婚前给付对方财物数额较大,结婚后一年内起诉要求离婚的,人民法院判决离婚时,可以根据当事人的请求,综合考虑给付财物方有无过错及双方其他实际情况等因素,根据公平原则判决接受财物一方予以部分或者全部返还。”但在正式条文中并未采用这一规定。笔者认为,从公平原则出发,应当考虑当事人是否具有过错。若导致解除条件成就的一方为彩礼给付方,则应根据具体情况判决全部彩礼或部分彩礼不予返还。

### (七)彩礼返还数额的确定

我国法律及相关司法解释并未就应返还的彩礼的数额进行规定。在司法实践中,返还彩礼的数额多少是根据案件的具体情况综合考虑后确定的,并没有一个统一的返还数额区间。具体而言,在男女双方未办理结婚登记但已经共同生活的情况下,返还彩礼需要考虑的因素包括但不限于:(1)当地的风俗;(2)双方未办理结婚登记手续的原因;(3)双方共同生活的时间长短;(4)彩礼数额的大小;(5)彩礼的实际用途及已经花费的数额;(6)有无生育子女;(7)订婚或共同生活的对外公示效应给双方当事人造成的社会评价影响;(8)双方的其他共同事务处置等。

在实践中,有的法院曾经尝试为彩礼返还数额建立一个比较固定的模型,如江苏省高级人民法院《婚姻家庭案件审理指南》中提到,江苏省泰州市姜堰区法院曾经规定“接受彩礼方提出解除婚约的,彩礼价值在2000元以上至10,000元的,按照80%返还;价值在10,000元至20,000元的按照90%返还;价值在20,000元以上的则全额返还。如果是给付彩礼方提出解除婚约的,2000-10,000元按60%返还;10,000-20,000元按70%返还;20,000元以上则全额返还”。这种确定返还模

① 王泽鉴:《民法学说与判例研究》(第三册),中国政法大学出版社1998年版,第136页。

型的做法有一定的积极意义，可供参考借鉴，但更重要的还是应当考虑到个案的具体案情，分情况予以处理。

## 四、辅助信息

**高频词条：**

**《民法典》**

**第3条** 民事主体的人身权利、财产权利以及其他合法权益受法律保护，任何组织或者个人不得侵犯。

**第5条** 民事主体从事民事活动，应当遵循自愿原则，按照自己的意思设立、变更、终止民事法律关系。

**第6条** 民事主体从事民事活动，应当遵循公平原则，合理确定各方的权利和义务。

**第7条** 民事主体从事民事活动，应当遵循诚信原则，秉持诚实，恪守承诺。

**第157条** 民事法律行为无效、被撤销或者确定不发生效力后，行为人因该行为取得的财产，应当予以返还；不能返还或者没有必要返还的，应当折价补偿。有过错的一方应当赔偿对方由此所受到的损失；各方都有过错的，应当各自承担相应的责任。法律另有规定的，依照其规定。

**第158条** 民事法律行为可以附条件，但是根据其性质不得附条件的除外。附生效条件的民事法律行为，自条件成就时生效。附解除条件的民事法律行为，自条件成就时失效。

**第159条** 附条件的民事法律行为，当事人为自己的利益不正当地阻止条件成就的，视为条件已经成就；不正当地促成条件成就的，视为条件不成就。

**第176条** 民事主体依照法律规定或者按照当事人约定，履行民事义务，承担民事责任。

**第179条第1款** 承担民事责任的方式主要有：

（一）停止侵害；

（二）排除妨碍；

（三）消除危险；

（四）返还财产；

（五）恢复原状；

（六）修理、重作、更换；

(七)继续履行;

(八)赔偿损失;

(九)支付违约金;

(十)消除影响、恢复名誉;

(十一)赔礼道歉。

**第958条** 得利人没有法律根据取得不当利益的,受损失的人可以请求得利人返还取得的利益,但是有下列情形之一的除外:

(一)为履行道德义务进行的给付;

(二)债务到期之前的清偿;

(三)明知无给付义务而进行的债务清偿。

**第1042条** 禁止包办、买卖婚姻和其他干涉婚姻自由的行为。禁止借婚姻索取财物。

禁止重婚。禁止有配偶者与他人同居。

禁止家庭暴力。禁止家庭成员间的虐待和遗弃。

**第1049条** 要求结婚的男女双方应当亲自到婚姻登记机关申请结婚登记。符合本法规定的,予以登记,发给结婚证。完成结婚登记,即确立婚姻关系。未办理结婚登记的,应当补办登记。

**第1063条** 下列财产为夫妻一方的个人财产:

(一)一方的婚前财产;

(二)一方因受到人身损害获得的赔偿或者补偿;

(三)遗嘱或者赠与合同中确定只归一方的财产;

(四)一方专用的生活用品;

(五)其他应当归一方的财产。

**《婚姻家庭编解释一》**

**第5条** 当事人请求返还按照习俗给付的彩礼的,如果查明属于以下情形,人民法院应当予以支持:

(一)双方未办理结婚登记手续;

(二)双方办理结婚登记手续但确未共同生活;

(三)婚前给付并导致给付人生活困难。

适用前款第二项、第三项的规定,应当以双方离婚为条件。

# 婚恋财产纠纷案件裁判规则第 6 条：
## 婚约财产纠纷中，一方当事人要求对方当事人及其父母就婚约财产返还承担连带责任的，一般予以支持

〔**规则描述**〕：我国实行婚约自由原则，禁止包办、买卖婚姻和其他干涉婚姻自由的行为，禁止借婚姻索取财物。婚姻首先是处于平等地位的男女双方的自由结合，与谁订立婚约、与谁结婚都应尊重男女双方本人的真实意愿。彩礼的给付与接受也应是以欲缔结婚姻关系的男女双方为中心和重心，故在因婚约彩礼问题发生纠纷时，一般应以男女双方为案件的当事人。但是，也应当看到，在一些地区彩礼习俗源远流长。根据民间习俗，订立婚约往往不只是意欲缔结婚姻的双方当事人的行为，双方的父母或其他亲属也多参与其中，给付彩礼的本意为向对方及对方父母、亲属表示结婚诚意等，常常涉及两个家庭之间的往来。彩礼的给付人和接收人通常不局限于准备缔结婚姻关系的男女本人，也可能会包括各自的父母或其他亲属。且在接收彩礼后，接收彩礼的女方家庭也有可能将彩礼用于订立婚约或结婚之外的用途，接收、使用彩礼的主体具有多重性。从减少当事人诉累、便于查清事实以及便于彩礼返还执行的角度考虑，如果一方当事人要求对方当事人及其父母就婚约财产返还承担连带责任的，应当予以支持。

### 一、类案检索大数据报告

时间：2019 年 10 月 9 日之前，案例来源：Alpha 案例库，案件数量：354 件，数据采集时间：2019 年 10 月 9 日。本次检索获取 2019 年 10 月 9 日前共 354 篇裁判文书，其中：婚约财产纠纷中，一方当事人要求对方当事人及其父母就婚约财产返还承担连带责任，法院予以支持的案件有 288 件，约占 81.36%；法院不予支持的案件有 66 件，约占 18.64%。整体情况如图 6－1 所示。

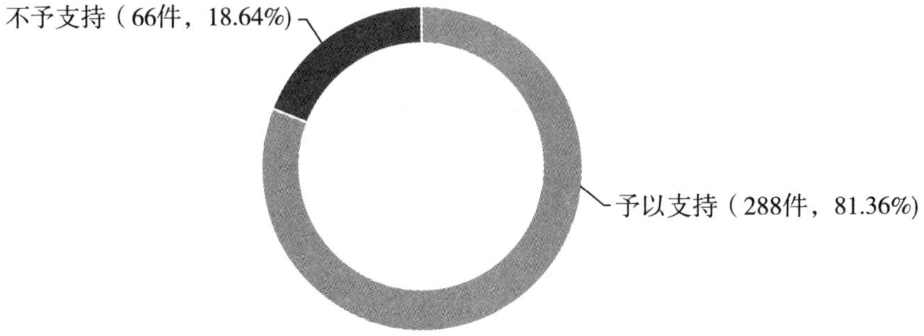


**图 6 -1　案件裁判结果分布情况**

如图 6 -2 所示,从案件案由分类情况可以看到,当前条件下案件的案由分布全部为婚约财产纠纷。

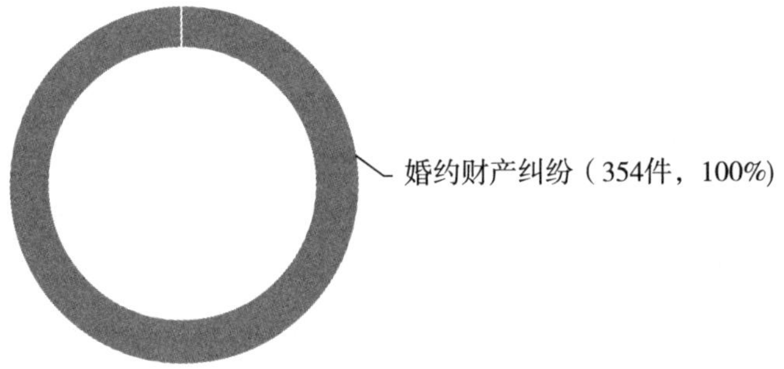


**图 6 -2　案件案由分类情况**

如图 6 -3 所示,从案件审理程序分布情况可以看到,当前条件下案件的上诉率约为 19.21% ,再审率约为 0.28% 。

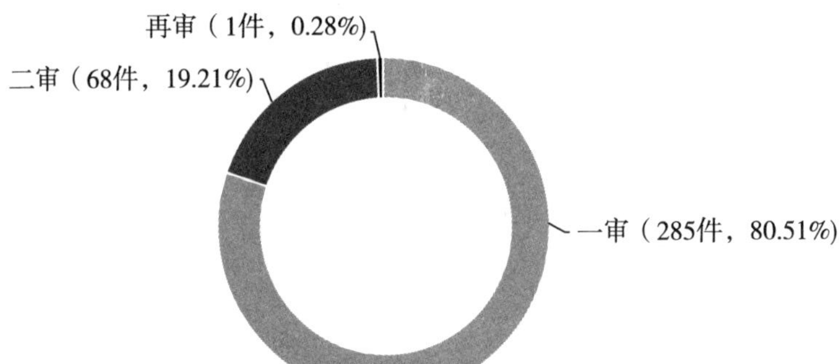


**图 6 -3　案件审理程序分布情况**

如图6－4所示，从案件二审裁判结果情况可以看到，当前条件下案件维持原判的比例较高，约为64.71%。

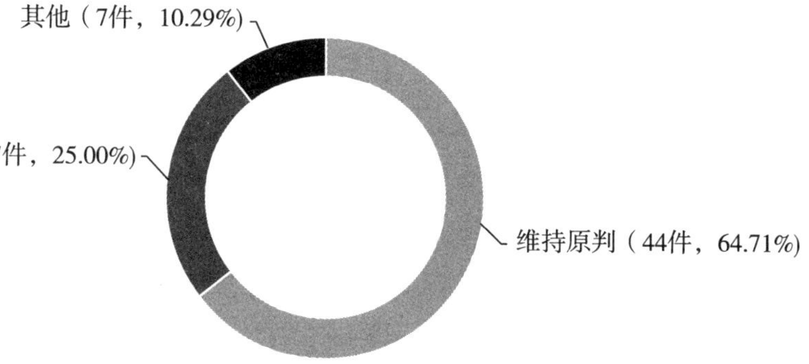


**图6－4 案件二审裁判结果情况**

## 二、可供参考的例案

### 例案一 | 张某甲与牛某甲、牛某乙、王某某婚约财产纠纷案

**【法院】**

山西省长治市沁县人民法院

**【案号】**

（2015）沁民初字第126号

**【当事人】**

原告：张某甲，男

委托代理人：连鸿×，律师

被告：牛某甲，女

被告：牛某乙，男，系被告牛某甲之父

被告：王某某，女，系被告牛某甲之母

上述三被告的共同委托代理人：屈×，律师

**【基本案情】**

张某甲与牛某甲于2014年5月认识，同年6月23日订婚。张某甲到牛某甲家里给了牛某甲8800元的订婚钱和买东西钱共计10,000元，当时牛某甲的父母及二人的媒人均在场，同时双方约定彩礼100,000元以及购房押金50,000元（用于婚后张某甲和牛某甲在县城买房首付）。随后张某甲分三次给付牛某甲及家人

130,000元。2014年9月19日,张某甲和牛某甲按风俗习惯举行了结婚典礼,但一直未办理结婚登记。张某甲和牛某甲举行结婚典礼之后在县城租房,一次性给付租金2200元。举行典礼时,牛某甲的陪嫁物品有:松下全自动洗衣机一台、爱玛电动车一辆(一直由牛某甲使用)、两个大被子、两个小被子、四个床单、四个大被罩、四个小被罩、一条太空被、一个夏凉被、一个四件套、一个三件套、两条床单、四对毛巾,及洗脸盆、牙刷等生活用品。张某甲与牛某甲举行典礼后同居生活了短暂时间后,二人发生矛盾,张某甲到太原打工,后双方再未同居生活。2015年5月5日,张某甲诉至法院,请求法院判令三被告牛某甲、牛某乙、王某某返还彩礼款184,000元,并由三被告牛某甲、牛某乙、王某某互负连带责任。

庭审中,原告张某甲坚持给付被告方彩礼及购房押金为150,000元,而被告方只认可130,000元,而张某甲也未提供有效证据予以证明,故彩礼款认定为100,000元,购房押金认定为30,000元。另外在庭审中,张某甲称除此之外还给了被告方下轿钱880元、"抓富贵"660元、开箱钱50元、改口钱1010元、认亲钱1000元、原告家收的礼钱2000元,牛某甲父亲圈葬费550元、百天钱800元、原告父亲办丧事结的礼钱12,300元、拜年钱700元,以上共计19,950元。

**【案件争点】**

1. 牛某甲、牛某乙、王某某是否应当返还张某甲彩礼款及其他款项184,000元整。

2. 牛某甲、牛某乙、王某某是否应当互负连带责任。

**【裁判要旨】**

张某甲和牛某甲未办理结婚登记,按当地风俗举行了结婚典礼后同居生活,属同居关系。同居前张某甲按当地风俗给付被告方牛某甲、牛某乙、王某某的彩礼金,依法应予以返还,双方已同居生活一段时间,可酌情减少返还数额。关于购房押金,双方并未购房,应由被告方全额返还给张某甲。关于同居前,张某甲给付被告方的8800元订婚钱和买东西钱,属张某甲对牛某甲的赠与,不属彩礼金,不予返还。关于下轿钱等共计19,950元,是张某甲和牛某甲典礼前及典礼时,张某甲赠与被告方的,也不属于彩礼金,不予返还。举行典礼时牛某甲陪置的财产,属其个人财产,依法应归其所有。另外,按照当地的风俗,彩礼的给付并不单纯是男女双方的事情,一般涉及两个家庭之间的往来,因此牛某乙和王某某作为牛某甲的父母,是家庭的主要成员,张某甲诉请其二人与被告牛某甲共同承担连带责任的主张，法院予以支持。依据《婚姻法解释二》第 10 条[①]第 1 项、第 3 项，《民事诉讼证据规定》第 2 条以及《民事诉讼法》第 64 条第 1 款之规定，判决如下：(1)被告牛某甲、被告牛某乙、被告王某某返还原告张某甲彩礼款人民币 120,000 元，三被告互负连带责任。(2)被告牛某甲陪置的财产松下全自动洗衣机一台、爱玛电动车一辆(现在牛某甲还在使用)、两个大被子、两个小被子、四个床单、四个大被罩、四个小被罩、一条太空被、一个夏凉被、一个四件套、一个三件套、两条床单、四对毛巾，及洗脸盆、牙刷等生活用品归牛某甲所有。

## 例案二 | 雷某 1、冯某婚约财产纠纷案

**【法院】**

云南省昭通市中级人民法院

**【案号】**

(2018)云 06 民终 2354 号

**【当事人】**

上诉人(原审被告)：雷某 1，男

上诉人(原审被告)：冯某，女

上诉人(原审被告)：雷某 2，女

上诉人(原审原告)：洪某 1，男

**【基本案情】**

洪某 1 与雷某 1、冯某、雷某 2 系同村人。雷某 1 与冯某系夫妻关系，雷某 2 系雷某 1 与冯某的女儿。证人洪某 2 系洪某 1 的父亲。2016 年洪某 1 与雷某 2 经过媒人赵某分介绍认识后相互恋爱。2016 年 8 月，洪某 1 与雷某 2 正式订婚，洪某 1 的父亲洪某 2 通过媒人赵某分向冯某支付彩礼金人民币 38,006 元；送给雷某 2 衣服两套、鞋子两双；送给雷某 2 家白酒两件、啤酒四件、紫云烟两条及猪肉。2017 年 2 月，洪某 1 与雷某 2 按照农村风俗习惯举办酒席成婚后便在一起共同生活。2017 年 7 月，洪某 1 与雷某 2 产生矛盾纠纷后分居生活。洪某 1 与雷某 2 未办理结婚登记手续，未共同生育子女，后双方产生矛盾并解除婚约。洪某 1 诉至法院，请求雷某 1、冯某、雷某 2 返还彩礼金及赠与财物。经审理，一审判决雷某 1、冯某、雷某

---

① 对应《婚姻家庭编解释一》第 5 条。

2一次性连带返还洪某1彩礼金人民币22,000元,并驳回洪某1的其他诉讼请求。

雷某1、冯某、雷某2上诉称,一审法院认为本案上诉人雷某2与洪某1缔结的婚姻赠与物是彩礼,应部分返还,该认定与事实真相不符。(1)雷某2与洪某1的婚姻关系,是双方在婚前婚后均意思表示真实的自愿行为。双方是通过介绍人几经说情后成立的婚姻关系,雷某2没有骗取洪某1钱财的主观恶意。(2)洪某1给付的两三万元财物纯属洪某1自愿,而且无可争议地属于洪某1的赠与,洪某1没有要求返还的权利。(3)雷某2与洪某1双方以结婚为目的举行了仪式,而且雷某2与洪某1结婚后已实际与洪某1生活了半年多时间,上诉人雷某2已与被上诉人履行相应的夫妻义务。是洪某1喜新厌旧、另寻新欢导致"夫妻"感情破裂,洪某1婚前婚后的全部赠与均不存在返还的问题。(4)雷某2离开洪某1纯属洪某1一方过错。洪某1在与雷某2结婚短短半年期间,与他人存在不正当关系。(5)雷某2离开洪某1只是暂时离开洪某1,目的是让洪某1悔改,让其对感情负责、对家庭负责和对社会和谐稳定负责。可是雷某2刚离开洪某1几个月,洪某1就借机起诉雷某2返还财物,这是明显的乘人之危。

洪某1上诉称,一审判决存在以下问题:(1)一审判决对彩礼的范围认定不清。一审判决仅认定彩礼为38,006元,但对于彩礼给付、接受主体应当作宽泛解释。因此,本案中洪某1诉求的彩礼包括两部分:第一部分为请媒人送去彩礼38,006元;第二部分为30,930元(上诉人给予的为缔结婚姻的各种来往和开支)。(2)一审判决返还彩礼不合理。洪某1与雷某2同居生活虽然有半年,但是在这半年同居生活期间,二人真正在一起共同生活时间较少,其对返还22,000元不予认可。按同居时间来确定,应返还彩礼在28,500元左右。(3)洪某1原审主张返还彩礼是68,936元,除去原审认定为彩礼的38,006元,剩余部分也是基于对婚约关系的赠与,这种赠与是一种附解除条件的赠与行为。故婚姻关系不能缔结,所附条件不能成就,给付的68,936元的彩礼应当予以返还。

洪某1提交上诉状后,经一审法院书面通知其预交上诉费,但洪某1未在规定的时间内预交。

在二审中,洪某1对原审认定的彩礼提出异议,各方对原审认定的其余案件事实未提出异议。二审法院对原审认定双方无异议的事实予以确认。

**【案件争点】**

一审案件争点:

1. 三被告雷某1、冯某、雷某2应返还的彩礼范围。

2. 雷某1、冯某、雷某2是否应当互负连带责任。

二审案件争点：

1. 一审对彩礼的认定是否正确。

2. 原审判决返还礼金22,000元是否适当。

**【裁判要旨】**

彩礼起于中国古代婚礼程序之一，又称订亲彩礼、聘礼、聘财等。中国自古以来婚姻的缔结，就有男方在婚姻约定初步达成时向女方赠送聘金、聘礼的习俗，这种聘金、聘礼俗称彩礼。彩礼是男女双方以缔结婚姻为条件的一种赠与，是一种附条件的法律行为，若婚姻不能缔结，所附条件不能成就时，给付的彩礼应当根据双方过错程度、是否共同生活、有无子女及当地风俗习惯等情形酌情予以返还。洪某1与雷某2自愿订立婚约后，一直未办理结婚登记手续，后双方产生矛盾并解除婚约，雷某1、冯某、雷某2收受的彩礼38,006元应当予以返还，但考虑到洪某1与雷某2已经按照农村风俗习惯举办婚礼并已共同生活长达半年之久的事实，雷某1、冯某、雷某2收受的彩礼应当予以部分返还，法院酌情认定返还人民币22,000元。在中国传统习俗中，儿女的婚姻被认为是终身大事，一般由父母一手操办，实际生活中，彩礼的给付人和接受人并非仅限于男女双方，还可能包括男女双方的父母和亲属，这些人均可以成为返还彩礼诉讼的当事人。本案中的彩礼金38,006元虽系洪某2给付，但洪某2系洪某1的父亲，因此洪某1作为原告起诉要求返还彩礼符合法律规定。同理，虽然收受彩礼金的人是冯某，但冯某是雷某2的母亲，与雷某1、雷某2是一家人，其收受彩礼的行为应当视为雷某2、雷某1与冯某的共同行为，因此雷某1、雷某2、冯某应当对返还的彩礼共同承担连带责任。洪某1主张返还的其他财物，系洪某1及其家人对雷某2及其亲属的赠与行为，不属于彩礼款范畴，应当不予返还。一审法院依照《婚姻法》第3条第1款[①]的规定："禁止包办、买卖婚姻和其他干涉婚姻自由的行为。禁止借婚姻索取财物。"参照《婚姻法解释二》第10条[②]第1款的规定："当事人请求返还按照习俗给付的彩礼的，如果查明属于以下情形，人民法院应当予以支持：（一）双方未办理结婚登记手续的。"并依照《民事诉讼法》第64条第1款的规定："当事人对自己提出的主张，有责任提供证据。"及《民事诉讼法解释》第90条的规定："当事人对自己提出的诉讼请求所依据

① 对应《民法典》第1042条第1款。

② 对应《婚姻家庭编解释一》第5条。

的事实或者反驳对方诉讼请求所依据的事实,应当提供证据加以证明,但法律另有规定的除外。在作出判决前,当事人未能提供证据或者证据不足以证明其事实主张的,由负有举证证明责任的当事人承担不利的后果。"判决:(1)雷某1、冯某、雷某2一次性连带返还洪某1彩礼人民币2,2000元。(2)驳回洪某1的其他诉讼请求。

上诉人雷某1、冯某、雷某2认为,本案双方已依婚约按当地风俗结婚,应当驳回洪某1的全部诉讼请求,洪某1则认为,其给付的68,936元彩礼应当全部返还。二审法院认为,《婚姻法解释二》第10条①规定:"当事人请求返还按照习俗给付的彩礼的,如果查明属于以下情形,人民法院应当予以支持:(一)双方未办理结婚登记手续的;(二)双方办理结婚登记手续但确未共同生活的;(三)婚前给付并导致给付人生活困难的。适用前款第(二)、(三)项的规定,应当以双方离婚为条件。"上述司法解释在司法实践中对彩礼的返还有了明确的规定,对婚约彩礼纠纷案件做到了有法可依,但在彩礼性质的认定及返还方面规定得并不具体,人民法院在审理中应当分不同情况予以区别认定和酌情处理。本案婚约的男女双方未办理结婚登记,且洪某1给付38,006元数额较大,不返还必然给洪某1家庭造成经济上的困难,因此,本案符合该司法解释第1款第1项规定应当返还彩礼的情形。但双方依照农村风俗举行婚礼,并已经同居生活半年时间,彩礼也可能已经用于同居期间的共同生活开支或用于置办婚庆事宜,如果无条件地全额返还,有失法律的公平,并且,按照当前农村的实际情况,一旦按当地风俗举行婚礼,群众即认为男女双方具有了"婚姻"关系,因此,还要适当考虑到女方的名誉。二审法院认为,一审法院酌情确定返还彩礼数额为22,000元,符合本案实际,原审判决并无不当,上诉人的上诉理由不能成立,判决驳回上诉,维持原判。

## 例案三 | 王某甲与秦某甲、宁某某、秦某乙婚约财产纠纷案

**【法院】**

甘肃省张掖市山丹县人民法院

**【案号】**

(2016)甘0725民初227号

---

① 对应《婚姻家庭编解释一》第5条。

**【当事人】**

原告：王某甲，男

委托代理人：王某善，系王某甲之父

委托代理人：王某瑄，法律工作者

被告：秦某甲，女

被告：宁某某，女，秦某甲之夫

被告：秦某乙，女，秦某甲、宁某某之女

委托代理人：牛某玲，律师

**【基本案情】**

被告秦某甲、宁某某系夫妻关系，被告秦某乙系秦某甲、宁某某之女。2015年3月，原告王某甲与秦某乙经孔某某介绍认识，开始确立恋爱关系后订立婚约。2015年3月10日（农历正月二十），按习俗王某甲到被告家去认门（看家）。陪王某甲一起前往被告家去的有主事人王某乙、介绍人孔某某、王某甲的母亲何某某、王某甲的姨夫吴某某、王某甲的外甥，共六人。

当天，王某甲给被告家拿了彩礼及金项链，但对于彩礼的数额、金项链是否带吊坠及价格问题，原告、被告各持己见。王某甲的诉讼主张认为，在认门当天拿彩礼40,660元，被告回了20,660元，当时原告请去的主事人王某乙在回的彩礼中给了秦某乙夏衣钱4000元，按习俗又给秦某乙现金800元。被告实际收到王某甲彩礼为24,800元。按习俗，王某甲及其家人给秦某乙红包3600元，被告给王某甲及其外甥红包700元，相互抵顶后，秦某乙实际收到红包现金为2900元。这样在3月10日认门时共拿彩礼27,700元。另外，王某甲给秦某乙金项链一条（带吊坠），价值5759元。以上王某甲的陈述，三被告秦某甲、宁某某、秦某乙质证认为，在2015年3月10日与王某甲一起来的人有王某乙、孔某某、吴某某、王某甲的母亲、王某甲的外甥。王某甲当时拿了彩礼28,880元，而不是40,660元。被告给王某甲回了16,660元，当场在回给王某甲的16,660元中主事人王某乙给秦某乙现金800元，这样被告实际收了现金13,020元。原告家亲戚第一次见秦某乙，按照习俗给了秦某乙红包钱，当时他们给的钱是包在红包里，第二天秦某乙打开红包，发现王某甲父亲王某某给了200元，王某甲母亲何某某给了200元，王某甲给了600元，介绍人孔某某给了200元，王某甲姨夫吴某某给了200元。按习俗被告给王某甲红包1000元，给王某甲外甥红包100元。金项链不带吊坠。

对原告、被告争议的以上问题，王某甲提供证人王某乙出庭作证，要求证人证明2015年3月10日彩礼数额情况、金项链情况、给红包情况；王某甲还提供刷卡消费单一张(消费单上的金额为5759元)，以此证明金项链的价格为5759元。

证人当庭陈述称，2015年3月10日，王某甲家拿了彩礼36,660元，另外又拿了4000元是秦某乙的夏衣钱，共计彩礼为40,660元。被告家回了20,660元，证人从20,660元中拿出800元给了秦某乙，这样被告实际收到王某甲彩礼为20,800元。另外，王某甲还给秦某乙了一条金项链，但不知道金项链是什么样子的，是否带吊坠不清楚，价格也不清楚。因为是第一次来到被告家中再加上是在过年期间，双方家亲戚给了秦某乙和王某甲红包，具体数额其不知道。

针对上述证人证言及刷卡消费单，三被告秦某甲、宁某某、秦某乙质证中表示，没有收受王某甲那么多彩礼，且刷卡消费单只能证明消费了5759元，但不能证明金项链的价格，对以上证据不予认可。

法院认为，证人王某乙参加了原告、被告的认门仪式，其证言客观证实，符合法律规定，故对证人王某乙的证言应予认定，应认定在认门时被告收受王某甲的彩礼为20,800元。对王某甲主张的在认门时给秦某乙红包2900元，王某甲虽提供证人王某丙，但证人未证明红包的数额。对王某甲要求返还金项链(带吊坠)一条，价值5759元，王某甲虽提供证人王某丙，但证人未证明金项链的价值以及是否带吊坠。王某甲提交的刷卡消费单，只能证明消费了5759元，但不能证明金项链的价值，法院视为王某甲未提供充分的证据证实其赠与被告金项链(带吊坠)一条。

2015年3月14日，王某甲父母邀请秦某甲、宁某某、秦某乙到王某甲家去做客。当时王某甲已到新疆去上班。王某甲主张，王某甲父母及其叔叔给秦某甲、宁某某、秦某乙红包800元。

秦某甲、宁某某、秦某乙质证认为，当时给秦某乙红包600元，而不是800元，是赠与行为。为证明王某甲的理由成立，王某甲提供证人王某丁出庭作证。对红包数额，王某丁证言不稳定，一会儿证明给的红包为800元，一会儿又证明自己没看清楚给了多少钱，但提前商量要给红包600元。经质证，秦某甲、宁某某、秦某乙认为，证人没看清楚给了多少钱，对证人证言有异议。

由于证人王某丁证言不稳定，无法判断其真实性，法院对证人王某丁的证言不予采信。

2015年7月，王某甲与秦某乙解除婚约。后原告、被告对是否返还彩礼，返还多少发生争议，为此原告诉讼法院。

【案件争点】

1. 原告赠与财物的性质是否属于彩礼。

2. 秦某甲、宁某某、秦某乙是否需负连带返还责任。

【裁判要旨】

法院认为，王某甲与秦某乙缔结婚约，而婚约不是结婚的必经程序，婚约不具有法律的强制性，婚约须由当事人双方合意，对当事人没有约束力，因婚约而给付彩礼等的行为是附条件的民事法律行为，如果婚约解除，应当返还相关财物。王某甲与秦某乙按地方习俗举行了认门仪式，秦某乙收受王某甲彩礼20,800元，事实清楚，证据确实充分，应予认定。借婚约索取彩礼的行为为法律所禁止，本案中被告收受王某甲一定数额的彩礼现金，按法律规定，被告应全额返还彩礼。彩礼是为缔结婚姻，基于农村习俗而由男方给予对方一定数额的金钱或实物。其给付对象从民间习惯上来看，不仅限于女方个人，还可以包括女方家庭。彩礼的给付，并不单纯是男女双方之间的事情，更多的时候涉及两个家庭之间的往来。因此，秦某乙及其父母对王某甲给付的彩礼负有共同返还的义务，三被告秦某甲、宁某某、秦某乙应承担连带责任。秦某甲、宁某某、秦某乙提出收受王某甲的彩礼属于赠与行为，不应该返还的辩解，不符合法律规定，法院不予采信。为维护正常的社会生活秩序，保护当事人的合法权益。依据《婚姻法》第3条第1款①、《婚姻法解释二》第10条②第1项、《民事诉讼法》第64条之规定，判决如下：(1)被告秦某甲、宁某某、秦某乙返还原告王某某彩礼现金20,800元，三被告互负连带责任；(2)驳回原告王某甲的其他诉讼请求。

## 三、裁判规则提要

### (一)彩礼的一般概述

本规则所称的“婚约财产纠纷”，是指彩礼的返还纠纷。彩礼，也被称为聘礼、纳彩、聘财，是指根据当地的风俗习惯，以男女双方缔结婚姻并共同生活为目的而由一方及其家庭给付对方及其家庭的数额较大的财物。在我国的一些地区，婚前给付彩礼的行为比较盛行，甚至已经成为当地一种约定俗成的习惯。在有些地区，彩礼还有着较为统一的行情和价格区间。在按照习俗给付彩礼时，如果给付的彩

---

① 对应《民法典》第1042条第1款。

② 对应《婚姻家庭编解释一》第5条。

礼金额或价值低于这个行情或价格区间,女方一般不会接受。此时,男方不仅达不到订立婚约并缔结婚姻关系的目的,而且也还极有可能会遭到女方亲属以及周围群众的非议,故彩礼的给付有时还带有较为强烈的非自愿性以及为风俗所强迫的特点。应指出的是,这里所谓的强迫并非指的是女方及女方亲属的强迫,而是风俗所致,不得不为的意思。在有这种风俗的地区,男方不给付彩礼固然会遭到周围群众的非议,女方不收受彩礼也极有可能会遭到非议,从这个意义上来说,女方接收彩礼有时也并非出于自身的意愿。如果是在没有给付彩礼风俗的情况下,女方或其亲属向对方强行索要财物,是违法行为,是我国法律所禁止的,《民法典》第 1042 条明确规定"禁止借婚姻索取财物"。

彩礼的表现形式,可以是金钱,也可以是一些较为贵重的物品。由于我国各地经济发展水平不同,每个家庭的物质条件也有差异,故各地彩礼的数额和价值也不尽相同。但是,一般来看,相对于给付方的家庭条件来说,彩礼的数额是较大的。在极端情况下,甚至出现过男方家庭为给付彩礼而对外高额借债的情况。在彩礼给付后,往往会造成给付方家庭负担过重的情况。给付彩礼后,如果男女双方最终未能缔结婚姻关系,或者虽然缔结了婚姻关系但之后又因为各种原因而离婚的,给付彩礼的一方往往会因为给付彩礼的目的没有达到或没有全部达到而要求对方退还彩礼。接收彩礼的一方会出于各种考虑不愿退还彩礼。双方因此而产生纠纷和诉讼。

从彩礼给付的实际情况看,给付彩礼并不单纯是男女双方之间的事情,更多时候涉及两个家庭之间的往来。给付方可能是男方本人,也可能是男方的父母、兄弟姐妹等亲属。接收彩礼方可能是女方本人,也可能是女方的父母等亲属。彩礼的给付方和接收方具有多重性的特点。在解决因彩礼返还问题而产生的诉讼时,首先需要明确的就是诉讼主体问题,即需要确定适格的原告和被告。

### (二)彩礼返还纠纷诉讼主体问题的法律规定及实践做法现状

#### 1. 相关法律及司法解释的规定

我国《民法典》未就彩礼返还纠纷的诉讼主体问题作出规定。《婚姻家庭编解释一》第 5 条延续了 2003 年 4 月 1 日起施行的《婚姻法解释二》第 10 条的规定,即"当事人请求返还按照习俗给付的彩礼的,如果查明属于以下情形,人民法院应当予以支持:(一)双方未办理结婚登记手续;(二)双方办理结婚登记手续但确未共同生活;(三)婚前给付并导致给付人生活困难。适用前款第二项、第三项的规定,应当以双方离婚为条件。”该条规定是解决彩礼返还纠纷的主要依据。但是该条规定也并未明确诉讼主体的问题，只是规定“当事人”请求返还彩礼时符合何种条件的应予以支持，没有对何为“当事人”作出进一步的解释说明。

《婚姻法解释二》第10条在面向全社会公开征求意见时的条文共计有3款，其中第1款内容为：“一方婚前给付对方财物数额较大，结婚后一年内起诉要求离婚的，人民法院判决离婚时，可以根据当事人的请求，综合考虑给付财物方有无过错及双方其他实际情况等因素，根据公平原则判决接受财物一方予以部分或者全部返还。”第2款内容为：“所给付金钱用于购置家庭共同财产的，在财产分割时可考虑给付方适当多分。”第3款内容为：“将财物给付对方亲属或者他人的，如果所给付财物未用于结婚或者所给付金钱未用于购置家庭共同财产，给付方与实际占有财物的受益人之间的返还财产纠纷另案处理。”根据该征求意见稿的规定，如果是在离婚纠纷案件中涉及彩礼的返还，则在诉讼主体上，原则上以具有婚姻关系的夫妻双方为当事人；但是如果彩礼的实际占有使用者为夫妻以外的第三人，则需要以给付方与彩礼的实际占有使用者作为案件的当事人另案处理。然而，该征求意见稿并未对男女双方未缔结婚姻关系时彩礼的返还主体问题作出规定。在征求意见时，各方对该条文的分歧较大，社会上就该条文内容提出的建议也很多，在最终定稿时，该征求意见稿的内容并未被正式的司法解释条文所采用。

2017年8月26日，最高人民法院对十二届全国人大五次会议第1385号建议作出了《关于审理彩礼纠纷案件中能否将对方当事人的父母列为共同被告的答复》：“在实际生活中，彩礼的给付人和接受人并非仅限于男女双方，还可能包括男女双方的父母和亲属，这些人均可成为返还彩礼诉讼的当事人。在中国的传统习俗中，儿女的婚姻被认为是终生大事，一般由父母一手操办，送彩礼也大都由父母代送，且多为家庭共有财产。而在诉讼中大多数也是由当事人本人或父母起诉，因此应诉方以起诉人不适格作为抗辩时，法院不予采信，以最大限度地保护公民的财产权利。对于被告的确定问题也是如此，诉讼方通常把对方当事人的父母列为共同被告，要求他们承担连带责任，一般习俗是父母送彩礼，也是父母代收彩礼，故将当事人父母列为共同被告是适当的。”最高人民法院的该答复可以作为实践中确定婚约财产纠纷诉讼主体的参考。

2. 实践中关于彩礼返还纠纷诉讼主体如何确定的做法

因彩礼问题错综复杂，各地区情况不尽一致，现阶段没有统一适用的法律或司法解释规定，最新的可资参考的文件是上述最高人民法院在2017年作出的答复。

在司法实践中,对于如何确定彩礼返还纠纷的诉讼主体也存在不同的观点和看法。有观点认为,只应将男女双方本人作为诉讼的当事人,其理由主要是彩礼的给付和收取是因订立婚约引起,而婚约的主体是男女双方,故应以婚约的主体来确定彩礼返还的诉讼主体。有观点认为,应将男女双方的父母作为诉讼主体,其理由主要是订立婚约更多体现的是两个家庭之间的往来,给付和接收彩礼的主体往往是两个家庭,而家庭中是以父母为中心的,故应列双方的父母为诉讼主体。还有观点认为,应将男女双方本人及其各自的父母作为诉讼主体,其理由主要是在给付和接收彩礼的过程中,男女双方本人及其父母一般情况下均是彩礼收受的参与者,既然参与了这个过程,因此而产生纠纷时,参与者当然应该作为诉讼的主体来解决纠纷。应当说,这些观点均有一定的道理,但也均有一些不足。有些观点看到了婚约主体的特定性,但忽视了彩礼收受主体的多重性。有些观点看到了收受彩礼时家庭成员的参与性,但忽视了有些情况下,参与彩礼收受的并非父母而是其他的亲属的情况。但这些观点中的合理因素仍然值得借鉴。

为解决实践中出现的彩礼返还纠纷问题,一些省市的高级人民法院、中级人民法院暂时出台了各自的相关规定,以指导这类纠纷的解决。下面简要介绍几个省市高级人民法院、中级人民法院出台的相关具体规定,以期借鉴有益经验,正确解决纠纷。

北京市高级人民法院《关于审理婚姻纠纷案件若干疑难问题的参考意见》第43条规定:"涉彩礼纠纷一般应列夫妻双方或未办理结婚登记手续的男女双方为诉讼当事人。"根据该条规定,涉及彩礼返还的纠纷时,原则上男女双方本人是适格的诉讼当事人。该条规定在确定诉讼当事人时使用的用语是"一般",故应该是不排除特殊情况下诉讼当事人可以不限于男女双方本人的情形。

上海市高级人民法院《关于适用最高人民法院婚姻法司法解释(二)若干问题的解答(二)》第3条规定:"由于实践中,彩礼的给付人和接受人并非只限男女双方,还可能包括男女双方的父母和亲属,这些人均可成为返还彩礼诉讼的当事人。对于实践中可能存在的以男女双方为原、被告的彩礼返还诉讼或在涉及彩礼返还的离婚诉讼中,被告提出原告不是实际给付人或自己不是实际接受人的抗辩,由于彩礼给付实际就是以男女双方为利益对象或代表,因此人民法院对此抗辩可不予采信。"从该规定可以看出,上海市高级人民法院是从实际解决问题的角度来处理的。其首先肯定了彩礼给付和接受主体的多样性,也肯定了彩礼的给付人和接受人是男方双方以外的人时,实际的给付人和接受人可以作为诉讼当事人。但是如果男女双方已经以自己的名义提起了彩礼返还诉讼，则对方不得再以彩礼实际给付人并非案件的原告或实际接受人并非案件的被告为抗辩理由不予返还。其实际是以男女双方是否提起诉讼为标准来确定案件的当事人，如果男女双方已经提起了彩礼返还诉讼，则诉讼主体就是男女双方本人，而不再考虑彩礼的实际给付人和实际接受人的问题，直接推定男女双方本人即为实际的给付人和接受人。

江苏省高级人民法院《婚姻家庭案件审理指南》规定："实践中，给付彩礼并不单纯是婚姻当事人之间的事情，很多情况下涉及到两个家庭之间的来往，因此彩礼给付人与收受人往往不限于男女双方，而一旦产生纠纷，当事人则抗辩自己非收受方或对方非给付方。对此应区别不同情况进行处理：1. 男女双方办理结婚登记手续后，一方提起离婚诉讼，并在离婚诉讼中要求返还彩礼的，一般不列彩礼的实际给付人、实际收受人为诉讼当事人，而应以男女双方作为彩礼返还的权利人与义务人。一方以不是彩礼的实际给付人或者实际收受人为抗辩，拒绝返还彩礼的，人民法院不予支持。2. 男女双方未办理结婚登记手续，一方提起返还彩礼之诉的，如果彩礼的给付人与收受人不是男女双方，可直接列实际给付人和实际收受人为诉讼当事人，既符合实际的权利义务状态，也有利于真正纠纷的解决。"由此可以看出，江苏省高级人民法院是以案由来划分彩礼返还纠纷诉讼主体的，即离婚案件中涉及彩礼返还的，不考虑彩礼实际的给付人和接受人，直接以男女双方为当事人；非离婚案件而要求返还彩礼的，可以将彩礼实际的收受双方作为案件的当事人。

浙江省高级人民法院民一庭《关于审理婚姻家庭案件若干问题的解答》第5条规定："婚约财产纠纷案件一般以男女双方为诉讼当事人。鉴于实践中彩礼的接受人或给付人可能是婚姻关系当事人的父母或其他亲属，为便于案件事实查明和纠纷解决，可根据双方诉辩确定实际接受人或给付人的诉讼地位。"据此规定，彩礼返还诉讼以男女双方作为诉讼当事人为原则，彩礼的实际给付人或接受人可根据案件的实际情况确定诉讼地位。这是一种更加灵活的处理方式。

深圳市中级人民法院《关于审理婚姻家庭纠纷案件的裁判指引》（2014年修订）第20条规定："人民法院审理婚约财产纠纷时，应将存在婚约关系的男女双方列为原、被告，如果彩礼给付人或者接收人并非存在婚约关系的男女双方，人民法院可以将彩礼给付人或者接收人列为共同原告或者共同被告。"按此规定，彩礼返还的诉讼主体原则上为男女双方，但是在有明确的证据证明彩礼实际给付和接受方为他人时，可以将实际的给付和接受方列为共同原告或共同被告。

从以上各地实践做法来看，在彩礼返还诉讼中，基本是以男女双方本人作为诉讼主体为原则的,此外兼顾了彩礼实际给付人和实际接受人的诉讼主体资格问题。

### (三)婚约财产纠纷诉讼主体的确定

1. 婚约财产纠纷原则上以男女双方为诉讼主体

现代社会强调婚姻自由。我国《民法典》第1041条第2款明确规定:“实行婚姻自由、一夫一妻、男女平等的婚姻制度。”无论是订立婚约,还是缔结婚姻关系,都应首先尊重男女双方的真实意愿。婚约的主体是男女双方,婚姻关系的主体是男女双方,给付彩礼的最终目的也是为了男女双方缔结婚姻关系。虽然从给付彩礼的民间习俗传统来看,彩礼的给付涉及男女双方的家庭,但是从婚约的主体、婚姻关系的主体以及给付彩礼的目的来看,始终是围绕着男女双方本人,甚至可以说彩礼给付就是以男女双方为利益代表的,故男女双方应是当然的诉讼主体。

将彩礼返还的诉讼主体确定为男女双方本人,在离婚纠纷案件中显得尤为必要。首先,离婚案件因涉及男女双方的隐私,在司法实践中,不允许有第三人作为案件的当事人参与到诉讼中,故彩礼的实际给付人和实际接受人也不能参与离婚案件的审理。其次,将离婚案件中彩礼返还的主体确定为男女双方可以减少当事人的诉累。如果彩礼的实际给付方和实际接受方在离婚案件审理完毕后另行提起诉讼,会增加诉讼成本,还可能激化当事人之间,尤其是男女双方家庭之间的矛盾,将矛盾扩大化,不利于及时保护当事人的合法权益。在将彩礼实际返还后,由此产生的实际给付或实际接受人与男女双方不一致的情况,一般也可由男女双方在各自的家庭内部自行消化解决。在离婚案件中一并处理彩礼问题也符合家事问题一并处理的原则。

2. 在确定诉讼主体时,要兼顾考虑彩礼实际收受方及案件的特殊情况

在非离婚案件中,若有当事人以其系彩礼实际给付人为由提起诉讼要求对方返还彩礼的,也应当允许。查明彩礼的实际给付方,是考虑到彩礼所涉财物的原始权利人可能并非男方本人,而是其亲属,在该种情况下,如果判决彩礼的接受方将彩礼返还给男方本人,会造成男方本人不当得利而实际给付人财产受损的情况。同理,查明彩礼的实际接受方,是考虑彩礼的实际占有使用人可能并非女方本人,而是女方的父母或其亲属,如果判决女方返还,会造成非实际使用方负担返还义务的情况,有失公平。虽然男女双方家庭内部一般会就此问题自行消化解决,但是在有的情况下,男方与其父母或其他亲属以及女方与其父母或其他亲属之间会因为婚姻的履行及彩礼的给付、返还问题产生矛盾。如果赋予彩礼实际给付和接受方

以诉讼主体地位，可以为减少家庭内部冲突提供帮助。因为这类家庭内部冲突的焦点往往集中在彩礼的实际给付方或接受方为谁，以及彩礼返还和返还后的接受主体为谁上，如果能够在法律层面确定彩礼的实际给付和实际接受方，并处理好返还和接受返还主体的问题，将会在很大程度上缓和男女双方各自家庭内部的矛盾，促进家庭和社会的和谐。故在男女双方未办理结婚登记，即未缔结婚姻关系的情况下，如果彩礼给付方要求接受方返还彩礼，可以将彩礼的实际给付和接受方作为案件的当事人。

在特殊情况下，比如在男女双方缔结婚姻关系前，男女双方中的一方因故去世的，更应当允许彩礼的实际给付和实际接受方作为诉讼主体提起或参加诉讼。再如，在男女双方或一方为未成年人的情况下，男方父母为男女双方订立婚约而支付彩礼时，因这种婚约违反了我国的法律规定，且未成年男女也不具备订立婚约的行为能力，不符合结婚的实质要件，这种彩礼给付行为是出于父母的意思和行为，在此种情况下，也应允许男女双方的父母作为案件的当事人。

## 四、辅助信息

**高频词条：**

**《民法典》**

**第3条**　民事主体的人身权利、财产权利以及其他合法权益受法律保护，任何组织或者个人不得侵犯。

**第5条**　民事主体从事民事活动，应当遵循自愿原则，按照自己的意思设立、变更、终止民事法律关系。

**第6条**　民事主体从事民事活动，应当遵循公平原则，合理确定各方的权利和义务。

**第7条**　民事主体从事民事活动，应当遵循诚信原则，秉持诚实，恪守承诺。

**第157条**　民事法律行为无效、被撤销或者确定不发生效力后，行为人因该行为取得的财产，应当予以返还；不能返还或者没有必要返还的，应当折价补偿。有过错的一方应当赔偿对方由此所受到的损失；各方都有过错的，应当各自承担相应的责任。法律另有规定的，依照其规定。

**第158条**　民事法律行为可以附条件，但是根据其性质不得附条件的除外。附生效条件的民事法律行为，自条件成就时生效。附解除条件的民事法律行为，自条件成就时失效。

**第159条** 附条件的民事法律行为,当事人为自己的利益不正当地阻止条件成就的,视为条件已经成就;不正当地促成条件成就的,视为条件不成就。

**第176条** 民事主体依照法律规定或者按照当事人约定,履行民事义务,承担民事责任。

**第178条** 二人以上依法承担连带责任的,权利人有权请求部分或者全部连带责任人承担责任。

连带责任人的责任份额根据各自责任大小确定;难以确定责任大小的,平均承担责任。实际承担责任超过自己责任份额的连带责任人,有权向其他连带责任人追偿。

连带责任,由法律规定或者当事人约定。

**第179条第1款** 承担民事责任的方式主要有:

(一)停止侵害;

(二)排除妨碍;

(三)消除危险;

(四)返还财产;

(五)恢复原状;

(六)修理、重作、更换;

(七)继续履行;

(八)赔偿损失;

(九)支付违约金;

(十)消除影响、恢复名誉;

(十一)赔礼道歉。

**第958条** 得利人没有法律根据取得不当利益的,受损失的人可以请求得利人返还取得的利益,但是有下列情形之一的除外:

(一)为履行道德义务进行的给付;

(二)债务到期之前的清偿;

(三)明知无给付义务而进行的债务清偿。

**第1041条** 婚姻家庭受国家保护。

实行婚姻自由、一夫一妻、男女平等的婚姻制度。

保护妇女、未成年人、老年人、残疾人的合法权益。

**第1042条** 禁止包办、买卖婚姻和其他干涉婚姻自由的行为。禁止借婚姻索取财物。

禁止重婚。禁止有配偶者与他人同居。

禁止家庭暴力。禁止家庭成员间的虐待和遗弃。

**第1049条** 要求结婚的男女双方应当亲自到婚姻登记机关申请结婚登记。符合本法规定的，予以登记，发给结婚证。完成结婚登记，即确立婚姻关系。未办理结婚登记的，应当补办登记。

**第1063条** 下列财产为夫妻一方的个人财产：

（一）一方的婚前财产；

（二）一方因受到人身损害获得的赔偿或者补偿；

（三）遗嘱或者赠与合同中确定只归一方的财产；

（四）一方专用的生活用品；

（五）其他应当归一方的财产。

**《婚姻家庭编解释一》**

**第5条** 当事人请求返还按照习俗给付的彩礼的，如果查明属于以下情形，人民法院应当予以支持：

（一）双方未办理结婚登记手续；

（二）双方办理结婚登记手续但确未共同生活；

（三）婚前给付并导致给付人生活困难。

适用前款第二项、第三项的规定，应当以双方离婚为条件。

# 婚恋财产纠纷案件裁判规则第 7 条:
## 同居关系当事人提交充分证据证明在同居生活期间所得的收入或购置的财产,是基于双方共同法律行为所得,当事人要求分割的,一般予以支持

〔**规则描述**〕:本规则所述“同居关系”,是指未经结婚登记而同居生活的男女双方当事人之间所形成的关系,亦称“未婚同居关系”。在我国,未婚同居是人们对自己生活状态的选择,未婚同居关系本身归属于道德评价范畴,法律并不介入其中。但是,因未婚同居而产生的非婚生子女抚养及财产分割问题属于法律调整的范畴。未婚同居期间取得财产的权属性质应区分不同的情形进行不同的处理。在同居期间,同居双方基于共同的法律行为取得的财产,双方对此均享有权利,任何一方均有权要求分割。

### 一、类案检索大数据报告

时间:2020 年 2 月 24 日之前,案例来源:Alpha 案例库,案件数量:2643 件,数据采集时间:2020 年 2 月 24 日。本次以“案由—同居关系析产纠纷;法院认为—共同财产”为检索条件,获取 2020 年 2 月 24 日前的裁判文书共 2643 篇。其中:当事人请求分割非婚同居期间的财产,法院予以支持的案件有 910 件,约占 34.43%;法院部分予以支持的案件有 883 件,约占 33.41%;法院不予支持的案件有 850 件,约占 32.16%。整体情况如图 7-1 所示。

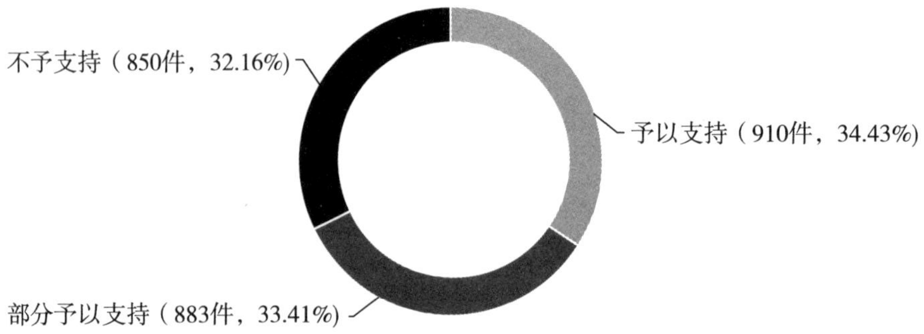


**图 7-1 案件裁判结果分布情况**

如图7-2所示，从案件案由分类情况可以看到，当前条件下案件的案由分布均为同居关系析产纠纷类。

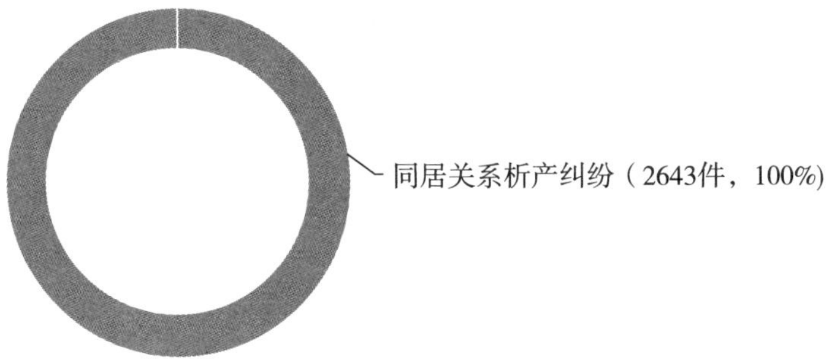


**图7-2 案件案由分类情况**

如图7-3所示，从案件审理程序分布情况可以看到，当前条件下案件的上诉率约为19.86%，再审率约为3.56%。

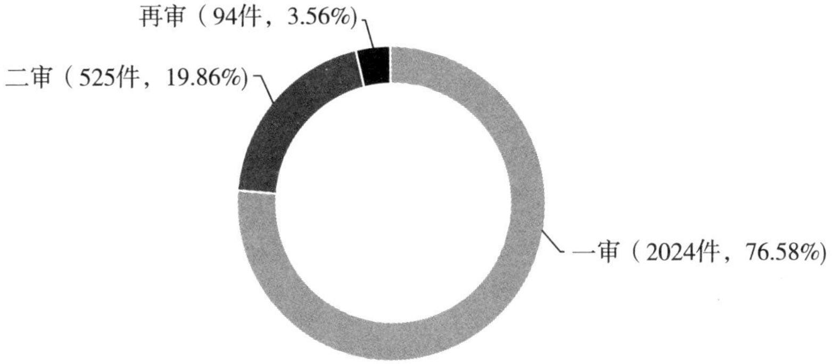


**图7-3 案件审理程序分布情况**

如图7-4所示，从案件二审裁判结果情况可以看到，当前条件下案件维持原判的比例较高，约为70.48%。

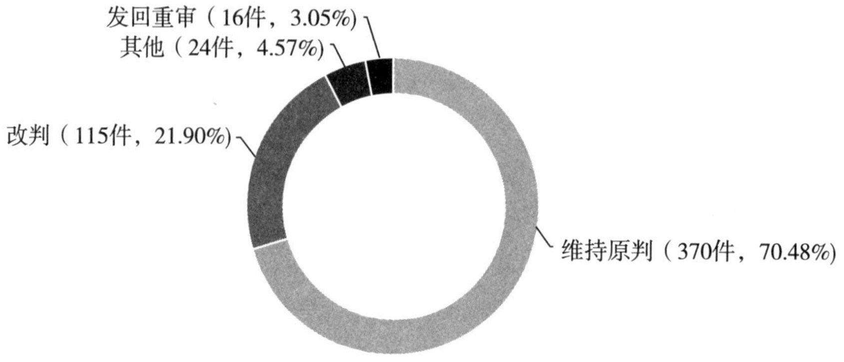


**图 7-4　案件二审裁判结果情况**

## 二、可供参考的例案

### 例案一｜罗某某与杨某某同居关系析产纠纷案

**【法院】**

贵州省黔东南苗族侗族自治州中级人民法院

**【案号】**

(2015)黔东民终字第229号

**【当事人】**

上诉人(原审被告):罗某某,男

委托代理人:文某某,律师

被上诉人(原审原告):杨某某,女

**【基本案情】**

杨某某与罗某某于2009年5月在广东省东莞市打工相识,同年7月以夫妻名义同居生活;2010年9月按当地的农村习俗办酒席结婚,同年12月9日生育一女。同居期间,罗某某租房从事汽车维修,经济收入、支出由罗某某掌管和支配,每场(5天一场)给其母亲100元生活费,其妹妹初中毕业后即已经出嫁。双方于2011年5月在××县××镇××村修建房屋一套,2014年农历正月初六迁入该套房居住;2013年11月购买牌号为湘××××××的越野车一辆;2014年4月7日,罗某某和刘某某、潘某某、刘某、姚某以等份额出资、等份额享有土地承包经营权的方式分别与姚某某、黄某某签订《土地承包转让协议》,姚某某转让的土地承包权价款222,406.80元,黄某某转让的土地承包权价款223,027.20元,两宗土地承包权的购买价总计为 445,434 元。2014 年 5 月 11 日、12 日，刘某某、潘某某、刘某将其各自须支付的购地款 90,000 元存入罗某某持有的其母的中国信合账号为 261××××××××的存折中，该存折在 2014 年 5 月 11 日前的存款余额有 27,423.84 元。2014 年 5 月 12 日，罗某某使用李某某的存折分别转账给黄某某 175,000 元、姚某某 75,000 元后，存折余额还有 47,423.84 元，姚某系姚某某之子，其应付购地款在转让总款中抵扣。罗某某和刘某某等五人自与姚某某、黄某某签订《土地承包转让协议》之日起，在《土地承包转让协议》约定的履行期限内已经全部付清土地承包经营权转让款 445,434 元，并对土地进行了整理。2014 年 7 月 29 日，罗某某向法院提起同居关系子女抚养纠纷的诉讼，经法院调解，双方就小孩抚养和共同财产自建房屋一套及越野车一辆的分割达成了调解协议，法院当日作出(2014)天民初字第 545 号调解书予以确认。

2014 年 10 月 14 日，杨某某以(2014)天民初字 545 号调解书确认的内容没有提到罗某某购买的土地现金而显失公平，该财产属同居期间共同享有的财产，理应分割为由，向法院提起诉讼，请求判决重新分割同居期间共同财产。2014 年 11 月 10 日，杨某某又以罗某某未到庭为由申请撤诉，法院裁定准许。

2014 年 11 月 14 日，杨某某再次向法院提起诉讼，请求重新分割同居期间共同财产。庭审中，杨某某明确其诉求为罗某某与刘某某等五人向黄某某、姚某某购买土地承包经营权的总价款 445,434 元中的 1/5，即 89,086.80 元的全部或大部分归杨某某所有。

罗某某则主张其所购买的土地是其母亲和三叔出资购买的，购地所用款项不属于其与杨某某的共同财产，二人同居期间的财产于 2014 年 7 月 29 日的另案调解中就已经处理完毕。

二审查明的事实与一审认定事实一致。

另查明：上诉人与被上诉人双方在(2014)天民初字第 545 号民事调解书中载明：双方在同居期间无共同债务；同居期间共同财产自建房及越野车归罗某某所有。

**【案件争点】**

罗某某与杨某某同居期间，罗某某与刘某某等五人向黄某某、姚某某购买土地承包经营权的总价款 445,434 元中的 1/5，即 89,086.80 元是否属于同居期间的共同财产。

**【裁判要旨】**

一审法院认为，杨某某与罗某某于 2009 年 7 月以夫妻名义同居生活，2010 年

9月按农村习俗办酒席结婚,2014年7月29日解除同居关系,在同居关系期间没有到婚姻登记机关补办结婚登记,双方属非婚同居关系。《未登记而以夫妻名义同居生活意见》第10条规定:“解除非法同居关系时,同居生活期间双方共同所得的收入和购置的财产,按一般共有财产处理。”同居期间,双方的收入均由罗某某掌管和支配,2014年7月29日前,罗某某伙同他人受让的土地承包经营权份额是同居期间购置的财产,属于双方共有财产,应当由双方共同分割。杨某某以罗某某有隐匿财产的行为为由,请求判决罗某某与刘某某等五人向黄某某、姚某某购买土地的总价款445,434元中的1/5,即89,086.80元全部或大部分归杨某某。因杨某某在2014年7月29日与罗某某就小孩抚养和财产分割进行协商时双方均未提到被告购地之事实,杨某某对其主张没有提供相关证据进行佐证,仅凭当时的协议不能证明罗某某有恶意隐匿财产的行为,罗某某购买的土地承包经营权可按已付的购地价款89,086.80元平均分割,由被告给付原告44,543.40元。

关于罗某某提出所购买的土地是其母亲付的款,实际是其母亲和三叔出资购买的,是其三叔的财产,不属共有财产,双方同居期间的财产已经处理好的主张。罗某某提供其持有的其母亲的存折在2014年5月11日前的存款余额有27,423.84元,2014年5月11~12日,刘某某、潘某某各自把90,000元以转账等方式交给罗某某存入李某某的存折,该存折存款余额累计297,423.84元。2014年5月12日,罗某某使用其母亲的存折转账250,000元支付购地款后,存折仍然还有47,423.84元的存款余额,即使罗某某后来再取20,000元用于支付购地款,存折仍然还有27,423.84元的存款余额。罗某某在庭审中表明,其支付的土地转让款是其三叔在2014年4月分两次各拿30,000元共60,000元给其购地,其母亲账户中有30,000元,总共付了90,000多元,后来刘某等人应付的购地款是先转到其母李某某的账户上再转账给土地出让方的。其母亲的存折中的27,423.84元的存款余额与罗某某所讲的账户余额30,000元相矛盾,且其没有提供其三叔拿60,000元给罗某某和支付购地款的任何证据,并且罗某某对其母亲存折中的27,423.84元存款余额的支取用途未做任何说明,亦未提供证据证明用于支付购地款。以上事实只能认定刘某某、刘某、潘某某各自把90,000元转存入罗某某母亲的存折后,被告用存折转账250,000元付购地款,存折中的存款余额27,423.84元并未用于支付购地款的事实,不存在罗某某用其母亲与三叔的钱支付购地款的事实,罗某某的主张没有事实依据,故对罗某某的主张,法院不予采纳。

关于罗某某代理人在庭审辩论中称该案争议财产是罗某某母亲存折账户支付

购买的，是其母亲购买的财产，不是罗某某购买的，属于家庭成员共有财产，不属杨某某与罗某某共有财产的意见。罗某某提供的证据均不能证明罗某某支付的购地款是其母亲的，虽然罗某某提供的户口簿中与罗某某共户的成年成员有罗某某的母亲、妹妹二人，但罗某某在庭审中自认其在与杨某某同居期间由罗某某掌管经济的支配权，每场（一场5天）给其母亲100元生活费，其妹妹初中毕业后即已经出嫁，罗某某也没有提到其母亲与其共同劳动和收入归罗某某掌管的事情，更没有提供这方面的证据，不存在罗某某支付的购地款含有其母亲的财产份额之事实。罗某某代理人的意见没有事实依据，故对罗某某代理人的上述意见不予采纳。一审法院根据《婚姻法》第39条第1款①、《婚姻法解释三》第18条②、《未登记而以夫妻名义同居生活意见》第10条、《民事诉讼法》第64条之规定，判决由罗某某给付杨某某44，543.40元。

二审法院认为，对上诉人提出本案重新立案，属于法律程序错误的问题。因本案分割的财产不属于上诉人与被上诉人在（2014）天民初字第545号案件中涉及分割的共有财产，即“同居期间共同财产位于××县××镇××村自建房一套、湘××××××车辆归罗某某所有”，故本案不属于重复起诉，不存在法律程序错误问题。对上诉人提出一审认定案外人以上诉人的名义与他人合伙购买的土地属于同居期间的共有财产，属认定事实错误的问题。因上诉人在诉讼中未提供案外人支付购地款的任何证据，其应承担举证不能的不利后果，故其该项上诉理由不能成立，法院不予支持。对上诉人提出一审法院只对案件中的财产部分进行审理，没有对债务部分进行审理，显失公平，属适用法律错误的问题。在已经生效的（2014）天民初字第545号民事调解书中已经查明：双方在同居期间无共同债务。该调解书与判决书具有同等的法律效力，对双方都具有法律约束力。同时双方在（2014）天民初字第545号案件庭审中已经对是否存在共同债务明确作了“没有”的陈述，也未举证证明有共同债务。故其该项上诉理由不能成立，二审法院不予支持。驳回上诉，维持原判。

---

① 对应《民法典》第1087条第1款，变更为：“离婚时，夫妻的共同财产由双方协议处理；协议不成的，由人民法院根据财产的具体情况，按照照顾子女、女方和无过错方权益的原则判决。”

② 对应《婚姻家庭编解释一》第83条。

## 例案二 | 刘某某与欧某某同居关系析产纠纷案

**【法院】**

湖南省永州市中级人民法院

**【案号】**

(2017)湘11民终1207号

**【当事人】**

上诉人(原审被告):刘某某,男

被上诉人(原审原告):欧某某,女

委托代理人:张某,律师

**【基本案情】**

欧某某与刘某某于2003年年初经人介绍认识,同年底双方同居生活。同居期间,双方于2006年6月5日生育一子,2008年1月4日生育一女。2009年12月14日,刘某某与唐某某签订了一份《购房协议》,约定唐某某将自己所有的一座三层房屋卖给刘某某。刘某某又于2011年9月10日与陈某某签订了《门面房购销合同》,约定陈某某将一处门面房卖予刘某某。刘某某购买上述房屋后均暂没有办理过户手续。欧某某于2011年11月22日向法院提起同居关系纠纷诉讼,法院作出了一审判决。后该案经过二审、申诉程序,被发回宁远县人民法院重审。2014年7月23日,法院作出(2014)宁法民一重初字第1号民事调解书,调解书确认:欧某某称刘某某购买了三层房屋与门面房,但两座房屋的产权证均为他人所有,故欧某某称两处房屋为刘某某购买证据不足。在此基础上,法院组织双方调解,双方除上述两处房产外,对同居关系、小孩抚养及药店经营达成了调解意见。案件终结后,欧某某、刘某某分别于2015年1月15日和3月15日向宁远县房产局提出申请,将诉争的两处房屋过户在刘某某名下。门面房过户时的评估价为629,000元,三层房屋过户时的评估价为133,200元(庭审中,双方均认可该价格)。为办理过户手续,刘某某缴纳相关税费71,081.62元。欧某某遂向法院提起诉讼,主张分割财产。

另查明,刘某某在购买两处房产时和经营药店时共向其亲戚借款23,200元,至诉讼时仍未偿还。

二审法院对一审查明的事实予以确认。

**【案件争点】**

同居期间被告刘某某以自己名义购买的两处房产如何进行分割。

**【裁判要旨】**

一审法院认为，本案是一起同居关系析产纠纷，本案争执的焦点在于2009年和2011年刘某某以自己名义购买的两处房产如何分配，即非法同居期间取得的财产与婚姻期间取得的财产是否有所区别。同居关系是不以法定配偶身份关系的存在为基础的，是不为道德及法律所提倡的，根据《未登记而以夫妻名义同居生活意见》第10条的规定，"解除非法同居关系时，同居生活期间双方共同所得的收入和购置的财产，按一般共有财产处理"。而婚姻财产关系是以合法夫妻关系存在为基础，婚姻存续期间夫妻双方对财产有平等的财产权，根据《婚姻法》第17条[①]的规定，夫妻双方对婚姻存续期间取得的财产共同共有。另外，因同居关系不受法律保护，形成的"夫妻"关系也不是家庭关系，家庭关系是指基于婚姻、血缘或法律拟制而形成的一定范围的亲属之间的权利和义务关系，不能依据《物权法》第103条[②]"共有人对共有的不动产或者动产没有约定为按份共有或者共同共有，或者约定不明确的，除共有人具有家庭关系等外，视为按份共有"的规定来处理同居关系形成的财产关系。但在本案中，双方从2003年开始同居生活，双方同居期间达10年之久，且在同居期间共同生育了小孩。他们虽未办理婚姻登记，但双方共同经营生意，无论是对家庭的贡献、子女的抚养和财产的管理，均遵循合法夫妻状态维持家庭，因此，双方同居关系中对财产的处理参照夫妻关系对财产的处理更符合法制精神，更有利于保护双方当事人的合法权益。因两处房屋已经登记在刘某某名下，房屋应归刘某某所有，由刘某某给予欧某某财产分割费，但在给付分割费时应减去为办理产权证时的税费和同居期间为购房的共同债务，即给付财产分割费的数额为229,459元［(762,000元－71,081.62元－232,000元)÷2］[③]。欧某某请求分割刘某某于2011年12月8日从银行取走的198,665.78元，因未提供充分的证据，法

---

① 对应《民法典》第1062条，变更为："夫妻在婚姻关系存续期间所得的下列财产，为夫妻的共同财产，归夫妻共同所有：(一)工资、奖金、劳务报酬；(二)生产、经营、投资的收益；(三)知识产权的收益；(四)继承或者受赠的财产，但是本法第一千零六十三条第三项规定的除外；(五)其他应当归共同所有的财产。夫妻对共同财产，有平等的处理权。"

② 对应《民法典》第308条。

③ 此处金额四舍五入保留整数。

院不予支持。一审法院根据《婚姻法》第17条[①]、第39条[②]以及《未登记而以夫妻名义同居生活意见》第10条之规定,并经审判委员会讨论决定,判决登记在刘某某名下的门面房和三层房屋归刘某某所有;由刘某某给付欧某某财产分割费229,459元,驳回欧某某其他诉讼请求。

二审法院认为,本案系同居关系析产纠纷,争执的焦点是双方同居期间房屋的分割问题。而解决该问题的前提是厘清婚姻财产分割与同居析产之间的区别。首先,从现有法律规定来看,婚姻财产分割与同居析产存在明显区别,法律对两者保护的程度和方式不同。合法的婚姻应当具备婚姻法规定的条件,并经合法的婚姻登记。对于合法婚姻,法律给予充分及全方位的法律保护,在人身关系、财产、子女抚养等问题上都作出了明确细致的规定,更便于婚姻关系、婚姻财产关系、子女抚养问题的处理。但对于同居关系,法律并未给予与婚姻关系同等程度的保护。依据《婚姻法解释一》第5条[③]之规定:"未按婚姻法第八条规定办理结婚登记而以夫妻名义共同生活的男女,起诉到人民法院要求离婚的,应当区别对待:(一)1994年2月1日民政部《婚姻登记管理条例》公布实施以前,男女双方已经符合结婚实质要件的,按事实婚姻处理。(二)1994年2月1日民政部《婚姻登记管理条例》公布实施以后,男女双方符合结婚实质要件的,人民法院应当告知其在案件受理前补办结婚登记;未补办结婚登记的,按解除同居关系处理。"本案上诉人刘某某与被上诉人欧某某自2003年认识同居,始终未办理结婚登记,也不符合事实婚姻条件,不能认定双方存在法律上的夫妻关系,只能按同居关系处理。

其次,婚姻关系存续期间的共同财产认定,分割与同居关系期间共同财产的认定、分割存在区别。婚姻关系存续期间的共同财产认定适用《婚姻法》的规定。《婚姻法》明确规定了婚前个人财产、婚姻关系存续期间共同财产的范围,并对婚姻期间的债务承担作出了详细规定。《婚姻法》对婚姻关系存续期间共同财产的认定与共同债务的承担的规定,体现了婚姻双方权利义务的一致性。而在同居关系中,同居期间的共同财产认定不能适用《婚姻法》,只能适用其他的民事法律法规,按照一般共有关系处理。《未登记而以夫妻名义同居生活意见》第10条规定,解除非法

---

① 对应《民法典》第1062条。

② 对应《民法典》第1087条,变更为:"离婚时,夫妻的共同财产由双方协议处理;协议不成的,由人民法院根据财产的具体情况,按照照顾子女、女方和无过错方权益的原则判决。对夫或者妻在家庭土地承包经营中享有的权益等,应当依法予以保护。"

③ 对应《婚姻家庭编解释一》第7条。

同居关系时，同居生活期间双方共同所得的收入和购置的财产，按一般共有财产处理。一般共有即为按份共有。又根据《物权法》第104条[①]的规定，按份共有人对共有的不动产或者动产享有的份额，没有约定或者约定不明确的，按照出资额确定。因此，在同居人主张分割同居关系期间财产时，应当举证证明其出资数额及份额比例，在同居人未出资或不能证明其已相应出资的情况下，不能按照婚姻共同财产处理，推定同居人享有权利。这种对共同财产性质的认定，在同居关系和婚姻关系中截然不同。本案中，被上诉人欧某某起诉请求分割同居关系期间的财产，按照上述法律规定，其必须提供有效的证据证明其出资及份额情况，但经本案一审、二审庭审调查，被上诉人欧某某均未提供证据证实其出资购买房屋的情况。虽然双方曾共同经营药房，但被上诉人欧某某不能证明药房的营业情况和收入情况，也不能证明双方是将药房的收入利润用于购买房屋。因此，不能认定被上诉人欧某某出资购买了争执的两处房产。而上诉人刘某某提供了借据和银行账单等证实自己出资购买房屋的证据，从双方的举证情况来看，刘某某的证据明显更能体现其购买涉案房屋的情况，故该两处房产应认定为刘某某个人出资购买，属于其个人财产，不能认定为双方同居期间的共有财产。

因此，从婚姻财产分割与同居析产两者区别来看，涉案房屋应为上诉人刘某某的个人财产，不属于同居关系期间的双方共有财产，被上诉人欧某某无权请求分割涉案房屋。一审参照婚姻财产关系，认定涉案房屋为双方共同财产，属于适用法律错误，应予纠正。

被上诉人欧某某虽不能请求分割涉案房屋，但双方同居期间，欧某某对抚养小孩及经营药店做出了贡献，应予考虑。在上诉人刘某某已自愿将药房的经营权让给被上诉人欧某某的情况下，上诉人刘某某还应给予被上诉人欧某某适当经济补偿，二审法院酌情确定为50,000元。

综上所述，二审法院认为上诉人刘某某的上诉请求部分成立，予以部分支持；一审适用法律错误，应予改判。依照《民事诉讼法》第64条第1款、第170条第1款第2项之规定，判决如下：判决登记在刘某某名下的门面房和三层房屋归刘某某所有，并由刘某某给付欧某某经济补偿费50,000元，驳回被上诉人欧某某其他诉讼请求。

---

① 对应《民法典》第309条。

## 例案三 | 刘某某与黄某某同居关系析产纠纷案

**【法院】**

湖南省高级人民法院

**【案号】**

(2017)湘民再7号

**【当事人】**

抗诉机关:湖南省人民检察院

申诉人(一审原告、二审被上诉人、原再审被申请人):刘某某,女

委托代理人:周某,律师

被申诉人(一审被告、二审上诉人、原再审申请人):黄某某,男

委托代理人:黄某甲,律师

**【基本案情】**

黄某某系个体工商户,经营某公司,刘某某系配电值班员(2013年10月1日退休)。双方于2011年2月在征婚网上认识后,刘某某经常来永州市×××与被告黄某某见面、同居。2011年5月,刘某某出资5000元给黄某某经营。2011年9月底,黄某某与刘某某一起到新疆(其中刘某某出资3000元)帮助阿某考察冰洲石矿,黄某某传授给阿某冰洲石采选技术,并送给其仪器和工具,阿某为此回赠红皮玉石一块(净重7745克)。在一审法院审理期间,阿某于2013年5月19日向黄某某出具一份赠与书并进行了公证。涉案红皮玉石现存黄某某处。

2012年8月28日,黄某某与银某某签订了一份《房屋租赁合同》,约定黄某某租赁案涉房屋,租期为10年,自2012年8月28日至2022年8月28日。2012年11月19日,刘某某诉请按各占50%的比例分割刘某某与黄某某同居期间的共同财产[玉石一块7754克(购买价2万元)、二手房(××××国际大酒店××××号房)一套价值约20万元]。

双方当事人曾在一审庭前达成调解协议,协议约定:(1)双方自愿和好,共同生活,互相尊重,互敬互爱,相敬如宾;(2)双方同居期间的家庭财产各占50%(租住案涉房屋,购买过户后属共同财产);(3)双方共同出资以冰洲石矿石仪器计价买下的红皮玉石一块(净重7745克)属双方共同所有;(4)双方从今天调解后,黄某某保证不再对刘某某实施家庭暴力……后因刘某某反悔,原一审法院未做调解处理。

**【案件争点】**

1. 涉案红皮玉石在双方同居关系解除后应如何分割。

2. 案涉房屋（××××国际大酒店××××号房）是否应予分割。

**【裁判要旨】**

一审法院认为，刘某某与黄某某未办理结婚登记而共同生活，其同居关系成立，双方同居期间于2011年10月3日在阿某处双方共同出资以冰洲石矿仪器计价买下阿某的红皮玉石一块（净重7745克），属于析产分割的共同财产。故法院对刘某某诉请分割7745克红皮玉石一块，应予以支持。同居期间黄某某购买的二手房（某酒店某号房一套）因产权还没有过户到黄某某的名下，依法不予分割，故对刘某某的该项请求，应不予支持。待该房产权过户到黄某某名下时，刘某某可另行起诉。黄某某关于红皮玉石一块（净重7745克），应属个人赠与物品，不属同居期间的共同财产之辩解，因2012年12月14日的庭前调解协议是刘某某、黄某某双方的真实意思表示，不予认可。一审法院判决刘某某与黄某某对同居期间的共同财产红皮玉石一块（净重7745克）各占一半。该块玉石现存放在某银行保管箱里保管，由双方共同保管所有。

二审法院认为，本案争执的焦点主要是刘某某、黄某某是否是同居关系，红皮玉石是否为双方共同财产。刘某某、黄某某均认可双方在征婚网上认识后，即不时在一起同居生活。2012年6月27日，黄某某在出具给刘某某的保证书中称双方是“夫妻”，称刘某某为“爱人”，而且，同居并不意味着双方天天在一起生活。因此，可以认定刘某某、黄某某属于以夫妻名义同居生活。黄某某上诉提出“上诉人与被上诉人属于男女交友偶尔发生性行为的非法同居，不属法律规定的具有事实婚姻关系的同居关系”的上诉理由，与事实不符，不予支持。双方同居生活期间所得财产应为双方共有财产，红皮玉石属双方同居生活期间所得，而且双方一起去新疆，刘某某为该玉石的取得亦作了一定的付出，同时，黄某某在出具给刘某某的保证书中也表明“夫妻共同创业其收入归（属）共同财产，共同商协和使用（从2011年开始算起）”，故红皮玉石应为双方同居期间的共同财产，即使黄某某提出该玉石是阿某赠送给其个人，依据黄某某出具的保证书，亦可认为该玉石属双方共同所有，因此，黄某某提出该玉石属其个人财产的上诉理由，不予采纳。

永州市中级人民法院再审认为，（1）本案系同居关系析产纠纷；（2）双方当事人争议的焦点是：本案红皮玉石（净重7745克）是双方共同分割财产还是个人财产；本案某号房屋是双方共同分割财产还是他人的财产。由于本案双方当事人为同居关系,非夫妻关系,对同居关系期间共同财产的认定应不同于夫妻共同财产的认定,应适用一般共有的原则进行处理。故刘某某主张分割共同财产,应提供相应的证据证明该财产是双方同居期间共同取得的财产,否则应承担举证不能的不利后果。首先,刘某某起诉提出"本案红皮玉石是双方当事人花2万元购买,各占50%"的理由,经查,刘某某虽与黄某某同去新疆,但诉讼中并未提供相应证据证明共同购买、共同取得的事实,故对刘某某要求分割玉石的诉请,不予支持。黄某某再审称,该红皮玉石是新疆阿某赠送的,并提供了阿某的证明、赠与书、公证书予以证明,与客观事实相符,予以采信。其次,刘某某诉称"双方当事人共同出资购买某号房屋一套价值约20万元,各占50%份额",但并未提供证据证明。事实上是黄某某租赁他人的房屋,不属双方共同分割的财产,对刘某某的该项诉讼请求,不予支持。最后,一审诉讼中双方当事人虽在主审法官的主持下达成了调解协议,但因刘某某反悔,一审法院未做调解处理,而之后的诉讼中,一审法院仍以此调解协议作为定案依据作出实体判决,显然违反了《民事诉讼证据规定》第67条"在诉讼中,当事人为达成调解协议或者和解的目的作出妥协所涉及的对案件事实的认可,不得在其后的诉讼中作为对其不利的证据"的规定,应当依法予以纠正,而二审又以黄某某在交友过程中作出的"保证"为定案依据作出了维持原判的处理,亦属不当。故判决驳回刘某某的全部请求。

经湖南省人民检察院抗诉,湖南省高级人民法院再审认为,本案系同居关系析产纠纷。根据《未登记而以夫妻名义同居生活意见》第10条"解除非法同居关系时,同居生活期间双方共同所得的收入和购置的财产,按一般共有财产处理"的规定,本案涉案财产应按一般共有财产处理。根据《合同法》第185条①的规定,赠与合同是赠与人将自己的财产无偿给予受赠人,受赠人表示接受赠与的合同。从审理查明的事实来看,涉案红皮玉石是阿某因黄某某、刘某某帮助其考察冰洲石矿、传授技术并送给其仪器和工具后才送出,双方实际上是一种等价交换的关系,即黄某某、刘某某提供服务和仪器,阿某支付玉石作为报酬。因此,黄某某认为该红皮玉石是阿某赠与其个人的理由不能成立。《民通意见》第90条②规定:"在共同共有关系终止时,对共有财产的分割,有协议的,按协议处理;没有协议的,应当根据等分原则处理,并且考虑共有人对共有财产的贡献大小,适当照顾共有人生产、生

① 对应《民法典》第657条。
② 对应《民法典》第304条。

活的实际需要等情况。”从涉案红皮玉石取得过程来看，帮助考察冰洲石矿、传授技术主要是黄某某完成的，因此，黄某某对涉案红皮玉石应占较大份额；刘某某亦陪同考察并有部分出资，故刘某某对涉案红皮玉石亦可占部分份额。综合考虑本案实际情况，涉案红皮玉石由黄某某占70%份额、刘某某占30%份额为宜。综上所述，湖南省高级人民法院判决现存于黄某某处的红皮玉石一块（净重7745克）由黄某某占70%份额、刘某某占30%份额，驳回刘某某其他诉讼请求。

## 三、裁判规则提要

### （一）未婚同居关系本身不属于法律调整的范围

从不同的角度出发，可以将同居关系划分为多个种类，比如从同居者的性别来看，可以分为同性之间的同居和异性之间的同居；从同居双方是否有配偶来看，可以分为无配偶者之间的同居和有配偶者之间的同居等。本规则所述的同居关系，指的是未办理结婚登记手续的男女之间共同居住生活的情形，这种同居关系虽然不完全具备合法婚姻的构成要件，但在某些方面与婚姻关系又有相似的特征。

我国法律对未婚同居者同居关系的态度经历过一个变化。1989年12月13日施行的《未登记而以夫妻名义同居生活意见》第3条规定：“自民政部新的婚姻登记管理条例施行之日起，未办结婚登记即以夫妻名义同居生活，按非法同居关系对待。”第7条规定：“未办结婚登记而以夫妻名义同居生活的男女，一方要求‘离婚’或解除同居关系，经查确属非法同居关系的，应一律判决予以解除。”由此可见，当时对于男女双方未婚以夫妻名义同居生活的情况是持彻底否定态度的，在表述上称其为“非法同居关系”，在处理结果上为“一律判决予以解除”。该意见甚至开宗明义地指出“人民法院审理未办结婚登记而以夫妻名义同居生活的案件，应首先向双方当事人严肃指出其行为的违法性和危害性，并视其违法情节给予批评教育或民事制裁”。但随着社会的发展，人们的观念发生了很大的变化，对未婚同居现象的包容度越来越高，在一些大中型城市，未婚同居现象也越来越常见。随着时代的发展，法律对未婚同居的态度也发生了改变，从彻底的否定转变为中立的包容，将未婚同居作为当事人对自己生活状态的选择，是否选择这种生活方式是当事人自主的权利，尊重当事人的意思自治，并认为这种关系应归属于道德调整和评价的范畴，法律对这种关系本身不再进行调整，在法律语言表述上也将之前的“非法”二字予以删除。2020年12月，最高人民法院明确废止了《未登记而以夫妻名义同居生活意见》。

虽然法律对这种同居关系持中立的态度,但也并未将其纳入法律调整的范畴。这种同居关系不属于人民法院受理民事案件的范围,《婚姻家庭编解释一》第 3 条第 1 款明确规定:“当事人提起诉讼仅请求解除同居关系的,人民法院不予受理;已经受理的,裁定驳回起诉。”如果未婚同居当事人起诉要求解除这种同居关系,法院是不予受理的。这一款的规定也是《婚姻法解释二》第 1 条第 1 款规定精神的延续。

### (二)因未婚同居所产生的子女抚养、财产分割属于法律调整的范围

未婚同居关系本身虽然不属于法律调整的范畴,但因未婚同居关系而产生的财产分割、子女抚养问题应该纳入法律调整的范围,在当事人就此问题协商不成诉至法院的情况下,人民法院应当将其作为民事纠纷案件予以受理并依法作出裁判。对此,《婚姻家庭编解释一》第 3 条第 2 款作出了明确的规定:“当事人因同居期间财产分割或者子女抚养纠纷提起诉讼的,人民法院应当受理。”这一款也是延续了《婚姻法解释二》第 1 条第 2 款的规定。

男女双方在共同居住生活期间会取得一定的财产或者财产性权益。在取得方式上,这些财产或财产性权益有可能是原始取得,也有可能是继受取得;在具体表现形式上,这些财产或财产性权益可能表现为同居各方的工资、奖金或其他劳务报酬收入,生产、经营、投资的收益,知识产权的收益,继承或受赠的财产等。在分割这些财产时,要根据同居双方的同居状态、财产取得方式、财产具体表现形式等综合判断,公平分割。

### (三)未婚同居期间取得财产的权属性质

根据我国《民法典》婚姻家庭编的规定,夫妻双方在婚姻关系存续期间取得的财产以共同共有为原则,以分别财产制为例外。未婚同居关系虽然在某些方面与婚姻关系有相似的特征,但其又不完全具备合法婚姻的构成要件,与合法的婚姻关系具有明显的区别,在处理同居期间取得的财产时,不能完全依据处理合法婚姻关系期间取得财产的原则来处理,应当根据其自身的特点来确定同居期间取得财产的权属性质。

我国《民法典》婚姻家庭编并未就未婚同居期间所得财产的权属性质及分割方式作出明确的规定。虽然 1989 年 12 月 13 日施行的《未登记而以夫妻名义同居生活意见》第 10 条规定:“解除非法同居关系时,同居生活期间双方共同所得的收入

和购置的财产，按一般共有财产处理。”但该规定发布已有几十年的时间，并由最高人民法院于 2020 年 12 月废止，且该规定是针对未办理结婚登记手续但以夫妻名义共同生活的情形作出的，也并未指出该一般共有究竟是何种形式。

共有分为按份共有和共同共有。按份共有又称分别共有，是指数人之间按照应有份额对共有物按份享有权利并承担义务，各共有人对共有物享有的份额一般是确定的。共同共有是指多人之间根据某种共同关系而对某项财产不分份额地共同享有权利并承担义务，其与按份共有的主要区别在于共有人之间是否具有这种共同关系，这种共同关系一般包括夫妻关系、家庭关系、遗产分割前各继承人之间的关系等。

如上所述，未婚同居关系虽然不完全具备合法婚姻的构成要件，但其在某些方面与婚姻关系有些相似的特征，故确定同居期间取得财产的权属性质时，应分情况进行处理。

1. 男女双方未办理结婚登记手续亦未以夫妻名义共同生活的情形

在这种情况下，男女之间的同居是一种自然的生活状态，双方之间不因这种生活状态而产生法律上的共同关系。在这种同居关系下，双方以各自的行为取得的财产应归属于各自所有。但是，如果在取得某项财产时，同居双方具有取得该财产的合意，并为取得该财产共同支付了一定的对价，此时双方对该财产均享有一定的权利，形成共有关系，但这种共有因缺乏身份上共同关系的基础，故应是一种按份共有。共有人之间的权利份额，一般应按照《民法典》第 309 条规定的原则确定，即“按份共有人对共有的不动产或者动产享有的份额，没有约定或者约定不明确的，按照出资额确定；不能确定出资额的，视为等额享有”。

这种情形下，只有基于共同行为所取得的财产才是共同财产。日常生活中，当事人同居期间基于共同行为所得财产以收入为主，当事人在同居生活期间所获得的收入，如果源于同居关系双方当事人的共同劳作、生产、经营、研制等共同行为，可以认定其为同居关系双方当事人的共同财产，反之则不能认定。而关于同居关系中所购置的财产是否系当事人的“共同购置”之行为所得，可以根据以下情形进行判断：(1)当事人同居生活期间所购置的动产、不动产，如果已经相关权属登记机关登记为同居关系双方当事人共有的，即已经足以证明同居关系双方当事人对购置该财产的“共同”行为，除非有充分的相反证据，比如双方当事人的协议、承诺或者足以证明一方当事人采用了胁迫、欺诈等手段获取登记等，即可直接认定该财产为同居关系双方当事人的共同财产。(2)如果所购动产、不动产未经登记为当事人共有,或者所购财产无须权属登记的,当事人若主张其为同居期间共同财产,则需提交充分证据证明同居关系双方当事人有共同购置之合意,比如共同签署买卖合同等,并且有共同购置之行为,或者共同出资、还贷、履行买卖合同中买方义务等,方可认定该财产系同居关系双方当事人在同居期间的共同财产,反之则不能认定。

2. 男女双方未办理结婚登记手续但以夫妻名义长期共同生活的情形

根据我国《民法典》婚姻家庭编确立的原则,结婚登记是合法婚姻必不可少的要件,法律一直引导人们必须建立合法的婚姻关系。但是,应当看到,在我国一些地区,尤其是偏远的农村地区,还存在大量未办理结婚登记即以夫妻名义长期共同生活并生育子女的情形,这种情况下,如果仅仅按照同居双方的出资额来确定同居期间取得财产的权利归属,往往会出现不公平的结果,不利于社会的稳定。且这种形式的同居,除了欠缺结婚登记这一要件外,其他方面与合法婚姻关系并无不同。此时,如果同居期间取得的财产混同,无法区分,则在无相反证据的情况下,比照合法婚姻关系,推定财产为共同共有达到的社会效果会更好。对此,北京市高级人民法院《关于审理婚姻纠纷案件若干疑难问题的参考意见》第 44 条的规定值得参考借鉴,该条规定:"男女双方未办理结婚登记手续以夫妻名义同居生活的,同居关系解除后要求分割同居期间共同劳动、经营或管理所得财产的,有约定从约定;无约定且上述同居期间财产混同的,推定为共同共有,但根据同居时间、各自贡献、生活习惯等因素能认定为按份共有财产的除外。男女双方未办理结婚登记手续亦不以夫妻名义同居生活的,同居关系解除后要求分割同居期间共同劳动、经营或管理所得财产的,有约定从约定;无约定且财产混同的,推定为按份共有,具体份额比列可依据同居时间、各自贡献、生活习惯确定。"

综上所述,未办理结婚登记手续亦不以夫妻名义共同生活的,在同居期间共同取得的财产以按份共有为原则;未办理结婚登记手续但以夫妻名义长期共同生活的,在无相反证据的情况下,同居期间取得的财产可以按照共同共有处理。无论在哪种情况下,如果财产的取得是基于同居双方共同的法律行为,则任何一方均有权要求分割。

### (四)两种特殊的情形

1. 婚姻无效或被撤销

《民法典》第 1054 条规定:"无效的或者被撤销的婚姻自始没有法律约束力,当事人不具有夫妻的权利和义务。同居期间所得的财产,由当事人协议处理;协议不成的，由人民法院根据照顾无过错方的原则判决。对重婚导致的无效婚姻的财产处理，不得侵害合法婚姻当事人的财产权益。当事人所生的子女，适用本法关于父母子女的规定。”由此可见，如果婚姻无效或被撤销，当事人双方实际是回到了未办理结婚登记手续且以夫妻名义同居生活的状态。对于婚姻无效或被撤销后，该婚姻期间的财产性质如何确定，《民法典》并未规定。《婚姻家庭编解释一》第 22 条规定：“被确认无效或者被撤销的婚姻，当事人同居期间所得的财产，除有证据证明为当事人一方所有的以外，按共同共有处理。”按此规定，无论婚姻无效或被撤销的原因是什么，在该婚姻期间所取得的财产一般均按共同共有处理。

2. 未婚同居与事实婚姻

《婚姻家庭编解释一》第 7 条规定：“未依据民法典第一千零四十九条规定办理结婚登记而以夫妻名义共同生活的男女，提起诉讼要求离婚的，应当区别对待：（一）1994 年 2 月 1 日民政部《婚姻登记管理条例》公布实施以前，男女双方已经符合结婚实质要件的，按事实婚姻处理。（二）1994 年 2 月 1 日民政部《婚姻登记管理条例》公布实施以后，男女双方符合结婚实质要件的，人民法院应当告知其补办结婚登记。未补办结婚登记的，依据本解释第三条规定处理。”据此规定，以 1994 年 2 月 1 日为分界线，区分是否存在事实婚姻，在 1994 年 2 月 1 日之后不再承认事实婚姻，此后以夫妻名义共同生活的男女若不补办结婚登记，只能按解除同居关系处理，对同居期间取得财产的处理原则如上文所述，在此不再赘言。

### （五）分割同居期间所得财产时是否考虑过错

笔者认为，是否考虑过错应区分不同情形：

1. 未办理结婚登记手续且不以夫妻名义共同生活的情形

此时，同居双方之间不具有任何的共同关系，仅仅是在一起居住、生活。如果任何一方认为不适宜继续共同生活下去，其可以随时结束这种同居状态并可以随时要求分割共同财产，故在这种情况下，分割共同财产时一般不考虑过错问题，以各方的出资额或者为取得财产支付的对价多少来分割即可。

2. 未办理结婚登记手续但以夫妻名义长期共同生活的情形

此时，同居双方的关系与合法夫妻关系实际上已经没有了根本的区别，在分割财产时酌情考虑当事人的过错应该是适当的。可以参考《民法典》第 1054 条：“同居期间所得的财产，由当事人协议处理；协议不成的，由人民法院根据照顾无过错方的原则判决。”

## 四、辅助信息

**高频词条:**

**《民法典》**

**第304条** 共有人可以协商确定分割方式。达不成协议,共有的不动产或者动产可以分割且不会因分割减损价值的,应当对实物予以分割;难以分割或者因分割会减损价值的,应当对折价或者拍卖、变卖取得的价款予以分割。

共有人分割所得的不动产或者动产有瑕疵的,其他共有人应当分担损失。

**第308条** 共有人对共有的不动产或者动产没有约定为按份共有或者共同共有,或者约定不明确的,除共有人具有家庭关系等外,视为按份共有。

**第309条** 按份共有人对共有的不动产或者动产享有的份额,没有约定或者约定不明确的,按照出资额确定;不能确定出资额的,视为等额享有。

**第657条** 赠与合同是赠与人将自己的财产无偿给予受赠人,受赠人表示接受赠与的合同。

**第1049条** 要求结婚的男女双方应当亲自到婚姻登记机关申请结婚登记。符合本法规定的,予以登记,发给结婚证。完成结婚登记,即确立婚姻关系。未办理结婚登记的,应当补办登记。

**第1054条** 无效的或者被撤销的婚姻自始没有法律约束力,当事人不具有夫妻的权利和义务。同居期间所得的财产,由当事人协议处理;协议不成的,由人民法院根据照顾无过错方的原则判决。对重婚导致的无效婚姻的财产处理,不得侵害合法婚姻当事人的财产权益。当事人所生的子女,适用本法关于父母子女的规定。

婚姻无效或者被撤销的,无过错方有权请求损害赔偿。

**第1062条** 夫妻在婚姻关系存续期间所得的下列财产,为夫妻的共同财产,归夫妻共同所有:

(一)工资、奖金、劳务报酬;

(二)生产、经营、投资的收益;

(三)知识产权的收益;

(四)继承或者受赠的财产,但是本法第一千零六十三条第三项规定的除外;

(五)其他应当归共同所有的财产。

夫妻对共同财产,有平等的处理权。

**第1087条** 离婚时，夫妻的共同财产由双方协议处理；协议不成的，由人民法院根据财产的具体情况，按照照顾子女、女方和无过错方权益的原则判决。

对夫或者妻在家庭土地承包经营中享有的权益等，应当依法予以保护。

**《婚姻家庭编解释一》**

**第3条** 当事人提起诉讼仅请求解除同居关系的，人民法院不予受理；已经受理的，裁定驳回起诉。

当事人因同居期间财产分割或者子女抚养纠纷提起诉讼的，人民法院应当受理。

**第7条** 未依据民法典第一千零四十九条规定办理结婚登记而以夫妻名义共同生活的男女，提起诉讼要求离婚的，应当区别对待：

（一）1994年2月1日民政部《婚姻登记管理条例》公布实施以前，男女双方已经符合结婚实质要件的，按事实婚姻处理。

（二）1994年2月1日民政部《婚姻登记管理条例》公布实施以后，男女双方符合结婚实质要件的，人民法院应当告知其补办结婚登记。未补办结婚登记的，依据本解释第三条规定处理。

**第22条** 被确认无效或者被撤销的婚姻，当事人同居期间所得的财产，除有证据证明为当事人一方所有的以外，按共同共有处理。

**第83条** 离婚后，一方以尚有夫妻共同财产未处理为由向人民法院起诉请求分割的，经审查该财产确属离婚时未涉及的夫妻共同财产，人民法院应当依法予以分割。

# 婚恋财产纠纷案件裁判规则第 8 条：
## 因恋爱关系终止或同居关系解除，一方当事人单纯以曾经同居为由请求对方当事人给予精神上的损害赔偿，一般不予支持

〔**规则描述**〕：如今，未婚男女之间恋爱同居的现象越来越常见，在恋爱、同居关系解除时，一方可能会要求对方支付一定的经济补偿，以弥补其同居期间的付出。提出这种要求的一方如果仅仅是基于双方同居给其造成了“青春损失”，对于这种请求，法院一般不予支持。如果是基于另一方实际侵害了其人格权而要求赔偿的，按照侵权处理。

### 一、类案检索大数据报告

时间：2020 年 3 月 6 日之前，案例来源：Alpha 案例库，案件数量：461 件，数据采集时间：2020 年 3 月 6 日。本次检索获取 2020 年 3 月 6 日前共 461 篇裁判文书，其中：当事人请求支付分手费或青春损失费等损害赔偿费用，法院予以支持的案件有 2 件，约占 0.43%；法院不予支持的案件有 459 件，约占 99.57%。整体情况如图 8－1 所示。

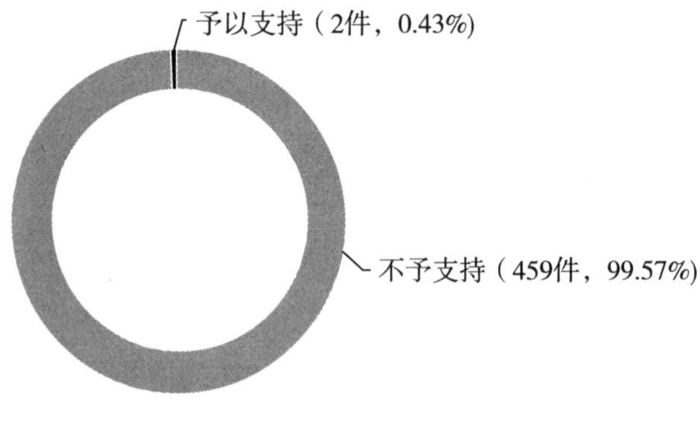


**图 8－1　案件裁判结果分布情况**

如图 8－2 所示，从案件案由分类情况可以看到，当前条件下案件的案由分布由多至少分别是合同、无因管理、不当得利纠纷类，婚姻家庭、继承纠纷类，物权纠

纷类，人格权纠纷类，劳动争议、人事争议纠纷类。

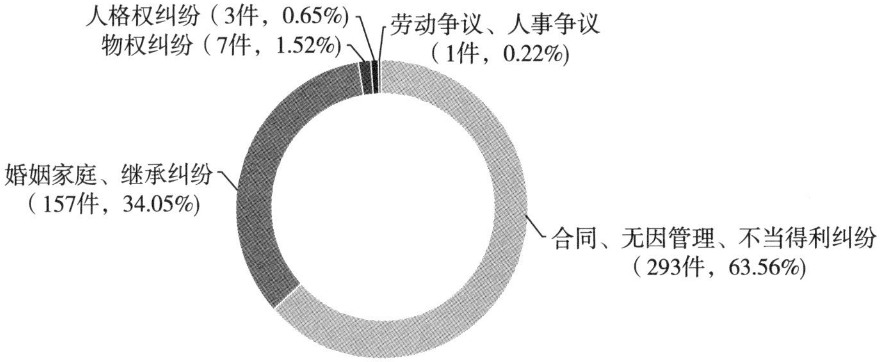


**图8－2 案件案由分类情况**

如图8－3所示，从案件审理程序分布情况可以看到，当前条件下案件的上诉率约为42.95%。

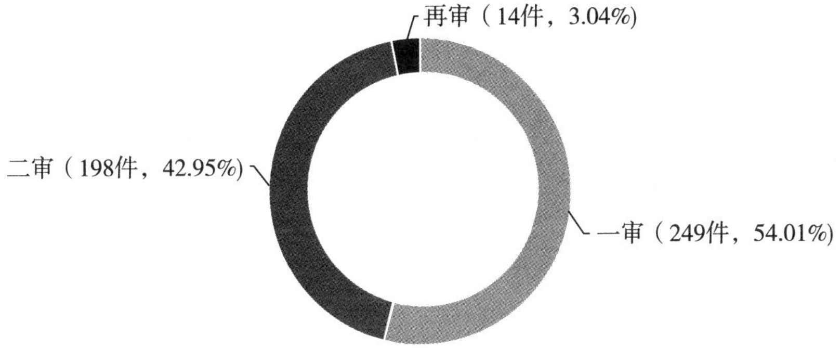


**图8－3 案件审理程序分布情况**

如图8－4所示，从案件二审裁判结果情况可以看到，当前条件下案件维持原判的比例较高，约为74.75%。

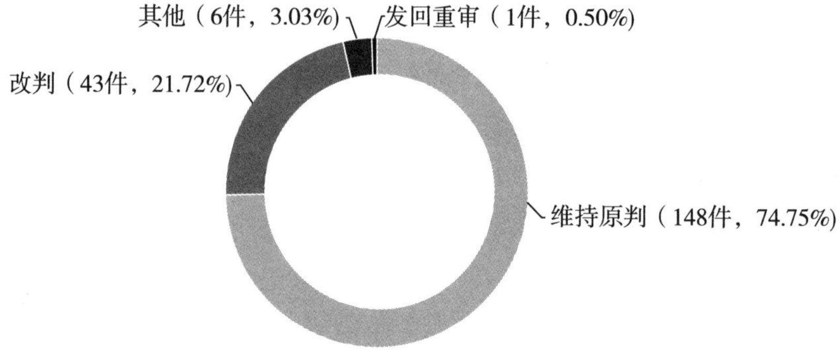


**图 8－4 案件二审裁判结果情况**

## 二、可供参考的例案

### 例案一 | 岑某萍与岑某宁同居关系纠纷案

**【法院】**

广西壮族自治区贺州市中级人民法院

**【案号】**

(2014)贺民一终字第356号

**【当事人】**

上诉人(原审原告):岑某萍,女

委托代理人:潘某某,律师

被上诉人(原审被告):岑某宁,男

委托代理人:钟某某,律师

**【基本案情】**

2003年,岑某萍在××××高中读书时认识在××学院读书的岑某宁后恋爱。岑某宁毕业后,先后在贺州市××××镇一中、××××镇××中学任教,岑某萍毕业后在中国移动××分公司上班,因工作异地,岑某萍2007年起在八步区城区租房,以方便两人见面、同居。2012年5月,由岑某宁及其父母出资,以岑某宁名义购买贺州市××路西侧××花园×栋×单元×××商品房1套(建筑面积122.09平方米,总金额29.0574万元,贷款18.8万元),房屋装修后两人共同居住。2014年4月,岑某宁回老家扫墓与族人提起结婚对象和自己同姓时遭到反对,2014年4月28日岑某宁以同姓不能结婚为由与岑某萍分手。2014年5月31日经协商，岑某宁补偿岑某萍分手费3.1万元以及岑某萍装修××花园×栋×单元×××房支出的费用1万元并履行完毕。2014年7月23日，岑某萍诉至法院，请求判决：(1)岑某宁补偿同居期间岑某萍出资购房款6万元以及生活开支1万元(同居期间，房租等费用是岑某萍支出，房归岑某宁所有)。(2)判决岑某宁归还岑某萍出资的装修费2万元。(3)判决岑某宁赔偿岑某萍身体、精神损失费5万元。(4)案件受理费由岑某宁承担。

**【案件争点】**

岑某萍请求岑某宁偿还同居期间的购房款、装修款及赔偿身体精神损失费是否有事实和法律依据。

**【裁判要旨】**

一审法院认为，原告、被告于2014年5月31日解除同居关系，双方共同共有的关系终止，根据《民通意见》第90条①“在共同共有关系终止时，对共有财产的分割，有协议的，按协议处理；没有协议的，应当根据等分原则处理。并且考虑共有人对共有财产的贡献大小，适当照顾共有人生产、生活的实际需要等情况”的规定，本案中，双方分手时，经协商由岑某宁补偿岑某萍分手费3.1万元以及装修支出的费用1万元，协议已履行完毕。岑某萍主张出资6万元购买涉案商品房，岑某宁不认可，岑某萍亦无相关交付或转款凭证等证据证实，对该主张不予支持。关于装修费问题，双方分手时已协议作出补偿，故法院对该主张不予支持。另外，岑某萍要求岑某宁赔偿身体、精神损失费5万元。一审法院认为，双方自愿同居，同居期间岑某萍流产也是双方的真实意思表示，没有谁对谁错之说，虽然分手是岑某宁提出，但在分手时，岑某宁已向岑某萍支付3.1万元的分手费，可视为岑某宁对岑某萍补偿。因此，岑某萍请求身体和精神损失赔偿，法院不予支持。综上所述，依照《民事诉讼法》第64条以及《民事诉讼证据规定》第2条之规定，判决：驳回岑某萍的诉讼请求。

二审法院认为，依据《民事诉讼法》第64条，《民事诉讼证据规定》第2条、第76条的规定，上诉人岑某萍对其提出的诉讼请求所依据的事实有提供证据加以证明的责任。综合全案证据材料及当事人陈述，岑某萍并未有证据证明其有交付6万元购房款及2万元装修费给被上诉人岑某宁的事实，且岑某宁仅认可岑某萍出

---

① 对应《民法典》第304条第1款，变更为：“共有人可以协商确定分割方式。达不成协议，共有的不动产或者动产可以分割且不会因分割减损价值的，应当对实物予以分割；难以分割或者因分割会减损价值的，应当对折价或者拍卖、变卖取得的价款予以分割。”

资装修费1万元,而该款岑某宁已支付岑某萍,故岑某萍请求返还购房款及装修费的请求没有事实依据,一审判决不予支持该诉讼请求并无不当。依据《精神损害赔偿解释》第1条的规定,自然人生命权、健康权等人格权利遭受非法侵害,可以向人民法院起诉赔偿精神损害,虽岑某萍在同居期间流产,但岑某萍与岑某宁为自愿同居,流产也是双方自愿选择,故该损害结果并非非法侵害所致,岑某萍请求岑某宁赔偿身体、精神损失费无法律依据,故不予支持。综上分析,岑某萍的上诉理由不成立,法院不予支持。一审虽认定事实有误,但实体处理并无不当,二审判决驳回上诉,维持原判。

## 例案二 | 黄某青与苗某娟同居关系纠纷案

【法院】

黑龙江省齐齐哈尔市中级人民法院

【案号】

(2017)黑02民终2659号

【当事人】

上诉人(原审原告):黄某青,男

委托诉讼代理人:赵某,律师

委托诉讼代理人:方某某,律师

被上诉人(原审被告):苗某娟,女

委托代理人:徐某某,律师

【基本案情】

原告黄某青诉称。(1)请求判令黄某青、被告苗某娟离婚;(2)请求判令依法分割黄某青、苗某娟夫妻共同财产——齐齐哈尔市××餐饮具有限公司股权及其他夫妻共同财产180,000元;(3)请求判令苗某娟赔偿黄某青精神损害抚慰金20,000元。

一审法院经审理查明,黄某青于1993年11月2日与前妻刘某荣协议离婚。1994年5月,黄某青与苗某娟未办理结婚登记以夫妻名义同居,1994年5月19日苗某娟将户籍转入齐齐哈尔市××区××街派出所××委××组(黄某青处),2008年年初双方达成协议解除此关系,同时对双方财产及齐齐哈尔市××餐饮具有限公司的财产进行了分割,并签字确认。

黄某青上诉称，(1)其与苗某娟出示的有关证据显示双方于1993年建立了事实婚姻关系，客观上是在1993年11月。①黄某青与苗某娟均出示了2008年1月2日双方签字的协议书，协议书明确记载“黄某青与苗某娟于1993年9月，双方自愿共同生活在一起，婚姻未通过法律注册至今”。苗某娟称该协议多处存在笔误，“1993年9月”也是笔误。虽然黄某青对于该协议的真实性存有异议，但对该协议中苗某娟自认双方于1993年以夫妻名义共同生活在一起的事实是认可的。双方于1993年11月2日(黄某青与刘某荣离婚前)就已经产生了男女情感并决定未来一起生活，黄某青离婚后双方随即生活在一起。②黄某青出示的齐齐哈尔市建华区人民法院(2013)建商初字第261号民事判决确认双方于1993年建立事实婚姻关系。在该案庭审中双方已经明确1993年6月建立事实婚姻关系。虽该判决并未生效，但该判决认定的事实并未被二审法院推翻，且该事实的认定是基于双方认可，该判决未生效不意味着该判决所认定的事实不具有证明力。③黄某青提供的证人马某宝、庚某文、杜某文(户籍民警)的证言与协议书描述的“黄某青与苗某娟于1993年9月，双方自愿共同生活在一起，婚姻未通过法律注册至今”基本一致。(2)苗某娟提供的证据足以证实双方于1994年即以夫妻名义生活在一起，不能证明1994年5月才以夫妻名义生活在一起。①苗某娟举示的户籍存根证实1994年5月其户籍已经转入黄某青居住地，足以证明1994年5月二人就已经以夫妻名义生活在一起。②苗某娟举示证人李某成、冯某、刘某萍、苗某旗均与黄某青、苗某娟有利害关系，不能证明1994年5月以后黄某青与苗某娟才以夫妻名义生活在一起。(3)一审法院认定黄某青与苗某娟1993年11月以夫妻名义生活在一起形成事实婚姻关系证据不足，因此认定双方无事实婚姻关系驳回黄某青一审诉求错误。虽然黄某青没有直接证据证明其与苗某娟于1993年11月具体哪一天生活在一起，但有充分证据证实双方于1993年12月确实已经以夫妻名义生活在一起且被周围群众认可。①苗某娟举示的协议书证实双方1993年确实以夫妻名义生活在一起。该协议书描述的事实显然是自认。②黄某青出示的齐齐哈尔市建华区人民法院(2013)建商初字第261号民事判决也能证明双方于1993年生活在一起。③离婚证可以证实黄某青于1993年11月2日为了与苗某娟结为夫妻而与刘某荣离婚。④黄某青的证人马某宝明确1993年12月见到黄某青与苗某娟时，双方以夫妻名义相称并且予以认可。⑤黄某青举示的其他证据和苗某娟出示的除证人证言以外的其他证据，尤其是苗某娟出示的户籍存根，可以印证双方1993年就以夫妻名义生活在一起。协议书、判决书可以证明双方确于1993年建立了事实婚姻关系,离婚证以及证人马某宝可以证明1993年11月双方建立了事实婚姻关系,即使不能证明双方于1993年11月建立了事实婚姻关系,也可以证明对方于1993年12月建立了事实婚姻关系。另外,有证据显示在婚姻关系存续期间黄某青与苗某娟用夫妻共同财产设立了齐齐哈尔市××餐饮具有限公司,苗某娟在未合法解除涉案婚姻情况下与他人登记结婚。

苗某娟辩称,一审判决认定事实清楚,证据充分,程序合法,适用法律正确,黄某青的上诉请求不成立。其上诉状中的陈述均是推理,黄某青没有任何有效证据证明双方存在事实婚姻关系。齐齐哈尔市建华区人民法院(2013)建商初字第261号民事判决已被二审撤销,该判决并未发生法律效力,不能作为认定案件事实的依据。黄某青与苗某娟于1994年5月同居,并于2008年解除同居关系,黄某青与苗某娟解除同居关系时对财产自愿进行了分割,并形成书面协议履行至今。苗某娟已合法登记结婚,其婚姻关系受法律保护。黄某青的上诉请求没有事实和法律依据,请法院依法驳回上诉,维持原判。

二审中,黄某青申请证人张某、彭某民、胡某杰、刘某全、王某霞、王某琴作证,据以证明1993年5月黄某青、苗某娟相识,苗某娟到黄某青经营的企业打工,1993年11月黄某青与案外人刘某荣离婚之后随即与被告苗某娟以夫妻名义共同生活在一起,黄某青、苗某娟存在事实婚姻关系。苗某娟质证认为,上述证人证言不属于二审新证据,不能作为认定案件事实的依据。且上述证人证言不具有真实性,不能证明黄某青与苗某娟存在事实婚姻关系。二审法院经审查认为,上述证人证言不能互相印证,不能证明黄某青与苗某娟构成事实婚姻,故不予采信。

苗某娟提供了一张拍摄时间为1994年9月14日的照片,证明1994年9月14日原告黄某青父亲过生日,苗某娟自1994年5月与黄某青同居后第一次去了黄某青家。黄某青质证称,对证据的真实性没有异议,该证据不能证明苗某娟是第一次与黄某青家人见面,即使有其他比较早的照片二审中苗某娟也不可能出示,另外,什么时间第一次见面与何时开始以夫妻名义共同生活没有必然联系。二审法院经审查认为,该证据仅能证明苗某娟于1994年9月14日到黄某青家参加聚会,与待证事实不具有关联性,故不予采信。二审法院对一审查明的事实予以确认。

**【案件争点】**

1. 黄某青与苗某娟是否存在事实婚姻关系。

2. 黄某青诉请的财产是否应予重新分割。

3. 苗某娟是否应当赔偿黄某青精神损害抚慰金20,000元。

**【裁判要旨】**

一审法院认为，黄某青、苗某娟双方签订的落款日期为 2008 年 1 月 2 日的协议书记载，黄某青与苗某娟于 1993 年 9 月开始共同生活，且当时黄某青尚未离婚。但是在庭审中黄某青、苗某娟对此日期均予以否认，黄某青诉称的共同生活日期为 1993 年 11 月，苗某娟辩称的日期为 1994 年 5 月，因此一审法院对协议书记载的同居日期 1993 年 9 月不予认可。根据黄某青出示的第 2 组第 4 份证据，该证言出具人系齐齐哈尔市公安局××分局中华街派出所民警，属于《民事诉讼证据规定》第 65 条第 1 款第 2 项规定的情形，因此虽然该证人未出庭，但对该证据予以认定。该证据显示黄某青、苗某娟双方共同生活时间为 1994 年。同时黄某青证人马某宝、庚某文的证言证实黄某青、苗某娟双方同居时间为 1994 年。以上三人的证言均与黄某青诉称的 1993 年 11 月开始同居不相符。黄某青出示的第 3 组证据中苗某娟虽然承认黄某青系其前夫，但是很明显事实婚姻需满足法定条件方能得到法律的认可，不能仅凭一方的主观臆断来确认是否系事实婚姻。因此该份证据虽然有效，但是不能证明黄某青的主张。依据《民事诉讼法解释》第 90 条之规定，无法认定黄某青、苗某娟双方的同居时间开始于 1993 年 11 月。依据《婚姻法解释一》第 5 条[①]之规定，亦无法认定黄某青、苗某娟双方属于事实婚姻。因此对黄某青的离婚诉讼请求不予支持。对黄某青请求判令依法分割黄某青、苗某娟夫妻共同财产齐齐哈尔市××餐饮具有限公司股权及其他夫妻共同财产 180,000 元的诉讼请求，黄某青、苗某娟双方签订的落款日期为 2008 年 1 月 2 日的协议书中已经对齐齐哈尔市××餐饮具有限公司的所有权进行了分割。黄某青虽然诉称该协议书并非其亲自签名，但未出示证据证明自己的主张，在此情况下依据《合同法》第 60 条[②]之规定，黄某青、苗某娟应遵守该协议实体部分的约定。对于黄某青诉称的其他财产，因未向法院明确具体请求，故依据《民事诉讼法》第 119 条、《合同法》第 60 条及《民事诉讼法解释》第 90 条之规定对此项诉讼请求不予支持。对黄某青请求判令苗某娟赔偿精神损害抚慰金 20,000 元的诉讼请求，此诉讼并非侵权之诉，黄某青的人格权亦未因此案件受到损害，黄某青的此项诉讼请求不符合《精神损害赔偿解释》第 1 条之规定，故对此项诉讼请求不予支持。综上所述，根据《合同法》第 60 条、《民事诉讼法》第 119 条、《婚姻法解释一》第 5 条[③]、《精神损害赔偿解释》第 1 条、《民

---

① 对应《婚姻家庭编解释一》第 7 条。

② 对应《民法典》第 509 条。

③ 对应《婚姻家庭编解释一》第 7 条。

事诉讼法解释》第90条之规定,判决:驳回黄某青的诉讼请求。

二审法院认为,《婚姻法解释一》第5条规定:“未按婚姻法第八条规定办理结婚登记而以夫妻名义共同生活的男女,起诉到人民法院要求离婚的,应当区别对待:(一)1994年2月1日民政部《婚姻登记管理条例》公布实施以前,男女双方已经符合结婚实质要件的,按事实婚姻处理;(二)1994年2月1日民政部《婚姻登记管理条例》公布实施以后,男女双方符合结婚实质要件的,人民法院应当告知其在案件受理前补办结婚登记;未补办结婚登记的,按解除同居关系处理。”本案中,黄某青提供的证据不能证明其与苗某娟构成事实婚姻。黄某青与苗某娟亦未办理结婚登记,故本案应按解除同居关系处理。关于同居期间所得的财产,黄某青与苗某娟已于2008年1月2日经协议处理完毕,故对黄某青要求与苗某娟离婚及分割夫妻共同财产的上诉请求,法院不予支持。另外,黄某青要求苗某娟赔偿其精神损害抚慰金20,000元的上诉请求,于法无据,不予支持。综上所述,黄某青的上诉请求不能成立,驳回上诉,维持原判。

## 例案三 | 胡某与王某雨健康权纠纷案

**【法院】**

吉林省长春市中级人民法院

**【案号】**

(2017)吉01民终2476号

**【当事人】**

上诉人(原审原告):胡某,女

法定代理人:胡某义,男

委托诉讼代理人:马某,律师

被上诉人(原审被告):王某雨,男

委托诉讼代理人:曾某君

**【基本案情】**

2010年,原告胡某、被告王某雨确定恋爱关系并同居生活,双方共同居住在王某雨位于长春市××区××××新村×栋×单元×××室。2010年5月29日18时50分许,王某雨回到住处时发现胡某因煤气泄漏已经昏迷,便将胡某送至吉林大学××医院医治,后胡某虽经多方医治,但未治愈。2010年6月4日,胡某的法定代理人胡某义向长春市公安局××××××××区分局××大街派出所报警，公安机关接警后并未作出处理结果。2011年8月30日，经哈尔滨市残疾人联合会批准，中国残疾人联合会对胡某颁发残疾人证，证明胡某的伤残等级为壹级。双方在庭审中确认胡某花费医疗费为70,150元，案件在审理中，经委托，吉林××司法鉴定所作出吉中司鉴所(2016)法临鉴字第627号鉴定意见，鉴定意见为“被鉴定人胡某误工期限应以一氧化碳中毒后450日为宜”。

二审法院查明的事实与一审一致。

胡某上诉称，根据吉林省长春市××××医院的病例记录，胡某入院治疗时间为2010年5月29日21时11分，距离其煤气中毒被发现时间18时50分已经过去了2小时21分，由于王某雨没有第一时间将胡某送往医院，致其错过了最佳治疗时间，病情恶化。住院治疗期间，王某雨父亲王某多次与主治医生打架，导致胡某的高压氧治疗中断(2010年5月29日21时24分~31日15时52分、5月31日20时43分~6月3日14时24分)，病例上也有明确的中断高压氧治疗时间，直接致使其病情恶化，错过最佳治疗时间，最终导致植物人状态，生活起居不能自理。胡某煤气中毒后，王某雨没有向公安机关报警，导致公安机关错过最佳调查时间。王某雨作为房屋和屋内财产的所有人和管理人，应对其家中设施负有安全隐患的注意义务，对胡某的人身安全负有保障义务。无证据证明胡某系自身行为致伤，故可推定胡某系因王某雨家中设施致煤气中毒，王某雨应承担主要责任。王某雨与胡某属于非法同居，长达5年，双方家长和亲属都知晓，根据《婚姻法》对非婚同居的解释，女性属于弱势地位，在非婚同居期间发生的人身损害应得到相应的赔偿。胡某对于医疗费金额请求重新审核。

**【案件争点】**

王某雨是否应当向胡某承担赔偿责任。

**【裁判要旨】**

一审法院认为，胡某在受到侵害时是完全民事行为能力人，煤气灶具是生活中经常使用的生活器具，对煤气灶具的使用及使用过程中存在的危险，胡某应当充分了解，并应当具有发生危险时采取合理处理措施的能力，避免损害的发生。事故发生时王某雨并未在事发现场，没有证据证明王某雨在此次事故发生过程中存在过错。王某雨在发现胡某煤气中毒后，将胡某送医救治，是正常合理的处理措施，并无不当，没有证据证明王某雨的行为与胡某的损害存在因果关系，也没有证据证明其行为加重了胡某的损害结果。因此，胡某以王某雨侵权为由请求王某雨承担赔偿责任,没有法律依据,不予支持。关于胡某在诉讼中提出王某雨未尽到妥善管理房屋及屋内设施的义务,王某雨应承担侵权责任的主张,一审法院认为,胡某、王某雨是同居关系,双方在共同居住的房屋内,对房屋的管理及设施的维护负有同等的权利义务,并不能加重一方的义务,对胡某该项主张不予支持。关于胡某主张双方是以夫妻名义同居生活,王某雨应在经济上给予帮助的主张,胡某与王某雨因恋爱关系在一起同居生活,并未登记结婚。故双方不存在《婚姻法》规定的互相抚养的义务,胡某此项主张于法无据,不予支持。综上所述,依照《民法通则》第5条①、第11条②,《侵权责任法》第3条③,《民事诉讼证据规定》第2条之规定,判决驳回胡某的诉讼请求。

二审法院认为,王某雨系因家中煤气泄漏而致人身损害。对于胡某诉请的王某雨存在送往医院不及时、报警不及时、未尽到屋内财产的注意义务和未对胡某尽到人身安全保障义务的过错,胡某并未能阐明充分的理由或提供足够的证据予以证明。胡某称王某雨父亲存在阻止医院抢救导致错过最佳治疗期的情形,与王某雨并无直接关联,故该项诉请也不能成立。同时胡某与王某雨在事发时系同居关系,胡某现以女性属于弱势地位为由诉请要求王某雨承担赔偿责任亦缺少法律依据。综上所述,原审判决认定事实清楚,适用法律正确。胡某的上诉请求与理由均不能成立,驳回上诉,维持原判。

## 三、裁判规则提要

### (一)未办理结婚登记手续而同居的不适用离婚损害赔偿的法律规定

我国《民法典》婚姻家庭编第1091条规定:"有下列情形之一,导致离婚的,无过错方有权请求损害赔偿:(一)重婚;(二)与他人同居;(三)实施家庭暴力;(四)虐待、遗弃家庭成员;(五)有其他重大过错。"《婚姻家庭编解释一》第86条规定:"民法典第一千零九十一条规定的'损害赔偿',包括物质损害赔偿和精神损害赔偿。涉及精神损害赔偿的,适用《最高人民法院关于确定民事侵权精神损害赔偿

---

① 对应《民法典》第3条,变更为:"民事主体的人身权利、财产权利以及其他合法权益受法律保护,任何组织或者个人不得侵犯。"

② 对应《民法典》第17条、第18条。第17条变更为:"十八周岁以上的自然人为成年人。不满十八周岁的自然人为未成年人。"第18条变更为:"成年人为完全民事行为能力人,可以独立实施民事法律行为。十六周岁以上的未成年人,以自己的劳动收入为主要生活来源的,视为完全民事行为能力人。"

③ 对应《民法典》第120条,变更为:"民事权益受到侵害的,被侵权人有权请求侵权人承担侵权责任。"

责任若干问题的解释》的有关规定。”根据上述规定，在男女双方存在合法婚姻关系的情况下，如果夫妻一方存在上述过错情形之一，在离婚时，无过错方可以要求对方赔偿精神损失。

但是恋爱或同居关系有别于婚姻关系，在此期间双方当事人不存在法定的人身关系，仅有道德层面的义务，并不产生法定权利义务关系。未婚同居是男女双方自愿选择的一种生活方式，是道德范畴的事情，除子女抚养及财产分割纠纷外，法律对未婚同居关系并不进行调整。法律不否定并尊重这种关系，但也不保护这种关系。当事人在选择这种关系时，应当明知会因此而负担一定的风险，其在明知的情况下仍旧选择这种生活方式，相应的后果只能由其自行承担。未婚同居关系与合法婚姻关系存在本质的区别，即使在同居期间一方存在《民法典》婚姻家庭编规定的上述过错，另一方也无权依据这些法律规定要求对方进行赔偿。如果同居双方希望得到法律的保护，只能按照法律的规定办理结婚登记手续，缔结婚姻关系。

### （二）未婚同居一方要求对方支付分手费、青春损失费的，一般不予支持

在恋爱或未婚同居关系解除时，一方要求对方支付分手费、青春损失费也是司法实践中经常会遇见的情况。分手费和青春损失费并不是法律上的概念，我国法律对此亦没有明确的规定。一般认为，分手费、青春损失费指的是在男女双方结束恋爱或同居关系时，双方约定或者一方自愿给付另一方的一定数额的财物。

关于分手费、青春损失费的性质，存在不同的观点。有的观点认为，其是同居双方之间自由达成的合意，形成一种合同之债。有的观点认为，其属于道德调整的范围，不应纳入法律范围内加以考虑和解决。有的观点认为，其属于自然之债，尚未给付的，债权人不得要求强制给付，已经给付的，债务人也不得以不当得利为由要求返还。有的观点认为，其是一种附生效条件的赠与，所附的条件为双方结束同居或恋爱关系。还有观点认为，其是一种带有道德义务性质的赠与。但无论何种观点，基本上均认为分手费、青春损失费是一方给予另一方的精神上的补偿或赔偿。在这些观点中，认为是合同之债及附道德义务性质的赠与显然是值得商榷的观点，它们都忽略了未婚同居关系不属于民事法律调整范围的特点，前者还忽略了在一方自愿给付的情形下如何定性的问题。附生效条件赠与的观点有一定的道理，但我国《民法典》第658条规定赠与人不得撤销经过公证的赠与合同，在这种赠与经过公证后，赠与人不得撤销赠与，受赠人可以请求人民法院强制执行，这与公序良俗的价值判断又会产生一定的冲突。笔者认为，将分手费、青春损失费定性为

自然之债比较合适。虽然理论界对自然之债的含义存在一定的分歧,但在自然之债的效果上基本能达成一致意见,即这种债不是民事法律行为,不属于民事法律调整的债的范围,债务人已为给付的,不得基于不当得利要求返还,债务人尚未给付的,债权人也不得要求强制履行。未婚同居关系不属于法律调整的范围,符合自然之债发生的前提,由此引发的分手费、青春损失费应属于自然之债的范围。自然之债的法律效果也与公序良俗的价值评价相符合。

实践中,要求支付分手费、青春损失费的表现形式也是多种多样,主要可以分为以下几类:(1)恋爱、同居双方没有书面的协议,在结束恋爱、同居关系时,一方直接提出要求支付分手费、青春损失费的诉讼请求;(2)恋爱、同居一方向另一方出具欠条;(3)恋爱、同居双方签订了给付分手费、青春损失费的协议。

在第一种情形下,如果单纯是基于同居而要求给付,因为法律对此并没有明确的规定,恋爱或同居一方直接提出这样的要求缺乏请求权基础,对该要求法院不应支持。

在第二种情形下,可以分为两种不同的情形进行处理:第一种情况,一方持欠条以民间借贷为由诉至法院要求对方给付钱款。在这种情况下,要审查双方之间是否具有真实的借贷关系,若存在真实的借贷关系,则按民间借贷纠纷依法处理;若不存在真实的借贷关系,欠条只是分手费、青春损失费的变相表现形式,则对其要求给付款项的诉讼请求不予支持。这一观点在实务中已基本形成共识,如浙江省高级人民法院《关于审理民间借贷纠纷案件若干问题的指导意见》第35条即规定:"当事人主张的下列借贷,不予保护,依法判决驳回诉讼请求:(一)因非法同居、不正当两性关系等行为产生'青春损失费'、'分手费'等有损社会公序良俗的情感债务转化的借贷。……"四川省高级人民法院《关于审理民间借贷纠纷案件若干问题的指导意见》第16条规定:"违背社会公序良俗是指法律行为的内容及目的违反了社会的公共秩序或善良风俗,存在以下情形之一的,应认定为违背社会公序良俗,当事人因此签订的民间借贷合同应认定为无效:(一)因非婚同居、不正当两性关系等产生的'青春损失费'、'分手费'、'精神损失费'等有损公序良俗行为所形成的债务;……"《民法典》第679条规定:"自然人之间的借款合同,自贷款人提供借款时成立。"可见,自然人之间的借款合同是实践性合同,该合同自贷款人提供借款时成立。故在审查是否存在真正的民间借贷法律关系时,应注重审查民间借贷法律关系的两个重要构成要件:(1)双方是否存在借贷的合意;(2)贷款人是否已将出借款项实际交付给借款人。不能仅凭欠条就认为双方之间存在民间借款法律关系，从而径行判决支持或驳回原告的诉讼请求。在具体审理时，应当依据最高人民法院《民间借贷解释》的相关规定来进行审查判断。

第二种情况，一方持欠条将对方诉至法院，但不主张双方之间存在借贷关系，而是依据双方之间真实存在的事实关系来要求对方支付相应的款项。恋爱或同居一方向另一方出具欠条的原因是多方面的，有可能是一方基于双方之间过往的感情而同意给付另一方一定的款项，有可能是一方为了照顾另一方今后的生活而愿意给付另一方一定的金钱，还有可能是一方基于另一方当前的客观实际需要而出具欠条，这些可能性会构成一方向另一方出具欠条的基础事实关系。在这种情况下，应该根据双方之间的基础事实关系来确定双方之间是否存在需要法律调整的法律关系，透过现象看本质，依照本质事实来确定是否应当支持提出给付要求一方的诉讼请求。这种情况类似于下文所述的第三种情形。

在第三种情形下，考虑在恋爱或同居关系存续期间双方当事人间也可能存在财产关系、经济往来，应根据相应的事实和法律关系作出不同的处理，主要区分为以下两种情况：第一种情况，如果恋爱或同居双方仅仅是基于情感方面的考虑，单纯以双方曾经同居为由而约定由一方给付另一方一定的财物，这种协议作为自然之债对待；第二种情况，如果这种协议是基于一方给予另一方在双方共同生活期间的经济花费上的补偿，或者是基于另一方其他实际的需要，则对这种协议应当予以支持，如深圳市中级人民法院《关于审理婚姻家庭纠纷案件的裁判指引》（2014 年修订）第 16 条即规定："一方以同居为由请求对方支付'青春损失费'的，人民法院不予支持，但女方在同居期间怀孕需要做中止妊娠手术请求男方分担部分因此产生的医疗费、营养费等合理费用的，人民法院应予支持。"在实际审理中要注意区分单纯基于恋爱或同居关系提出的赔偿请求和基于民事财产关系所提出的有关请求。实际上，上文所提到的欠条情形下也存在这种情况，应当按照不同的情形分别作出处理。

### （三）如果未婚同居一方侵害了对方的人格权，被侵权一方可以要求对方赔偿精神损失

未婚同居关系虽然不属于法律调整的范围，但是同居双方自身的权利仍然受到法律的保护。在同居生活期间，同居双方各自均具有独立的人格，双方的人格权均受到法律的保护。如果因为一方的侵权行为导致另一方的人格权遭到侵害，另一方有权依据相关法律要求对方赔偿精神损失。

## 四、辅助信息

**高频词条:**

《民法典》

**第3条** 民事主体的人身权利、财产权利以及其他合法权益受法律保护,任何组织或者个人不得侵犯。

**第17条** 十八周岁以上的自然人为成年人。不满十八周岁的自然人为未成年人。

**第18条** 成年人为完全民事行为能力人,可以独立实施民事法律行为。

十六周岁以上的未成年人,以自己的劳动收入为主要生活来源的,视为完全民事行为能力人。

**第120条** 民事权益受到侵害的,被侵权人有权请求侵权人承担侵权责任。

**第176条** 民事主体依照法律规定或者按照当事人约定,履行民事义务,承担民事责任。

**第304条** 共有人可以协商确定分割方式。达不成协议,共有的不动产或者动产可以分割且不会因分割减损价值的,应当对实物予以分割;难以分割或者因分割会减损价值的,应当对折价或者拍卖、变卖取得的价款予以分割。

共有人分割所得的不动产或者动产有瑕疵的,其他共有人应当分担损失。

**第509条** 当事人应当按照约定全面履行自己的义务。

当事人应当遵循诚信原则,根据合同的性质、目的和交易习惯履行通知、协助、保密等义务。

当事人在履行合同过程中,应当避免浪费资源、污染环境和破坏生态。

**第577条** 当事人一方不履行合同义务或者履行合同义务不符合约定的,应当承担继续履行、采取补救措施或者赔偿损失等违约责任。

**第658条** 赠与人在赠与财产的权利转移之前可以撤销赠与。

经过公证的赠与合同或者依法不得撤销的具有救灾、扶贫、助残等公益、道德义务性质的赠与合同,不适用前款规定。

**第667条** 借款合同是借款人向贷款人借款,到期返还借款并支付利息的合同。

**第675条** 借款人应当按照约定的期限返还借款。对借款期限没有约定或者约定不明确,依据本法第五百一十条的规定仍不能确定的,借款人可以随时返还;

贷款人可以催告借款人在合理期限内返还。

**第 676 条** 借款人未按照约定的期限返还借款的，应当按照约定或者国家有关规定支付逾期利息。

**第 679 条** 自然人之间的借款合同，自贷款人提供借款时成立。

**第 1049 条** 要求结婚的男女双方应当亲自到婚姻登记机关申请结婚登记。符合本法规定的，予以登记，发给结婚证。完成结婚登记，即确立婚姻关系。未办理结婚登记的，应当补办登记。

**第 1091 条** 有下列情形之一，导致离婚的，无过错方有权请求损害赔偿：

（一）重婚；

（二）与他人同居；

（三）实施家庭暴力；

（四）虐待、遗弃家庭成员；

（五）有其他重大过错。

**《婚姻家庭编解释一》**

**第 3 条** 当事人提起诉讼仅请求解除同居关系的，人民法院不予受理；已经受理的，裁定驳回起诉。

当事人因同居期间财产分割或者子女抚养纠纷提起诉讼的，人民法院应当受理。

**第 7 条** 未依据民法典第一千零四十九条规定办理结婚登记而以夫妻名义共同生活的男女，提起诉讼要求离婚的，应当区别对待：

（一）1994 年 2 月 1 日民政部《婚姻登记管理条例》公布实施以前，男女双方已经符合结婚实质要件的，按事实婚姻处理。

（二）1994 年 2 月 1 日民政部《婚姻登记管理条例》公布实施以后，男女双方符合结婚实质要件的，人民法院应当告知其补办结婚登记。未补办结婚登记的，依据本解释第三条规定处理。

**第 86 条** 民法典第一千零九十一条规定的“损害赔偿”，包括物质损害赔偿和精神损害赔偿。涉及精神损害赔偿的，适用《最高人民法院关于确定民事侵权精神损害赔偿责任若干问题的解释》的有关规定。

# 婚恋财产纠纷案件裁判规则第9条：

## 恋爱关系终止或同居关系解除后，其间一方有终止妊娠、分娩或遭受暴力伤害等情形，要求另一方负担实际支出或确定将要支出的费用的，可予以支持。恋爱关系终止或同居关系解除后，其间有终止妊娠、分娩或遭受暴力伤害等情形，男方已自愿给付超过实际支出的相关财产，事后男方反悔要求返还的，一般不予支持

〔**规则描述**〕:男女双方未办理结婚登记手续而共同居住生活是男女双方自主选择的生活方式，是双方意思自治的体现，法律对这种生活状态并不干预。但是，若女方在同居期间怀孕生子，或因某种原因而终止妊娠，因此而产生医疗费、营养费、住院伙食补助费、护理费、交通费、康复费等合理费用的，基于公平原则的考虑，男方应该对此进行合理的分担，就这些合理的费用向女方进行相应的补偿。但因这种生活状态是双方自愿的选择，怀孕生子或因故终止妊娠也是基于双方自愿的性行为，并不存在侵权的事实，故在此情况下，女方不得请求男方进行精神损害赔偿。同理，若女方在双方恋爱期间怀孕生子，或者因故终止妊娠，男方也应就合理的费用向女方进行补偿，但此时女方也不得提出精神损害赔偿。若男女双方在恋爱期间或未婚同居期间，一方遭受了另一方的暴力伤害，这是一种侵权行为，被侵权人除可以要求对方赔偿合理的费用外，在侵权行为造成其严重精神损害的情况下，还可以要求侵权人赔偿其精神损失，构成犯罪的，依法追究侵权人的刑事责任。

### 一、类案检索大数据报告

时间:2020年6月22日之前，案例来源:Alpha案例库，案件数量:109件，数据采集时间:2020年6月22日。本次检索获取2020年6月22日前共109篇裁判文书，其中:恋爱关系终止或同居关系解除后，其间有终止妊娠、分娩或遭受暴力伤害等情形，要求另一方负担实际支出或确定将要支出的费用的，法院予以支持的案件有107件，约占98.17%;法院不予支持的案件有2件，约占1.83%。整体情况如图9-1所示。

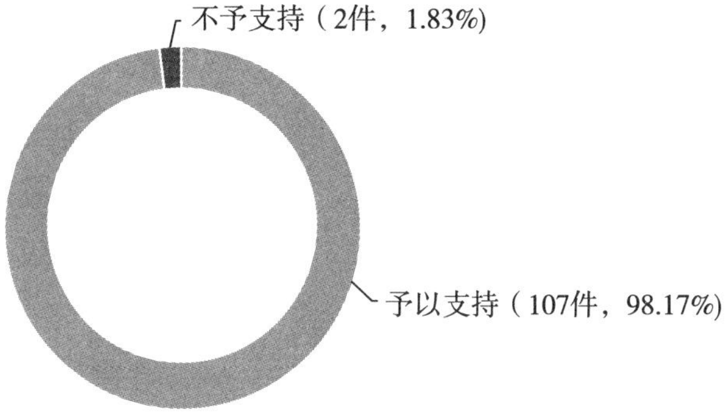


**图 9－1　案件裁判结果分布情况**

如图 9－2 所示，从案件案由分类情况可以看到，当前条件下案件的案由分布由多至少分别是婚姻家庭、继承纠纷类，人格权纠纷类，合同、无因管理、不当得利纠纷类，侵权责任纠纷类，物权纠纷类。

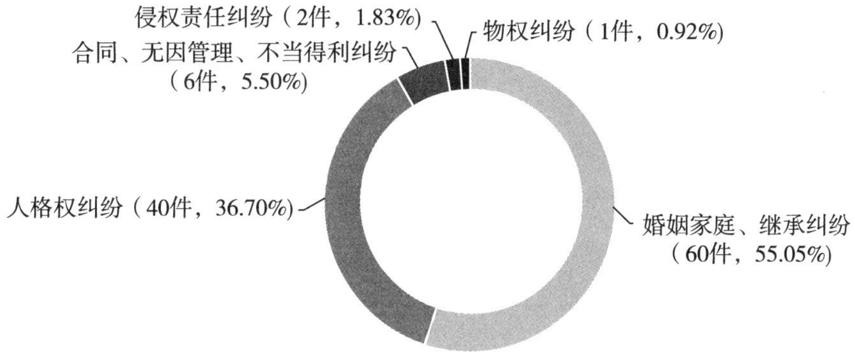


**图 9－2　案件案由分类情况**

如图 9－3 所示，从案件审理程序分布情况可以看到，当前条件下案件的上诉率约为 25.69%。

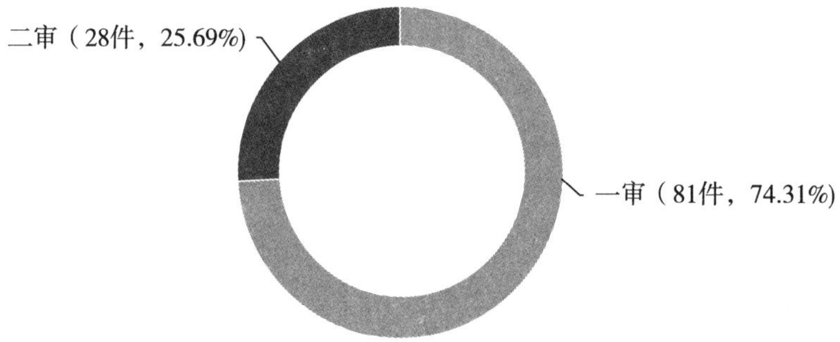


图 9-3 案件审理程序分布情况

如图 9-4 所示,从案件二审裁判结果情况可以看到,当前条件下案件维持原判的比例较高,约为 64.29%。

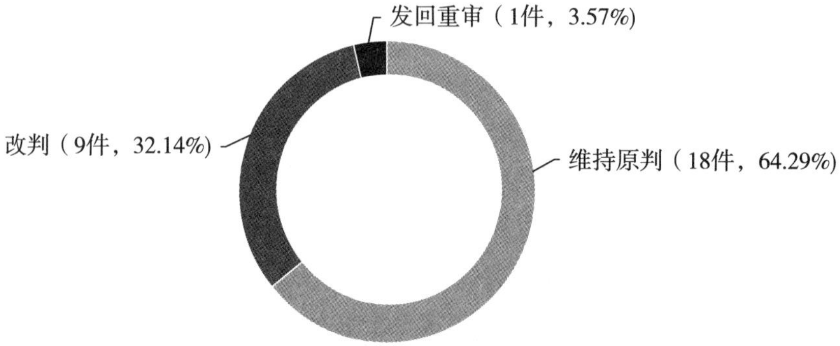


图 9-4 案件二审裁判结果情况

## 二、可供参考的例案

### 例案一 | 邱某1与裴某某生命权、健康权、身体权纠纷案

【法院】

浙江省杭州市江干区人民法院

【案号】

(2017)浙0104民初6327号

【当事人】

原告:邱某1,女

委托代理人:邱某2,系原告邱某1之父

委托代理人：王某某，系原告邱某1之母

被告：裴某某，男

**【基本案情】**

原告邱某1与被告裴某某于2014年经人介绍相识，后确定恋爱关系并同居。2015年10月，邱某1怀孕。双方原商定2016年2月举办婚礼，但因双方及双方家庭发生矛盾未能如期举行，双方未办理结婚登记手续。2016年2月，邱某1在福建省南平市第二医院行药物引产及清宫术，产生医疗费用1172.05元。经原告委托福建武夷司法鉴定所出具司法鉴定意见书，确认邱某1因婚嫁纠纷终止妊娠，所需误工期为90日，护理期为30日，营养期为60日。

裴某某曾向福建省南平市建阳区人民法院起诉邱某1、邱某2、王某某婚约财产纠纷，要求返还彩礼129,999元及金手镯一个、钻戒一枚、金项链两条。邱某1辩称其未收取彩礼129,999元，也未收取过金手镯、金项链；双方相处期间，邱某1父母给付裴某某见面礼2400元，邱某1给付裴某某钻戒、各类服饰卡包及嫁妆60,000元，邱某1为筹备婚礼花费12,166.92元。2017年9月21日，福建省南平市建阳区人民法院作出(2017)闽××××民初×××号民事判决书，认定邱某1收取了裴某某彩礼129,999元，认定“鉴于裴某某与邱某1双方共同生活时间较长并致邱某1怀孕，因无法缔结婚姻，将胎儿引产，给邱某1身心造成较大伤害，且邱某1为筹备婚礼花费12,166.92元，该款应予以扣减，因此，综合上述情形，酌情确定由邱某1返还裴某某彩礼60,000元”。上述判决对其他双方的诉辩意见均未采纳。

**【案件争点】**

裴某某是否应当承担邱某1因引产造成的各项损失以及向原告赔礼道歉。

**【裁判要旨】**

浙江省杭州市江干区人民法院(以下简称江干区法院)认为，邱某1与裴某某在恋爱期间同居并怀孕，双方最终因故未能缔结婚姻，邱某1因此终止妊娠，双方对于未婚先孕的后果均是明知的。虽然感情问题不能用对错来衡量，邱某1终止妊娠对身体造成损害的后果也并非双方或任意一方的过错产生，但由此产生的费用可由双方分摊。对于邱某1终止妊娠产生的合理的医疗费、住院伙食补助费、误工费、护理费，法院予以支持。其中医疗费以医疗费票据计为1172.05元；邱某1主张住院伙食补助费90元合理，江干区法院予以支持；误工费以鉴定结论的误工期90天，按2016年度浙江省在岗职工年平均工资标准计算，不低于邱某1主张的

13,538.70元,故对邱某1主张的金额予以支持;护理费以鉴定结论的护理期30天,按2016年度浙江省在岗职工年平均工资标准计算,不低于邱某1主张的4260元,故对邱某1主张的金额予以支持;营养费邱某1主张2400元,较为合理,江干区法院予以支持。综上所述,江干区法院确认邱某1合理损失共计21,460.75元,应由裴某某分担10,730.38元。

对于邱某1主张的精神抚慰金50,000元,江干区法院认为,在双方婚约财产纠纷中福建省南平市建阳区人民法院已经考虑终止妊娠给邱某1带来的身心损害,故不再支持邱某1该项诉讼请求。对于裴某某辩称的管辖问题以及"一事不再理"问题,江干区法院认为,首先,裴某某并未在答辩期内提出管辖异议,故江干区法院对裴某某的管辖异议申请不予处理;同时,江干区法院依职权审核,邱某1的暂住地位于江干区法院辖区,其向江干区法院起诉符合法律规定,江干区法院对本案纠纷具有管辖权。其次,双方在婚约财产纠纷中虽然涉及邱某1终止妊娠的事实,但邱某1在该案中并未就终止妊娠产生的合理费用予以主张,故本案并不违反"一事不再理"原则,对裴某某的相关辩论意见江干区法院不予采纳。

综上所述,依照《侵权责任法》第24条①之规定,判决如下:(1)裴某某支付邱某1款项人民币10,730.38元;(2)驳回邱某1的其他诉讼请求。

## 例案二 | 上诉人孙某1、孙某2、孙某3与被上诉人张某某同居关系析产纠纷案

**【法院】**

山西省运城市中级人民法院

**【案号】**

(2016)晋08民终1114号

**【当事人】**

上诉人(原审被告):孙某1,女

委托代理人:赵某某,律师,特别授权

委托代理人:杨某某,律师,特别授权

上诉人(原审被告):孙某2,男

---

① 对应《民法典》第1186条,变更为:"受害人和行为人对损害的发生都没有过错的,依照法律的规定由双方分担损失。"

上诉人（原审被告）：孙某3，女

被上诉人（原审原告）：张某1，男

委托代理人：张某2，张某1的父亲，特别授权

委托代理人：王某某，张某1的母亲，特别授权

**【基本案情】**

张某1与孙某1经人介绍于2015年5月2日未经登记同居生活。同居前，张某1称送给孙某1彩礼款129,500元、金手镯一个、金手链一条、金项链一条、金吊坠一个、金耳钉一对、金耳环一对、金戒指一枚（价值24,502元）、银圆五块、银三连锁一个、银手镯一对、银桃锁一个（价值10,000元），共计164,002元，媒人未出庭作证。孙某1只承认彩礼款88,000元，否认分居前带走了金银首饰。同居期间，孙某1怀孕堕胎支出医疗费5953元。一审中，张某1申请诉讼保全，冻结孙某2名下银行存款90,009.58元。

**【案件争点】**

1. 孙某1、孙某2、孙某3是否应当承担返还彩礼的责任。

2. 孙某1因终止妊娠影响身体健康状况，张某1是否应当给予孙某1适当经济帮助。

3. 陪嫁物如何处理。

4. 诉讼保全程序是否有误。

**【裁判要旨】**

一审法院认为，（1）关于彩礼问题。张某1提供的媒人证明彩礼为129,500元，但证人未出庭作证，孙某1否认；孙某1提供的媒人出具的证明材料证明彩礼款为88,000元，由于张某1未能提供充分证据证明彩礼款数额为129,500元，一审法院确认彩礼款为88,000元。（2）关于金银首饰问题。双方在数量上无争议，孙某1称同居时在张某1家存放，自己离开时并未带走，张某1也未能提供孙某1带走的证据，对孙某1的反驳请求予以支持。（3）关于孙某1、孙某2、孙某3提出的彩礼款只是给了孙某1，这不符合本地风俗习惯，与孙某1提供的媒人证言材料相悖，对孙某1的反驳异议予以驳回。（4）在同居期间孙某1怀孕后5个月堕胎支出的医疗费用应由张某1负担。至于流产后的误工、陪侍等费用属于孙某1及其父母的应尽义务，自行负担。张某1的诉讼请求部分应予支持，孙某1、孙某2、孙某3的反驳理由部分成立。

二审法院认为，（1）关于彩礼。根据当地风俗习惯，孙某2、孙某3作为孙某1

的父母是收受对方彩礼的实际主体,一审判决孙某1、孙某2、孙某3为返还彩礼的主体,明确这一点,有助于解决在返还彩礼问题上所出现的主体间相互推脱的问题,同时也有利于案件执行。(2)孙某1因终止妊娠影响身体健康状况,现尚需就诊继续治疗,张某1应给予孙某1适当经济帮助,二审法院酌定5000元。(3)关于陪嫁物情况,双方当事人各执一词,根据本案现有证据无法查清,依据《民事诉讼法》第153条"人民法院审理案件,其中一部分事实已经清楚,可以就该部分先行判决"的规定,当事人可就陪嫁物争议另行解决。(4)关于诉讼保全的程序。《民事诉讼法》第100条规定,人民法院对于可能因当事人一方的行为或者其他原因,使判决难以执行的案件,根据对方当事人的申请,可以裁定对其财产进行保全;当事人没有提出申请的,人民法院在必要时也可以裁定采取保全措施;人民法院采取保全措施,可以责令申请人提供担保,申请人不提供担保的,裁定驳回申请。张某1申请保全,并提供了一定担保,一审法院据此裁定诉讼保全,程序符合上述法律规定。综上所述,依照《民事诉讼法》第170条第1款第2项之规定,二审法院判决如下:(1)维持山西省稷山县人民法院(2016)稷民三初字第2015-235号民事判决的第1项、第2项;(2)撤销山西省稷山县人民法院(2016)稷民三初字第2015-235号民事判决的第3项;(3)张某1给付孙某1经济补偿款5000元;(4)驳回张某1的其他诉讼请求。

## 例案三 | 夏某与艾某、艾某1生命权、健康权、身体权纠纷案

**【法院】**

上海市闵行区人民法院

**【案号】**

(2014)闵民一(民)初字第8417号

**【当事人】**

原告:夏某,女

委托代理人:陈某某,律师

委托代理人:顾某某,律师

被告:艾某,男

被告:艾某1,男,艾某之父

上列两被告的共同委托代理人:黄某,律师

【基本案情】

2013年7月，夏某与艾某通过互联网相识，同年10月底夏某与艾某同居，同居期间夏某怀孕。2014年4月5日，艾某1向原告夏某出具书面承诺一份，载明："夏某正常怀孕所进行流产手术，术后护理全由男方负责，并一次性给予经济补偿人民币捌万元整。"落款处由被告艾某1以"男方"名义签字。2014年4月18日至23日，夏某在湖北省妇幼保健院妇女儿童医院进行终止妊娠手术，其间产生医疗费2996.60元。术后，被告并未对夏某进行任何照顾，亦未支付相应经济补偿款，故夏某诉至法院，请求判令：(1)两被告支付夏某医疗费(含终止妊娠的检查费、手术费、治疗费用、住院期间护理费)2996.60元；(2)两被告支付夏某经济补偿款80,000元并支付自2014年5月5日起至判决生效之日止，按照中国人民银行同期贷款基准利率计算的利息。

两被告不同意原告的诉讼请求，辩称，(1)原告提起的是合同之诉，但艾某并未承诺任何支付义务，故根据合同，其无须承担本案的支付义务；(2)本案系合同纠纷，但夏某主张所依据的相应合同中并未对终止妊娠的检查费、手术费、治疗费用、住院期间护理费等费用的负担进行约定；(3)夏某与艾某交往的三四个月中，艾某向夏某银行账户陆续汇入29,500元，还为夏某支付房租，其他生活开销也是艾某承担的，因父母反对，夏某与艾某于2014年2月分手。分手后，夏某才将怀孕的事情告知艾某。2014年3月19日，艾某带夏某至上海市长宁区中心医院进行妊娠检查，经诊断确认怀孕但未见胎心，两被告认为双方已分手且胎儿异常，建议流产，但夏某及其家人认为需要补偿，艾某1在长时间协商未果的情况下迫于无奈才写了承诺书。被告认为该承诺书补偿的基础是进行流产手术，违反了社会公共利益，且系被告受到胁迫所出具，故该协议无效。因此，夏某的诉讼请求缺乏事实依据。

【案件争点】

两被告是否应当支付夏某医疗费(含原告终止妊娠的检查费、手术费、治疗费用、住院期间护理费)和经济补偿款。

【裁判要旨】

法院认为，根据法律规定，依法成立的合同对当事人具有法律约束力。当事人应当按照约定履行自己的义务，不得擅自变更或者解除合同。依法成立的合同，受法律保护。本案中艾某1作为完全民事行为能力人，其为妥善处理其子艾某与夏某同居后夏某怀孕且双方现已结束恋爱关系的相关事宜，作出了如夏某流产，则愿意支付经济补偿80,000元及对夏某术后护理的承诺，该承诺对其应具有法律约束力,艾某1不得反悔。被告提出出具书面承诺时受到胁迫的意见,法院认为,被告提供的证据不足以证明其受到胁迫的事实,且被告亦确认该书面承诺是在“长时间协商未果”的情形下出具,故被告的抗辩意见,法院不予采纳;同时,该合同的相关履行义务虽建立在夏某进行流产手术的基础上,但该条件尚难谓违反社会公共利益,相反,根据生活常识可知,女性进行终止妊娠手术会对其身心造成不同程度的伤害,在此情况下对其进行一定的经济补偿,合乎情理,故该合同非属无效,被告的该项抗辩,法院亦不予采纳。综上所述,艾某1理应按照承诺书的约定履行其相应义务。关于艾某1履行义务的范围,支付经济补偿款80,000元的付款义务已在书面承诺中明确约定,故该笔款项应由艾某1支付原告;关于夏某主张的医疗费2996.60元,考虑到该书面承诺中并未对进行流产手术费用的负担进行明确约定,且法院已确定由艾某1承担相应的经济补偿款,在此情况下,对夏某的该项诉讼请求,法院不予支持。关于夏某主张的逾期利息,法院认为,该书面承诺并未约定具体的付款期限,夏某的该项诉讼请求无事实及法律依据,不予支持。夏某提起本案系基于艾某1所出具的书面承诺,艾某1虽以“男方”名义作出承诺,但夏某并未提供相应证据证明艾某亦同意上述承诺意见,故根据合同相对性的原则,艾某非本案系争合同的当事人,夏某不得根据该合同要求艾某承诺本案的履行义务。据此,依照《合同法》第8条①之规定,判决如下:(1)艾某1支付夏某人民币80,000元;(2)驳回夏某的其他诉讼请求。

## 三、裁判规则提要

恋爱,是男女之间互相爱慕并据此建立的个人之间的亲密交往关系。关于同居,现在并无统一、明确的认识。广义的同居关系,指的是在同一处住所共同居住、共同生活而产生的关系。狭义的同居,可指成年男女未办理结婚登记手续而在一起共同居住生活。根据不同的标准,可将同居关系划分为不同的类型。如根据有无配偶,可将同居分为无配偶异性之间的同居和有配偶异性之间的同居;根据同居者的性别,可分为同性者之间的同居、异性者之间的同居;根据同居者对外公示的状态,可分为以夫妻名义进行的同居和不以夫妻名义进行的同居,等等。不同类型的同居涉及的法律问题不尽相同,这里仅在成年未婚男女未办理结婚登记手续而共同居住生活的含义下讨论相关问题。

---

① 对应《民法典》第465条。

### （一）恋爱期间或未婚同居期间产生的因终止妊娠、分娩或遭受暴力伤害而实际产生的费用的负担是否应纳入法律的调整范围

关于是否应将恋爱期间或未婚同居期间因终止妊娠、分娩或遭受暴力伤害而实际产生的费用的负担问题纳入法律调整范围，有着两种不同的看法，一种观点认为，自民政部 2003 年《婚姻登记管理条例》实施后，未办理结婚登记手续而以夫妻名义同居生活的，均是非法同居关系，法律保护公民的合法行为，不保护非法行为，女方在同居期间怀孕流产是其任其自然的结果，同居双方没有合法的婚姻前提，且未婚同居属于道德层面的问题，不属于法律调整的范围。故不应支持其诉讼请求。另一种观点认为，女方分娩或流产，对身体造成了一定的伤害，依据公平责任原则，男方应给女方一定的补偿。笔者认为，应将未婚同居期间产生的因终止妊娠、分娩或遭受暴力伤害而实际产生的费用的负担问题纳入法律调整的范围内，并应对此依法作出裁判。

1. 我国司法实践对未婚同居的态度变化

在司法实践中，我国对未婚同居现象的态度经历了一个从否定并严肃处理转变为尊重当事人意思自治的过程。首先，从概念表述上看，1989 年 12 月 13 日公布实施的《未登记而以夫妻名义同居生活意见》开篇即对未婚同居提出了批评，“应首先向双方当事人严肃指出其行为的违法性和危害性，并视其违法情节给予批评教育或民事制裁”，并在之后的具体条文中将这种关系一律称为“非法同居”。在该意见公布并实施后，关于“非法同居”的表述不断地遭受各界的质疑。有观点指出，我国法律并未禁止未婚同居，故未婚同居并无“合法”与“非法”之分；也有观点指出，“非法”是法律用语，这种表述是将本属于道德领域调整的内容纳入法律调整的范围，与立法本意不符。为纠正“非法”这一限定造成的概念歧义，在 2001 年 12 月《婚姻法》修订后未再使用“非法同居”的概念，且在之后的历次《婚姻法》司法解释中也未再使用“非法同居”的概念，在《民法典》婚姻家庭编中也未出现“非法同居”的概念。考虑到《未登记而以夫妻名义同居生活意见》订立时间距今较为久远，诸多方面与当今现实状况不相符合，故最高人民法院于 2020 年 12 月废止了该意见。其次，在思想理念上，尊重当事人意思自治已经成为共识。未婚同居是未婚男女双方意思自治的体现，这种生活状态是当事人自由自主选择的结果，属于当事人私人生活范围，只要这种行为不违反法律规定，不损害他人的合法权益，即应尊重其选择，将其置于道德范畴内进行评价，不应过多干预。

司法实践对未婚同居的态度由否定转变为包容,为将未婚同居期间因终止妊娠、分娩或遭受暴力伤害而实际产生的费用的负担的问题纳入法律调整范围提供了思想基础。

2. 法律与道德并非不相兼容,将此纳入法律调整的范围具有现实必要性,也不是要将道德问题法律化

上文所述将未婚同居关系本身置于道德评价范畴内,法律不宜过多干涉,并不意味着与未婚同居相关的任何问题均不能纳入法律调整范围内,而只是指法律不调整同居关系本身,即未婚男女之间是否同居生活、在何处同居生活、如何同居生活、是否继续维系这种同居生活状态等,法律是不介入的,完全取决于未婚男女个人的自由选择。未婚同居本身具有一定的道德伦理性,属于道德评价的范畴,但这并不意味着与未婚同居相关的所有问题均只适合由道德评价而没有法律适用的余地。

在未婚同居情形下,同居男女双方往往并未做好养育子女的准备,但在同居过程中,发生两性关系是难以避免的,女方一旦因意外而怀孕,通常会选择人工流产,在有些情况下,甚至出现女性因多次流产而导致丧失生育能力的情形,这些情形的发生,会对女性的身体和心理造成很大的伤害。在人工流产的费用是由女方先行支付的情况下,法律若对因人工流产、终止妊娠所产生的费用的最终负担问题采取放任不管的态度,一方面会激化男女双方甚至是男方、女方两个家庭之间的矛盾,造成社会的不稳定因素;另一方面从情感道德考虑,会给社会公众造成司法不作为、放任不公平的直观印象,不利于法治社会的建设。同理,在同居男女将子女分娩出来的情况下,因分娩子女所产生的相应费用负担,法律也应介入其中。

从理论上看,同居一方要求另一方负担因终止妊娠、分娩或遭受暴力伤害而实际产生的费用的请求具有诉的利益。广义而言,诉的利益指的是纠纷本身是否应当通过诉讼程序由法院加以解决;狭义上,诉的利益指的是法院在对特定纠纷具有主管权限的前提下,针对具体的诉讼请求,是否具有进行判决的必要性和实效性,其中实效性指的是判决能够实现的实际效果。同居一方要求另一方负担相应的必要费用的诉讼是给付之诉,且为现在的给付之诉,如果这些费用是已经实际发生的费用或将来确定要支出的费用,原告有权要求对方负担。针对这些请求,也有进行判决的必要性和实效性,由法律介入其中,有助于矛盾的化解和纠纷的解决。从司法实践角度来看,一方要求对方负担因未婚同居而产生的终止妊娠或分娩所需费用的案件越来越常见,将这类问题纳入法律调整的范围内也是现实的需要。

事实上，法律与道德并非水火不容的关系，在一定意义上，法律可看作最低限度的道德。将分娩或终止妊娠所实际需要的各项费用的负担纳入法律调整范围内并非让法律过度地介入道德领域，而只是在确保对最低限度的道德要求的遵从。正如有些学者所言："道德不仅系法之条件，亦属法之目标。法应当以国家制裁来实现作为道德基础的世界观，或保护它不受侵害。尤其当人的基本价值遭受严重侵犯时，法作为伦理的最低限度必须予以维护。"[①]当同居一方，尤其是女方遭受了身体和心理上的伤害时，基于公平正义和人权保障的法治理念，为其提供保障最基本权利的途径，给予同居当事人中相对弱势的一方法律上的保护，符合朴素的道德观念，也符合我国《民法典》婚姻家庭编的宗旨。

3. 实证法及相关司法解释已将与同居相关的部分争议纳入法律的调整范围，这也表明因未婚同居而产生的相关问题并非一律属于道德评价的范畴

《婚姻法》第 12 条规定："无效或被撤销的婚姻，自始无效。当事人不具有夫妻的权利和义务。同居期间所得的财产，由当事人协议处理；协议不成时，由人民法院根据照顾无过错方的原则判决。对重婚导致的婚姻无效的财产处理，不得侵害合法婚姻当事人的财产权益。当事人所生的子女，适用本法有关父母子女的规定。"《民法典》婚姻家庭编第 1054 条延续了这一规定的精神。[②]《婚姻法解释一》第 15 条规定："被宣告无效或被撤销的婚姻，当事人同居期间所得的财产，按共同共有处理。但有证据证明为当事人一方所有的除外。"《婚姻法解释二》第 1 条第 2 款规定："当事人因同居期间财产分割或者子女抚养纠纷提起诉讼的，人民法院应当受理。"《婚姻家庭编解释一》第 3 条第 2 款继续沿用了《婚姻法解释二》第 1 条第 2 款的规定。根据这些规定，在不涉及合法婚姻当事人的情况下，婚姻被确认无效或被撤销后，男女双方自始不存在婚姻关系，双方自共同居住生活开始实际上就已经处在了未婚同居的状态之中，双方在同居期间所取得的财产及所生育的子女在双方无法协议解决时，由人民法院依法判决。在此情况下，法律将同居期间的财产纠纷及子女抚养纠纷纳入法律的调整范围。《婚姻法》自 2001 年 4 月 28 日修改并实施至今已将近 20 年，该条的实施并未导致道德的泛法律化担忧，相反，该条的

---

① ［德］伯恩·魏德士：《法理学》，丁晓春、吴越译，法律出版社 2013 年版，第 180 页。

② 《民法典》第 1054 条变更为："无效的或者被撤销的婚姻自始没有法律约束力，当事人不具有夫妻的权利和义务。同居期间所得的财产，由当事人协议处理；协议不成的，由人民法院根据照顾无过错方的原则判决。对重婚导致的无效婚姻的财产处理，不得侵害合法婚姻当事人的财产权益。当事人所生的子女，适用本法关于父母子女的规定。婚姻无效或者被撤销的，无过错方有权请求损害赔偿。"

实施积极地保护了男女双方的合法权益以及双方所生子女的合法权益,取得了良好的社会效果。《民法典》婚姻家庭编肯定并沿用了这些规定的精神。

最高人民法院在1989年12月13日公布实施的《未登记而以夫妻名义同居生活意见》虽然在开篇规定:“人民法院审理未办结婚登记而以夫妻名义同居生活的案件,应首先向双方当事人严肃指出其行为的违法性和危害性,并视其违法情节给予批评教育或民事制裁。”对未婚同居现象进行了批评,但在具体的条文中也将同居期间产生的财产分割纠纷及子女抚养纠纷纳入法律调整的范围,如该意见第8条规定:“人民法院审理非法同居关系的案件,如涉及非婚生子女抚养和财产分割问题,应一并予以解决。具体分割财产时,应照顾妇女、儿童的利益,考虑财产的实际情况和双方的过错程度,妥善分割。”第10条规定:“解除非法同居关系时,同居生活期间双方共同所得的收入和购置的财产,按一般共有财产处理,同居生活前,一方自愿赠送给对方的财物可比照赠与关系处理;一方向另一方索取的财物,可参照最高人民法院(84)法办字第112号《关于贯彻执行民事政策法律若干问题的意见》第(18)条规定的精神处理。”第11条规定:“解除非法同居关系时,同居期间为共同生产、生活而形成的债权、债务,可按共同债权、债务处理。”该意见从1989年开始实施直至2020年12月被废止,其间施行了几十年,虽然有诸多不合时宜的理念在内,但其在客观上对保护妇女和儿童的合法权益及维护社会稳定发挥过一定的积极作用。

### (二)要求对方负担相关费用的法律依据

#### 1.要求对方负担因分娩、终止妊娠而产生的费用的法律依据

我国《民法典》婚姻家庭编及相关司法解释并未就同居期间因分娩、终止妊娠的费用负担问题作出明确的规定,只是对未婚同居期间的财产分割及子女抚养问题进行了规定。在无特别规定的情况下,可将视角转入民法其他领域或者民法的原则上寻求类似的可资参照的法律依据。

首先应明确的是,女性分娩、终止妊娠可能会给其身体、健康造成一定的伤害,因分娩、终止妊娠而就医所实际支出的或确定将来会支出的费用在某种意义上可以视为损失,这种损失实际发生后,需要有人来负担,这种损失后赔偿或补偿的模式类似于侵权责任的承担。但是,鉴于同居生活是未婚男女自主选择的一种生活方式,在同居生活期间发生两性关系也是双方自主、自愿的行为,双方作为具有完全民事行为能力的成年人完全可以预见乃至避免这种损失的发生,但因双方的疏

忽或者放任而导致了这种损失的发生，而这种损失的产生是由归属于道德领域评价的行为所导致的，不能适用侵权法领域的过错或无过错责任，这种疏忽或放任不能认为是法律意义上的过错。事实上，这种损失的产生不能看作是因侵权行为所导致的，因为在这种情形下，不能认为男方即是侵权人。

虽然在这种情形下没有侵权法律适用的余地，但考虑到在损失实际发生后，若由单方独自承受这种因双方行为造成的损失有违公平，故《侵权责任法》第24条可资借鉴。该条规定："受害人和行为人对损害的发生都没有过错的，可以根据实际情况，由双方分担损失。"理论上对该条的性质有着不同的认识，有学者认为该条是侵权责任领域的归责原则之一，即公平责任原则；有学者认为该条并非归责原则，而只是损失分担的原则。但无论如何，该条最终的指向是损失的承担问题。

《民法典》于2021年1月1日起施行，《侵权责任法》也随即被废止，《民法典》侵权责任编对上述《侵权责任法》第24条进行了修改。《民法典》侵权责任编第1186条规定："受害人和行为人对损害的发生都没有过错的，依照法律的规定由双方分担损失。"将前述《侵权责任法》第24条中的"可以根据实际情况"修改为"依照法律的规定"。因此，若要依据该条的规定在当事人间分担损失，必须要有法律的明确规定。

《民法典》第6条规定："民事主体从事民事活动，应当遵循公平原则，合理确定各方的权利和义务。"这是关于公平原则的规定。公平原则是民法的基本原则，要求民事主体应根据公正、合理的理念确定各自的权利和义务，体现了民法促进社会公平正义的基本价值。上述《民法典》第1186条及《侵权责任法》第24条的规定均是公平原则在侵权责任领域的具体表现。在《民法典》第1186条无法具体适用的情况下，《民法典》第6条可作为提出请求权的依据。

此外，在判断男方是否应负担这些费用时，是否应当考虑男方是否同意生育子女的因素？即如果女方在男方不同意的情况下将子女生育出来，或者女方在男方希望生育子女的情况下擅自进行人工流产，此时，男方是否应该负担因此而实际支出的费用？笔者认为，一般情况下不考虑这些因素，即无论男方是否同意女方的行为，其均应负担因此产生的费用。这一方面是因为损失已经实际发生，该损失是因双方行为造成的，仅由一方负担有失公平；另一方面也是行为人应对自己的行为负责的体现。

2. 要求对方负担因暴力伤害行为而产生的损害的法律依据

虽然男女双方未办理结婚登记手续而同居生活是基于双方存在一定的感情基

础,在共同生活时形成了一个紧密联系的共同体,即使如此,同居男女各方仍然是独立的个体,均享有自己独立的生命权、身体权、健康权等人格权。若同居一方使用暴力行为侵害另一方的人格权,受害一方即可以侵权为由要求对方承担侵权责任,其可以依据《民法典》侵权责任编的相关规定来要求对方承担赔偿责任。

### (三)一方可要求另一方负担的费用的范围及负担的方式

1. 在分娩或终止妊娠的情况下

(1)实际发生的损失项目可参照《民法典》侵权责任编的规定。

《民法典》第 1179 条规定:“侵害他人造成人身损害的,应当赔偿医疗费、护理费、交通费、营养费、住院伙食补助费等为治疗和康复支出的合理费用,以及因误工减少的收入。造成残疾的,还应当赔偿辅助器具费和残疾赔偿金;造成死亡的,还应当赔偿丧葬费和死亡赔偿金。”因分娩或终止妊娠而支出的或确定将要支出的费用与弥补人身损害所需要的项目类似,故可以参照该条的规定确定补偿的范围。

需要注意的是,在未婚同居情况下产生的这些费用并非因侵权而导致的,故在一方预付了这些费用的情况下,另一方负担这些费用时并不是在进行赔偿,而只能表述为补偿。在通常情况下,这种损失是因男女双方的行为造成的,故应由双方来分担,分担的比例应按照实际案件的具体情况并考虑照顾女方的原则确定。

(2)女方因同居而分娩或终止妊娠的,是否可以要求男方赔偿精神损失。

2001 年发布的《精神损害赔偿解释》第 1 条规定:“自然人因下列人格权利遭受非法侵害,向人民法院起诉请求赔偿精神损害的,人民法院应当依法予以受理:(一)生命权、健康权、身体权;(二)姓名权、肖像权、名誉权、荣誉权;(三)人格尊严权、人身自由权。违反社会公共利益、社会公德侵害他人隐私或者其他人格利益,受害人以侵权为由向人民法院起诉请求赔偿精神损害的,人民法院应当依法予以受理。”2020 年 12 月,最高人民法院对《精神损害赔偿解释》进行了修正,修正后的第 1 条规定:“因人身权益或者具有人身意义的特定物受到侵害,自然人或者其近亲属向人民法院提起诉讼请求精神损害赔偿的,人民法院应当依法予以受理。”《民法典》第 1183 条规定:“侵害自然人人身权益造成严重精神损害的,被侵权人有权请求精神损害赔偿。因故意或者重大过失侵害自然人具有人身意义的特定物造成严重精神损害的,被侵权人有权请求精神损害赔偿。”由此可见,无论是根据司法解释,还是《民法典》,能够请求精神损害赔偿的前提是存在侵权行为,且根据《民法典》的规定,只有侵权行为造成了被侵权人严重精神损害的才能够要求精神损害赔偿。而在未婚同居情形下，女方的分娩、终止妊娠并非侵权行为造成的，而是其自愿选择的结果，在不存在侵权的情况下，其不能提出精神损害赔偿的请求。

2. 在一方实施了暴力伤害的情况下

在同居关系中，一方以暴力行为侵害另一方的人格权，这是法律明确禁止的侵权行为，被侵权人可以按照《民法典》侵权责任编规定的赔偿项目要求对方予以赔偿。如上所述，因这种行为是侵权行为，若该侵权行为造成了被侵权人严重的精神损害，其当然也可以要求侵权人赔偿其精神损失。

## 四、辅助信息

**高频词条：**

**《民法典》**

**第 6 条**　民事主体从事民事活动，应当遵循公平原则，合理确定各方的权利和义务。

**第 465 条**　依法成立的合同，受法律保护。

依法成立的合同，仅对当事人具有法律约束力，但是法律另有规定的除外。

**第 1054 条**　无效的或者被撤销的婚姻自始没有法律约束力，当事人不具有夫妻的权利和义务。同居期间所得的财产，由当事人协议处理；协议不成的，由人民法院根据照顾无过错方的原则判决。对重婚导致的无效婚姻的财产处理，不得侵害合法婚姻当事人的财产权益。当事人所生的子女，适用本法关于父母子女的规定。

婚姻无效或者被撤销的，无过错方有权请求损害赔偿。

**第 1179 条**　侵害他人造成人身损害的，应当赔偿医疗费、护理费、交通费、营养费、住院伙食补助费等为治疗和康复支出的合理费用，以及因误工减少的收入。造成残疾的，还应当赔偿辅助器具费和残疾赔偿金；造成死亡的，还应当赔偿丧葬费和死亡赔偿金。

**第 1183 条**　侵害自然人人身权益造成严重精神损害的，被侵权人有权请求精神损害赔偿。

因故意或者重大过失侵害自然人具有人身意义的特定物造成严重精神损害的，被侵权人有权请求精神损害赔偿。

**第 1186 条**　受害人和行为人对损害的发生都没有过错的，依照法律的规定由双方分担损失。

**《婚姻家庭编解释一》**

**第3条第2款** 当事人因同居期间财产分割或者子女抚养纠纷提起诉讼的,人民法院应当受理。

**第83条** 离婚后,一方以尚有夫妻共同财产未处理为由向人民法院起诉请求分割的,经审查该财产确属离婚时未涉及的夫妻共同财产,人民法院应当依法予以分割。

**《精神损害赔偿解释》**

**第1条** 因人身权益或者具有人身意义的特定物受到侵害,自然人或者其近亲属向人民法院提起诉讼请求精神损害赔偿的,人民法院应当依法予以受理。

# 婚恋财产纠纷案件裁判规则第 10 条：
## 婚姻关系存续期间，夫妻双方非以离婚为前提达成的夫妻共同财产分割协议，对双方均有法律约束力，一方当事人主张无效、未生效或变更、撤销的，一般不予支持；但以限制人身自由、侵害人格权益为前提的除外

〔**规则描述**〕：婚姻关系存续期间，夫妻双方达成的共同财产分割协议是夫妻双方之间实施的民事法律行为，其是带有身份属性的财产契约，一经达成即对夫妻双方产生法律约束力。但若该协议附有限制人身自由、侵犯人格尊严的条件，则应视情况认定该协议无效或可变更、可撤销。

### 一、类案检索大数据报告

时间：2020 年 5 月 23 日之前，案例来源：Alpha 案例库，案件数量：17 件，数据采集时间：2020 年 5 月 23 日。本次检索获取 2020 年 5 月 23 日前共 17 篇裁判文书，其中：在婚姻关系存续期间，夫妻双方非以离婚为前提达成的夫妻共同财产分割协议，一方当事人主张无效或未生效的，法院予以支持的 3 件，约占 17.65%；法院不予支持的 14 件，约占 82.35%。整体情况如图 10－1 所示。

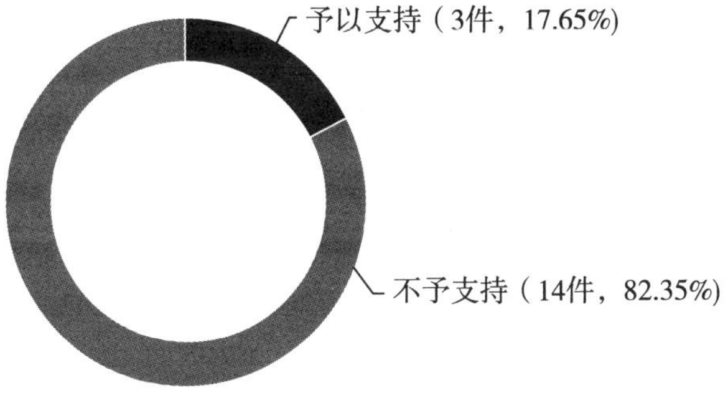


**图 10－1　案件裁判结果分布情况**

如图 10－2 所示，从案件案由分类情况可以看到，当前条件下案件的案由分布由多至少分别是婚姻家庭、继承纠纷类，合同、无因管理、不当得利纠纷类。

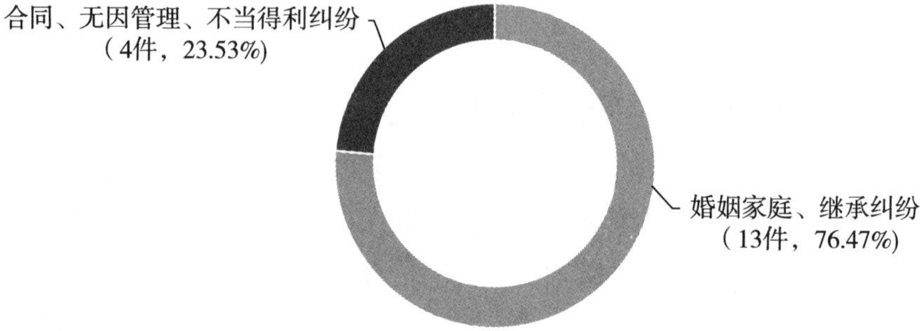


**图 10 -2　案件案由分类情况**

如图 10 -3 所示,从案件审理程序分布情况可以看到,当前条件下案件的上诉率约为 47.06% 。

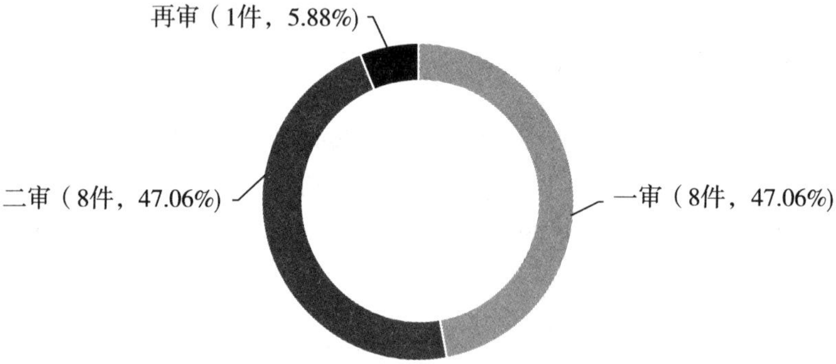


**图 10 -3　案件审理程序分布情况**

如图 10 -4 所示,从案件二审裁判结果情况可以看到,当前条件下案件维持原判的比例较高,约为 62.50% 。

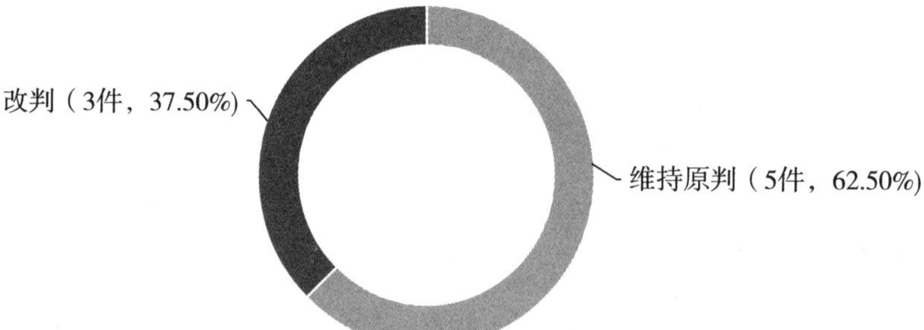


**图 10 -4　案件二审裁判结果情况**

## 二、可供参考的例案

### 例案一｜龙某与王某夫妻财产约定纠纷案

**【法院】**

湖南省长沙市雨花区人民法院

**【案号】**

(2016)湘0111民初5777号

**【当事人】**

原告：龙某，女

委托诉讼代理人：胡某，律师

被告：王某，男

委托诉讼代理人：林某某，律师

**【基本案情】**

2016年2月18日，原告龙某(女方)与被告王某(男方)在长沙市××街道人民调解委员会的主持下签订了《婚内财产协议书》，约定：(1)女方婚前贷款所购位于湖南省长沙市××街道××单元1206的房子的房地产所有权归女方所有，××嘉园A××号车库归女方所有。(2)车牌号为湘A×××××的黑色三菱劲炫汽车归女方所有；车牌号为湘A×××××的红色日产骐达汽车归男方所有。(3)婚前婚内双方各自的财产归各自所有，男女双方各自的私人生活用品、首饰归各自所有。(4)男方父亲名下所有房屋拆迁补偿，女方自愿放弃议价房指标和因独生子女证分得的所有利益分配，议价指标房以及独生子女证所有利益分配归男方所有，但男方必须支付10万元经济补偿给女方，该经济补偿应于本协议签订之日一次性付清；男方在办理议价房一切手续时，女方必须积极配合(另签订办理议价房手续委托书)。(5)孩子应得的征地补偿款和安置房指标(在政府政策允许的前提下，孩子分得的房屋指标应当首先变现)变现及所有符合法律规定的收益归二人的儿子王某1所有，由男女双方共同设立、共同管理，任何一方不得私自挪用。(6)男女双方父母产生的一切费用由各自承担；男女双方有各自独立的私人空间和自由空间，一方不得干涉另一方私生活；双方各自承担个人所需要的开销支出，包括医疗、消费、请客应酬、人情往来、电脑、手机、数码、交通、电话费等所有费用。(7)男女双方在婚姻关系存续期间没有发生任何共同债务，各自举债各自偿还。(8)等男方父亲房屋分房一切手续办理完毕,双方立即领取离婚证。男女双方的父亲作为见证人在该协议上签字。同日,王某向龙某支付经济补偿款10万元,龙某亦向王某出具《个人委托书》,内容为:由于龙某工作繁忙,不能亲自办理位于长沙市雨花区××合丰村××组关于龙某一套议价房指标的一切手续,特委托王某作为合法代理人,全权办理一切手续,对委托人在上述事项过程中所签署的一切有关文件,龙某均予以认可,并承担相应的法律责任。龙某认为《婚内财产协议书》违背其真实意思表示,显失公平,应予撤销或确认该协议未生效。

在案件审理过程中,王某提供了由长沙市××街道合丰社区筹建委员会出具的《关于王某拆迁、安置相关情况的证明》,内容为:王某、王某父母、儿子王某1及其独生子女证一本并入合法征收拆迁,均可享受80平方米保障住房指标一套。龙某因系非农户口,根据安置条例,龙某与王某属于半边户情况,龙某已进行申请并获批80平方米半边户安置指标一套,纯农户购房价格为1070元/平方米,半边户购房价格为2100元/平方米,其中半边户安置指标处置可获得20万元(纯指标,无须缴纳房款)。王某与其父母在征收时已经分户,王某父母与原告、被告的征收拆迁安置无利益关联。

另查明,(1)2016年2月18日,龙某与王某签订《离婚协议书》,对婚姻关系的解除、子女抚养问题、债务处理等问题进行了约定,但未包括原告、被告于同日签订的《婚内财产协议书》约定的内容;(2)2016年10月14日,龙某向法院提起离婚诉讼,请求:①解除原、被告的婚姻关系;②婚生子王某1由龙某抚养,王某承担抚养费;③平均分割婚姻存续期间的夫妻共同财产;④婚生子王某1名下的安置补偿款及安置房指标一套由龙某监护管理。

**【案件争点】**

该份《婚内财产协议书》是否生效。

**【裁判要旨】**

法院认为,龙某与王某在双方父亲的见证下,在长沙市××街道人民调解委员会的主持下签订的《婚内财产协议书》系当事人真实意思表示,内容未违反法律法规的强制性规定,王某按照上述协议的约定已履行完毕,龙某也接受了王某的履行,故该协议合法有效。龙某请求撤销该协议或确认该协议无效,未提供证据证明,法院对其主张不予支持。龙某诉称该协议违反《婚姻法解释三》第14条[①]的规

① 对应《婚姻家庭编解释一》第69条。

定，即当事人达成的以登记离婚或者到人民法院协议离婚为条件的财产分割协议，如果双方协议离婚未成，一方在离婚诉讼中反悔的，人民法院应当认定该财产分割协议没有生效，并根据实际情况依法对夫妻共同财产进行分割。该条适用于夫妻离婚未成，在离婚分割财产案件中对之前达成的财产分割协议反悔时的情形。本案中，龙某与王某在签订协议书当天，作为负有给付义务一方的王某已按照约定向龙某支付了经济补偿10万元，龙某接受了王某的履行并向王某出具了办理议价房指标的委托手续，该协议涉及财产的部分已经履行完毕，故法院对龙某的主张不予支持。

综上所述，依据《合同法》第60条①、《民事诉讼法解释》第90条之规定，判决如下：驳回原告龙某的诉讼请求。

## 例案二 | 田某某与高某1离婚纠纷案

**【法院】**

宁夏回族自治区中卫市中级人民法院

**【案号】**

(2014)卫民再终字第5号

**【当事人】**

再审申请人(原审原告、二审上诉人)：田某某，女

被申请人(原审被告、二审上诉人)：高某1，男

**【基本案情】**

一审法院查明，2006年9月，田某某、高某1未经结婚登记以夫妻名义共同生活。2007年11月8日，田某某、高某1补办了结婚登记，同年11月28日生育一子高某，现随高某1生活。2008年9月，高某1犯掩饰、隐瞒犯罪所得罪被平罗县人民法院判处有期徒刑3年，宣告缓刑4年，并处罚金3万元。2012年4月田某某与高某1签订了《夫妻婚内财产约定协议书》，载明："出现甲方(高某1)对乙方(田某某)实施家庭暴力等五种情形导致夫妻婚姻关系破裂，甲方对乙方承担损害赔偿责任，将甲方名下的某汽车修理厂(牌路山口子，面望公园，东靠加油站)、修理厂斜对面住宅院落一处(一亩)、夏利小轿车一辆(车牌号为宁AA××××)、存款55

---

① 对应《民法典》第509条。

万元归乙方所有。”2012年9月24日,田某某与高某1因琐事发生矛盾,高某1在田某某腿部、腹部踢了三脚,被海原县公安局给予罚款200元的行政处罚。2012年9月28日,田某某与高某1再次发生矛盾。2012年10月9日,田某某向法院提起离婚诉讼,同年11月9日撤回了起诉,但撤诉后双方仍未和好,后一直分居。田某某、高某1夫妻共同财产有:位于海原县某汽修厂旁院落一处,内有砖木结构房屋4间;高某1名下登记的小型汽车四辆,其中,吉利牌两辆(车牌号分别为宁ED05××、宁ED52××)、比亚迪牌一辆(车牌号为宁E168××)、吉利美日牌一辆(车牌号为宁ED60××);家用设施有一个衣柜、一张床、一套沙发、一台电视机、一张办公桌、一台洗衣机、两张茶几。高某1欠有借款6万元。高某1于2003年3月26日注册成立了海原县某发动机专项修理部,现位于海原县某汽车修理厂内,该修理厂内有砖木结构房屋10间、彩钢房3间、烤漆房1间、升降机两台及汽车小型配件若干。田某某于2013年6月4日向宁夏回族自治区海原县人民法院提起诉讼,诉讼请求为:(1)准予田某某、高某1离婚;(2)婚生子高某由田某某抚养,高某1按月支付抚养费1000元;(3)家庭财产归田某某所有,家庭财产包括位于海原县城的砖木结构住房4间及院落一处,海原县某发动机专项修理部房屋15间、设备、配件及经营收入,高某1名下小轿车4辆及宁AA××××号轿车,承包土地10亩,存款55万元,家用设施;(4)债务10万元由高某1承担;(5)案件受理费由高某1负担。

二审法院另查明,田某某、高某1夫妻共同财产有:位于海原县某汽修厂旁院落一处,内有砖木结构房屋4间;高某1名下登记的小型汽车4辆,其中:吉利牌两辆(车牌号分别为宁ED05××、宁ED52××)、比亚迪牌一辆(宁E168××)、吉利美日牌一辆(宁ED60××);家用设施有一个衣柜、一张床、一套沙发、一台电视机、一张办公桌、一台洗衣机、两张茶几。高某1欠有借款6万元。高某1于2003年3月26日注册成立了海原县某发动机专项修理部,2007年4月13日,海原县某发动机专项修理部变更名称为海原县某汽修;2011年5月17日,海原县某汽修变更名称为海原县某发动机专项修理部。宁AA××××车辆的所有权人现为柳某某。

再审另查明,田某某、高某1于2012年5月开始分居,二人分居前,高某在海原县幼儿园就读期间,基本是由田某某负责接送上学,高某与田某某母子之间具有一定感情基础。田某某主张宁DC83××与宁AA××××为同一辆夏利轿车,田某某原审提交的宁夏回族自治区固原市公安局交通警察支队于2012年3月22日颁发的宁DC83××临时行驶车号牌(有效期至2012年4月21日)记载该车原车牌号为宁D155××,宁DC83××号机动车现所有权人为高某1,厂牌型号TJ71×

×××，发动机号码E675××××，车辆识别代号/车架号码LFPX1ACA565C××××。根据宁夏回族自治区中卫市公安局交通警察支队车辆管理所出具的查询单记载，宁AA××××机动车所有人为柳某某，车辆型号TJ7100，发动机号码×667170，车辆识别代号×100923。

**【案件争点】**

1. 孩子高某由谁抚养。

2. 夫妻共同财产的范围如何认定。

3.《夫妻婚内财产约定协议书》是否有效。

**【裁判要旨】**

一审法院认为，田某某与高某1结婚多年，建立了一定的夫妻感情，2012年9月24日双方发生矛盾后，田某某起诉离婚，后又撤回起诉。撤诉后双方理应互敬互爱，共同经营好家庭，但双方却难以共同生活，分居至今。现田某某再次起诉离婚，已无调解和好可能，夫妻感情确已破裂，应准予离婚。关于孩子的抚养问题，自田某某、高某1分居以来，孩子高某一直随高某1生活，已与高某1建立了一定的感情，离婚后孩子由高某1抚养更有利于孩子的健康成长，因此，孩子高某由高某1抚养，抚养费由高某1自行承担。关于夫妻共同财产的分割问题，由于高某1在婚姻存续期间对田某某实施了殴打行为，给田某某的身体、精神造成了一定的伤害，对共同财产的分割应当根据照顾女方权益的原则进行分割。田某某现无固定职业，生活较为困难，且分居后在外租房居住，位于海原县某汽修厂旁的院落（内有砖木结构房屋4间）及家用设施，判归田某某所有；4辆小型汽车由田某某、高某1平均分割，高某1自认4辆小型汽车的价值为16万元，田某某予以认可，因4辆小型汽车登记在高某1名下，故将4辆小型汽车判归高某1所有，高某1给付田某某折价款8万元。田某某主张某汽车修理厂内房屋为夫妻共同财产，依照我国《物权法》《城市房地产管理法》的规定，我国实行土地使用权和房屋所有权登记发证制度，不动产物权的设立经依法登记发生效力，田某某未提供证据证明某汽车修理厂的房屋登记在夫妻双方或一方名下，故其主张不成立，不予支持。高某1于2003年3月注册成立的海原县某发动机专项修理部属于高某1个人财产，但在婚后该修理部一直正常经营，所产生的收益应当为夫妻共同财产，田某某主张2012年、2013年经营收入70万元归其所有，但未提供证据加以证明，高某1对于经营收益不予认可，因此该修理部2012年、2013年的经营收益无法查明、确认，暂不予分割，田某某在离婚后有新的证据可另行主张。田某某主张的属于海原县某发动机专项修理部所有的升降机、小型汽车配件,应认定为夫妻共同财产,但双方在升降机数量、配件价值上分歧较大,田某某主张有两台升降机、配件价值40万元,高某1自认只有一台升降机(价值6000元左右)和价值1万元的配件,田某某没有提供有效证据证明升降机的数量和配件价值,因此,应在高某1认可的范围内予以分割。由于高某1经营海原县某发动机专项修理部,升降机和小型汽车配件判归高某1所有,高某1给付田某某折价款8000元,离婚后田某某有新的证据证明升降机数量和配件价值超过高某1自认价值的,可再次请求人民法院进行分割。田某某主张10亩土地承包经营权归其所有,王某某与高某1签订《承包合同书》,约定王某某将10亩土地以2万元的价格"转包"给高某1,由于王某某与高某1属于不同的集体经济组织成员,依照我国《农村土地承包经营权流转管理办法》的规定,高某1无法通过转包的方式取得土地承包经营权,因此,双方约定的名为"转包",实为转让。依照我国《农村土地承包法》《农村土地承包经营权流转管理办法》的规定,以转让方式流转土地承包经营权应当经发包方同意,流转合同需要发包方和乡(镇)人民政府备案,并及时办理有关变更手续,田某某提供的《承包合同书》不足以证明高某1已通过转让的方式取得10亩土地的土地承包经营权,对其主张不予支持。田某某主张宁AA××××夏利牌小型汽车归其所有,但其提供的临时行驶车号牌和照片不能证明宁AA××××夏利牌小型汽车所有人为田某某或高某1,对其主张不予支持。田某某主张共同存款55万元归其所有、高某1承担10万元债务,未提供证据加以证明,不予支持。高某1主张的共同债务6万元,由高某1负担。关于双方签订的《夫妻婚内财产约定协议书》的效力问题,该协议书约定的财产,根据田某某与高某1提供的证据查明,仅有位于海原县某汽修厂旁的院落(内有砖木结构房屋4间)属于夫妻共同财产,其他约定财产无证据证明属夫妻共同财产,因此,在诉讼中田某某、高某1就财产分割问题协商不成时,该协议仅对夫妻共同财产的分割具有约束力,其他未在《夫妻婚内财产约定协议书》中约定的夫妻共同财产,应当根据实际情况,依法进行分割。判决:(1)田某某提出与高某1离婚,准予离婚;(2)孩子高某由高某1抚养,抚养费由高某1自行负担;(3)夫妻共同财产:海原县某汽修厂旁院落一处(内有砖木结构房屋4间)及家用设施归田某某所有,高某1名下登记的4辆小型汽车归高某1所有,高某1给付田某某折价款8万元,升降机及小型汽车配件归高某1所有,高某1给付田某某折价款8000元,以上折价款共计8.8万元;(4)共同债务6万元由高某1负担;(5)驳回田某某的其他诉讼请求。

二审法院认为,田某某已二次起诉高某1要求离婚,经一审、二审调解,双方已无和好可能，夫妻感情确已破裂，应准予离婚。田某某认可高某1的经济、文化水平高于田某某，在田某某与高某1分居期间，孩子高某一直跟随高某1生活，已形成相对较为稳定的生活环境，孩子高某随高某1共同生活更有利于其健康成长。田某某与高某1签订的《夫妻婚内财产约定协议书》所载明的财产内容与本案已查明的事实不符，故该协议仅对分割已确认的财产有约束力。某发动机专项修理部系高某1于2003年注册登记，早于田某某与高某1结婚登记前，该修理部应属于高某1的婚前个人财产，但婚后由田某某与高某1共同经营，故在双方婚姻关系存续期间某发动机专项修理部的经营收益应认定为夫妻共同财产，但双方对该期间的经营收益均未提交证据证明，对该部分收益无法确认。对某发动机专项修理部设备财产等价值，因双方主张差异较大，田某某亦未提供有效证据证明其主张价值，故原审在高某1自认范围内予以分割，并无不妥。离婚后若田某某有新的证据证明经营收益或修理部财产价值超出高某1自认部分均可另行起诉分割。对于田某某主张的共同存款55万元，因其未提交证据证明存款55万元的下落及线索，高某1亦不认可，二审法院亦无法查实，待其有证据证明，可另行起诉分割。对于田某某主张的共同债务10万元，因田某某未提供相应证据证明，不予认定。田某某主张宁AA××××车辆系其与高某1的共同财产，但该车辆登记的所有权人并非高某1，亦不是田某某，故对其要求分配该车辆的上诉理由不予支持。二审判决：驳回上诉，维持原判。

再审认为，再审申请人田某某再审要求撤销宁夏回族自治区海原县人民法院(2014)海民初字第141号民事判决、宁夏回族自治区中卫市中级人民法院(2014)卫民终字第122号民事判决，支持其原审诉求的请求，因原审判决关于田某某、高某1解除婚姻关系的内容已发生法律效力，依照《民事诉讼法》第202条“当事人对已经发生法律效力的解除婚姻关系的判决、调解书，不得申请再审”的规定，田某某只能就原审判决中关于子女抚养、家庭共同财产分割等内容申请再审，对婚姻关系不得申请再审。

田某某提出某汽修厂的厂房、设备、已登记的配件以及经营收益等属于家庭财产，应按照田某某与高某1签订的《夫妻婚内财产约定协议书》约定归田某某所有的请求，因《夫妻婚内财产约定协议书》是田某某与高某1自愿签订的，是二人的真实意思表示，对其效力应予以认定；但该份《夫妻婚内财产约定协议书》中所载明的财产内容与本案已查明的事实不相符，高某1仅对其享有所有权的财产拥有处分权。根据原审、二审查明的事实，高某1于2003年3月26日注册成立了海原县某发动机专项修理部,2007 年 4 月 13 日海原县某发动机专项修理部变更名称为海原县某汽修;2011 年 5 月 17 日海原县某汽修变更名称为海原县某发动机专项修理部,在此期间海原县某发动机专项修理部与海原县某汽修的经营者均为高某 1。田某某原审提供的某发动机专项修理部工商登记信息等证据不足以证实该修理部所属土地使用权及厂房属于其与高某 1 的婚后财产,故不宜作为夫妻共同财产予以分割,该修理部在田某某与高某 1 婚后由二人共同经营,故在双方婚姻关系存续期间某发动机专项修理部的经营收益应认定为夫妻共同财产,但田某某对该期间的经营收益未提交证据证明,对该部分收益无法确认。对某发动机专项修理部设备财产,原审法院在对某发动机专项修理部设备财产进行登记时登记有升降机两台,且原审也查明某发动机专项修理部拥有升降机两台,虽然高某 1 在原审自认某发动机专项修理部有升降机一台,价值 6000 元,但高某 1 的陈述与原审法院查明的事实明显不符,原审却按一台给予折价分割,原审认定该项事实错误。对原审法院已登记配件的价值,因在登记时高某 1 认可某汽修厂由其经营管理,并自认法院拍照登记的配件价值 10 万元,虽然原审时高某 1 陈述归其所有的配件价值 1 万元,其余的为其弟弟高某 2 所有,再审时又陈述登记配件为其弟媳李某所有,但高某 1 并未提供有效证据支持其陈述内容,原审法院的登记笔录中也无高某 2 的签字确认,故对原审法院所登记的配件价值应按 10 万元计算较为妥当,因田某某、高某 1 双方签订的《夫妻婚内财产约定协议书》中已约定如出现高某 1 对田某某实施家庭暴力等情形时,某发动机专项修理部设备财产归田某某所有,故对查明的某发动机专项修理部设备财产升降机两台及小型汽车配件(价值 10 万元)应按照约定归田某某所有。若田某某有新的证据证明修理部及经营收益超出再审认定的范围均可另行起诉分割。

对田某某主张的家庭共同存款 55 万元,虽田某某未提供证据证实 55 万元存款的真实性,但高某 1 在再审中并未对家庭共同存款予以完全否认,认可了其中“5 万元”是真实的。高某 1 与田某某签订了《夫妻婚内财产约定协议书》,约定在二人离婚时家庭存款归田某某所有,因该协议是田某某、高某 1 二人自愿签订的,对其中真实财产部分的处置是行为人行使财产处分权的行为,故家庭存款 5 万元应归田某某所有。

海原县某汽修厂旁另有院落一处(内有砖木结构房屋 4 间),系田某某、高某 1 婚姻关系存续期间购买,应认定为家庭共同财产,根据双方签订的《夫妻婚内财产约定协议书》,该处房屋应可由田某某居住,判归其所有。登记在高某 1 名下的 4

辆汽车（车牌号分别为宁ED05××、宁ED52××、宁E168××、宁ED60××）无论是已被变卖或是被他人占有，因该四辆车的交易均发生在二人婚姻关系存续期间，即上述4辆汽车的交易价值亦属于夫妻共同财产，因双方签订的《夫妻婚内财产约定协议书》对这4辆汽车未约定如何分配，可由二人平均分割。高某1辩称宁ED05××、宁ED52××两辆汽车分别被田某某的父亲及哥哥占有使用，可由高某1持有相关证据后另行主张权利。

对田某某主张宁DC83××与宁AA××××为同一辆夏利轿车，按照双方签订《夫妻婚内财产约定协议书》约定，宁AA××××小轿车应归其所有，经核宁DC83××与宁AA××××的车辆所有权人、车辆型号、发动机号码、车辆识别代号均不相同，不能确定宁DC83××与宁AA××××为同一辆车，且宁AA××××小轿车的现所有人为柳某某，故田某某主张的宁AA××××小轿车为家庭共同财产，应归其所有的主张不能成立。

## 例案三 | 刘某与施某离婚后财产纠纷案

**【法院】**

安徽省合肥市肥西县人民法院

**【案号】**

（2018）皖0123民初41号

**【当事人】**

原告：刘某，女

委托诉讼代理人：汪某某、刘某某，律师

被告：施某，男

委托诉讼代理人：何某，律师

**【基本案情】**

原告刘某与被告施某登记结婚后，由（2017）皖0123民初2607号生效判决解除婚姻关系，该判决对夫妻共同财产未做分割。案涉禹洲××城三期×园×幢×××室房屋2015年5月21日登记在刘某名下，房屋有按揭贷款。2015年10月29日，刘某与施某达成《协议书》，约定"1.家房男方所有，合肥这边房子归我；2.我欠我还，你欠你还；孩子可以给男方；3.我同意施某不要给孩子付（抚）养费。"另查明，案涉坐落于舒城县房屋（66.06平方米）2000年5月21日登记所有权人为施某,2003年至2004年加盖了四层,加盖房屋未办理产权证。

2018年2月26日,法院对施某进行问话并制作了询问笔录,关于2015年10月29日签订的协议书内容,施某陈述:"家房"是指舒城××学校边的房屋,"合肥这边房子"是指禹洲××城的房屋……协议书是刘某起草的,字确实是双方签的字……关于签订协议书目的,施某陈述:在签协议之前,双方之间曾为家庭琐事发生过争吵,刘某也曾为此离家外出,其为了让刘某能回家继续共同生活,平息纷争,其同意签了这个协议,签协议的目的主要是平息家庭纠纷,避免争吵,以便更好地在一起共同生活……刘某庭审质证时认可该询问笔录。

**【案件争点】**

1. 双方2015年10月29日签订的《协议书》性质及效力。
2. 夫妻共同财产的范围。
3. 财产如何分割。

**【裁判要旨】**

法院认为,关于争议焦点一,判断一份对于夫妻财产处理的协议是离婚协议还是夫妻财产约定协议,关键在于协议订立的目的。《协议书》中未约定解除婚姻关系,施某在询问笔录中亦陈述签订协议是为了平息纷争、继续共同生活,显然不是以离婚为目的,故该协议书不为诉前离婚协议。《协议书》中的财产分割条款虽然用语朴素,但内容明确且是双方自愿签字达成,应是双方真实意思表示,未违反法律的强制性规定,合法有效。关于争议焦点二,禹洲××城三期×园×幢×××室房屋是双方婚后购买,属于夫妻共同财产;坐落于舒城县自建房屋,2000年登记在施某名下的前栋一、二层房屋(共66.06平方米)系施某婚前财产,2003年至2004年加盖的四层房屋,未办理产权登记,权属关系不明;刘某诉称的施某为承包皖A×××××出租车运营交付的押金4.5万元及营运收入40万元,因出租车尚在承包运营期内,押金未退回,不属于婚姻存续期间取得的财产;关于出租车的营运收入及扣除支出后的盈余情况,刘某未提供证据,故法院不予采纳。关于争议焦点三,根据《婚姻法》第19条①的规定,双方在《协议书》中对婚前财产、夫妻共同财产

① 对应《民法典》第1065条,变更为:"男女双方可以约定婚姻关系存续期间所得的财产以及婚前财产归各自所有、共同所有或者部分各自所有、部分共同所有。约定应当采用书面形式。没有约定或者约定不明确的,适用本法第一千零六十二条、第一千零六十三条的规定。夫妻对婚姻关系存续期间所得的财产以及婚前财产的约定,对双方具有法律约束力。夫妻对婚姻关系存续期间所得的财产约定归各自所有,夫或者妻一方对外所负的债务,相对人知道该约定的,以夫或者妻一方的个人财产清偿。"

达成的财产分割条款对双方具有法律约束力。依据该协议书，禹洲××城三期×园×幢×××室房屋归刘某所有，剩余按揭贷款由刘某偿还；坐落于舒城县的自建房屋，进行产权登记的前栋一、二层归施某所有，加盖的四层由施某居住使用；刘某要求分割 4.5 万元押金和 40 万元营运收入的诉请，无事实和法律依据，法院不予支持。

综上所述，依照《婚姻法》第 19 条①、《婚姻法解释二》第 21 条②之规定，判决如下：(1)坐落于合肥市肥西县房屋归刘某所有，剩余按揭贷款由刘某偿还；(2)驳回原告刘某的其他诉讼请求。

## 三、裁判规则提要

夫妻约定财产制是夫妻婚内财产分割协议存在的前提。依据夫妻财产制发生根据的不同，可以将夫妻财产制分为法定财产制和约定财产制。法定财产制，是指夫妻婚前、婚后所得财产的权利归属由法律直接规定的财产制度，在我国，法定财产制是夫妻婚后所得共同共有制，《民法典》第 1062 条规定的即是法定财产制。约定财产制，是指夫妻双方以约定的方式决定双方所得财产的权利归属的制度，《民法典》第 1065 条第 1 款规定的即是约定财产制。夫妻约定财产制是社会经济高度发展、人们物质生活水平极大丰富的必然产物，是意思自治原则在婚姻法中的体现，也是体现婚姻当事人独立人格和财产权利自由的要求。夫妻约定财产制属于民事法律调整的范畴，按照“约定优先于法定”的私法理念，在一般情况下，约定财产制优先于法定财产制。

在约定财产制下，男女或夫妻双方既可以对已经取得的财产的归属及处分权等进行约定，也可以对将来可能取得的财产的归属及处分权等进行约定。在婚姻关系存续期间，夫妻双方就共同财产的归属、使用、收益、处分达成的协议即属于前者，它是夫妻双方之间实施的一项民事法律行为。

1. 夫妻婚内财产分割协议的性质

根据调整对象的不同，民事法律行为可以分为财产行为和身份行为两大类。夫妻财产分割协议具有自己的特点，一是其订约主体并非一般的民事主体，而是具有特殊身份关系的主体，即夫妻双方；二是协议的内容是对相关财产关系的调整，

---

① 对应《民法典》第 1065 条。
② 对应《婚姻家庭编解释一》第 77 条。

仅从协议的内容上看,与一般的民事财产性契约并无本质的不同。基于其自身的特点,对该协议的性质也有不同的认识,有的观点认为其是身份契约,有的观点认为其是财产契约。从婚姻当事人订约的目的出发,笔者认为该协议应该属于带有一定身份属性的财产性契约,因为其订约的目的主要是就财产的归属、利用和处分达成一致的意见。

2. 夫妻婚内财产分割协议的效力

《民法典》第136条规定:"民事法律行为自成立时生效,但是法律另有规定或者当事人另有约定的除外。行为人非依法律规定或者未经对方同意,不得擅自变更或者解除民事法律行为。"夫妻财产约定协议作为民事法律行为的一种,其一旦作出,对夫妻双方均具有法律约束力,双方均应遵照执行,不得反悔,一方非经对方同意不得变更、撤销该协议。《民法典》第1065条第2款对此作出了更加明确的规定:"夫妻对婚姻关系存续期间所得的财产以及婚前财产的约定,对双方具有法律约束力。"在一般情况下,民事法律行为自成立时生效,但是法律也对民事法律行为无效及可变更、可撤销的情形进行了规定。夫妻财产分割协议属于民事法律行为的一种,其效力也应参照法律关于民事法律行为效力类型的构成要件加以判断。

3. 无民事行为能力人或限制民事行为能力人签订的财产分割协议

第一,夫妻双方或一方为无民事行为能力人的,其订立的夫妻财产分割协议无效。《民法典》第144条规定:"无民事行为能力人实施的民事法律行为无效。"因此,夫妻双方虽然在登记结婚时是完全民事行为能力人,但若其后夫妻双方或一方变为无民事行为能力人,则此时其订立的财产分割协议应为无效的协议。

第二,夫妻双方或一方为限制民事行为能力人的,其签订的财产分割协议一般也应是无效的协议。《民法典》第145条第1款规定:"限制民事行为能力人实施的纯获利益的民事法律行为或者与其年龄、智力、精神健康状况相适应的民事法律行为有效;实施的其他民事法律行为经法定代理人同意或者追认后有效。"若夫妻财产分割协议的内容是使限制民事行为能力人一方纯获利益,则该协议一般应认定有效,但不得损害第三人的合法权益。若不是使该方纯获利益,则这种协议不应理解为是与其年龄、智力、精神健康状况相适应的民事法律行为。

根据《民法典》第28条的规定,无民事行为能力或者限制民事行为能力的成年人的监护人的顺序为:(1)配偶;(2)父母、子女;(3)其他近亲属;(4)其他愿意担任监护人的个人或组织,但是须经被监护人住所地的居民委员会、村民委员会或者民政部门同意。在夫妻双方为无民事行为能力人或限制民事行为能力人的情况下，因该协议不能反映其真实意思，故一般宜认定为无效。在夫妻一方为限制民事行为能力人的情况下，为保障其合法权益，宜参照《婚姻家庭编解释一》第 62 条的规定，先变更其监护人，然后由变更后的监护人决定该协议是否符合被监护人的利益，进而决定协议是否有效。

4. 人身自由、人格尊严受法律保护

男女双方经结婚登记而成为夫妻后，虽然二者组成了一个亲密的家庭共同体，但是在这个共同体中，男女双方具有平等的地位，夫或妻仍然均具有自己独立的人格，其人身自由和人格尊严仍旧受到法律的保护。《民法典》第 1055 条规定："夫妻在婚姻家庭中地位平等。"第 1056 条规定："夫妻双方都有各自使用自己姓名的权利。"第 1057 条规定："夫妻双方都有参加生产、工作、学习和社会活动的自由，一方不得对另一方加以限制或者干涉。"这些规定都表明夫或妻在婚后各自享有自己的人身自由和人格尊严，夫或妻任何一方都不会因为婚姻关系的建立而沦为另一方的附属物。

为体现对人格利益的保护，《民法典》在第四编单独成编，专门规定了人格权。《民法典》第 991 条规定："民事主体的人格权受法律保护，任何组织或者个人不得侵害。"夫妻双方虽然具有一定的身份关系，但在签订财产分割协议时，其仍然是民事主体，夫妻双方的人格权仍然受到法律保护，若财产分割协议是以侵害另一方的人身自由、人格尊严为前提或条件，则在这种条件达到违背公序良俗的程度时，该协议应被认定为无效，在其他情形下，应赋予被侵权一方撤销权。保护人身自由、人格权所体现的法益要大于保护单纯的财产权益，在二者之间进行权衡时，应将人身自由、人格权益放在首位。

## 四、辅助信息

**高频词条：**

**《民法典》**

**第 28 条**　无民事行为能力或者限制民事行为能力的成年人，由下列有监护能力的人按顺序担任监护人：

（一）配偶；

（二）父母、子女；

（三）其他近亲属；

（四）其他愿意担任监护人的个人或者组织，但是须经被监护人住所地的居民委员会、村民委员会或者民政部门同意。

**第136条** 民事法律行为自成立时生效,但是法律另有规定或者当事人另有约定的除外。

行为人非依法律规定或者未经对方同意,不得擅自变更或者解除民事法律行为。

**第144条** 无民事行为能力人实施的民事法律行为无效。

**第145条第1款** 限制民事行为能力人实施的纯获利益的民事法律行为或者与其年龄、智力、精神健康状况相适应的民事法律行为有效;实施的其他民事法律行为经法定代理人同意或者追认后有效。

**第509条** 当事人应当按照约定全面履行自己的义务。

当事人应当遵循诚信原则,根据合同的性质、目的和交易习惯履行通知、协助、保密等义务。

当事人在履行合同过程中,应当避免浪费资源、污染环境和破坏生态。

**第991条** 民事主体的人格权受法律保护,任何组织或者个人不得侵害。

**第1055条** 夫妻在婚姻家庭中地位平等。

**第1056条** 夫妻双方都有各自使用自己姓名的权利。

**第1057条** 夫妻双方都有参加生产、工作、学习和社会活动的自由,一方不得对另一方加以限制或者干涉。

**第1062条** 夫妻在婚姻关系存续期间所得的下列财产,为夫妻的共同财产,归夫妻共同所有:

(一)工资、奖金、劳务报酬;

(二)生产、经营、投资的收益;

(三)知识产权的收益;

(四)继承或者受赠的财产,但是本法第一千零六十三条第三项规定的除外;

(五)其他应当归共同所有的财产。

夫妻对共同财产,有平等的处理权。

**第1063条** 下列财产为夫妻一方的个人财产:

(一)一方的婚前财产;

(二)一方因受到人身损害获得的赔偿或者补偿;

(三)遗嘱或者赠与合同中确定只归一方的财产;

(四)一方专用的生活用品;

（五）其他应当归一方的财产。

**第1065条** 男女双方可以约定婚姻关系存续期间所得的财产以及婚前财产归各自所有、共同所有或者部分各自所有、部分共同所有。约定应当采用书面形式。没有约定或者约定不明确的，适用本法第一千零六十二条、第一千零六十三条的规定。

夫妻对婚姻关系存续期间所得的财产以及婚前财产的约定，对双方具有法律约束力。

夫妻对婚姻关系存续期间所得的财产约定归各自所有，夫或者妻一方对外所负的债务，相对人知道该约定的，以夫或者妻一方的个人财产清偿。

**第1076条** 夫妻双方自愿离婚的，应当签订书面离婚协议，并亲自到婚姻登记机关申请离婚登记。

离婚协议应当载明双方自愿离婚的意思表示和对子女抚养、财产以及债务处理等事项协商一致的意见。

**第1079条** 夫妻一方要求离婚的，可以由有关组织进行调解或者直接向人民法院提起离婚诉讼。

人民法院审理离婚案件，应当进行调解；如果感情确已破裂，调解无效的，应当准予离婚。

有下列情形之一，调解无效的，应当准予离婚：

（一）重婚或者与他人同居；

（二）实施家庭暴力或者虐待、遗弃家庭成员；

（三）有赌博、吸毒等恶习屡教不改；

（四）因感情不和分居满二年；

（五）其他导致夫妻感情破裂的情形。

一方被宣告失踪，另一方提起离婚诉讼的，应当准予离婚。

经人民法院判决不准离婚后，双方又分居满一年，一方再次提起离婚诉讼的，应当准予离婚。

**第1087条** 离婚时，夫妻的共同财产由双方协议处理；协议不成的，由人民法院根据财产的具体情况，按照照顾子女、女方和无过错方权益的原则判决。

对夫或者妻在家庭土地承包经营中享有的权益等，应当依法予以保护。

**第1089条** 离婚时，夫妻共同债务应当共同偿还。共同财产不足清偿或者财产归各自所有的，由双方协议清偿；协议不成的，由人民法院判决。

《婚姻家庭编解释一》

**第69条** 当事人达成的以协议离婚或者到人民法院调解离婚为条件的财产以及债务处理协议,如果双方离婚未成,一方在离婚诉讼中反悔的,人民法院应当认定该财产以及债务处理协议没有生效,并根据实际情况依照民法典第一千零八十七条和第一千零八十九条的规定判决。

当事人依照民法典第一千零七十六条签订的离婚协议中关于财产以及债务处理的条款,对男女双方具有法律约束力。登记离婚后当事人因履行上述协议发生纠纷提起诉讼的,人民法院应当受理。

**第77条** 离婚时双方对尚未取得所有权或者尚未取得完全所有权的房屋有争议且协商不成的,人民法院不宜判决房屋所有权的归属,应当根据实际情况判决由当事人使用。

当事人就前款规定的房屋取得完全所有权后,有争议的,可以另行向人民法院提起诉讼。

## 婚恋财产纠纷案件裁判规则第 11 条：

## 夫妻双方在婚前或婚姻关系存续期间，以书面形式约定婚姻关系存续期间所得的不动产归一方所有的，视为夫妻双方关于夫妻共同财产的约定，不属于夫妻间的赠与行为。离婚时，当事人主张将该不动产作为夫妻共同财产分割的，一般不予支持

〔**规则描述**〕：夫妻双方可以通过约定的方式排除婚后法定财产制的适用。如果这种约定符合夫妻财产约定的条件，则这种约定对双方均具有约束力，任何一方不得擅自变更或撤销，在离婚时，应当按照双方的约定分割相关财产。夫妻双方约定将夫妻共有房屋归一方所有时，这种约定符合《民法典》关于夫妻财产约定的形式，按照约定，该房屋所有权由夫妻共有变更为一方单独所有。

### 一、类案检索大数据报告

时间：2020 年 3 月 27 日之前，案例来源：Alpha 案例库，案件数量：54 件，数据采集时间：2020 年 3 月 27 日。本次检索获取 2020 年 3 月 27 日前共 115 篇裁判文书，并从上述文书中人工筛选出 54 件以书面形式约定婚姻关系存续期间所得的不动产归一方所有的案件，其中，离婚时当事人主张将该不动产作为夫妻共同财产分割，法院不予支持的案件有 53 件，约占 98.15%；法院予以支持的案件有 1 件，约占 1.85%。整体情况如图 11－1 所示。

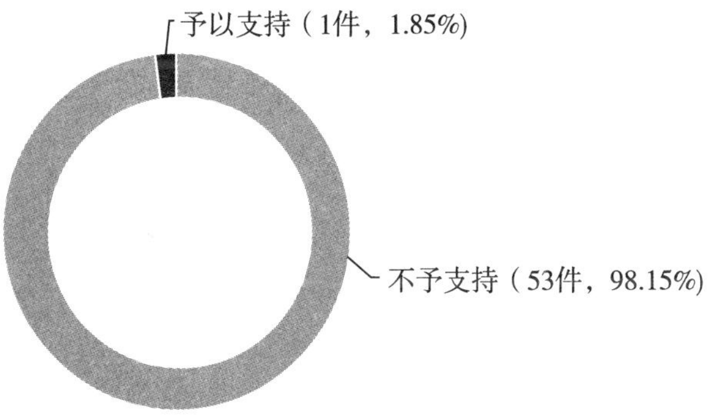


**图 11－1　案件裁判结果分布情况**

如图 11－2 所示,从案件案由分类情况可以看到,当前条件下案件的案由分布主要是离婚纠纷类、离婚后财产纠纷类。

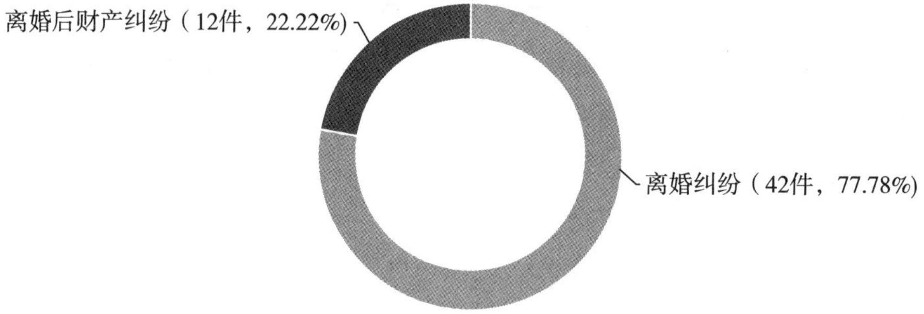


**图 11－2　案件案由分类情况**

如图 11－3 所示,从案件审理程序分布情况可以看到,当前条件下案件的上诉率约为 51.85%,再审率约为 7.41%。

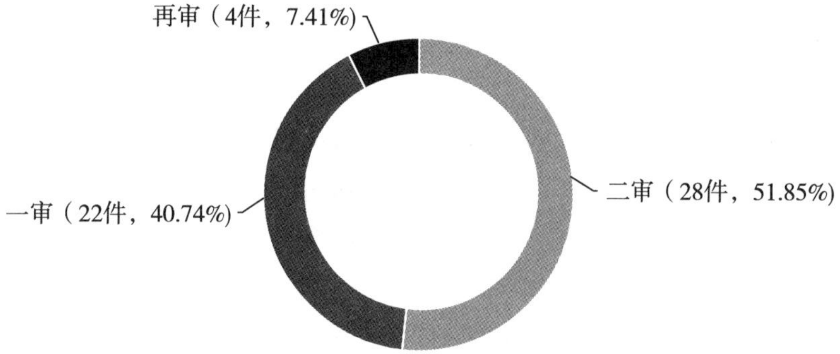


**图 11－3　案件审理程序分布情况**

如图 11－4 所示,从案件二审裁判结果情况可以看到,当前条件下案件维持原判的比例较高,约为 75.00%。

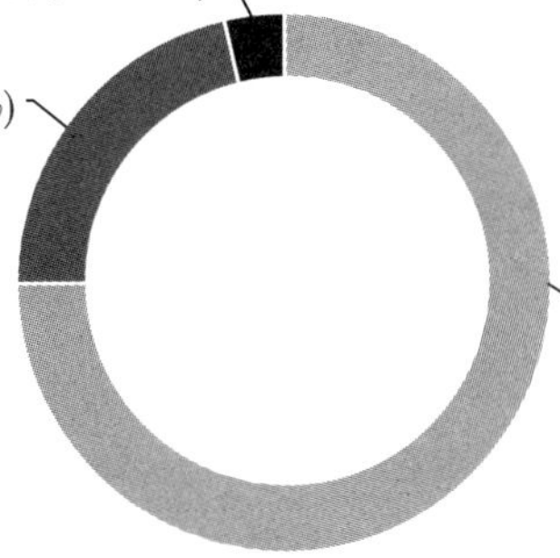


**图11－4　案件二审裁判结果情况**

## 二、可供参考的例案

### 例案一　师某与陈某离婚纠纷案

**【法院】**

北京市第三中级人民法院

**【案号】**

(2014)三中民终字第06092号

**【当事人】**

上诉人(原审原告)：师某，女

委托代理人：段某1，律师

委托代理人：杨某某，律师

上诉人(原审被告)：陈某，男

委托代理人：段某某，律师

**【基本案情】**

原告师某与被告陈某经网络相识，于2010年12月6日登记结婚。2012年9月4日，双方共育一女名陈某1。婚后初期，师某与陈某在外租房居住，后搬入案涉房屋内居住。2012年10月30日，师某携其女陈某1搬离案涉房屋，后与陈某一直处于分居状态。师某曾起诉离婚，法院于2013年3月18日出具(2013)朝民初字第06032号民事判决书驳回其诉讼请求。

关于子女抚养权，原告、被告于庭审中均要求抚育婚生女陈某1。师某表示陈某1出生后一直由其及父母照顾，师某具备较高学历及绘画、书法等特长，适合抚养幼女。师某称自己目前月收入8000元左右,陈某月收入1.8万元左右,要求陈某每月支付抚养费8000元。陈某表示非常喜爱陈某1,女儿与父亲建立了深厚感情,能够给女儿良好的生活和教育环境,可以自行抚养女儿。陈某称自己现月收入税后1.4万元左右,若无法取得抚养权,根据其负担能力及女儿实际需要等情况可以每月支付抚养费2800元。

庭审中,师某表示陈某对其多次实施家庭暴力。对此,陈某表示其个性比较老实,师某非常蛮横,对陈某及父母不尊敬。发生争执时,双方都会动手。

庭审中,原告、被告要求法院分割的夫妻共同财产如下:

1.某号房屋。双方均确认于2010年12月13日签署购房合同,房屋建筑面积100.88平方米。房屋价款230万元,采用贷款方式支付,首付款150万元,以双方公积金贷款80万元。2011年1月7日,某号房屋登记系陈某与师某共同共有。经询,双方均认可某号房屋市值约300万元。截至2013年10月,某号房屋尚余贷款685,907.98元未清偿。

关于首付款出资,师某表示由陈某个人出资90万元,双方共同存款5万元并举债5万元,师某父母出资50万元;陈某表示由其个人出资80万元,陈某父母出资30万元,师某父母出资50万元。

庭审中,师某提交2012年10月21日签署的《婚内协议书》,内容如下:"甲方:陈某;乙方:师某。甲、乙双方经相识、相恋,已经于2010年12月6日踏入婚姻殿堂,双方本着互敬、互爱、互信、友好协商的原则,根据《婚姻法》第19条①及相关法律法规之规定,就婚前及婚后的有关财产问题,自愿达成如下协议:一、婚姻存续期间双方应该互敬互爱,对配偶、子女及家庭应有道德责任感;尊敬双方父母、疼爱子女、善待亲友。夫妻双方应该互相支持,携手共渡难关,不推卸、不逃避责任。二、婚姻存续期间的财产约定:1.双方于2011年1月7日购买的某号房屋,该房屋包括婚姻关系存续期间所偿还的银行抵押贷款部分及装修投入归乙方个人所有,无论婚姻存续期间或离婚皆不作为双方的夫妻共同财产。2.婚姻存续期间所取得的其他合法财产归双方共同所有,并共同偿还上述房屋的银行抵押贷款。3.婚姻

---

① 对应《民法典》第1065条,变更为:"男女双方可以约定婚姻关系存续期间所得的财产以及婚前财产归各自所有、共同所有或者部分各自所有、部分共同所有。约定应当采用书面形式。没有约定或者约定不明确的,适用本法第一千零六十二条、第一千零六十三条的规定。夫妻对婚姻关系存续期间所得的财产以及婚前财产的约定,对双方具有法律约束力。夫妻对婚姻关系存续期间所得的财产约定归各自所有,夫或者妻一方对外所负的债务,相对人知道该约定的,以夫或者妻一方的个人财产清偿。"

存续期间，双方如需要用于家庭共同生活向他人借钱的，应与双方共同书面签名方视为夫妻共同债务，双方共同偿还。4. 婚姻存续期间任何一方对外举债的，应向债权人明示本协议，未明示或未经另一方书面签名确认的债务，视为个人债务，另一方无偿还义务。三、离婚时财产的处理：1. 某号房屋归乙方所有，未偿还的银行抵押贷款归乙方偿还。2. 婚姻存续期间产生的债务按本协议第 1 条第 3 款、第 4 款处理。四、甲、乙双方已完全理解本协议全部内容之含义，自愿按本协议约定全面履行。五、本协议一式两份，双方各执一份，具有同等法律效力。六、本协议自甲、乙双方签字之日起生效。七、本协议未尽事宜，甲乙双方可另行协商签署补充协议，补充协议需经甲乙双方签字后生效。”《婚内协议书》第 3 条第 2 款原记载“如果离婚，婚内子女陈某 1 的监护权和抚养权归乙方所有”，后被删除并标注“本条无效，陈某、师某”。《婚内协议书》落款处甲方由陈某签名，乙方由师某签名。

师某表示陈某实施家暴后，为求和好主动提出签署《婚内协议书》，双方从网上下载格式文本，由陈某填写部分内容，并由陈某将女儿抚养条款删除。《婚内协议书》是双方真实意思表示，合法有效，应据此确认案涉房屋为师某所有，由师某负担剩余贷款。

陈某表示师某以不给女儿喂奶、对家庭没有信心为由，要求其签署事先准备好的《婚内协议书》。因担心师某产后抑郁及女儿哺乳受影响，为了家庭婚姻的存续，陈某在违背自己真实意愿的情况下签署了《婚内协议书》，在师某的要求下填写了协议内容。《婚内协议书》中关于房屋权属的约定系陈某就房产进行赠与行为，在房产权属转移登记前可以进行撤销，不能作为分割案涉房屋的依据。陈某要求依法分割某号房屋，坚持房屋所有权，因师某对婚姻破裂存在过错，按 40% 比例给付其折价款。

2. 案涉房屋家具家电。双方均确认婚后购买家具家电如下：洁具（花洒、马桶、洗手柜）（帝莎），橱柜（苗苗），燃气灶（美菱），抽烟机（美菱），主卧床及家具，次卧床及家具（香港奥尔崎/世纪强龙），客厅沙发（北京兴美沙发厂），客厅餐桌餐椅，客厅钢琴（雅马哈 CLP330），电视（海信 TLM42V78PK），冰箱（容声 BCD－232YMB/X1），洗衣机［小天鹅 TG60－1201EP（S）］，空调（主卧）［格力 KFR－32GW/K（32556）D1－N1］，空调（次卧）［格力 KFR－26GW/K（32556）D1－N1］，空调（客厅）［格力 KFR－50LW/E（50568L）C1－N1］，床上用品，床垫。经询问，双方均认可上述家电市值 3 万元。

师某表示上述家具家电全部由其母亲路某出资购买，应陈某要求花费 6 万元，应归师某个人所有。陈某表示某号房屋装修及家具家电共支出20万元,师某母亲出资10万元,陈某出资10万元,应按夫妻共同财产分割。由取得案涉房屋所有权一方给付对方折价款。

3. 师某名下存款及公积金。经陈某要求,师某自行调取其账户信息显示:(1)师某名下尾数为3963的工商银行账户2012年10月29日的账户余额为87,846.05元,于2013年6月30日汇款转入6万元,于2013年7月4日卡取3万元,于2013年7月15日汇款转入6万元,于2013年7月18日卡取9万元,截至2013年9月21日余额为443.31元。双方均确认此系共同存款账户。陈某认为师某陆续将夫妻共同财产转移为己有,要求分割自2012年11月至2013年1月师某取款合计95,000元。陈某认可2013年7月15日由师某父亲汇款6万元,要求分割另外6万元。陈某就此账户主张取得折价款77,500元。(2)师某名下尾数为3379的招商银行账户于2013年1月22日开户,月发放工资约6000元,截至2013年11月26日账户余额为267.15元。陈某要求分割师某自2013年1月至11月工资合计7万元,主张35,000元折价款。(3)师某名下尾数为4265的招商银行账户截至2013年10月12日账户余额为343.74元。陈某要求分割2012年11月5日、2012年11月17日及2012年12月18日累计取款99,900元,主张49,950元折价款。(4)师某名下尾数为4465的交通银行公积金账户显示月公积金收入1700余元,自2012年9月陆续提取,截至2013年11月17日余额为119.88元。陈某要求分割2012年9月至2013年11月公积金合计25,000元,主张12,500元折价款。

师某表示,所有款项均用于其与陈某1日常生活支出,支付房租、保姆费、律师费等。双方分居生活后,实际花费33万元,无法开具票据的支出还没有计算在内,不同意陈某分割请求。

4. 陈某名下存款及公积金。经师某要求,陈某自行调取其账户信息显示:(1)陈某名下尾数为5471的工商银行账户,月发放工资基本维持在14,000余元,个别月份达到17,000余元,陈某表示每年4月和7月发放半年奖,根据单位效益计算,并不固定。该账户截至2013年11月16日账户余额为1507.57元。(2)陈某名下尾数为1632的建设银行账户,用于偿还贷款、交纳有线电视等费用,截至2013年11月19日账户余额为241.18元。(3)陈某名下尾数为6990的交通银行公积金账户,月公积金收入为3000余元,自2012年9月陆续提取,截至2013年10月19日余额为44.21元。就上述账户情况,师某认为,陈某自2012年9月至2013年10月工资收入合计212,050元,同期公积金账户收入合计47,920元,两个账户合计259,970元。在此期间，偿还银行贷款总计78,000元，差额部分181,970元应作为夫妻共同财产进行分割，要求陈某给付70%折价款。

陈某表示，有多笔款项于不同账户之间转换，师某计算数额有误。所有款项均用于日常生活，现没有存款可以处理，不同意师某分割要求。

庭审中，师某要求法院依法分割的夫妻共同债务系向母亲路某借款13.5万元。师某表示被迫搬出某号房屋后独自承担抚养女儿的重任。陈某1体弱多病，雇佣保姆费用较高，租房费用、医疗教育及其他正常生活费用均支出较多，将共同存款用尽后不得不向父母举债。师某于2013年4月4日发短信告知陈某要对外借款，并于2013年4月11日向其母路某借款6万元，路某于当日现金给付。师某于2013年5月和6月两次短信告知陈某对外借款，路某于2013年6月30日转账出借6万元，后师某父亲重复汇款，取出后退还其父。2013年9月28日师某向路某借款1.5万元用于支付律师费。上述借款合计13.5万元应作为夫妻共同债务，由陈某负担50%。师某就此提交借条、银行转账凭条、短信记录、租赁合同、交通费票据、购物票据、网购打印单等为证。

陈某对此不予认可，表示在师某搬出前向其账户转账9万元，另有约9万元家庭共同存款。截至2012年11月，师某陆续取款181,800元，相当于扣除房贷后全家两年的可支配收入，远远满足师某和陈某1一年的合理生活支出。至于师某发短信要报早教课程，陈某是不同意的，超过能力范围向路某借款是师某个人行为，陈某不同意负担。就此，陈某提交其名下尾数为8461的招商银行明细表，显示于2012年9月26日向师某尾数为4265的招商银行账户汇款9万元。

二审法院经审理查明的事实与一审法院查明的事实一致。

**【案件争点】**

1. 陈某1的抚养权归属及抚养费问题。

2. 案涉房屋的产权归属。

3. 其他共同财产的分割与共同债务的负担。

**【裁判要旨】**

一审法院认为，婚姻关系的存续应以感情为基础，师某与陈某于婚姻生活中发生争执后，不能沟通与谅解，导致夫妻感情失和并且分居生活。现师某主张离婚，陈某表示同意，法院对此不持异议。关于子女抚养，陈某1尚不满两岁，且一直随其母师某生活，以利于陈某1目前生活状况及成长所需出发，判归师某抚养为宜。抚养费的确定应根据子女的实际需要、父母双方的负担能力及当地的实际生活水平等因素确定。法院根据陈某1实际生活需要结合陈某收入情况酌情判处陈某负担抚养费的金额。

就师某所述家庭暴力行为,家庭暴力侧重于家庭成员一方通过暴力或胁迫等手段侵害另一方身体、精神等方面的人身权利,以达到控制另一方之目的。双方所述及在案证据不足以认定陈某存在家庭暴力,事实上,双方在面对日常琐事及处理家庭问题时均欠冷静与理智。师某以遭受家庭暴力为由主张精神损害抚慰金依据不足,法院难以支持。

关于夫妻共同财产分割及共同债务负担方面,法院结合在案证据审查具体财产情况,并遵循照顾妇女及儿童权益的原则进行确认。法院认为,夫妻对婚姻关系存续期间所得的财产以及婚前财产的约定,对双方具有约束力。案涉房屋由师某与陈某婚后共同出资购置,登记为共同共有。双方于2012年10月21日签署《婚内协议书》约定案涉房屋为师某所有,陈某执笔填写相关内容,对于协议约定及执行后果应予知悉。双方基于家庭关系及婚姻情感作出处分共同财产的意思表示应予保护,此非一方财产的单纯赠与行为,应属夫妻双方就共同财产权属进行约定,对双方具有法律约束力。师某要求确认案涉房屋归其所有,剩余贷款由其偿还理由正当,法院予以支持。离婚后,一方没有住所的属于生活困难,另一方应从其住房等个人财产中给予适当帮助,帮助的形式可以是房屋的居住权或者房屋的所有权。购房时,陈某用个人财产支付了大部分首付款,分居后由陈某偿还贷款,且陈某与家人一同居住在案涉房屋内。离婚后陈某无住所居住,生活困难。师某应自获取的某号房屋中给予陈某适当帮助。法院考虑陈某对案涉房屋贡献情况及实际生活需要,酌情判处师某给付陈某住房帮助费。案涉房屋内家具家电系双方婚后共同购买,属夫妻共同财产,应予分割。家具家电应与案涉房屋一并判归师某所有为宜,师某给付陈某相应折价款。关于双方名下存款及公积金,自2012年10月分居后,双方各自生活。师某照顾陈某1日常生活,陈某负责涉房贷款及日常支出,现各自账户内余额不多且差异不大,法院不再分割,归属各自所有。就双方质疑对方支出且要求分割累计存款及公积金于法无据,法院均不予支持。另外,依据《婚内协议书》约定。如需举债应经另一方书面确认,否则视为个人债务。师某主张向其母亲路某借款13.5万元并未举证证明征询陈某许可,其要求作为夫妻共同债务分割依据不足,法院不予支持。

据此,一审法院于2014年1月判决:(1)准师某与陈某离婚。(2)婚生女陈某1由师某抚养,陈某于判决生效之月起每月支付抚养费3000元至陈某1年满18周岁止。(3)某号房屋归师某所有,房屋剩余贷款由师某负责偿还。(4)师某于判决生效之日起30日内给付陈某住房帮助费70万元。(5)某号房屋内家具家电归师某所有。师某于判决生效之日起30日内给付陈某折价款15,000元。(6)驳回师某的其他诉讼请求。(7)驳回陈某的其他诉讼请求。

二审法院认为,根据双方诉辩主张及本案查明的事实,现双方争议的焦点有三:(1)孩子的抚养费问题;(2)案涉房屋的产权归属及室内家具家电的分配问题;(3)经济帮助金的问题。

有关孩子的抚养费问题,《婚姻法》第37条第1款①规定:离婚后,一方抚养的子女,另一方应负担必要的生活费和教育费的一部或全部,负担费用的多少和期限的长短,由双方协议;协议不成时,由人民法院判决。《离婚子女抚养意见》第7条规定:子女抚育费的数额,可根据子女的实际需要、父母双方的负担能力和当地的实际生活水平确定。有固定收入的,抚育费一般可按其月总收入的20%至30%的比例给付。陈某与师某离婚后,应负担孩子必要的生活费。一审法院根据孩子的实际生活需要及陈某的收入情况酌情确定陈某每月支付孩子的抚养费数额为3000元,符合法律规定。师某上诉认为抚养费过低,要求陈某每月给付5400元,无事实依据,法院不予支持。

有关案涉房屋的产权归属及室内家具家电的分配问题,根据《婚姻法》第19条②之规定,夫妻可以约定婚姻关系存续期间所得的财产以及婚前财产归各自所有、共同所有或部分各自所有、部分共同所有。约定应当采用书面形式。夫妻对婚姻关系存续期间所得的财产以及婚前财产的约定,对双方具有约束力。师某与陈某作为完全民事行为能力人,自愿签署了《婚内协议书》,双方明确约定某号房屋的产权归属情况,此系双方的真实意思表示,不违反法律或者社会公共利益,合法有效,该协议书对双方均具有法律效力。一审法院根据协议的约定判定涉案房屋归师某所有、房屋贷款由师某偿还,符合法律规定。陈某上诉认为《婚内协议书》并非

---

① 对应《民法典》第1085条,变更为:"离婚后,子女由一方直接抚养的,另一方应当负担部分或者全部抚养费。负担费用的多少和期限的长短,由双方协议;协议不成的,由人民法院判决。前款规定的协议或者判决,不妨碍子女在必要时向父母任何一方提出超过协议或者判决原定数额的合理要求。"

② 对应《民法典》第1065条,变更为:"男女双方可以约定婚姻关系存续期间所得的财产以及婚前财产归各自所有、共同所有或者部分各自所有、部分共同所有。约定应当采用书面形式。没有约定或者约定不明确的,适用本法第一千零六十二条、第一千零六十三条的规定。夫妻对婚姻关系存续期间所得的财产以及婚前财产的约定,对双方具有法律约束力。夫妻对婚姻关系存续期间所得的财产约定归各自所有,夫或者妻一方对外所负的债务,相对人知道该约定的,以夫或者妻一方的个人财产清偿。"

其真实意思表示,未提供相应的证据,陈某认为一审事实认定不符合《婚内协议书》约定,无事实依据,法院不予采信。陈某另认为,即使按《婚内协议书》约定某号房屋归师某所有,也应视为陈某对师某的房产赠与,在房产权属转移登记前其可撤销赠与。根据我国《婚姻法》相关司法解释的规定可知,婚前或者婚姻关系存续期间,当事人约定将一方所有的房产赠与另一方,赠与方在赠与房产变更登记之前可撤销赠与。而本案《婚内协议书》系双方对婚姻期间所得的财产进行的约定,而非对一方所有的房产进行的赠与,故陈某该部分上诉主张于法无据,法院不予采纳。陈某上诉要求将某号房屋判归其所有、房屋贷款由其偿还、其支付师某40%房屋产权份额的经济补偿,于法无据,法院不予支持。某号房屋内家具家电系双方婚后共同购买,属夫妻共同财产,应予分割。因涉案房屋判归师某所有,根据方便生活的原则,一审法院判决室内家具家电归师某所有、师某给付陈某相应的折价款,并无不当。

有关经济帮助金的问题,《婚姻法》第42条①规定:离婚时,如一方生活困难,另一方应从其住房等个人财产中给予适当帮助。具体办法由双方协议;协议不成时,由人民法院判决。《婚姻法解释一》第27条②规定:一方离婚后没有住处的,属于生活困难。师某与陈某婚姻期间共同购买的房屋,按双方协议的约定判归师某所有,陈某离婚后无其他住房,属于生活困难的情形。一审法院考虑陈某对涉案房屋的出资及实际生活需要,酌情判处师某给付陈某住房帮助费70万元,有事实及法律依据。

师某与陈某因性格差异等原因导致夫妻感情破裂,一审法院判决准予双方离婚,二审法院不持异议。但双方毕竟曾为夫妻,共同育有子女,共同度过婚姻生活,双方应本着和谐共处之原则,互相体谅对方的难处,妥善处理双方之间有关房产纠纷及孩子抚养等相关事宜,共同为孩子的健康成长创造良好的环境和条件。

综上所述,二审法院判决驳回上诉,维持原判。

---

① 对应《民法典》第1090条,变更为:"离婚时,如果一方生活困难,有负担能力的另一方应当给予适当帮助。具体办法由双方协议;协议不成的,由人民法院判决。"

② 对应《民法典》第1090条。

## 例案二 | 谢某 1 与谢某 2 离婚后财产纠纷案

**【法院】**

广东省广州市中级人民法院

**【案号】**

(2019)粤 01 民终 3828 号

**【当事人】**

上诉人(原审原告):谢某 1,女

委托诉讼代理人:关某某,律师

委托诉讼代理人:余某某,律师

上诉人(原审被告):谢某 2,男

委托诉讼代理人:蓝某,律师

委托诉讼代理人:蓝某某,律师

原审第三人:广州市某房地产开发有限公司

法定代表人:张某

**【基本案情】**

原告谢某 1 与被告谢某 2 于××××年××月××日登记结婚,后因夫妻感情破裂,谢某 1 提起离婚诉讼,一审法院于 2017 年 5 月 24 日作出(2016)粤 0183 民初 5902 号民事判决,准予原告谢某 1、被告谢某 2 离婚。该判决已于 2017 年 6 月 30 日生效。原告、被告在婚姻关系存续期间购买了案涉 801 号房屋,建筑面积 109.63平方米,购房总金额为 707,847 元,首期款为 217,847 元。谢某 2 姐姐谢某 3 刷卡支付了 801 号房的购房定金 20,000 元,2012 年 9 月 21 日,谢某 3 向谢某 1 的银行卡内汇入 50,000 元,同日谢某 3 通过其同事刘某 1 向谢某 1 账号汇入 30,000 元,2012 年 9 月 23 日,谢某 1 刷卡支付了首期款 117,847 元,谢某 2 支付了首期款 80,000 元。余款 49 万元以谢某 1 的名义向银行申请按揭贷款,借款期限 300 个月。

谢某 2 主张,购房时其刚换工作工资很低,而谢某 1 因辞职在家待产没有收入,故首期款及装修款均向其父母及姐姐谢某 3 所借,包括谢某 3 支付的购房定金 20,000 元及向谢某 1 汇入的 80,000 元,合计 100,000 元;向其父母借款 100,000 元亦用于支付首期款。收楼后其与郭某 1 签订装修合同,将 801 号房的装修工程发包给郭某 1,工程款为 195,464 元,该工程款均由谢某 3 通过现金、支付宝和银行转账等方式直接支付给承包人郭某1,该工程款195,464元亦属于夫妻共同借款。综上所述,夫妻共同债务合计395,464元。谢某2为证明其主张提供了《借条》《借谢某2房屋首付款及装修款说明》《借记卡账户历史明细清单》《收款收所据》《支付宝转账电子回单》《说明》等证据。

谢某1确认谢某2父母购房确实出资了100,000元,但称没有与谢某2父母达成借款的协议,也没有签订任何借条,谢某2父母的说明是在离婚诉讼时出具,故其不认可上面的内容,谢某2父母出资的100,000元是对其夫妻的赠与。郭某1是谢某2的舅父,郭某1已出具收齐装修款的收据,不存在借款。对于谢某3的款项,不应在本案当中处理。

诉讼中,谢某1、谢某2共同到房管部门办理801号房的产权登记手续,现801号房登记在谢某1和谢某2名下。

谢某1持一份《婚内财产公证协议书》向一审法院起诉,主张原告、被告在婚姻存续期间约定案涉801号房归其所有,请求判令该房归其所有,谢某2配合过户。《婚内财产公证协议书》共两页,为单面打印件,没有页码。前面一页没有签名,后一页在协议内容下面分别列有甲方和乙方,甲方栏由谢某2签名及写上身份证号、联系电话及签约日期,乙方栏由谢某1签名及写上身份证号、联系电话及签约日期。协议书前一页列明甲方谢某2及乙方谢某1的身份情况等内容,并订明甲方有婚外情过失,自愿同意将名下房产所有权赠与乙方以作补偿等内容,为防止今后可能出现的夫妻婚姻财产关系纠纷,双方达成如下公证协议:(1)订约依据……(2)婚姻财产范围及归属:经过甲乙双方共同清点和协商,对于双方婚后共同财产作出如下约定:①房屋:801号房,建筑面积为109.63平方米的商品房一套,归谢某1一人所有……(3)离婚条款:……

谢某2只确认《婚内财产公证协议书》后一页的真实性,否认前一页的真实性,认为该页是谢某1伪造的,因为当时并没有对房屋进行约定;如果法庭认定《婚内财产公证协议书》有效,谢某1没有证据证明谢某2存在婚外情或对婚姻不忠的行为,即协议书约定的情形没有发生,另外,不动产赠与以产权过户为准,在未办理过户前谢某2有权随时撤销,故此801号房应平均分割,同时请求对所欠债务395,464元一并处理。

另查明,原告、被告在离婚诉讼中对案涉房屋的房屋贷款达成各承担一半的协议,谢某2于2017年2月17日一次性向谢某1支付离婚期间至2017年2月的房屋贷款共18,835元,2017年4月至8月谢某2每月向谢某1支付一半房屋贷款

1332.9 元，自 2017 年 9 月起谢某 1 独自承担 801 号房的房屋贷款。经核算，原告、被告共同偿还了贷款本息合计 164,902.67 元，谢某 1 独自偿还了 2017 年 3 月及 2017 年 9 月至 2018 年 9 月共 14 个月的贷款本息，合计 37,321.06 元，截至 2018 年 9 月 19 日案涉房尚欠贷款本金 420,675.93 元，2017 年 9 月的月供为 2665.79 元，现仍欠供 229 期。原告、被告经协商达成一致意见：案涉房离婚时的价值为 180 万元，现价值为 1,962,000 元。

二审法院对一审查明的事实予以确认。

**【案件争点】**

1.《婚内财产公证协议书》是否有效。

2. 被告谢某 2 父母出资 100,000 元的性质。

3. 案涉房屋应如何分割。

**【裁判要旨】**

一审法院认为，谢某 1 所持的《婚内财产公证协议书》的效力问题是本案的争议焦点。谢某 2 认为当时并没有对房产进行约定，《婚内财产公证协议书》第一页是谢某 1 伪造的。根据签订协议或合同的惯例，通常是签约人各执一份，谢某 2 对于此主张，完全可以拿出自己所持那份协议来自证，但其没有提供；即便本案中谢某 1、谢某 2 只签订了一份协议，根据民事诉讼法“谁主张，谁举证”的原则，就此谢某 2 负有举证责任，但谢某 2 没有提供证据证明，故其应当承担举证不能的法律后果，一审法院确认谢某 1 所持的《婚内财产公证协议书》的真实性。根据《婚内财产公证协议书》的内容，谢某 2 实际是将案涉房屋属于其所有的份额赠与给谢某 1。《婚姻法解释三》第 6 条①规定，婚前或者婚姻关系存续期间，当事人约定将一方所有的房产赠与另一方，赠与方在赠与房产变更登记之前撤销赠与，另一方请求判令继续履行的，人民法院可以按照《合同法》第 186 条②的规定处理。《合同法》第 186 条规定，赠与人在赠与财产的权利转移之前可以撤销赠与。现案涉房屋未办理变更登记手续，案涉房屋的所有权尚未发生转移，谢某 2 不同意案涉房归谢某 1 一人所有，认为应平均分割，符合上述法律规定，一审法院对谢某 2 要求平均分割案涉房的请求予以支持。

关于谢某 2 父母出资 100,000 元性质问题，是本案另一争议焦点。谢某 2 主

① 对应《婚姻家庭编解释一》第 32 条。

② 对应《民法典》第 658 条，变更为：“赠与人在赠与财产的权利转移之前可以撤销赠与。经过公证的赠与合同或者依法不得撤销的具有救灾、扶贫、助残等公益、道德义务性质的赠与合同，不适用前款规定。”

张其父母出资的100,000元是借款,但未能提供当时有借款的合意的证明,谢某1否认是借款。根据《婚姻法解释二》第22条第2款:“当事人结婚后,父母为双方购置房屋出资的,该出资应当认定为对夫妻双方的赠与,但父母明确表示赠与一方的除外”的规定,案涉房登记在谢某1、谢某2双方名下,一审法院认定谢某2父母出资的100,000元是对谢某1、谢某2双方的赠与。关于谢某2主张向谢某3借款295,464元的问题。谢某1对此均予以否认,债权人可另循途径解决,本案不做处理。

对于案涉房屋的分割问题。原告、被告自2016年8月20日分居后,谢某2及其父母一直居住在案涉房屋内,现谢某2主张该房屋的所有权,一审法院予以支持。综合双方举证及陈述,截至2018年9月19日案涉房屋尚欠贷款本金420,675.93元。案涉房屋现价值为1,962,000元,故谢某2应向谢某1补偿770,662元[(1,962,000元-420,675.93元)÷2][①]。谢某1、谢某2共同偿还贷款本息164,902.67元,原告、被告在离婚诉讼中达成各承担50%房屋贷款的约定,但谢某2没有按约定履行,故其应向原告谢某1返还谢某1代其偿还贷款的升值部分。根据谢某1、谢某2双方约定,离婚时案涉房的价值为180万元,故离婚后案涉房增值了162,000元(1,962,000元-1,800,000元)。案涉房全部购房款1,030,536.64元(首期款217,847元+共同供款164,902.67元+谢某1独自供款37,321.06元+尚欠银行贷款2665.79元×229期),谢某2应向谢某1返还21,594元[(37,321.06元÷1,030,536.64元×162,000+37,321.06元)÷2][②]。

综上所述,一审法院判决:(1)案涉房归谢某2所有,该房屋从2018年10月起尚欠银行按揭贷款本息由谢某2归还;谢某2应向谢某1支付房屋补偿款770,662元。(2)谢某2应向谢某1返还人民币21,594元。

二审法院认为,《民事诉讼法》第168条规定,第二审人民法院应当对上诉请求的有关事实和适用法律进行审查。《民事诉讼法解释》第328条规定,在第二审程序中,原审原告增加独立的诉讼请求或者原审被告提出反诉的,第二审人民法院可以根据当事人自愿的原则就新增加的诉讼请求或者反诉进行调解;调解不成的,告知当事人另行起诉。双方当事人同意由第二审人民法院一并审理的,第二审人民法院可以一并裁判。审查谢某1在一审的起诉请求为“判决案涉房归原告所有,谢

① 此处金额四舍五入后保留整数。
② 此处金额四舍五入后保留整数。

某2配合办理房屋产权证并协助过户”，谢某2在一审辩论终结前明确自己的主张为“同意配合处理房屋确权手续，产权应由双方共同共有或各占50%，要求分割和归边处理，主张由其取得房屋所有权并支付房屋一半对价给对方；同时请求对夫妻所欠债务395,464元一并处理。”谢某1已经明确表示对于谢某2在二审当中新增加的上诉主张不同意调解处理的意见，按照上述法律规定，二审法院对于超越了一审辩论终结前所固定的诉辩主张范围的，均不予调处，当事人可以另循途径解决。本案是离婚后财产纠纷，二审中谢某1、谢某2争议的焦点是案涉房屋的分割处理及有争议部分夫妻共同债务的承担问题。对此，二审法院评析如下：

1. 关于案涉房的分割处理问题。《婚姻法》第19条[①]第1款规定：“夫妻可以约定婚姻关系存续期间所得的财产以及婚前财产归各自所有、共同所有或部分各自所有、部分共同所有。约定应当采用书面形式。没有约定或约定不明确的，适用本法第十七条、第十八条的规定。”《民法总则》第143条[②]规定：“具备下列条件的民事法律行为有效：（一）行为人具有相应的民事行为能力；（二）意思表示真实；（三）不违反法律、行政法规的强制性规定，不违背公序良俗。”经查，案涉房屋于2012年9月购买，处于谢某1、谢某2的婚姻存续期间，并以女方名义向银行申请贷款和共同还贷，故一审认定该案涉房屋性质上属于夫妻共同财产正确，二审法院予以确认。2014年12月28日，谢某1、谢某2签订了《婚内财产公证协议书》，该协议第2条明确约定了案涉房归谢某1所有。经审查，谢某1、谢某2均为完全民事行为能力人，签订上述协议时不存在无效或者可以撤销的法定情况，上述协议是谢某1、谢某2在婚姻存续期间对夫妻部分共同财产的归属作出了明确清晰的约定，应为合法有效，应当遵照执行。一审对于《婚内财产公证协议书》的真实性和合法性的认定并无不妥，举证责任分配得当，谢某2抗辩称上述协议无效的理由不能成立，二审法院不予采纳。对于是否办理公证以及产权变更登记或者房屋首期款的来源等情形均不影响案涉房屋性质及归属的认定。关于本案法律适用效力冲突的问题。二审法院认为，本案是离婚后财产纠纷，在婚姻家庭纠纷中处理夫妻共同财产问题，因包含了夫妻双方的人身关系、财产关系和婚姻家庭伦理道德等属性，

---

① 对应《民法典》第1065条，变更为：“男女双方可以约定婚姻关系存续期间所得的财产以及婚前财产归各自所有、共同所有或者部分各自所有、部分共同所有。约定应当采用书面形式。没有约定或者约定不明确的，适用本法第一千零六十二条、第一千零六十三条的规定。夫妻对婚姻关系存续期间所得的财产以及婚前财产的约定，对双方具有法律约束力。夫妻对婚姻关系存续期间所得的财产约定归各自所有，夫或者妻一方对外所负的债务，相对人知道该约定的，以夫或者妻一方的个人财产清偿。”

② 对应《民法典》第143条。

所以本案并不适用《合同法》的规定。而《合同法》第2条第2款[①]明确规定婚姻、收养、监护等有关身份关系的协议适用其他法律的规定,排除了我国《合同法》在婚姻问题当中的适用。《合同法》第186条第2款[②]亦明确规定,具有救灾、扶贫等社会公益、道德义务性质的赠与合同或者经过公证的赠与合同,不适用前款规定。故一审适用《合同法》第186条第1款[③]的规定分割处分案涉房屋属于适用法律错误,应予纠正。同时,案涉房屋是夫妻共同财产,而非谢某2的个人财产,故本案亦不适用《婚姻法解释三》第6条[④]的规定。一审适用上述法律规定判决案涉房屋平均分割不当,二审法院予以纠正。至于案涉房屋偿还贷款的问题,虽然双方在诉辩主张中没有明确提出,但析产归边的要义包含了案涉房屋的经济补偿问题,而且双方在一审阶段已经就取得房屋后补偿对方对价达成了一致。按照《婚内财产公证协议书》的约定,案涉房屋应归谢某1个人所有,自判决离婚之日起的房贷应由其自行承担。除了上述《婚内财产公证协议书》对部分夫妻共同财产作出约定外,谢某1、谢某2对其他夫妻共同财产并无书面约定,在2017年6月30日判决离婚前无论由谁偿还房屋贷款,均视为使用了夫妻共同财产进行偿还,法院不予扣减。而且双方确认自2017年9月起由谢某1独自偿还案涉房屋的贷款本息,谢某2支付了2017年7月至8月两个月各一半的房屋贷款合共2665.8元,该款项应由谢某1返还给谢某2。

2.关于夫妻共同债务的承担问题。关于谢某2父母出资10万元问题,一审已经根据双方的诉辩和质证意见作出认定,理由阐述充分,应予维持,不再赘述。至于谢某2姐姐出资295,464元的性质问题,因双方争议较大,且债务涉及案外第三人,属于另一法律关系,一审法院认为不在本案当中处理并无不当,应予以维持。

综上所述,二审法院判决登记在谢某1、谢某2名下的案涉801号房屋归谢某1所有;该房产自2017年6月30日之后的银行贷款由谢某1个人承担;具备条件时,谢某2有义务协助谢某1前往房管部门办理房屋的产权变更登记手续;谢某1向谢某2返还人民币2665.8元。

---

① 对应《民法典》第464条第2款,变更为:“婚姻、收养、监护等有关身份关系的协议,适用有关该身份关系的法律规定;没有规定的,可以根据其性质参照适用本编规定。”

② 对应《民法典》第658条第2款。

③ 对应《民法典》第658条第1款。

④ 对应《婚姻家庭编解释一》第32条。

## 例案三 | 吴某、万某离婚纠纷案

**【法院】**

江西省景德镇市中级人民法院

**【案号】**

(2019)赣02民终355号

**【当事人】**

上诉人(原审被告)：吴某，男

被上诉人(原审原告)：万某，女

**【基本案情】**

原告万某与被告吴某经网上相识，于××××年××月××日在景德镇市××区民政局登记结婚，双方属于再婚，婚前万某育有一女、吴某育有一子，婚后双方未生育子女。2014年11月14日，万某用卖掉婚前商铺所得的房款购买了案涉房屋，原告、被告分别于2014年10月3日和2015年6月12日签订了《夫妻财产约定协议书》，江西省景德镇市公证处对2015年6月12日签订的《夫妻财产约定协议书》出具了(2015)赣景德证内字第3326号公证书，公证的协议中约定："×××号房屋(合同编号：××××××××××，房屋代码：××××××)的房屋产权归乙方(万某)壹人所有，今后甲方(吴某)不对上述房屋主张任何权利。"2017年1月，吴某搬回其老家照顾父亲，万某仍在景德镇市居住。万某于2018年2月28日向昌江区人民法院提起离婚诉讼，昌江区人民法院于2018年3月30日作出了(2018)赣0202民初472号民事判决书，判决驳回万某诉讼请求，万某于2019年1月2日再次起诉，请求：(1)依法解除万某与吴某婚姻关系；(2)财产和固定房屋按(2015)赣景德证内字第3226号公证书执行。

二审法院对一审查明的事实予以确认。

**【案件争点】**

案涉房屋应如何分割。

**【裁判要旨】**

一审法院认为，万某与吴某系合法婚姻关系，应当予以保护，但双方在婚后未能珍惜彼此建立起的夫妻感情。万某曾以夫妻感情破裂为由提起离婚诉讼，法院判决驳回万某的诉讼请求后双方仍未能真诚和好。万某再次起诉要求与吴某离婚，双方亦分居满2年，可视为夫妻感情已经破裂，故对于万某离婚的诉讼请求，一审法院予以支持。万某、吴某已就婚后购买的案涉房屋的归属达成了协议并进行了公证,虽然吴某提供了一份于2015年6月12日签订的《夫妻约定》证明双方前后签署的一切协议均无效,《夫妻约定》载明:“双方本着今生互敬互爱,白头到老的原则,并遵守此约不得违背,如违背此约,双方前后签署的一切协议等事项均无效”,但双方已就《夫妻财产约定协议书》进行了公证,具有法律效力,一审法院对公证的内容予以采信。另吴某提出要求万某赔偿200,000元,对于该请求吴某未提供任何证据,亦无法律依据,一审法院不予支持。综上所述,依照《婚姻法》第32条第2款①、《民事诉讼法》第142条之规定,一审法院判决:(1)准许万某与吴某离婚;(2)万某与吴某婚后所购买的案涉房屋归万某所有。

二审法院认为,婚姻应当以感情为基础。吴某与万某属再婚,更应该用心去经营、维护婚姻关系,但是双方婚后因家庭琐事发生矛盾,缺乏必要的沟通和理解,并从2017年1月开始一直分开居住。且万某于2018年2月28日向法院起诉离婚,但法院以夫妻感情尚未确已破裂为由判决不准离婚后双方关系并未改善,继续分居至今。至此,万某再次提起离婚诉讼,一审法院认定夫妻感情确已破裂,准予双方离婚并无不当,应予维持。关于吴某主张的案涉房屋的分配问题。案涉房屋系万某卖掉婚前住房和商铺所得房款购买,双方于2015年6月12日签订《夫妻财产约定协议书》,书面约定该房产归万某一人所有,并进行了公证。根据《婚姻法》第19条②的规定:“夫妻可以约定婚姻关系存续期间所得的财产以及婚前财产归各自所有,共同所有或部分各自所有、部分共同所有。约定应当采用书面形式……夫妻对婚姻关系存续期间所得的财产以及婚前财产的约定,对双方具有约束力”。吴某与万某对案涉房屋的约定符合法律规定,该约定对双方均具有约束力。虽然吴某亦提供了由万某、吴某于2015年6月12日签字的《夫妻约定》,约定:“双方本着今生互敬互爱,白头到老的原则,并遵守此约不得违背,如违背此约,双方前后签署的一切协议等事项均无效”,但该协议违背了婚姻法离婚自由的原则,且根据《民事诉讼证据规定》第77条第2项“经过公证、登记的书证,其证明力一般大于其他书证、视听资料和证人证言”的规定,万某提供的经过公证的协议证明力大于吴某提供的

---

① 对应《民法典》第1079条第2款。

② 对应《民法典》第1065条,变更为:“男女双方可以约定婚姻关系存续期间所得的财产以及婚前财产归各自所有、共同所有或者部分各自所有、部分共同所有。约定应当采用书面形式。没有约定或者约定不明确的,适用本法第一千零六十二条、第一千零六十三条的规定。夫妻对婚姻关系存续期间所得的财产以及婚前财产的约定,对双方具有法律约束力。夫妻对婚姻关系存续期间所得的财产约定归各自所有,夫或者妻一方对外所负的债务,相对人知道该约定的,以夫或者妻一方的个人财产清偿。”

仅有双方签字的约定，故案涉房屋应当属于万某个人单独所有，吴某要求分割该房产的主张不能成立，二审法院不予支持。综上所述，吴某的上诉请求不能成立，应予驳回；原审判决认定事实清楚，适用法律正确，应予维持。依照《民事诉讼法》第 170 条第 1 款第 1 项的规定，判决驳回上诉，维持原判。

## 三、裁判规则提要

### （一）我国的婚姻财产制度

我国《民法典》第 1062 条第 1 款规定："夫妻在婚姻关系存续期间所得的下列财产，为夫妻的共同财产，归夫妻共同所有：（一）工资、奖金、劳务报酬；（二）生产、经营、投资的收益；（三）知识产权的收益；（四）继承或者受赠的财产，但是本法第一千零六十三条第三项规定的除外；（五）其他应当归共同所有的财产。"据此，我国在婚姻领域确立的法定财产制度是婚后所得共同制。

但法律也充分尊重当事人的意思自治，允许夫妻双方根据其自由意志排除法定财产制的适用，允许其通过合意的方式约定相关财产的归属，这种以夫妻合意确定财产归属的方式就是夫妻约定财产制。我国法律对夫妻约定财产制也有明确的规定，见于《民法典》第 1065 条第 1 款，该款内容为："男女双方可以约定婚姻关系存续期间所得的财产以及婚前财产归各自所有、共同所有或者部分各自所有、部分共同所有。约定应当采用书面形式。没有约定或者约定不明确的，适用本法第一千零六十二条、第一千零六十三条的规定。"如果夫妻双方在婚姻关系存续期间购买房屋，该房屋也是婚姻关系存续期间取得的财产，对于房屋所有权的归属，同样也适用夫妻财产约定。

《民法典》第 1065 条第 1 款规定，这种夫妻财产约定"应当采用书面形式"，如果夫妻双方未采用书面形式，这种约定是否有效？笔者认为，是有效的。这种约定不是要式法律行为，其表现形式可以是多种多样的，可以是书面形式，也可以是非书面的其他形式，如录音、录像形式，或者其他的证据形式。这里表述的"应当采用书面形式"，只是强调应当固定证据，避免发生纠纷时产生举证困难的局面，并非对约定形式要件的要求。在实践中，也不会要求这种约定必须是书面形式，如北京市高级人民法院《关于审理婚姻纠纷案件若干疑难问题的参考意见》第 16 条即规定："夫妻间无书面财产约定，但双方均认可或有证据足以表明存在财产约定合意的，应认定财产约定成立。"

（二）夫妻财产约定的性质和表现形式

夫妻之间对财产归属的约定尽管以婚姻关系为前提和基础，具有增进夫妻感情、构建稳定家庭关系的目的，但其最终是以财产权利的归属、变动为内容的，这种约定首先应属于财产行为，而非身份行为。但应当看到，这种财产行为也不同于一般的财产行为，它带有一定的身份属性。夫妻之间所为的财产约定是夫妻双方实施的民事法律行为，其构成要件应符合《民法典》总则编第143条对民事法律行为构成要件的规定，即有效的夫妻财产约定应符合行为人具有相应的民事行为能力；意思表示真实；不违反法律、行政法规的强制性规定，不违背公序良俗等条件。同理，夫妻财产约定的协议也应适用《民法典》总则编关于民事法律行为变更、撤销以及无效的相关规定。

《民法典》第1065条第1款规定："男女双方可以约定婚姻关系存续期间所得的财产以及婚前财产归各自所有、共同所有或者部分各自所有、部分共同所有"。有观点据此认为我国夫妻约定财产制的形态有三种，即各自所有、共同所有以及部分各自所有、部分共同所有。最高人民法院民一庭在《婚姻法解释三》发布之际答记者问时也表达了这一观点："经反复研究论证后，我们认为，我国《婚姻法》规定了三种夫妻财产约定的模式，即分别所有、共同共有和部分共同共有。"笔者也同意这种意见。夫妻双方在婚姻关系存续期间所得的房产，如无相反证据，应认定为夫妻共同财产。夫妻双方将这种共同财产约定为归一方所有，符合法律规定的夫妻财产约定的形式，这种约定应属于夫妻财产约定。

（三）夫妻财产约定的效力

1. 对夫妻双方的效力

《民法典》第136条规定："民事法律行为自成立时生效，但是法律另有规定或者当事人另有约定的除外。行为人非依法律规定或者未经对方同意，不得擅自变更或者解除民事法律行为。"夫妻财产约定协议作为民事法律行为的一种，一旦作出，对夫妻双方均具有法律约束力，双方均应遵照执行，不得反悔，一方非经对方同意不得变更、撤销该协议。《民法典》第1065条第2款对此作出了更加明确的规定："夫妻对婚姻关系存续期间所得的财产以及婚前财产的约定，对双方具有法律约束力。"

2. 夫妻财产约定是否能够直接引起物权的变动，协议涉及的物权是否需要登记或交付

《民法典》第208条规定："不动产物权的设立、变更、转让和消灭，应当依照法律规定登记。动产物权的设立和转让，应当依照法律规定交付。"关于不动产物权的得、丧、变更，《民法典》第209条作了进一步的规定："不动产物权的设立、变更、转让和消灭，经依法登记，发生效力；未经登记，不发生效力，但是法律另有规定的除外。"关于动产物权的得、丧、变更，《民法典》第224条作了进一步的规定："动产物权的设立和转让，自交付时发生效力，但是法律另有规定的除外。"而《民法典》第1065条第2款规定："夫妻对婚姻关系存续期间所得的财产以及婚前财产的约定，对双方具有法律约束力。"

由此引发了一个问题，在婚姻家庭领域，夫妻约定所涉及财产物权变动是否必须满足《民法典》规定的登记或交付要件？即夫妻财产约定是否可以直接引起所涉财产物权的变动？

夫妻财产约定既包括夫妻双方对婚前或婚姻存续期间已经取得的财产的权属进行约定，也包括夫妻双方对婚姻关系存续期间将来可能会取得的财产的权属进行约定。前一种情形，实际上是夫妻双方对现有财产的分割；后一种情形，是夫妻双方对今后可能取得的财产的权利归属的提前约定。严格来说，只有在前一种情形下才存在物权变动的问题，因为在后一种情形下尚未取得物权，故未到物权产生变动的阶段。在法律性质上，这种物权变动应该是基于法律行为的物权变动。

笔者认为，在夫妻内部，夫妻财产约定可以直接引起物权的变动，而无须另外履行交付或登记的手续，理由如下：

第一，夫妻间财产约定不同于一般的协议，夫妻财产约定是协议双方基于夫妻的身份关系作出的，具有维护家庭和谐、经营家庭幸福的目的性，这种约定的履行在一定程度上也有赖于夫妻之间的信任，且即使存在这种财产权利归属的约定，在现实生活中也往往不会改变财产依旧由夫妻双方实际使用的状况。若直接赋予财产约定协议以物权变动的效力，使夫妻双方约定的目的能够立即实现，有利于减少夫妻之间的猜疑，让夫妻相互信任的原则落到实处，有利于维护稳定、和谐的家庭关系。

第二，从法律规定上看，《民法典》第209条和第224条虽然规定物权的变动需要登记或者交付，但这两条后面都有一个但书条款，即"但是法律另有规定的除外"。以此来看，物权变动模式可以存在例外。在离婚家庭领域，涉及身份关系，夫

妻之间的物权变动可以适用这个例外。因为婚姻是男女双方基于一定的身份结成的共同体,包含了夫妻双方的人身关系、财产关系和婚姻家庭伦理道德等属性,不同于一般的不存在任何身份关系联系的个体,在确定协议效力方面,要考虑到婚姻家庭领域的特殊性,不应完全照搬《民法典》物权编的相关规定。

3. 对夫妻外第三人的效力

夫妻财产约定虽然在夫妻双方之间具有约束力,且具有直接引起物权变动的效力,但是为了保护交易安全以及善意第三人的合法权益,如果夫妻约定所涉及的财产没有办理交付或登记手续,没有进行物权公示,则夫妻任何一方均不得以此对抗善意第三人。但是,如果第三人知道或者应当知道夫妻之间的财产约定,即使该约定所涉及的财产没有办理交付或登记手续,第三人也不得以财产未交付或未登记为由进行抗辩。

在涉及夫妻间相关约定的效力范围时要注意区分对内效力和对外效力。对内效力即对夫妻双方的效力,对外效力即对夫妻外第三人的效力。只有在第三人明知夫妻间存在相关约定的情形下,该约定才对第三人有效。《民法典》婚姻家庭编也确立了这一原则,如《民法典》婚姻家庭编第1060条第2款规定:"夫妻之间对一方可以实施的民事法律行为范围的限制,不得对抗善意相对人。"这里的"善意"指的就是不知道或不应当知道夫妻间有该约定的第三人。第1065条第3款规定:"夫妻对婚姻关系存续期间所得的财产约定归各自所有,夫或者妻一方对外所负的债务,相对人知道该约定的,以夫或者妻一方的个人财产清偿。"这一款也是内外区分原则的体现。

## 四、辅助信息

**高频词条:**

**《民法典》**

**第136条** 民事法律行为自成立时生效,但是法律另有规定或者当事人另有约定的除外。

行为人非依法律规定或者未经对方同意,不得擅自变更或者解除民事法律行为。

**第143条** 具备下列条件的民事法律行为有效:

(一)行为人具有相应的民事行为能力;

(二)意思表示真实;

（三）不违反法律、行政法规的强制性规定，不违背公序良俗。

**第 152 条**　有下列情形之一的，撤销权消灭：

（一）当事人自知道或者应当知道撤销事由之日起一年内、重大误解的当事人自知道或者应当知道撤销事由之日起九十日内没有行使撤销权；

（二）当事人受胁迫，自胁迫行为终止之日起一年内没有行使撤销权；

（三）当事人知道撤销事由后明确表示或者以自己的行为表明放弃撤销权。

当事人自民事法律行为发生之日起五年内没有行使撤销权的，撤销权消灭。

**第 208 条**　不动产物权的设立、变更、转让和消灭，应当依照法律规定登记。动产物权的设立和转让，应当依照法律规定交付。

**第 209 条**　不动产物权的设立、变更、转让和消灭，经依法登记，发生效力；未经登记，不发生效力，但是法律另有规定的除外。

依法属于国家所有的自然资源，所有权可以不登记。

**第 224 条**　动产物权的设立和转让，自交付时发生效力，但是法律另有规定的除外。

**第 464 条**　合同是民事主体之间设立、变更、终止民事法律关系的协议。

婚姻、收养、监护等有关身份关系的协议，适用有关该身份关系的法律规定；没有规定的，可以根据其性质参照适用本编规定。

**第 658 条**　赠与人在赠与财产的权利转移之前可以撤销赠与。

经过公证的赠与合同或者依法不得撤销的具有救灾、扶贫、助残等公益、道德义务性质的赠与合同，不适用前款规定。

**第 1060 条**　夫妻一方因家庭日常生活需要而实施的民事法律行为，对夫妻双方发生效力，但是夫妻一方与相对人另有约定的除外。

夫妻之间对一方可以实施的民事法律行为范围的限制，不得对抗善意相对人。

**第 1062 条**　夫妻在婚姻关系存续期间所得的下列财产，为夫妻的共同财产，归夫妻共同所有：

（一）工资、奖金、劳务报酬；

（二）生产、经营、投资的收益；

（三）知识产权的收益；

（四）继承或者受赠的财产，但是本法第一千零六十三条第三项规定的除外；

（五）其他应当归共同所有的财产。

夫妻对共同财产，有平等的处理权。

**第1065条** 男女双方可以约定婚姻关系存续期间所得的财产以及婚前财产归各自所有、共同所有或者部分各自所有、部分共同所有。约定应当采用书面形式。没有约定或者约定不明确的,适用本法第一千零六十二条、第一千零六十三条的规定。

夫妻对婚姻关系存续期间所得的财产以及婚前财产的约定,对双方具有法律约束力。

夫妻对婚姻关系存续期间所得的财产约定归各自所有,夫或者妻一方对外所负的债务,相对人知道该约定的,以夫或者妻一方的个人财产清偿。

**第1079条** 夫妻一方要求离婚的,可以由有关组织进行调解或者直接向人民法院提起离婚诉讼。

人民法院审理离婚案件,应当进行调解;如果感情确已破裂,调解无效的,应当准予离婚。

有下列情形之一,调解无效的,应当准予离婚:

(一)重婚或者与他人同居;

(二)实施家庭暴力或者虐待、遗弃家庭成员;

(三)有赌博、吸毒等恶习屡教不改;

(四)因感情不和分居满二年;

(五)其他导致夫妻感情破裂的情形。

一方被宣告失踪,另一方提起离婚诉讼的,应当准予离婚。

经人民法院判决不准离婚后,双方又分居满一年,一方再次提起离婚诉讼的,应当准予离婚。

**第1085条** 离婚后,子女由一方直接抚养的,另一方应当负担部分或者全部抚养费。负担费用的多少和期限的长短,由双方协议;协议不成的,由人民法院判决。

前款规定的协议或者判决,不妨碍子女在必要时向父母任何一方提出超过协议或者判决原定数额的合理要求。

**第1090条** 离婚时,如果一方生活困难,有负担能力的另一方应当给予适当帮助。具体办法由双方协议;协议不成的,由人民法院判决。

**《婚姻家庭编解释一》**

**第32条** 婚前或者婚姻关系存续期间,当事人约定将一方所有的房产赠与另一方或者共有,赠与方在赠与房产变更登记之前撤销赠与,另一方请求判令继续履行的,人民法院可以按照民法典第六百五十八条的规定处理。

# 婚恋财产纠纷案件裁判规则第 12 条：
## 夫妻双方在婚前或者婚姻关系存续期间，以书面形式约定一方的婚前房屋婚后归夫妻共有，视为一方当事人将其个人所有的不动产赠与另一方当事人的行为。若已经办理了房屋权属变更登记，离婚时，当事人主张将该房屋作为夫妻共同财产分割的，一般予以支持

〔**规则描述**〕：夫妻在婚前或婚姻关系存续期间约定将一方个人所有的房产归夫妻共有，无论共有的比例是多少，这种约定均是夫妻一方对另一方的赠与。在赠与房产的所有权转移登记前，赠与方可以行使任意撤销权。在赠与房产的所有权转移登记后，该房屋成为夫妻的共同财产，但在符合条件的情况下，赠与方有权行使法定撤销权。

### 一、类案检索大数据报告

时间：2020 年 3 月 27 日之前，案例来源：Alpha 案例库，案件数量：34 件，数据采集时间：2019 年 3 月 27 日。本次检索获取 2019 年 3 月 27 日前共 34 篇裁判文书，其中：约定一方的婚前不动产婚后归夫妻共有的，离婚时当事人主张将该不动产的所有权作为夫妻共同财产分割，法院予以支持的案件有 31 件，约占 91.18%；法院不予支持的案件有 3 件，约占 8.82%。整体情况如图 12 – 1 所示。

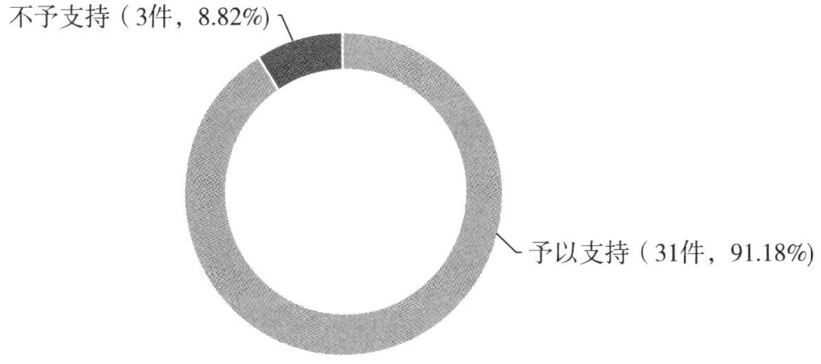


**图 12 – 1　案件裁判结果分布情况**

如图 12 – 2 所示，从案件案由分类情况可以看到，当前条件下案件的案由分布

由多至少分别是婚姻家庭、继承纠纷类,物权纠纷类,合同、无因管理、不当得利纠纷类,适用特殊程序案件案由类。

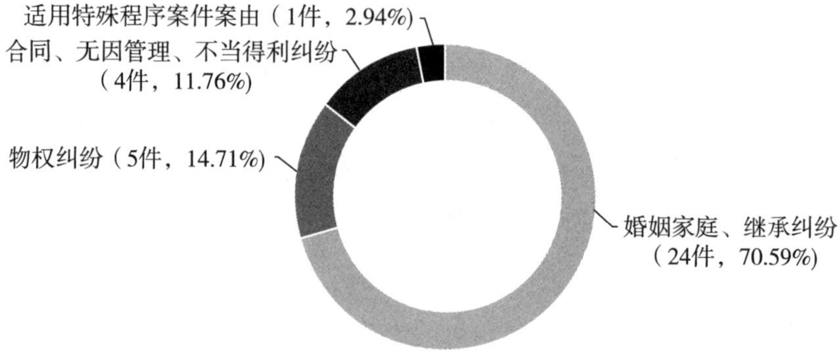


**图 12 -2　案件案由分类情况**

如图 12 -3 所示,从案件审理程序分布情况可以看到,当前条件下案件的上诉率约为 32.35% 。

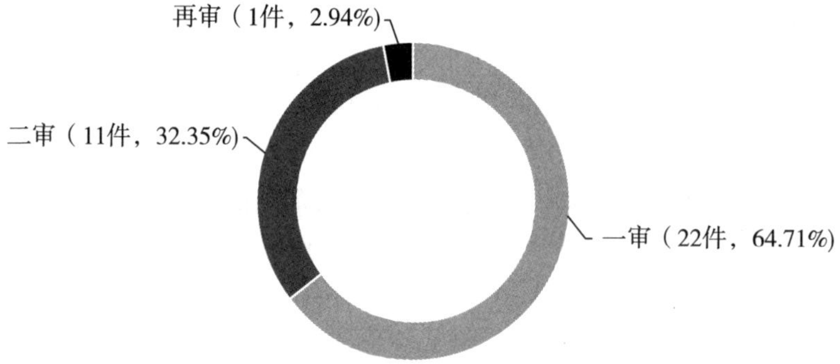


**图 12 -3　案件审理程序分布情况**

如图 12 -4 所示,从案件二审裁判结果情况可以看到,当前条件下案件维持原判的比例较高,约为 63.64% 。

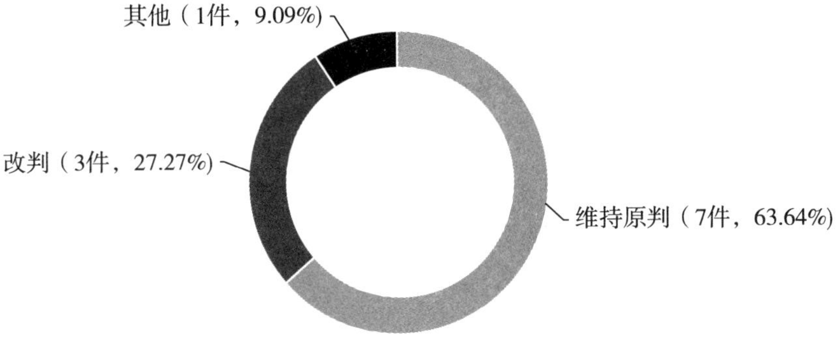


**图12－4　案件二审裁判结果情况**

## 二、可供参考的例案

### 例案一　姜某与滕某甲离婚纠纷案

**【法院】**

江苏省徐州市铜山区人民法院

**【案号】**

(2014)铜民初字第3313号

**【当事人】**

原告：姜某，女

委托代理人：尹某，律师

被告：滕某甲，男

委托代理人：张某、马某某，律师

**【基本案情】**

2004年12月16日滕某甲购买了位于徐州市××区的住房一套。××××年××月，滕某甲与案外人沈某登记结婚。2006年10月，双方因感情不和而离婚。离婚时，上述房产确定为滕某甲个人财产。

2008年7月，姜某与滕某甲经人介绍相识，同年10月6日登记结婚。婚后，双方感情较好，并于××××年××月××日生育一女滕某乙。2013年1月29日，经过夫妻双方协商，决定将滕某甲个人所有的徐州市××区的住房约定为夫妻共有，并出具了书面的声明书。其内容为："本人滕某甲于2005年1月购买徐州市××区的住房一套，于××××年××月与沈某登记结婚，2006年10月离婚，离婚时房屋属于滕某甲个人所有。2008年与姜某结婚,2013年1月29日,经夫妻双方协商,申请房产共有,共有人姜某,产权无争议。"根据原告、被告双方的申请,徐州市铜山区房屋管理局将上述房产登记为夫妻共有房屋。

2014年之后,原告、被告双方因为家庭琐事以及滕某甲父母家人在老家的房屋拆迁安排问题经常发生矛盾和纠纷,并不断激化。后经双方协商,签订了书面离婚协议书一份。其内容为:"姜某与滕某甲于××××年××月××日登记结婚,××××年××月××日生育一女滕某乙。现因感情不和,确无和好可能,申请离婚,协议如下:1.新区房子属共同财产;2.如老家(房屋)拆迁,男方应当把自己所获拆迁款和房子的一半分给女方来抵新区房子的一半财产,付后,此时新区房子归男方完全所有;3.家电一人一半;4.孩子暂由女方抚养,直到上初中为止,其间男方应当按月支付抚养费900元,其他费用共同协商确定;5.孩子初中以后由男方抚养。"离婚协议签订之后,双方并没有到民政部门办理离婚登记。从2014年2月之后,姜某回娘家生活,同时,婚生女也被其带回娘家,在沛县某镇上幼儿园。

2014年2月14日,姜某诉至法院,要求与滕某甲离婚。法院经审理后认为双方仍有和好可能,遂判决不准离婚。被法院判决不准离婚后,双方关系没有任何改善,姜某仍一直在娘家生活,双方一直分居。2014年8月19日,滕某甲向法院起诉,要求与姜某离婚,后撤回起诉。2014年11月26日,姜某再次诉至法院,坚决要求与滕某甲离婚。

**【案件争点】**

位于徐州市××区的住房一套是否应当作为夫妻共同财产分割。

**【裁判要旨】**

《婚姻法》第31条①规定,男女双方自愿离婚的,准予离婚。本案中,原告、被告双方均同意离婚,根据上述法律规定,应准予离婚。《婚姻法》第19条②规定,夫妻可以约定婚姻关系存续期间所得的财产以及婚前财产归各自所有、共同所有或

---

① 对应《民法典》第1076条,变更为:"夫妻双方自愿离婚的,应当签订书面离婚协议,并亲自到婚姻登记机关申请离婚登记。离婚协议应当载明双方自愿离婚的意思表示和对子女抚养、财产以及债务处理等事项协商一致的意见。"

② 对应《民法典》第1065条,变更为:"男女双方可以约定婚姻关系存续期间所得的财产以及婚前财产归各自所有、共同所有或者部分各自所有、部分共同所有。约定应当采用书面形式。没有约定或者约定不明确的,适用本法第一千零六十二条、第一千零六十三条的规定。夫妻对婚姻关系存续期间所得的财产以及婚前财产的约定,对双方具有法律约束力。夫妻对婚姻关系存续期间所得的财产约定归各自所有,夫或者妻一方对外所负的债务,相对人知道该约定的,以夫或者妻一方的个人财产清偿。"

部分各自所有、部分共同共有。夫妻对婚姻关系存续期间所得的财产以及婚前财产的约定，对双方具有约束力。《婚姻法解释三》第6条[①]规定，婚前或者婚姻关系存续期间，当事人约定将一方所有的房产赠与另一方，赠与方在赠与房产变更登记之前撤销赠与，另一方请求判令继续履行的，人民法院可以按照《合同法》第186条[②]的规定处理。《合同法》第186条规定，赠与人在赠与财产的权利转移之前可以撤销赠与。《合同法》第194条[③]规定，撤销权人撤销赠与的，可以向受赠人要求返还赠与的财产。根据上述法律和司法解释的规定，夫妻双方可以对婚前财产和婚后财产约定为个人所有和共同所有，且约定对双方均具有法律约束力。同时，一方将个人所有的财产赠与给另一方的，在赠与财产权利转移之前赠与方可以撤销赠与，但在赠与财产权利转移之后不得撤销赠与。本案中，原告、被告双方诉争的房产原为滕某甲个人所有的财产，但在婚后滕某甲将其个人所有的房产一半赠与给姜某所有，约定上述房产为共同共有，并办理了房产变更登记手续，应视为赠与财产权利已经转移。根据上述法律和司法解释的规定，滕某甲不得撤销赠与，也不得要求返还已经赠与的财产，故姜某要求分割诉争房产的请求符合法律规定，法院予以支持。滕某甲主张其赠与姜某房产是目的性赠与，在目的不能实现后其有权要求姜某返还房产，故诉争房产不能作为夫妻共同财产进行分割，因其主张不符合相关法律和司法解释的规定，法院不予支持。综上所述，依照《婚姻法》第19条[④]、第31条[⑤]、第36条[⑥]、第37条[⑦]、第38条[⑧]、第39条[⑨]，《婚姻法解释三》第6条，

---

① 对应《婚姻家庭编解释一》第32条。

② 对应《民法典》第658条，变更为："赠与人在赠与财产的权利转移之前可以撤销赠与。经过公证的赠与合同或者依法不得撤销的具有救灾、扶贫、助残等公益、道德义务性质的赠与合同，不适用前款规定。"

③ 对应《民法典》第665条，变更为："撤销权人撤销赠与的，可以向受赠人请求返还赠与的财产。"

④ 对应《民法典》第1065条。

⑤ 对应《民法典》第1076条。

⑥ 对应《民法典》第1084条，变更为："父母与子女间的关系，不因父母离婚而消除。离婚后，子女无论由父或者母直接抚养，仍是父母双方的子女。离婚后，父母对于子女仍有抚养、教育、保护的权利和义务。离婚后，不满两周岁的子女，以由母亲直接抚养为原则。已满两周岁的子女，父母双方对抚养问题协议不成的，由人民法院根据双方的具体情况，按照最有利于未成年子女的原则判决。子女已满八周岁的，应当尊重其真实意愿。"

⑦ 对应《民法典》第1085条，变更为："离婚后，子女由一方直接抚养的，另一方应当负担部分或者全部抚养费。负担费用的多少和期限的长短，由双方协议；协议不成的，由人民法院判决。前款规定的协议或者判决，不妨碍子女在必要时向父母任何一方提出超过协议或者判决原定数额的合理要求。"

⑧ 对应《民法典》第1086条。

⑨ 对应《民法典》第1087条。

《合同法》第186条[①]、第194条[②]的规定,判决如下:(1)准予姜某与滕某甲离婚。(2)婚生女滕某乙由滕某甲抚养,抚养费自理,至婚生女能独立生活为止。姜某对婚生女每月享有1~2次探视的权利,滕某甲应予以协助。(3)位于徐州市××区的房产一套归滕某甲所有;滕某甲给付姜某夫妻共同财产折款261,950元。

## 例案二 | 宁某诉刘某离婚纠纷案

**【法院】**

辽宁省朝阳市建平县人民法院

**【案号】**

(2014)建叶民初字第01019号

**【当事人】**

原告:宁某,女

被告:刘某,男

委托代理人:冯某某,律师

**【基本案情】**

原告宁某与被告刘某于2009年11月23日登记结婚。2010年9月27日,双方生育一子刘某泽。

宁某婚前财产有:海尔冰箱一台、海尔液晶电视42寸和32寸各一台、海尔洗衣机一台、海尔空调一台、美的微波炉一台、美的电磁炉一台、美的电饼铛一台、罗莱双人被一条、罗莱1.8米×2米床垫一个(均在刘某处)。

刘某于2008年10月15日在建平县××街道××社区购买楼房一处,并办理了房屋所有权登记。2013年10月24日,原告、被告在房屋产权部门将该房屋由刘某个人所有变更登记为刘某、宁某共同共有。2013年11月23日,刘某为宁某书写保证书一份,称"以前因贪玩好赌欠下赌债,如今在还债问题遇到困难",并保证"今后好好工作,不再玩、不再赌。"

后宁某起诉至法院,请求判决与刘某离婚;婚生子刘某泽随其生活,刘某每月支付抚养费1300元;夫妻共同财产依法分割;偿还其母亲借款1万元;刘某补偿其

---

① 对应《民法典》第658条。

② 对应《民法典》第665条。

医疗费及精神损失费共计 6 万元。

**【案件争点】**

1. 双方婚生子刘某泽应随宁某生活还是刘某生活，每月抚养费数额是多少。

2. 涉案房屋是刘某个人财产还是双方共同财产。

3. 刘某是否向宁某母亲借款 1 万元。

4. 刘某是否应给付宁某医疗费及精神损害抚慰金 6 万元。

**【裁判要旨】**

关于本案争议焦点一，子女抚养问题。法院认为，应根据有利于子女健康成长的原则和原告、被告双方的实际情况予以确定。本案中，刘某在外地工作，之前经常与朋友在外聚会吃饭，并贪玩好赌，而且曾因其朋友涉毒被公安机关拘留 10 天，婚生子刘某泽今后随宁某生活对其健康成长更为有利。故法院对宁某要求婚生子随其生活的诉讼请求予以支持。关于子女抚养费用，法院结合原告、被告的工资收入，婚生子的实际需要以及本地的实际生活水平综合考量，刘某应自 2014 年 5 月起每月给付刘某泽抚养费 700 元，至其独立生活时止，于每年的 6 月 30 日前、12 月 30 日前各给付半年度的子女抚养费。

关于本案争议焦点二，涉案房屋是刘某个人财产还是双方共同财产问题。法院认为，位于建平县××街道××社区的涉案房屋虽系刘某婚前购买，产权登记为刘某个人所有，是刘某的个人财产，但原告、被告婚后经协商，刘某自愿将该房屋产权变更登记为与宁某共同共有，符合《婚姻法》第 19 条①"夫妻可以约定婚姻关系存续期间所得的财产以及婚前财产归各自所有、共同所有或部分各自所有、部分共同所有。约定应当采用书面形式"的规定，合法有效，该房屋应为原告、被告的夫妻共同财产。关于涉案房屋的分割问题，因庭审中双方均认可该房屋市值 25 万元，并同时主张该房屋的所有权，法院从该房屋由刘某出资购买并居住至今的事实考虑，该房屋应归刘某所有，刘某应给付宁某的房屋折价款法院酌定为 10 万元。

关于本案争议焦点三，刘某是否向宁某母亲借款 1 万元的问题。法院认为，宁某未提供充分证据证明刘某与其母亲存在债权债务关系，并且从宁某主张刘某为还赌债向其母亲借款 1 万元应偿还其母亲的诉请来看，如该笔借款存在也应是刘某个人债务，而非夫妻共同债务，故法院对该笔债务在本案中不予处理，可由债权

---

① 对应《民法典》第 1065 条第 1 款，变更为："男女双方可以约定婚姻关系存续期间所得的财产以及婚前财产归各自所有、共同所有或者部分各自所有、部分共同所有。约定应当采用书面形式。没有约定或者约定不明确的，适用本法第一千零六十二条、第一千零六十三条的规定。"

人另行主张权利。

关于本案争议焦点四,刘某是否应给付宁某医疗费及精神损害抚慰金6万元的问题。根据《婚姻法》第46条[①]“有下列情形之一,导致离婚的,无过错方有权请求损害赔偿:(一)重婚的;(二)有配偶者与他人同居的;(三)实施家庭暴力的;(四)虐待、遗弃家庭成员的”的规定,法院认为,因宁某未提供充分证据证明刘某存在上述法定的四种情形,所以宁某的此项请求,没有事实及法律依据,法院不予支持。综上所述,依照《婚姻法》第18条[②]、第19条、第32条[③]、第36条[④]、第37条第1款[⑤]、第39条[⑥]、第46条,《民事诉讼证据规定》第2条的规定,判决如下:(1)准予宁某与刘某离婚;(2)原、被告婚生子刘某泽今后随宁某生活,刘某自2014年5月起每月给付刘某泽抚养费700元,至其独立生活时止,于每年的6月30日前、12月30日前各给付半年度的抚养费;(3)原告、被告的共同财产位于××街道办事处××社区(××嘉园)5幢××号的房屋归刘某所有,刘某给付宁某房屋折价款10万元;(4)宁某个人财产:海尔冰箱一台、海尔液晶电视42寸和32寸各一台、海尔洗衣机一台、海尔空调一台、美的微波炉一台、美的电磁炉一台、美的电饼铛一台、罗莱双人被一条、罗莱1.8米×2米床垫一个归宁某所有;(5)驳回宁某的其他诉讼请求。

## 例案三 | 叶某与王某离婚后财产纠纷案

**【法院】**

广东省佛山市三水区人民法院

**【案号】**

(2019)粤0607民初1354号

**【当事人】**

原告:叶某,女

---

① 对应《民法典》第1091条,变更为:“有下列情形之一,导致离婚的,无过错方有权请求损害赔偿:(一)重婚;(二)与他人同居;(三)实施家庭暴力;(四)虐待、遗弃家庭成员;(五)有其他重大过错。”

② 对应《民法典》第1063条。

③ 对应《民法典》第1079条。

④ 对应《民法典》第1084条。

⑤ 对应《民法典》第1085条第1款。

⑥ 对应《民法典》第1087条。

委托诉讼代理人：封某某，律师

被告：王某，男

**【基本案情】**

在被告王某尚就读于重庆三峡医药高等专科学校期间，其于 2010 年 9 月 29 日与佛山市××房地产有限公司签订《商品房买卖合同》，约定王某以一次性付款的方式，购买佛山市××街道××花园××房，至 2012 年 3 月 21 日止，王某通过其父母出资等方式向佛山市××房地产有限公司支付了相应的购房款 564,728 元，该房产登记在王某个人名下。

之后，原告、被告双方登记结婚。婚后，为了提取叶某的个人住房公积金存款，王某同意将其个人所有的佛山市××街道××花园××房的一半赠与叶某，并于 2015 年 11 月 12 日办理了房产赠与变更登记手续。至此，佛山市××街道××花园××房由原来王某个人所有变更登记为原告、被告按份共有，原告、被告各共有份额为 1/2，叶某所有权取得方式为赠与。该房屋一直由王某占有和使用。

2017 年 1 月 6 日，广东省广州市荔湾区人民法院立案受理叶某与王某离婚纠纷案，并于 2017 年 3 月 16 日判决准予原告、被告离婚。王某不服判决并向广东省广州市中级人民法院提起上诉，广东省广州市中级人民法院经审理后于 2017 年 7 月 19 日判决驳回上诉，维持原判，该判决于 2017 年 8 月 1 日发生法律效力。

**【案件争点】**

佛山市××街道××花园××房应当如何分割。

**【裁判要旨】**

《婚姻法》第 19 条[①]第 1 款、第 2 款规定："夫妻可以约定婚姻关系存续期间所得的财产以及婚前财产归各自所有、共同所有或部分各自所有、部分共同所有。约定应当采用书面形式。没有约定或约定不明确的，适用本法第十七条、第十八条的规定。夫妻对婚姻关系存续期间所得的财产以及婚前财产的约定，对双方具有约束力。"本案中，佛山市××街道××花园××房是王某在婚前以自己的名义购买，且在与叶某结婚前通过王某父母出资而支付了全部购房款，该房屋属于王某婚前个人财产。但叶某与王某结婚后，王某自愿将该房屋产权的一半赠与叶某，且已办理该房屋变更登记手续，叶某登记为该房屋的按份共有人，占有该房屋的 1/2 产权，故该房屋已转变成原告、被告的夫妻共同财产。王某认为其赠与房屋产权的一

① 对应《民法典》第 1065 条。

半给叶某是为了套取叶某住房公积金,并非双方真实意思表示,叶某应返还该房屋产权的主张,因叶某未能充分举证予以证明,法院不予采纳。现原告、被告已离婚,叶某主张分割属于夫妻双方共同共有的财产,符合法律规定,法院予以支持。鉴于原告、被告双方争议的房屋一直由王某占有使用,结合叶某在广州市工作生活的实际情况,法院确定原告、被告争议之房屋归王某,王某向叶某支付房屋折价款为宜。因原告、被告双方当庭确认该房屋价值为1,450,000元,故王某应向叶某支付房屋分割款为725,000元。综上所述,依照《婚姻法》第19条、第39条①,《离婚财产分割意见》第8条、第13条,《民事诉讼法》第64条第1款之规定,判决如下:(1)坐落广东省佛山市××区××街道××路×号×××花园××座××号房[粤房地权证佛字第××号、第××号]归王某所有;(2)王某向叶某支付房屋分割款725,000元。

## 三、裁判规则提要

### (一)夫妻间房产赠与

夫妻虽然是家庭共同体,但夫、妻同时也具有自己独立的人格,各自也是独立的民事主体,作为独立的民事主体,也可以实施赠与这一民事法律行为。房产作为一项财产,可以作为赠与的标的物。

从法律、司法解释沿革上来看,《婚姻法》《婚姻法解释一》《婚姻法解释二》均没有对夫妻之间房产赠与问题作出过规定,只是在《婚姻法解释三》中出现了夫妻房产赠与的条款,该解释第6条规定:“婚前或者婚姻关系存续期间,当事人约定将一方所有的房产赠与另一方,赠与方在赠与房产变更登记之前撤销赠与,另一方请求判令继续履行的,人民法院可以按照合同法第一百八十六条的规定处理。”据此规定,夫妻间不仅可以赠与房产,而且这种赠与的法律效果比照一般民事主体之间赠与行为的法律效果,无须考虑夫妻之间的身份关系、家庭关系。《合同法》第186条规定:“赠与人在赠与财产的权利转移之前可以撤销赠与。具有救灾、扶贫等社会公益、道德义务性质的赠与合同或者经过公证的赠与合同,不适用前款规定。”据此,在一般情况下,夫妻间赠与房产,若没有办理房屋所有权变更登记,则赠与方可以撤销赠与。

自2021年1月1日,我国《民法典》开始实施,《合同法》也相应地被废止,但

① 对应《民法典》第1087条。

《民法典》合同编第 658 条承继了《合同法》第 186 条规定的精神，该条规定："赠与人在赠与财产的权利转移之前可以撤销赠与。经过公证的赠与合同或者依法不得撤销的具有救灾、扶贫、助残等公益、道德义务性质的赠与合同，不适用前款规定。"

《民法典》婚姻家庭编中没有就夫妻间房产赠与问题作出具体的规定。2020 年 12 月，最高人民法院废止了《婚姻法解释三》，但是该解释第 6 条规定的精神并未被摒弃。2020 年 12 月 29 日，最高人民法院公布《婚姻家庭编解释一》，并定于 2021 年 1 月 1 日起施行，该解释第 32 条规定："婚前或者婚姻关系存续期间，当事人约定将一方所有的房产赠与另一方或者共有，赠与方在赠与房产变更登记之前撤销赠与，另一方请求判令继续履行的，人民法院可以按照民法典第六百五十八条的规定处理。"据此可见，该条延续了《婚姻法解释三》第 6 条的相关规定，并在此基础上增加了一种情形作为夫妻间房产赠与："当事人约定将一方所有的房产赠与另一方或者共有"。

### （二）夫妻约定财产制和夫妻财产约定

《民法典》第 1065 条第 1 款、第 2 款规定："男女双方可以约定婚姻关系存续期间所得的财产以及婚前财产归各自所有、共同所有或者部分各自所有、部分共同所有。约定应当采用书面形式。没有约定或者约定不明确的，适用本法第一千零六十二条、第一千零六十三条的规定。夫妻对婚姻关系存续期间所得的财产以及婚前财产的约定，对双方具有法律约束力。"这一条实际包含了两层意思：首先，男女或者夫妻双方对已经实际取得的某些特定财产权利归属作出约定；其次，男女或者夫妻双方对婚后将来可能取得的财产的权利归属预先进行划分。在学界，有观点认为，夫妻约定财产制仅指后者，它是我国夫妻财产制的一种，是相对于夫妻法定财产制的一种存在。也有观点认为，根据现行立法，二者均属于夫妻财产约定，都是对婚后财产权利归属的合意，在本质上并无不同。这里仅从夫妻之间就已经取得的特定财产的权利归属进行约定的角度展开讨论。

### （三）实践中关于夫妻房产约定与夫妻房产赠与定性之争

在实践中，当事人对夫妻之间关于房产的约定究竟是属于夫妻财产约定还是属于夫妻之间的赠与往往有很大的分歧，尤其是在没有办理房产所有权变更登记的情况下，这一问题常是案件审理的焦点问题。产生这一争论的根本原因在于二者的法律效果不同。对夫妻房产约定进行不同的定性，会导致不同的处理结果。

根据《民法典》第 1065 条的规定,如果将这种约定定性为夫妻财产约定,则这种约定对夫妻双方均具有法律约束力,未经对方同意,不得擅自变更、撤销。在夫妻房产约定下,该约定甚至可以在夫妻间直接产生导致物权变动的效果。但是若将该行为定性为夫妻房产赠与,则根据《婚姻家庭编解释一》第 32 条的规定,在房产所有权变更登记前,给付房屋一方有权行使《民法典》第 658 条规定的任意撤销权,撤销赠与,拿回房屋。

(四)夫妻约定将一方个人房产归夫妻共有的行为定性

夫妻间房产赠与和夫妻间房产约定具有一定的相似性,二者都是将房屋转归另一方所有,且在财产对价方面,二者均表现出无偿性。但二者的法律效果是截然不同的,赠与可以任意撤销,约定不可以单方变更或撤销。夫妻之间对房产归属作出的约定的性质,是实践中当事人争议的焦点之一。在《婚姻家庭编解释一》出台之前,对夫妻约定将一方个人房产归夫妻共有的情形,是认定为夫妻房产约定还是定性为夫妻房产赠与,理论界存在巨大的观点分歧,实务中也存在不同的定性和裁判结果。

《婚姻法解释三》第 6 条规定:“婚前或者婚姻关系存续期间,当事人约定将一方所有的房产赠与另一方,赠与方在赠与房产变更登记之前撤销赠与,另一方请求判令继续履行的,人民法院可以按照合同法第一百八十六条的规定处理。”该条虽然出现了“赠与”的表述,但是并未就夫妻间合意在何种情况下成立赠与规定出明确的判断标准。换言之,该条是在已经确定了夫妻间合意是赠与性质的情况下,就夫妻间赠与是否可以适用任意撤销权进行的规定。

如果夫妻在进行房产所有权变更登记时明确表示这是基于赠与行为所做的变动,或者夫妻双方在事后均追认房产所有权变动是基于赠与行为,或者夫妻双方在合意时明确表示了一方将婚前房屋归夫妻共有是赠与,那么适用《民法典》关于赠与的规定争议不大。但是,实践中此类纠纷大多是以夫妻间协议的形式出现,协议的内容也只是表示将一方个人财产归夫妻共有,此时如何定性才是当事人产生争议的根源。

《婚姻家庭编解释一》第 32 条基本延续了《婚姻法解释三》第 6 条的规定。该第 32 条也是在夫妻行为性质已被定性为赠与的语境下作出的规定,仍旧未对夫妻间约定何时成立赠与、何时成立夫妻间财产约定作出明确的判断标准,并未彻底解决当事人的根本性争议。

在最高人民法院民一庭就《婚姻法解释三》答记者问时,有记者问道:"夫妻之间赠与房产也需要像普通人一样办理过户手续吗? 没过户可以撤销赠与吗?"其回复称:"经反复研究论证后,我们认为,我国婚姻法规定了三种夫妻财产约定的模式,即分别所有、共同共有和部分共同共有,并不包括将一方所有财产约定为另一方所有的情形。将一方所有的财产约定为另一方所有,也就是夫妻之间的赠与行为。虽然双方达成了有效的协议,但因未办理房屋变更登记手续,依照物权法的规定,房屋所有权尚未转移,而依照合同法关于赠与一节的规定,赠与房产的一方可以撤销赠与。"据此,《婚姻法解释三》第 6 条规定的夫妻房产赠与,指的应该是夫妻一方将其个人所有的房产约定为另一方所有的情形。即判断是否属于夫妻房产赠与的标准是一方是否将其个人所有的房屋全部给予了另一方,若是,则为夫妻房产赠与。

但是,如果夫妻双方约定将一方个人所有的财产约定为夫妻双方共有,此时如何定性,上述回答没有说明。2016 年,最高人民法院民事审判信箱在回复"夫妻在婚前或婚姻关系存续期间约定将一方个人所有的房产与另一方共有,但没有办理房产加名登记,赠与一方请求法院撤销应如何处理"的提问时表示,审判实践中有两种意见,一种认为应当按照《婚姻法解释三》第 6 条的规定处理;另一种认为应当按照《婚姻法》第 19 条的规定处理——夫妻之间的约定对双方有拘束力,不必非要去办理房产加名登记,否则会架空《婚姻法》第 19 条的规定。对于夫妻一方将个人房产全部赠与另一方的问题,《婚姻法解释三》第 6 条已经给出答案,但将个人房产约定为共同共有或按份共有,赠与人在产权变更登记之前能否撤销的问题,目前仍然存在争议。这个问题的关键点在于:对夫妻之间的房产赠与行为,究竟是按《合同法》规定的赠与处理还是按照《婚姻法》第 19 条规定的约定处理? 无论夫妻双方约定将一方所有的房产赠与对方的比例是多少,都属于夫妻之间的有效约定,实质上都是一种赠与行为。问题是这种有效的赠与约定是否可以撤销? 现行《婚姻法》中缺乏相应的规定。夫妻之间赠与的标的包括动产和不动产,《合同法》对赠与问题进行了比较详尽的规定。婚姻家庭领域的协议常常涉及财产权属的条款,对于此类协议的订立、生效、撤销、变更等并不排斥《合同法》的适用。在实际生活中,赠与往往发生在具有亲密关系或者血缘关系的人之间,《合同法》对赠与问题的规定也没有指明夫妻关系除外。一方赠与另一方不动产或约定夫妻共有,在没有办理变更登记之前,依照《合同法》第 186 条的规定,是完全可以撤销的,这与《婚姻法》的规定并不矛盾。因此,夫妻一方将个人房产约定为共同共有或按份共有,赠与人在产权变更登记之前可以行使任意撤销权。[①] 最高人民法院在此确立了一个区分夫妻房产约定和夫妻房产赠与的标准:只要是夫妻双方约定将一方个人房产归另一方所有,无论另一方得到多少房产份额,该行为均应作为赠与对待。最高人民法院在此只是针对夫妻双方合意处分一方个人房产的情况,并不涉及其他类型的财产处分行为。

在审判实务中,有地方高级人民法院对此也作出了具体的规定。如浙江省高级人民法院民一庭于2016年6月27日下发了《关于审理婚姻家庭案件若干问题的解答》,该解答第12条规定:"《婚姻法司法解释(三)》第六条规定表明夫妻间赠与关系应受《合同法》关于赠与合同规定的调整。夫妻双方约定一方个人所有的房屋归夫妻共同所有但未办理产权变更登记手续的,赠与方主张依据《婚姻法司法解释三》第六条规定处理的,可予支持。"由此可见,浙江省高级人民法院也是将夫妻约定将一方个人房产归夫妻共有的情形作为夫妻房屋赠与对待。

在法律逻辑及体系的周延性上,上述观点存在一定的缺陷,除了夫妻双方约定将一方个人财产归对方所有或共有外,还存在其他类型的夫妻房产处理合意,比如夫妻双方将共有房产约定为一方所有、将共同共有约定为按份共有、将按份共有约定为共同共有、将按份共有中的份额比例进行调整等,各类型的合意均表现为一方将其部分房产份额转归另一方所有,均具有赠与的特点,若一律按照一般赠与对待,一方面架空了《民法典》第1065条的规定,另一方面也会因忽略家庭身份因素而不利于夫妻和睦家庭的构建和发展。此外,上述观点似乎完全抛开了婚姻家庭中夫妻身份关系的特点,将家庭关系中的主体完全等同于一般不具有家庭身份关系的民事主体,将夫妻间的财产变动完全等同于一般民事主体之间的经济往来,这也是大家有时会产生疑惑并展开讨论的地方。

但无论如何,无休止的争议解决不了实际的问题。从统一裁判标准的角度出发,《婚姻家庭编解释一》第32条是今后裁判的依据。根据该条,夫妻将房产约定为共有的,既可以约定为按份共有,也可以约定为共同共有。有了统一的裁判规则,也能更好地指导当事人的行为,使其能够理性预见行为后果,谨慎地行使自己的权利。

再次回到《婚姻家庭编解释一》第32条,从该条的文字表述上看,其并未规定

---

① 参见杜万华主编、最高人民法院民事审判第一庭编:《民事审判指导与参考》(第65辑),人民法院出版社2016年版,第251页。

区分赠与和夫妻财产约定的标准，但从该条的来源上看，最高人民法院是将夫妻约定将一方所有的房产全部或部分归对方所有的情形直接作为赠与行为对待的。即在夫妻约定将一方所有的房屋全部归对方所有，或者部分归对方所有的情况下，若无相反的证据，则这种行为即为夫妻间的赠与，可以适用《民法典》第 658 条的规定处理。

考虑到夫妻之间的家庭身份关系，其作出财产处理合意往往还隐含着对家庭其他事务的考虑，如子女抚养、老人赡养、对一方家庭付出的奖励或期待、对构建幸福和睦家庭的期盼等，背后的原因较为复杂，并不是单纯的经济交往，笔者认为，在处理夫妻间房产合意时，除《婚姻家庭编解释一》第 32 条规定的两种情形外，除非有证据证明该合意是赠与，否则原则上应作为夫妻财产约定进行考虑。

### （五）夫妻房产赠与方的撤销权

#### 1. 任意撤销权

根据《婚姻家庭编解释一》第 32 条的规定，夫妻间房产赠与适用《民法典》第 658 条的规定，该条规定："赠与人在赠与财产的权利转移之前可以撤销赠与。经过公证的赠与合同或者依法不得撤销的具有救灾、扶贫、助残等公益、道德义务性质的赠与合同，不适用前款规定。"根据这一规定，赠与方在房屋所有权变更登记之前，可以行使任意撤销权撤销赠与。

需要注意的是，夫妻间房产赠与是否可以定性为"具有道德义务性质的赠与"？从条文制定过程及条文本身来看，在一般情况下该赠与是不具有道德义务性质的。理由如下：第一，该条征求意见稿的内容为："婚前或婚姻关系存续期间，当事人约定将一方所有的房产赠与另一方，赠与方在赠与房产变更登记之前撤销赠与，另一方请求判令继续履行的，人民法院不予支持，但已办理公证的除外。"根据该征求意见稿，除了已办理公证的赠与外，其他赠与均可以撤销，并未考虑到《合同法》规定的道德义务性质赠与的情形。后来只是因为公众对"已办理公证的除外"的表述有异议，才将该条后半段更改为现在的表述。从《婚姻法解释三》第 6 条征求意见稿的表述来看，该解释制定者也认为在一般情况下，这种赠与不具有道德义务性质。第二，从条文理解看，《合同法》第 186 条第 2 款规定："具有救灾、扶贫等社会公益、道德义务性质的赠与合同或者经过公证的赠与合同，不适用前款规定。"（不得撤销赠与）《民法典》合同编第 658 条第 2 款规定："经过公证的赠与合同或者依法不得撤销的具有救灾、扶贫、助残等公益、道德义务性质的赠与合同，不适用前款规定。"

(不得撤销赠与)这里的“道德义务性质”包含的内容与前面不完全列举的“救灾、扶贫、助残”等行为的性质是一致的,这些内容可以参照《慈善法》第3条的规定:“本法所称慈善活动,是指自然人、法人和其他组织以捐赠财产或者提供服务等方式,自愿开展的下列公益活动:(一)扶贫、济困;(二)扶老、救孤、恤病、助残、优抚;(三)救助自然灾害、事故灾难和公共卫生事件等突发事件造成的损害;(四)促进教育、科学、文化、卫生、体育等事业的发展;(五)防治污染和其他公害,保护和改善生态环境;(六)符合本法规定的其他公益活动。”尤其是第1项、第2项、第3项的规定。夫妻间的赠与显然不具有这个特点。

故从逻辑理解看,在一般情况下,夫妻间房产赠与不具有道德义务性质,但不排除特殊情况下道德义务性质的适用。

2. 夫妻是否可以约定赠与方放弃任意撤销权

任意撤销权是赠与方享有的一项民事权利。自然人对自己享有的民事权利可以选择保留并行使,也可以选择放弃。如果赠与方放弃任意撤销权是其真实意思表示,应当允许并尊重其选择。据此,笔者认为,夫妻双方为赠与的民事法律行为时,可以约定赠与方放弃任意撤销权。

3. 法定撤销权

《民法典》第663条规定:“受赠人有下列情形之一的,赠与人可以撤销赠与:(一)严重侵害赠与人或者赠与人近亲属的合法权益;(二)对赠与人有扶养义务而不履行;(三)不履行赠与合同约定的义务。赠与人的撤销权,自知道或者应当知道撤销事由之日起一年内行使。”这是《民法典》合同编对法定撤销权的规定。《民法典》第665条规定:“撤销权人撤销赠与的,可以向受赠人请求返还赠与的财产。”

既然夫妻间房产赠与适用《民法典》合同编的相关规定,那么其规定的法定撤销权在夫妻房产赠与的情形下自然也有适用的余地。在符合行使法定撤销权条件时,即使房屋已经办理了所有权变更登记或者赠与合同已经办理了公证,赠与方均可以行使法定撤销权撤销赠与,并可以依据《民法典》第665条的规定要求受赠方返还房屋。

## 四、辅助信息

**高频词条:**

**《民法典》**

**第658条** 赠与人在赠与财产的权利转移之前可以撤销赠与。

经过公证的赠与合同或者依法不得撤销的具有救灾、扶贫、助残等公益、道德义务性质的赠与合同，不适用前款规定。

**第 663 条** 受赠人有下列情形之一的，赠与人可以撤销赠与：

（一）严重侵害赠与人或者赠与人近亲属的合法权益；

（二）对赠与人有扶养义务而不履行；

（三）不履行赠与合同约定的义务。

赠与人的撤销权，自知道或者应当知道撤销事由之日起一年内行使。

**第 665 条** 撤销权人撤销赠与的，可以向受赠人请求返还赠与的财产。

**第 1063 条** 下列财产为夫妻一方的个人财产：

（一）一方的婚前财产；

（二）一方因受到人身损害获得的赔偿或者补偿；

（三）遗嘱或者赠与合同中确定只归一方的财产；

（四）一方专用的生活用品；

（五）其他应当归一方的财产。

**第 1065 条** 男女双方可以约定婚姻关系存续期间所得的财产以及婚前财产归各自所有、共同所有或者部分各自所有、部分共同所有。约定应当采用书面形式。没有约定或者约定不明确的，适用本法第一千零六十二条、第一千零六十三条的规定。

夫妻对婚姻关系存续期间所得的财产以及婚前财产的约定，对双方具有法律约束力。

夫妻对婚姻关系存续期间所得的财产约定归各自所有，夫或者妻一方对外所负的债务，相对人知道该约定的，以夫或者妻一方的个人财产清偿。

**第 1076 条** 夫妻双方自愿离婚的，应当签订书面离婚协议，并亲自到婚姻登记机关申请离婚登记。

离婚协议应当载明双方自愿离婚的意思表示和对子女抚养、财产以及债务处理等事项协商一致的意见。

**第 1079 条** 夫妻一方要求离婚的，可以由有关组织进行调解或者直接向人民法院提起离婚诉讼。

人民法院审理离婚案件，应当进行调解；如果感情确已破裂，调解无效的，应当准予离婚。

有下列情形之一，调解无效的，应当准予离婚：

(一)重婚或者与他人同居;

(二)实施家庭暴力或者虐待、遗弃家庭成员;

(三)有赌博、吸毒等恶习屡教不改;

(四)因感情不和分居满二年;

(五)其他导致夫妻感情破裂的情形。

一方被宣告失踪,另一方提起离婚诉讼的,应当准予离婚。

经人民法院判决不准离婚后,双方又分居满一年,一方再次提起离婚诉讼的,应当准予离婚。

**第1084条** 父母与子女间的关系,不因父母离婚而消除。离婚后,子女无论由父或者母直接抚养,仍是父母双方的子女。

离婚后,父母对于子女仍有抚养、教育、保护的权利和义务。

离婚后,不满两周岁的子女,以由母亲直接抚养为原则。已满两周岁的子女,父母双方对抚养问题协议不成的,由人民法院根据双方的具体情况,按照最有利于未成年子女的原则判决。子女已满八周岁的,应当尊重其真实意愿。

**第1085条** 离婚后,子女由一方直接抚养的,另一方应当负担部分或者全部抚养费。负担费用的多少和期限的长短,由双方协议;协议不成的,由人民法院判决。

前款规定的协议或者判决,不妨碍子女在必要时向父母任何一方提出超过协议或者判决原定数额的合理要求。

**第1086条** 离婚后,不直接抚养子女的父或者母,有探望子女的权利,另一方有协助的义务。

行使探望权利的方式、时间由当事人协议;协议不成的,由人民法院判决。

父或者母探望子女,不利于子女身心健康的,由人民法院依法中止探望;中止的事由消失后,应当恢复探望。

**第1087条** 离婚时,夫妻的共同财产由双方协议处理;协议不成的,由人民法院根据财产的具体情况,按照照顾子女、女方和无过错方权益的原则判决。

对夫或者妻在家庭土地承包经营中享有的权益等,应当依法予以保护。

**第1091条** 有下列情形之一,导致离婚的,无过错方有权请求损害赔偿:

(一)重婚;

(二)与他人同居;

(三)实施家庭暴力;

（四）虐待、遗弃家庭成员；

（五）有其他重大过错。

**《慈善法》**

**第3条** 本法所称慈善活动，是指自然人、法人和其他组织以捐赠财产或者提供服务等方式，自愿开展的下列公益活动：

（一）扶贫、济困；

（二）扶老、救孤、恤病、助残、优抚；

（三）救助自然灾害、事故灾难和公共卫生事件等突发事件造成的损害；

（四）促进教育、科学、文化、卫生、体育等事业的发展；

（五）防治污染和其他公害，保护和改善生态环境；

（六）符合本法规定的其他公益活动。

**第41条** 捐赠人应当按照捐赠协议履行捐赠义务。捐赠人违反捐赠协议逾期未交付捐赠财产，有下列情形之一的，慈善组织或者其他接受捐赠的人可以要求交付；捐赠人拒不交付的，慈善组织和其他接受捐赠的人可以依法向人民法院申请支付令或者提起诉讼：

（一）捐赠人通过广播、电视、报刊、互联网等媒体公开承诺捐赠的；

（二）捐赠财产用于本法第三条第一项至第三项规定的慈善活动，并签订书面捐赠协议的。

捐赠人公开承诺捐赠或者签订书面捐赠协议后经济状况显著恶化，严重影响其生产经营或者家庭生活的，经向公开承诺捐赠地或者书面捐赠协议签订地的民政部门报告并向社会公开说明情况后，可以不再履行捐赠义务。

**《婚姻家庭编解释一》**

**第32条** 婚前或者婚姻关系存续期间，当事人约定将一方所有的房产赠与另一方或者共有，赠与方在赠与房产变更登记之前撤销赠与，另一方请求判令继续履行的，人民法院可以按照民法典第六百五十八条的规定处理。

# 婚恋财产纠纷案件裁判规则第 13 条:

## 离婚时,当事人双方在书面离婚协议中约定夫妻共同财产归双方离婚时尚未成年或其他不能独立生活的子女所有,离婚后,当事人一方反悔并要求不再履行该约定条款的,一般不予支持

〔**规则描述**〕:离婚协议是一种复合协议,既包括解除婚姻关系的约定,也包括子女抚养、财产分割、债务负担等约定。离婚协议的达成,是夫妻双方综合考虑各种因素并衡量各方利益而形成的结果,各条款之间具有牵连性,构成一个不可分割的整体。如果在双方离婚后,允许一方擅自变更或撤销离婚协议中的某些条款,将会破坏离婚协议的整体性,可能会对依法履行约定的一方造成实质上的不公平。故若夫妻双方已经约定共同财产归子女所有,则双方均应依约履行,不得擅自反悔。

### 一、类案检索大数据报告

时间:2020 年 4 月 30 日之前,案例来源:Alpha 案例库,案件数量:41 件,数据采集时间:2020 年 4 月 30 日。本次检索获取 2020 年 4 月 30 日前共 41 篇裁判文书,其中:离婚时,当事人一方主张撤销双方在书面离婚协议中以夫妻共同财产对子女进行的赠与,法院予以支持的案件有 1 件,约占 2.44%;法院不予支持的案件有 40 件,约占 97.56%。整体情况如图 13 – 1 所示。

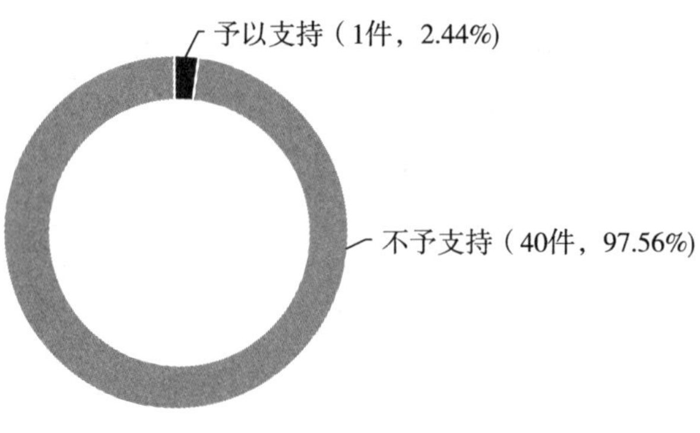


**图 13 – 1 案件裁判结果分布情况**

如图 13 －2 所示，从案件案由分类情况可以看到，当前条件下案件的案由均为离婚后财产纠纷类。

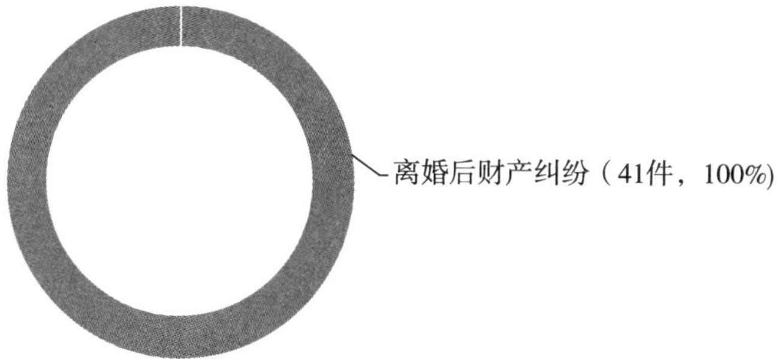


**图 13 －2　案件案由分类情况**

如图 13 －3 所示，从案件审理程序分布情况可以看到，当前条件下案件的上诉率约为 21.95%。

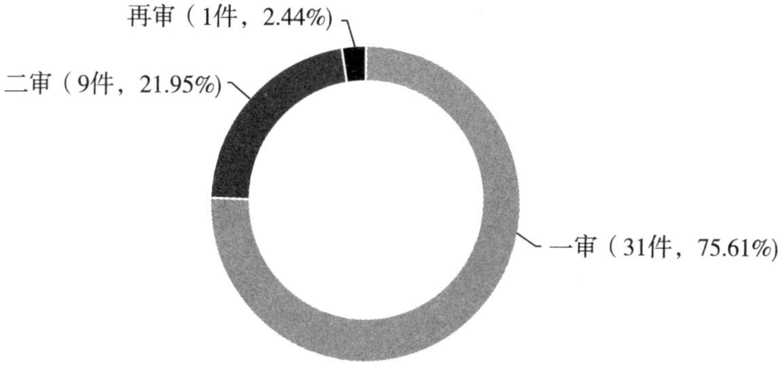


**图 13 －3　案件审理程序分布情况**

如图 13 －4 所示，从案件二审裁判结果情况可以看到，当前条件下案件维持原判的比例较高，约为 66.67%。

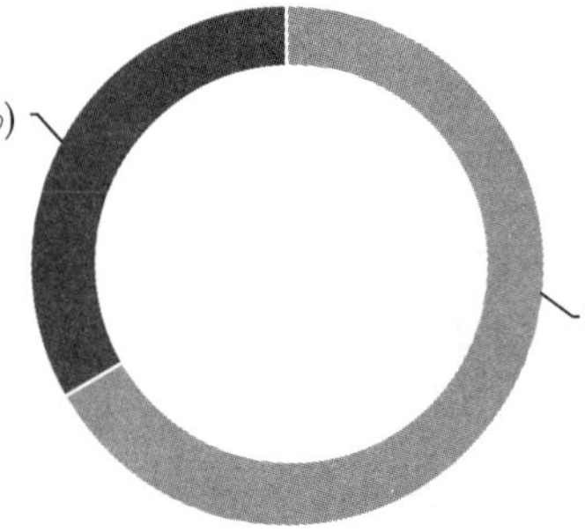


**图 13－4　案件二审裁判结果情况**

## 二、可供参考的例案

### 例案一 | 何某、冉某1、冉某2与冉某3等离婚后财产纠纷案

**【法院】**

重庆市第四中级人民法院

**【案号】**

(2018)渝04民终129号

**【当事人】**

上诉人(原审被告):冉某3,男

委托诉讼代理人:刘某,律师

被上诉人(原审原告):何某,女

被上诉人(原审原告):冉某1,女

被上诉人(原审原告):冉某2,女

**【基本案情】**

原告何某与被告冉某3原系夫妻关系,婚后共同生育二女原告冉某1、原告冉某2。2016年6月30日,双方因夫妻感情破裂在民政局自愿达成协议,办理离婚手续,领取离婚证。协议约定:“一、冉某3与何某自愿离婚。二、子女抚养:1.大女冉某1与小女冉某2由何某抚养。2.男方可随时看望两个孩子。3.如果孩子要求见父亲,冉某3必须随喊随到。三、共同财产的处理:1.房产:13栋×号一套住房、农贸市场两间门面、广场×号楼门面一间、城南×号门面一间、4××号房屋一幢、凤×沟房屋一幢、岩×滩地盘,男女双方离婚后,男女双方同意,全部赠送给两个女儿(冉某1、冉某2),凤×沟房屋一幢、岩×滩地盘由男方使用,其余财产暂时由女

方经营管理。2. 女方何某每年给两个孩子：门面租金加上和平饭店经营的现金、存现金伍拾万，作为两个孩子的生活、学习、成家的经济保障。3. 凤×沟房屋、岩×滩的地盘冉某3只有使用权，奥迪车(2011年款)、现金肆拾万元归男方冉某3所有。4. 双方借出去的钱归两个孩子：冉某甲一万伍仟元，冉某乙叁万元，何某某贰万元，冉某丙叁万元，规定在肆年内还来。如果没还，男女双方共同追借款人归还。四、离婚后：1. 男方住处自己想办法。2. 女方继续住以前的房屋，一切不变。3. 男方不可以找易某某作为妻子，否则后果男方自负。4. 男方不可以在某县内开和平饭店。5. 4××号房屋如拆迁，所有资金归两个女儿所有。6. 以后女方有固定资产权属归两个女儿。7. 所有土地、木林权属两个孩子的。五、离婚后男女双方互不干涉对方生活。六、以上协议内容在领取离婚证时生效。以上协议，双方保证切实履行。"何某与冉某3离婚后，何某催冉某3履行《离婚协议》将房产权、土地和林地承包经营权过户在子女名下未果，双方产生纠纷，何某、冉某1、冉某2于2017年11月诉至法院，请求依法判令冉某3履行离婚协议配合何某、冉某1、冉某2将13栋×号房屋、城南×号一间门面房屋以及4××号一幢房屋过户在冉某1、冉某2名下所有。

二审法院对一审查明的事实予以确认。

**【案件争点】**

冉某3在离婚协议中对冉某1、冉某2的赠与可否撤销。

**【裁判要旨】**

一审法院认为，何某与冉某3签订的《离婚协议》是双方真实意思表示，在签订协议时不存在欺诈、胁迫等情形，离婚协议合法有效，双方应当按照协议约定全面履行自己的义务。本案中，何某与冉某3在协议离婚时，约定将其共有的13栋×号一套住房、城南×号门面一间、4××号房屋一幢赠送给冉某1、冉某2。同时约定冉某1、冉某2由何某抚养。何某与冉某3离婚后，冉某3以子女年幼为由拒不履行离婚协议书的约定，不配合办理房屋过户手续，懈怠履行离婚协议书约定的义务，属于违约行为。故何某、冉某1、冉某2诉请判令冉某3履行离婚协议配合何某、冉某1、冉某2将13×号房屋一套、城南×号房屋门面一间、4××号房屋一幢过户给冉某1、冉某2名下所有的理由成立，予以支持。综上所述，依照《婚姻法解释二》第8条[①]，《合同法》第8条[②]、第60条[③]之规定，判决：由冉某3协助何某、冉

---

① 对应《婚姻家庭编解释一》第69条第2款。

② 对应《民法典》第465条。

③ 对应《民法典》第509条。

某1、冉某2办理房屋过户手续,将13栋×号一套住房、城南×号门面一间、4××号房屋一幢过户到冉某1、冉某2名下。

二审法院认为,本案的争议焦点为:(1)一审法院对何某、冉某1、冉某2的委托诉讼代理人冉某某的代理资格予以确认是否属于程序违法;(2)冉某1、冉某2与冉某3之间是否形成了赠与合同关系,冉某1、冉某2的原告主体资格是否适格;(3)冉某1、冉某2、何某请求冉某3履行何某与冉某3之间签订的《离婚协议》中的关于将13栋×号房屋一套、城南×号房屋门面一间、4××号房屋一幢赠与给冉某1、冉某2的约定及协助办理产权过户登记的请求应否得到支持。

1.关于争议焦点一。虽然一审法院未主动审查何某、冉某1、冉某2的委托诉讼代理人冉某某作为公民代理是否符合条件,但一审法院就代理人身份问题征求了冉某3的意见,冉某3并未提出异议,且何某作为冉某1的委托诉讼代理人、冉某2的法定代理人亲自到庭参加诉讼,即使冉某某不符合委托诉讼代理人资格,也不影响一审庭审程序的进行,也没有影响冉某3作为一审被告的诉讼权利。因此,一审法院确认冉某某作为何某、冉某1、冉某2的诉讼代理人并无不当。

2.关于争议焦点二。虽然冉某1、冉某2不是何某与冉某3之间签订的《离婚协议》的当事人。但从何某与冉某3之间签订的离婚协议书第3条第1项中关于“13栋×号一套住房、农贸市场两间门面、广场×号楼门面一间、城南×号门面一间、4××号房屋一幢、凤×沟房屋一幢、岩×滩地盘,男女双方离婚后,男女双方同意,全部赠送给两个女儿(冉某1、冉某2)”的约定来看,何某与冉某3之间的离婚协议为何某、冉某3设置了义务,并赋予了第三人冉某1、冉某2利益。该第3条第1项中关于房产赠与的约定属于第三人利益合同的性质。在该第三人冉某1、冉某2表示接受该利益的情况下,冉某1、冉某2可基于该约定主张该利益的实现。冉某1、冉某2在二审中都明确表示其在本案诉前要求冉某3履行何某与冉某3签订的《离婚协议》中关于房屋赠与部分的约定。因此,应当视为冉某1、冉某2接受何某、冉某3对其的财产赠与。由此,冉某1、冉某2与何某、冉某3之间形成了事实上的赠与法律关系。因为房屋属于不动产,只有变更产权登记才能视为赠与行为完成,冉某1、冉某2作为赠与法律关系中的受赠人,系利益的直接关系人,在赠与人之一冉某3拒不按其请求履行协助变更过户登记的情况下,有权作为原告提起诉讼,其作为本案原告主体适格。

3.关于争议焦点三。首先,《离婚协议》中的赠与行为和一般赠与行为有所不同,协议中的赠与行为是通过《离婚协议》进行约定,并非一个单独的赠与合同,其与夫妻关系的解除、夫妻共同财产分割、子女抚养等与离婚有关的需一并解决的问题是一个有机联系的整体，而夫妻双方达成的关于夫妻财产处分、子女抚养等的协议往往是以解除夫妻关系为目的而设立的，离婚协议中双方将共同财产赠与子女的约定，是一种有目的、附加一定条件的赠与，具有明显的指向性。根据《婚姻法解释二》第 8 条[①]的规定，《离婚协议》中关于财产分割的条款或者当事人因离婚就财产分割达成的协议，对男女双方具有法律约束力。因此，夫妻双方的任何一方均不享有对赠与的任意撤销权，否则，离婚协议的整体性将受到破坏，可能会对依法履行约定的一方造成实质上的不公平。因此，冉某 3 对其与何某签订的《离婚协议》中关于财产赠与部分的约定不享有任意撤销权，其应当按协议约定履行赠与义务。其次，根据《合同法》第 62 条第 1 款第 4 项[②]之规定，履行期限不明确的，债务人可以随时履行，债权人也可以随时要求履行，但应当给对方必要的准备时间。虽然《离婚协议》中没有就房屋赠与约定具体的协助办理过户期限，但权利人何某、冉某 1、冉某 2 可以随时要求履行，只是要给予冉某 3 必要的准备时间。因本案中赠与义务的履行，即协助办理房屋产权变更登记的履行只需要冉某 3 到房屋产权登记部门签字同意变更登记即可，无须太长的准备时间。一审法院给予其 30 日的履行时间已较为充足。冉某 3 主张其还未达到履行时限的理由不能成立。

综上所述，一审判决认定事实清楚，适用法律得当，应当予以维持；冉某 3 的上诉请求不能成立，二审法院不予支持。根据《民事诉讼法》第 170 条第 1 款第 1 项，驳回上诉，维持原判。

## 例案二 | 钟某楷与钟某春离婚后财产纠纷案

**【法院】**

四川省内江市中级人民法院

**【案号】**

（2015）内民终字第 880 号

**【当事人】**

上诉人（原审被告、反诉原告）：钟某楷，男

---

① 对应《婚姻家庭编解释一》第 69 条第 2 款。

② 对应《民法典》第 511 条第 1 款第 4 项。

委托诉讼代理人:王某某,律师

被上诉人(原审原告、反诉被告):钟某春,女

委托代理人:范某,律师

**【基本案情】**

钟某春与钟某楷于1996年7月23日登记结婚,于1998年11月7日生育一女,取名林某某,后因感情破裂,双方于2013年7月26日在民政部门协议离婚。在办理离婚手续时,双方签订《离婚协议书》一份,约定:"……二、两人于1998年11月7日生育一女取名林某某,现年14周岁。双方离婚后女儿林某某归父亲钟某楷抚养监护,女儿林某某成长过程中所需的生活费、教育费以及医疗费等所有费用都由男方钟某楷承担支付。三、夫妻共同财产及分割:(1)1号房屋一套,为夫妻共同财产,双方离婚后该套住房归女儿林某某所有。钟某楷和钟某春均承诺不得变卖该套住房,当林某某年满18周岁后便将该套住房过户给林某某(住房剩余的房贷由钟某楷支付)。双方商议决定离婚后钟某春不享有该套住房的居住权,只有钟某楷和女儿享有该套住房的居住权。(2)钟某楷承诺在离婚当日支付钟某春叁拾万元人民币,并于2014年7月26日再支付钟某春拾万元人民币,总计肆拾万元人民币。(3)冻库,夫妻拥有50%的股份,双方离婚后,该冻库的所有股份都归钟某楷所有,钟某春自愿放弃。(4)婚姻存续期间夫妻购入一辆轿车,离婚后该轿车归钟某楷所有,钟某春自愿放弃。四、夫妻共同债权债务及承担:婚姻存续期间的所有债权债务在双方离婚后由男方钟某楷一人承担偿还,与女方无任何牵连"。协议签订后,钟某楷当天向钟某春支付了现金30万元。2014年8月1日,钟某春以"钟某楷未按照离婚协议约定支付原告钟某春10万元以及原告、被告未与女儿林某某签订赠与合同,赠与关系尚未成立,该案争议房屋仍然属于夫妻共同财产"为由,分别向一审法院起诉,要求钟某楷支付10万元(已另案起诉),依法分割争议房屋。诉讼中,钟某楷以一份民事反诉状对钟某春提起的两案诉讼提出反诉,请求依法判决房屋、冻库、汽车归钟某楷所有,由钟某春支付其应承担的夫妻共同债务64万元给钟某楷,依法判决钟某春承担女儿的抚养费用。一审法院针对钟某楷的反诉,向其释明"一事不再受理"的法律规定,并告之其所诉讼的内容将合并到本案一并审理。

在本案审理过程中,一审法院根据钟某春的申请,依法委托四川长泰房地产评估有限公司对本案所讼争的1号房屋一套进行评估,四川长泰房地产评估有限公司于2015年4月27日作出评估报告:该房屋评估价值总额为602,040.00元。

另查明，原告、被告双方于2009年3月8日按揭贷款购买了本案争议的1号房屋一套，房屋购价为321,839.00元，双方首付购房款121,839.00元，按揭贷款金额为200,000.00元，截至2013年7月5日，双方共计归还按揭贷款131,812.01元。剩余按揭贷款68,187.99元，钟某楷已于2015年2月5日全部还清。原告、被告双方对争议房屋共同投入121,839.00元+131,812.01元=253,651.01元。按照评估报告的评估价值，该房屋的价值从双方购买的价值到现价，已增长(602,040.00-321,839.00)元÷321,839.00元=87.06%，双方的投入现增加了253,651.01×87.06%=220,828.57元，现争议房屋双方共有价值为253,651.01元+220,828.57元=474,479.58元。

原告、被告离婚后，未与其女儿林某某签订赠与房屋合同，至今也未将争议房屋过户到林某某名下，争议房屋仍登记在原告、被告名下，由钟某楷自双方离婚后居住使用。

二审法院对一审查明的事实予以确认。

**【案件争点】**

钟某楷与钟某春离婚协议中关于将共同财产1号房屋赠与女儿的部分可否撤销。

**【裁判要旨】**

一审法院认为，2013年7月26日，原告、被告双方在民政部门协议离婚时签订了《离婚协议书》，在协议中，双方对共同所有的房屋即本案争议房屋约定归女儿林某某所有，该约定系赠与民事行为，双方签订协议后，未与林某某签订赠与合同，且至今未将该争议房屋过户到林某某名下，争议房屋仍登记在原告、被告名下，双方的赠与行为未实际履行，赠与合同不成立。现该争议房屋仍处于原告、被告双方共同所有的状态，实际未进行分割，依照《婚姻法解释三》第18条①"离婚后，一方以尚有夫妻共同财产未处理为由向人民法院起诉请求分割的，经审查该财产确属离婚时未涉及的夫妻共同财产，人民法院应当依法予以分割"的规定，钟某春要求对争议房屋进行分割的理由成立，一审法院对其请求予以支持。现争议房屋双方共有价值为474,479.58元，原告、被告应各享有237,239.79元。本案钟某春提起诉讼的时效，不属于《婚姻法解释二》第9条第1款②规定的"男女双方协议离婚后一

---

① 对应《婚姻家庭编解释一》第83条。

② 对应《婚姻家庭编解释一》第70条第1款。

年内就财产分割问题反悔,请求变更或者撤销财产分割协议的,人民法院应当受理”的范围,钟某楷辩称的钟某春提起诉讼要求分割争议房屋已过一年的诉讼时效的理由不能成立,其请求一审法院不予支持。

关于钟某楷提出的要求对夫妻共同财产及债权债务等进行重新分割,并由钟某春承担债务64万元的反诉请求,因双方在《离婚协议书》中除争议房屋外,对夫妻共同所有的冻库享有的股份、轿车等共同财产以及债权债务进行了明确约定,归钟某楷享有及承担,该约定是双方当事人的真实意思表示,不违反法律规定,依据《婚姻法解释二》第8条第1款①:“离婚协议中关于财产分割的条款或者当事人因离婚就财产分割达成的协议,对男女双方具有法律约束力”,第9条第2款②:“人民法院审理后,未发现订立财产分割协议时存在欺诈、胁迫等情形的,应当依法驳回当事人的诉讼请求”的规定,原告、被告双方在离婚协议中约定夫妻共同财产及债权债务归钟某楷享有及承担对双方当事人具有约束力,一审法院对此予以确认。钟某楷请求重新分割共同财产及债权债务于法无据,一审法院不予支持。

关于钟某楷提出反诉,要求钟某春支付女儿林某某的抚养费的请求,根据《婚姻法》第21条第1款、第2款③的规定:“父母对子女有抚养教育的义务;子女对父母有赡养扶助的义务。父母不履行抚养义务时,未成年的或不能独立生活的子女,有要求父母付给抚养费的权利”,提出给付抚养费请求的主体系子女,钟某楷无权起诉钟某春要求其支付女儿抚养费。对其女儿林某某的抚养费问题,可由其女儿林某某另案起诉。综上所述,依照《婚姻法》第21条第1款、第2款,《婚姻法解释二》第8条第1款、第9条第2款,《婚姻法解释三》第18条④之规定,一审法院判决:(1)1号房屋一套归钟某楷所有,钟某楷在判决生效后10日内向原告钟某春支付房屋折价款237,239.79元;(2)驳回钟某楷的诉讼请求。

二审法院认为,本案争议焦点为在离婚协议中约定将夫妻共同共有的房产赠与未成年子女,离婚后一方在赠与房产变更登记前是否有权予以撤销。钟某楷与钟某春在离婚协议中约定将夫妻共同所有的案涉房屋赠与未成年子女林某某与解除婚姻关系、子女抚养、共同财产分割、共同债务清偿等内容互为前提,互为结果,

---

① 对应《婚姻家庭编解释一》第69条第2款。

② 对应《婚姻家庭编解释一》第70条第2款。

③ 对应《民法典》第1067条第1款,变更为:“父母不履行抚养义务的,未成年子女或者不能独立生活的成年子女,有要求父母给付抚养费的权利。”

④ 对应《婚姻家庭编解释一》第83条。

构成一个整体，是"一揽子"的解决方案。在婚姻关系已经解除且不可逆的情况下，如果允许一方反悔，离婚协议的"整体性"将被破坏，有违诚信，也不利于保护未成年子女的权益。依据《婚姻法解释二》第8条第1款："离婚协议中关于财产分割的条款或者当事人因离婚就财产分割达成的协议，对男女双方具有法律约束力"、第9条第2款："人民法院审理后，未发现订立财产分割协议时存在欺诈、胁迫等情形的，应当依法驳回当事人的诉讼请求"的规定，钟某楷不同意撤销赠与，钟某春无权单方撤销。钟某楷和钟某春离婚前已对夫妻共同所有的案涉房屋进行了处分，明确赠与未成年子女林某某。按《离婚协议书》的约定，当林某某年满18周岁后，应将案涉房屋过户给林某某。一审法院准许钟某春反悔离婚协议中的房屋赠与条款，适用《婚姻法解释三》第18条的规定，对案涉房屋进行重新分割系适用法律错误，二审法院予以纠正。一审法院驳回钟某楷的反诉请求正确，二审法院予以支持。综上所述，一审判决认定事实清楚，审判程序合法，但适用法律错误，依法予以改判。二审法院依照《民事诉讼法》第170条第1款第2项、第175条的规定，判决如下：(1)维持一审法院判决第二项，即"驳回钟某楷的诉讼请求"。(2)撤销一审法院判决第一项，即"1号房屋一套归钟某楷所有；由钟某楷向钟某春支付房屋折价款237,239.79元"。(3)驳回钟某春的诉讼请求。

## 例案三 | 鲁某与迟某离婚后财产纠纷案

**【法院】**

吉林省长春市中级人民法院

**【案号】**

(2018)吉01民终3104号

**【当事人】**

上诉人(原审被告)：鲁某，男

委托诉讼代理人：鲁某某

被上诉人(原审原告：)迟某，女

委托诉讼代理人：迟某某

委托诉讼代理人：于某某，律师

**【基本案情】**

2014年4月3日，原告迟某与被告鲁某办理结婚登记，婚后于2014年12月20

日生育一子鲁某甲。2017年8月15日签订了《离婚协议书》一份,因双方均为在编武警,故双方将二人签订的《离婚协议书》提交所在单位备案,由单位出具相关手续后,二人于2017年10月19日在民政局婚姻登记处又办理了离婚手续,并在离婚登记处又签订了一份《离婚协议书》,约定:独生子鲁某甲由女方抚养,男方每月支付抚养费2000元直到独生子18岁,无住房,无财产。对双方争议的事实,一审法院认定如下:迟某与鲁某在办理离婚手续前于2017年8月15日签订了《离婚协议书》。鲁某认为迟某提交的2017年8月15日签订的《离婚协议书》第一页与第二页有差异,系迟某伪造,但鲁某对其主张未提供证据,且经迟某申请,法院到鲁某单位调取鲁某在其单位存档备案的《离婚协议书》,与迟某提交的一致,故一审法院对迟某提交的二人2017年8月15日签订的《离婚协议书》的真实性予以认可。2017年8月15日双方签订的《离婚协议书》约定,鲁某704室的住房,系鲁某婚前财产,过户至迟某与鲁某的婚生子鲁某甲名下,作为鲁某甲在成年前的抚养费、医疗费、教育费。迟某据此诉至法院,要求鲁某履行协议,交付房屋,办理更名过户手续。

二审法院对一审查明的事实予以确认。

**【案件争点】**

鲁某与迟某离婚协议中关于将房屋过户至鲁某甲名下的部分可否撤销。

**【裁判要旨】**

一审法院认为,(1)关于迟某与鲁某2017年8月15日签订的《离婚协议书》的效力问题。《离婚协议书》系双方自愿提交到各自单位备案,可见《离婚协议书》系双方的真实意思表示。鲁某主张《离婚协议书》系附条件的合同,因《离婚协议书》并没有在相关部门提交、存档,故依据《合同法》的规定,《离婚协议书》无效。一审法院认为依据《婚姻法解释二》第8条①的规定以及特别法优于一般法的原则,应认定双方签订的《离婚协议书》的效力及约束力问题优先适用《婚姻法解释二》中的规定,即现无证据证明订立《离婚协议书》时存在欺诈、胁迫的情形,故该协议书对双方均有约束力。同时,鲁某主张的其二人签订的时间在后的《离婚协议书》应取代时间在前的《离婚协议书》,一审法院认为,因两份《离婚协议书》的内容并不矛盾,故迟某与鲁某2017年8月15日签订的《离婚协议书》对双方仍有约束力。(2)关于鲁某主张的撤销赠与问题。鲁某辩称的"没有在婚姻登记机关备案的离

---

① 对应《婚姻家庭编解释一》第69条。

婚协议不受婚姻法律关系调整”于法无据，不予采信，故双方2017年8月15日签订的《离婚协议书》仍适用《婚姻法》及其相关司法解释的规定。一审法院认为，本案《离婚协议书》系双方对财产进行的约定，而非鲁某将个人房产给予另一方的单纯赠与行为，且二人签订的《离婚协议书》约定将房产赠与子女的条款与解除婚姻关系、子女抚养密不可分，系夫妻双方以离婚为目的形成的包括解除婚姻关系、子女抚养、共同债务等内容的协议，协议达成的过程往往包含了夫妻双方的各种利益考量、博弈和让步。故对该赠与约定，不能背离协议的实质，即不能简单地认为离婚协议中涉及的人身问题适用婚姻法的相关规定，财产部分适用合同法的相关规定，而是以《婚姻法》的相关规定评价《离婚协议书》中全部约定的效力。鲁某在签订《离婚协议书》时同意婚生子由迟某抚养，自愿将房产赠与婚生子作为抚养费、医疗费、教育费，是鲁某的真实意思表示，没有欺诈、胁迫的情形，现双方离婚已成事实，而鲁某又对赠与婚生子房产作为其抚养费、医疗费、教育费的约定反悔，并对《离婚协议书》的重要组成部分任意行使撤销权，不仅改变离婚协议、子女抚养的整体性和确定性，也为实现既离婚又占有财产的目的提供法律借口，给其未成年子女造成伤害。同时，依据特别法优于一般法的法律适用，优先适用《婚姻法解释二》第8条的规定。因此，虽赠与财产的权利尚未转移，但考虑该赠与财产是离婚、子女抚养整体协议中的一项，是一种以解除双方身份关系为目的的赠与行为，并不是孤立存在的，具有强烈的人身属性，并受人身关系的制约，并不等同于合同法调整的赠与关系，故迟某与鲁某均应当履行《离婚协议书》的约定，并完成赠与义务。(3)关于诉讼主体问题。迟某在庭审中明确表示，其要求鲁某履行双方签订的《离婚协议书》将房屋过户到鲁某甲名下，并非鲁某所称的迟某名下。同时，迟某系签订涉案《离婚协议书》的一方当事人，其有权主张确认《离婚协议书》有效，故鲁某主张迟某不是本案的诉讼主体，于法无据，一审法院不予支持。依照《婚姻法》第39条①、《婚姻法解释二》第8条②、《民事诉讼法》第64条之规定，判决迟某与鲁某2017年8月15日签订的《离婚协议书》合法有效；鲁某于判决生效后15日内，按照2017年8月15日签订的《离婚协议书》中约定，履行案涉房屋更名过户义务；驳回鲁某与迟某的其他诉讼请求。

二审法院认为，(1)关于2017年8月15日迟某与鲁某签订的《离婚协议书》效

① 对应《民法典》第1087条。

② 对应《婚姻家庭编解释一》第69条。

力的问题。该协议书写明"本协议书一式三份,婚姻登记机关存档一份,双方各执一份,双方签字,并经婚姻登记机关办理离婚登记后生效"。根据以上内容,该协议生效的条件是双方签字并办理离婚登记。现以上条件均已成就,故《离婚协议书》已经生效。向婚姻登记机关存档该协议书并非协议生效条件,对上诉人鲁某提出的该协议未生效的主张,二审法院不予采纳。(2)关于撤销赠与的问题。本案中的赠与不同于一般的财产赠与,是离婚、子女抚养整体协议中的内容,是一种以解除双方身份关系为目的的赠与行为,在双方当事人已经离婚的情形下,上诉人鲁某现主张撤销赠与,二审法院不予认可。(3)关于2017年10月19日《离婚协议书》效力问题。鉴于双方离婚时为现役军人,2017年8月15日迟某与鲁某签订的《离婚协议书》已经双方部队备案,部队按组织程序进行了调解,经调解无效,双方于2017年10月19日到有关机关办理离婚手续,且在当日备案《离婚协议书》,该协议书中对于子女抚养情况,双方写明"独生子鲁某甲由女方抚养,男方每月支付抚养费2000元直到独生子18岁",未否认对于房产的过户问题,与2017年8月15日签订的《离婚协议书》内容并不矛盾,二审法院认为2017年10月19日《离婚协议书》不构成对2017年8月15日《离婚协议书》的变更。(4)关于法律适用问题。一审法院依据《婚姻法解释二》第8条①的规定审理本案并无不当。综上所述,上诉人鲁某的上诉理由不成立,二审法院不予支持。一审判决认定事实清楚,适用法律正确,程序合法,应予维持。依照《民事诉讼法》第170条第1款第1项规定,判决驳回上诉,维持原判。

## 三、裁判规则提要

### (一)离婚协议中约定将夫妻共同财产归子女所有的条款的性质

夫妻双方达成离婚协议解除婚姻关系的情形主要分为两类,一是夫妻双方达成离婚协议后在婚姻登记机关登记离婚;二是双方达成离婚协议后,经由人民法院出具民事判决书或者民事调解书而离婚。在这两种情况下,离婚协议都有可能涉及夫妻双方约定将夫妻共同财产归子女所有的条款。在第二种情况下,如果法院的裁判文书已经发生法律效力,当事人一方就该条款反悔从而要求重新分割财产的,只能通过审判监督程序处理。此处只讨论第一种情况。

《民法典》第1076条规定:"夫妻双方自愿离婚的,应当签订书面离婚协议,并

---

① 对应《婚姻家庭编解释一》第69条。

亲自到婚姻登记机关申请离婚登记。离婚协议应当载明双方自愿离婚的意思表示和对子女抚养、财产以及债务处理等事项协商一致的意见。”第 1078 条规定：“婚姻登记机关查明双方确实是自愿离婚，并已经对子女抚养、财产以及债务处理等事项协商一致的，予以登记，发给离婚证。”这两条规定并未涉及离婚协议的性质和效力，也未涉及离婚协议中夫妻约定将共同财产归子女所有的条款的性质和效力。《婚姻家庭编解释一》第 69 条规定：“当事人达成的以协议离婚或者到人民法院调解离婚为条件的财产以及债务处理协议，如果双方离婚未成，一方在离婚诉讼中反悔的，人民法院应当认定该财产以及债务处理协议没有生效，并根据实际情况依照民法典第一千零八十七条和第一千零八十九条的规定判决。当事人依照民法典第一千零七十六条签订的离婚协议中关于财产以及债务处理的条款，对男女双方具有法律约束力。登记离婚后当事人因履行上述协议发生纠纷提起诉讼的，人民法院应当受理。”第 70 条规定：“夫妻双方协议离婚后就财产分割问题反悔，请求撤销财产分割协议的，人民法院应当受理。人民法院审理后，未发现订立财产分割协议时存在欺诈、胁迫等情形的，应当依法驳回当事人的诉讼请求。”第 83 条规定：“离婚后，一方以尚有夫妻共同财产未处理为由向人民法院起诉请求分割的，经审查该财产确属离婚时未涉及的夫妻共同财产，人民法院应当依法予以分割。”根据这些规定，离婚协议应视为夫妻双方之间所为的民事法律行为，需要满足《民法典》规定的民事法律行为的构成要件，在民事法律行为的体系上，离婚协议属于可变更、可撤销的民事法律行为。但这些条文也没有涉及夫妻双方约定将共同财产归子女所有的条款的性质和效力。

在定性上，因无明确的法律或者司法解释的规定，在实务中，对夫妻双方约定将共同财产归子女所有的条款性质的认识也并不统一。大部分人的观点是将其作为赠与对待。有些当事人也正是从这一定性出发，主张适用《民法典》第 658 条规定的赠与人的任意撤销权，在离婚后财产权利转移前，要求撤销赠与。有相当部分的案件，诉辩双方及人民法院也是在赠与的框架范围内论述夫妻双方在离婚后一方是否可以撤销该条款。

将这种条款定性为赠与的观点是值得商榷的，首先，《民法典》第 657 条规定：“赠与合同是赠与人将自己的财产无偿给予受赠人，受赠人表示接受赠与的合同。”可见，赠与合同是双方法律行为，不仅要求赠与人有赠与的意愿和行为，也要求受赠人有接受赠与的意思表示。但是，在夫妻双方签订离婚协议时，订立协议的主体是夫妻二人，并不涉及子女，尤其是子女为未成年人或者无民事行为能力人时。从主体上来看,这种条款并不符合赠与合同的构成要件。其次,离婚协议是夫妻双方关于解除婚姻关系、子女抚养、财产分割、债务承担、离婚损害赔偿等内容达成的协议,达成各个条款的原因相互交织,不能将离婚协议中关于财产处分的条款简单地单独分离出来讨论,协议中的各个条款构成了一个不可分割的整体,是双方在离婚的前提下对子女抚养、财产分割作出的全面处理,作一个不太恰当的类比,就像合伙终止后的合伙事务清算。夫妻约定将共同财产归子女所有,可能是考虑了各方面的因素,该条款甚至可能是夫妻双方在财产分割问题上分歧巨大时达成的一个妥协方案。在一些情况下,双方约定该条款还可能是为了对子女的抚养义务的履行作出安排。夫妻双方约定该条款的背景、原因和目的比较复杂,并非只是单纯出于将财产给予子女的意思,故其在本质上与赠与的无偿性有着明显的区别。综上所述,该条款不宜定性为赠与,在讨论是否应履行该条款时,也不宜在赠与的法律框架内进行。

夫妻双方在离婚协议中约定将共同财产归子女所有,从大的方面看,这一约定仍然属于夫妻离婚财产分割协议的范畴。具体来看,在夫妻双方就该条款的性质没有明确约定的情况下,将该条款定性为"为第三人利益的协议"更为适宜,在这一法律关系中,子女并不需要参与离婚协议的订立过程,也无须子女作出是否同意的意思表示。

所谓为第三人利益的协议,指的是协议双方为使第三人获取双方约定的某项利益而订立的协议。《民法典》颁行前,关于我国是否存在为第三人利益的合同,理论界存在较大的争议,这些争议主要是围绕《合同法》第 64 条的规定展开的。该条内容为:"当事人约定由债务人向第三人履行债务的,债务人未向第三人履行债务或者履行债务不符合约定,应当向债权人承担违约责任。"否认者的主要理由是,根据德国、法国的合同法理论及立法,为第三人利益的合同必须是突破了合同相对性的合同,在该类型的合同中,第三人对债务人享有直接的履约请求权,但《合同法》第 64 条规定的内容与此不同。肯定者则认为不能拘泥于国外立法和理论现状,我国立法并未否认第三人可以享有直接的履约请求权,且认可该类型合同的存在可以更好地保护第三人的权益,比如在债务人已经向第三人履行义务的情况下可以使第三人取得保有债务人给付的正当法律根据。

《民法典》合同编第 522 条对《合同法》第 64 条进行了修改,该条规定:"当事人约定由债务人向第三人履行债务,债务人未向第三人履行债务或者履行债务不符合约定的,应当向债权人承担违约责任。法律规定或者当事人约定第三人可以直接请求债务人向其履行债务，第三人未在合理期限内明确拒绝，债务人未向第三人履行债务或者履行债务不符合约定的，第三人可以请求债务人承担违约责任；债务人对债权人的抗辩，可以向第三人主张。”该规定回应了上述否定观点所持的理由，在一定条件下赋予了第三人履约请求权，突破了合同相对性。根据该条规定，可以认为我国在一定程度上已经明确认可了为第三人利益合同的存在。

夫妻在离婚协议中约定将共同财产归子女所有，虽然在不同的案件中有着不同的原因，但在客观上都是给予子女特定的财产，基本符合为第三人利益合同的构成要件，可以参照《民法典》第522条的规定，将其定性为为第三人利益的协议，如此更有利于保护子女的权益。在这一定性下，没有《民法典》合同编关于赠与人任意撤销权适用的余地。

### （二）夫妻约定将财产归子女所有的条款的效力

如上所述，夫妻离婚协议的签约主体是夫妻双方，这是夫妻实施的民事法律行为，对夫妻双方均有法律约束力，协议中关于将共同财产归子女所有的条款对双方也有法律约束力，任何一方均不得擅自变更、撤销，也不得无故不履行。但是，如果夫妻双方均同意变更或撤销该约定条款，在一般情况下，应当允许。因为将财产约定归子女所有是夫妻双方自由处分自己合法财产的行为，是意思自治的体现，故既然允许其自由处分，那么也应允许夫妻双方在财产权利转移之前自由撤销或变更这种处分行为。

### （三）在夫妻一方拒绝履行给予子女财产的条款时，子女是否能够作为原告要求履行

实践中，在要求违约方履行约定的案件中，诉讼主体，尤其是原告，呈现多样性的特点：有些案件以夫妻双方作为原告、被告；有些案件以子女作为原告，以夫妻双方作为被告；有些案件则是以夫妻一方及子女作为原告，以夫妻另一方作为被告。有必要将诉讼当事人的问题进行统一。笔者认为，子女可以单独作为原告提起诉讼，理由如下：

第一，《民法典》第522条确立了为第三人利益的合同类型。设立为第三人利益合同的目的在于承认第三人对债务人享有一定的权利，支持第三人从该合同中获得正当的利益。以此目的出发，从逻辑上说，第三人应当取得向债务人主张权利的请求权，如此才能更好地达到保护第三人利益的目的。事实上，《民法典》第522

条第2款也已经赋予了第三人在一定条件下享有直接请求权。上文已述,夫妻约定共同财产归子女所有的条款宜定性为为第三人利益的协议,该协议的订约主体是夫妻双方,子女为第三人。虽然夫妻双方在离婚协议中很可能不会约定子女享有直接的履约请求权,且现行法律对子女的履行请求权也没有明确的规定,但是在子女知悉该条款后,若其明确表示接受该财产,其接受财产的权利应受到法律的保护,此时应赋予子女直接要求履行该协议的请求权,这是逻辑上的必然选择。

第二,赋予子女原告的诉讼地位有利于法院裁判的顺利执行,也有利于节约诉讼成本。若严守协议相对性的原则,仅赋予夫妻双方适格当事人的地位,不便于裁判的执行。因为在子女并非案件当事人的情况下,法院裁判不能将财产判归至子女名下,只能判决违约一方继续履行协议,但具体如何履行,很可能还需要由子女另行提起诉讼才能够得以实现。在承认子女可以依据夫妻离婚协议获取利益的情况下,直接赋予其适格原告的诉讼地位,更便于其取得相关财产的所有权。

(四)夫妻一方不履行给予子女财产的条款时,另一方能否以对方违反约定为由要求解除全部的财产分割协议,从而要求重新分割财产

虽然夫妻离婚财产分割协议与《民法典》合同编规定的合同关系有一定的相似性,但是婚姻毕竟有涉身份关系,财产分割协议尽管会涉及夫妻各方应承担的义务,但这种义务并不等同于财产法上合同双方当事人之间的对待给付义务,不能完全适用《民法典》合同编有关合同解除的规定。在婚姻这种身份关系解除后,附随其上的财产关系也应尽快稳定下来。如果允许当事人参照《民法典》合同编关于合同解除的规定,在一方不履行该条款时另一方可以解除全部的财产分割协议,势必会影响家庭关系的安定,在一方再婚的情况下更是如此。故在处理离婚财产分割协议的履行时,若一方不履行协议,效果更好的处理方式应是要求其继续履行,而不是赋予另一方违约解除权。

## 四、辅助信息

**高频词条:**

**《民法典》**

**第136条** 民事法律行为自成立时生效,但是法律另有规定或者当事人另有约定的除外。

行为人非依法律规定或者未经对方同意,不得擅自变更或者解除民事法律

行为。

**第 158 条** 民事法律行为可以附条件，但是根据其性质不得附条件的除外。附生效条件的民事法律行为，自条件成就时生效。附解除条件的民事法律行为，自条件成就时失效。

**第 465 条** 依法成立的合同，受法律保护。

依法成立的合同，仅对当事人具有法律约束力，但是法律另有规定的除外。

**第 509 条** 当事人应当按照约定全面履行自己的义务。

当事人应当遵循诚信原则，根据合同的性质、目的和交易习惯履行通知、协助、保密等义务。

当事人在履行合同过程中，应当避免浪费资源、污染环境和破坏生态。

**第 522 条** 当事人约定由债务人向第三人履行债务，债务人未向第三人履行债务或者履行债务不符合约定的，应当向债权人承担违约责任。

法律规定或者当事人约定第三人可以直接请求债务人向其履行债务，第三人未在合理期限内明确拒绝，债务人未向第三人履行债务或者履行债务不符合约定的，第三人可以请求债务人承担违约责任；债务人对债权人的抗辩，可以向第三人主张。

**第 657 条** 赠与合同是赠与人将自己的财产无偿给予受赠人，受赠人表示接受赠与的合同。

**第 658 条** 赠与人在赠与财产的权利转移之前可以撤销赠与。

经过公证的赠与合同或者依法不得撤销的具有救灾、扶贫、助残等公益、道德义务性质的赠与合同，不适用前款规定。

**第 1067 条** 父母不履行抚养义务的，未成年子女或者不能独立生活的成年子女，有要求父母给付抚养费的权利。

成年子女不履行赡养义务的，缺乏劳动能力或者生活困难的父母，有要求成年子女给付赡养费的权利。

**第 1076 条** 夫妻双方自愿离婚的，应当签订书面离婚协议，并亲自到婚姻登记机关申请离婚登记。

离婚协议应当载明双方自愿离婚的意思表示和对子女抚养、财产以及债务处理等事项协商一致的意见。

**第 1078 条** 婚姻登记机关查明双方确实是自愿离婚，并已经对子女抚养、财产以及债务处理等事项协商一致的，予以登记，发给离婚证。

**第1087条** 离婚时,夫妻的共同财产由双方协议处理;协议不成的,由人民法院根据财产的具体情况,按照照顾子女、女方和无过错方权益的原则判决。

对夫或者妻在家庭土地承包经营中享有的权益等,应当依法予以保护。

**第1089条** 离婚时,夫妻共同债务应当共同偿还。共同财产不足清偿或者财产归各自所有的,由双方协议清偿;协议不成的,由人民法院判决。

**第1092条** 夫妻一方隐藏、转移、变卖、毁损、挥霍夫妻共同财产,或者伪造夫妻共同债务企图侵占另一方财产的,在离婚分割夫妻共同财产时,对该方可以少分或者不分。离婚后,另一方发现有上述行为的,可以向人民法院提起诉讼,请求再次分割夫妻共同财产。

**《婚姻家庭编解释一》**

**第69条** 当事人达成的以协议离婚或者到人民法院调解离婚为条件的财产以及债务处理协议,如果双方离婚未成,一方在离婚诉讼中反悔的,人民法院应当认定该财产以及债务处理协议没有生效,并根据实际情况依照民法典第一千零八十七条和第一千零八十九条的规定判决。

当事人依照民法典第一千零七十六条签订的离婚协议中关于财产以及债务处理的条款,对男女双方具有法律约束力。登记离婚后当事人因履行上述协议发生纠纷提起诉讼的,人民法院应当受理。

**第70条** 夫妻双方协议离婚后就财产分割问题反悔,请求撤销财产分割协议的,人民法院应当受理。

人民法院审理后,未发现订立财产分割协议时存在欺诈、胁迫等情形的,应当依法驳回当事人的诉讼请求。

**第83条** 离婚后,一方以尚有夫妻共同财产未处理为由向人民法院起诉请求分割的,经审查该财产确属离婚时未涉及的夫妻共同财产,人民法院应当依法予以分割。

# 婚恋财产纠纷案件裁判规则第 14 条：

## 婚姻关系存续期间，夫妻一方未经另一方同意使用夫妻共同财产为其本人父母购置房产出资，离婚时，另一方要求经济补偿的，一般可予以支持

〔**规则描述**〕：在现阶段，房产价值巨大。在夫妻关系存续期间，夫妻一方使用夫妻共同财产为其本人父母购房出资的，超出了家庭日常生活需要的范围，不适用家事代理。若该行为未征得夫妻另一方的同意，即侵犯了夫妻另一方的夫妻共有财产权。在离婚时，夫妻另一方若据此要求擅自处分夫妻共同财产的一方给予相应经济补偿的，一般应予以支持。

### 一、类案检索大数据报告

时间：2020 年 5 月 1 日之前，案例来源：Alpha 案例库，案件数量：22 件，数据采集时间：2020 年 5 月 1 日。本次检索获取 2020 年 5 月 1 日前共 22 篇裁判文书，其中：夫妻双方或一方在婚姻关系存续期间出资购买房屋，且将该房屋权属登记在父母名下，在离婚时，当事人主张将该房屋的所有权作为夫妻共同财产分割，法院不予支持的 12 件，约占 54.55%；法院予以支持的 2 件，约占 9.09%；法院认为涉及第三人利益不做处理的案件 8 件，约占 36.36%。整体情况如图 14－1 所示。

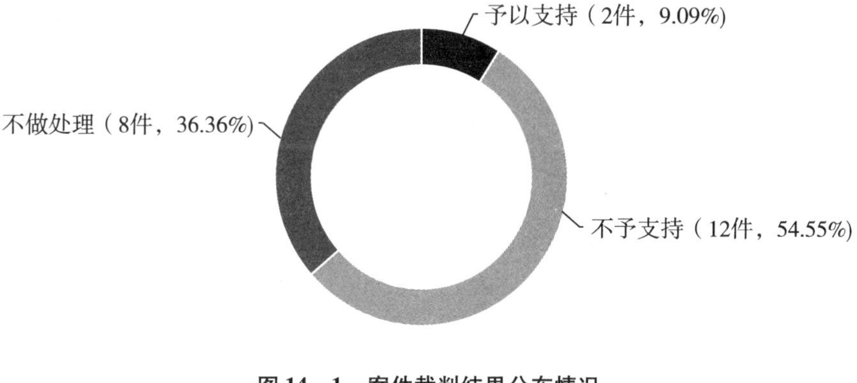


**图 14－1　案件裁判结果分布情况**

如图 14－2 所示，从案件案由分类情况可以看到，当前条件下案件的案由分布由多至少分别是离婚纠纷类、离婚后财产纠纷类。

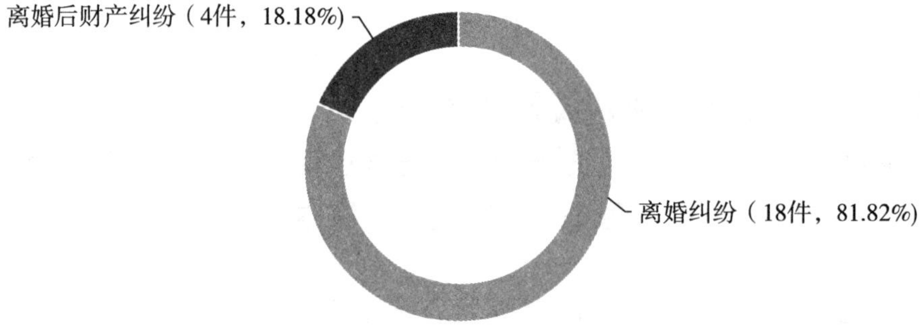


**图 14 -2　案件案由分类情况**

如图 14 -3 所示,从案件审理程序分布可以看到,当前条件下案件的上诉率约为 40.91% 。

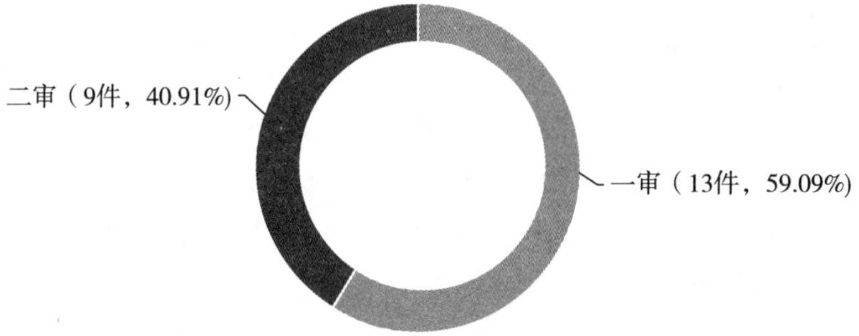


**图 14 -3　案件审理程序分布情况**

如图 14 -4 所示,从案件二审裁判结果情况可以看到,当前条件下案件维持原判的比例较高,约为 66.67% 。

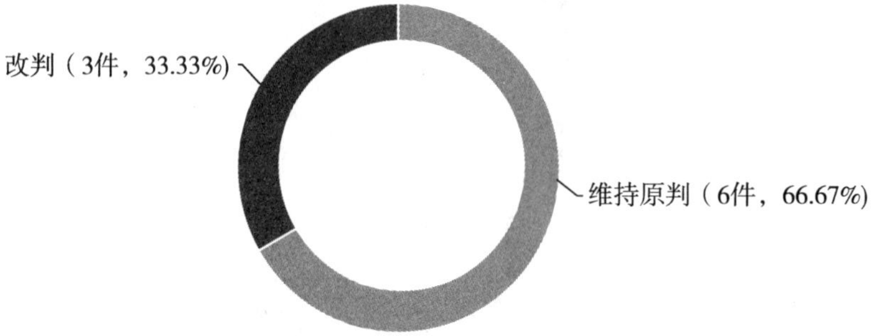


**图 14 -4　案件二审裁判结果情况**

## 二、可供参考的例案

### 例案一 | 王某与许某1、第三人许某2、冯某离婚后财产纠纷案

**【法院】**

北京市第一中级人民法院

**【案号】**

(2018)京01民终9970号

**【当事人】**

上诉人(原审原告)：王某，女

上诉人(原审被告)：许某1，男

被上诉人(原审第三人)：许某2，男

被上诉人(原审第三人)：冯某，女

**【基本案情】**

许某2、冯某系许某1的父母。许某1与王某原系夫妻关系，二人于2003年登记结婚，于2015年经法院调解离婚。双方离婚后又围绕夫妻共同财产有一系列其他诉讼。离婚诉讼以及之后的其他诉讼，对本案涉及的诉争房屋产权或购房出资均未分割。

2012年5月4日，许某1作为许某2的委托代理人与他人签订《存量房屋买卖合同》，约定许某2从他人处购买诉争房屋。关于该房屋的购买价格，王某与许某1均认可是113万元。关于购房款的构成，法院查明来自夫妻之外的款项共两笔，第一笔款项为2012年5月3日，许某3(许某1姐姐)向许某1北京银行账户(尾号略)转账20万元，该笔款项是购房款。许某1称其姐姐是代表他父母出资的。许某3在本案审理过程中出具书面意见予以确认。第二笔款项为2012年5月31日，冯某向许某1北京银行账户(尾号略)转账262,987.4元。该笔款项最初来源于许某1。2010年5月31日，许某1分两笔向冯某的账户汇入共计25.06万元，其中25万元转为三个月定期储蓄，此后经不断约转，最终至2012年5月31日连本带息共计262,987.4元。关于以上25.06万元的性质，许某1称是赠与，王某称是许某1借其母亲的账户理财。王某认为全部购房款项113万元全部由许某1出资。许某1认为其父母出资共462,987.4元，其余款项为其与王某共同的赠与。2012年6月1日，诉争房屋取得所有权证书，登记的房屋所有权人为许某2。该房

屋实际由许某2、冯某居住使用。另查,许某1于2012年6月14日向冯某账户转账4万元。许某1称该笔款项是给冯某用于抚养许某1与王某的孩子的。王某对该说法不予认可。

关于购房款的支付,许某1称王某知情且同意。许某1称购房交契税时用的是王某的信用卡。王某称她没有参与许某1购房,她也不同意许某1购买诉争房屋,她当时并不知道诉争房屋所有权登记在许某2名下。许某1称王某没有参与购房是因为要在家带孩子,没时间。再查,双方还购置有另两套房产,一套在回龙观龙禧苑,建筑面积为142平方米。另一套在西三旗,建筑面积为44.3平方米。

**【案件争点】**

1. 王某对许某1用夫妻共同财产为许某1父母购房一事是否同意。

2. 购房款中哪些属于夫妻共同财产。

**【裁判要旨】**

一审法院认为,关于诉争房屋的产权人和购房资金来源是清晰的,且双方也不持异议。本案的争议焦点之一是王某对许某1用夫妻共同财产赠与许某2购房款是否同意。依据既往的生效判决可以认定,王某对购买诉争房屋使用了夫妻共同财产是知情的,但并未认定王某同意赠与购房款。虽然如此,基于双方原是夫妻关系,彼此在共同做出家庭经济决策时很难要求一定要留下规范的书面确认,因此王某是否同意赠与的客观事实只有其家庭成员知晓,而在缺乏直接证据的情况下法院无法径行确认。故法院只能依据举证责任分配和证明标准的高低确定法律事实。

夫妻对共同所有的财产,有平等的处理权。对重大财产的处分一般应当取得夫妻双方的一致同意。许某1并无证据证明其赠与父母购房款取得了王某的同意,故其应当承担举证不能的不利后果,即应当赔偿王某的财产损失。王某的诉讼请求法院予以支持。许某1辩称购买诉争房屋时用了王某的信用卡支付税费,以此说明王某同意为许某1父母购房。但是许某1并无证据证明其说法属实,即便属实也不能证明待证观点,只能说明王某对许某1购房一事知情。因为王某并未参与购房过程,无法推断其知道真正的购房者是谁。

另外,是否能以王某对购房之事知情推定其同意为许某1父母购房,法院认为不能。首先,如上所述,现有证据不能证明王某知晓实际的购房者。其次,同样是父母与子女的亲情关系,父母出资为子女购房和子女出资为父母购房在实际的证明标准上也应有所区别。基于父母对子女天然的爱,父母为子女购房一般容易达成统一意见，出现纠纷常见的点是为子女一方购房还是为子女夫妻二人购房。夫妻一方与公婆（岳父母）是后天建立的情感关系，且往往受到夫妻感情的影响，因此夫妻为父母购房时相对更难达成统一的意见，从证明标准上看应比父母为子女购房的举证标准更高。尤其是双方已经离婚，许某 1 对王某同意为第三人购房的举证责任更严格，证明标准更高。

本案另一个争议焦点是购房款中哪些属于夫妻共同财产。许某 3 给许某 1 转账的 20 万元并没有证据证明源于夫妻共同财产，故该部分不应列入赔偿项目。关于冯某转账的 262, 987.4 元，已经查明系许某 1 赠与其母亲的 25 万元在银行获得利息而来。利息部分是属于冯某个人财产的合法孳息，不应计入夫妻共同财产之内。25 万元数额较大，与上同理，许某 1 并无证据证明赠与行为取得了王某的同意，故也应当认定为侵害了夫妻共同财产，应当承担侵权责任。剩余购房款源于夫妻共同财产，许某 1 应当赔偿王某相应的份额。许某 1 后来向冯某转账的 4 万元在双方的全部财产中占比比较少。许某 1 辩称用于抚养双方子女，该解释合情合理，也不违背事实，故该 4 万元不应列入赔偿之列。王某要求赔偿财产损失利息的请求无法律依据，法院不予支持。综上所述，依据《婚姻法》第 17 条①、《民事诉讼法》第 64 条之规定，一审法院判决：(1) 许某 1 赔偿王某财产损失 458, 506 元；(2) 驳回王某的其他诉讼请求。

二审法院认为，王某、许某 1 的上诉请求理由不足，法院均不予支持，驳回上诉，维持原判。

## 例案二 | 毛某 1、毛某 2 与金某某所有权纠纷案

**【法院】**

上海市第二中级人民法院

**【案号】**

(2017) 沪 02 民终 9291 号

**【当事人】**

上诉人（原审被告）：毛某 1，男

委托诉讼代理人：王某 1，律师

---

① 对应《民法典》第 1062 条。

委托诉讼代理人:蒋某某,律师

被上诉人(原审原告):金某某,女

委托诉讼代理人:王某2,律师

委托诉讼代理人:刘某某,律师

原审被告:毛某2,男

**【基本案情】**

金某某与毛某1原系夫妻,于2015年10月23日经上海市长宁区人民法院判决离婚,该判决已生效。毛某3与陆某某系夫妻,生育毛某2、毛某1。陆某某于1999年7月7日死亡,毛某3于2017年1月22日死亡,毛某3父母均先于其死亡。2013年2月6日、2013年4月26日,从毛某1银行卡分别支付给系争房屋开发商20万元、82.9万元。2013年3月16日,毛某3与海南××置业有限公司签订了《商品房预售合同》,约定毛某3购买万宁市××镇××半岛××海南侧××海项目中的第××幢××层××号房屋,总价款102.9万元。2013年8月27日,税收存根显示,系争房屋计税金额为102.9万元,付款人为毛某3。2014年9月30日,系争房屋登记在毛某3名下。

另查,在(2014)长民四(民)初字第××号金某某与毛某1离婚案件2015年2月4日庭审笔录第4页中,毛某1对系争房屋辩称:"这套房屋不是我的,不清楚是谁的。2013年12月或2014年1月购买过,房价记不清楚了。支付了10~20万元,转账支付,用哪张银行卡支付要查询,当时是向开发商购买。后来退房,2014年上半年口头通知,开发商也将我原来交的钱退给我了,是交了多少退了多少,是现金退的。"该笔录第3页中,毛某1被问及其名下中信银行2013年2月6日支出的20万元,及其名下兴业银行2013年4月26日指出的82.9万元是否用于支付海南房屋的购房款时,毛某1辩称:"不是。""用于消费,消费用途记不清楚了。""我没有支付过购房款,这两笔支出款的用途我记不清楚。"在该案于2017年5月3日与毛某1委托诉讼代理人的谈话笔录中,毛某1辩称:"该款项不是购房款,具体用途已经记不得了。"

**【案件争点】**

金某某与毛某1就购房款102.9万元有无达成赠与的合意。

**【裁判要旨】**

一审法院认为,夫妻对共同所有的财产,有平等的处理权。该案中,金某某以毛某1无权处分夫妻共同财产为由,要求毛某1赔偿金某某在婚姻存续期间购买系争房屋钱款的一半，鉴于目前金某某与毛某1已解除婚姻关系，并无不妥。毛某1确认在婚姻存续期间出资102.9万元购买了位于海南省万宁市××镇××半岛××海南侧××海公寓××号楼××房，但其辩称为夫妻共同赠与父亲毛某3的，故产权登记在毛某3名下。金某某确认系争房屋产权现状，但否认是毛某1与其合意的房款赠与。争议焦点为金某某与毛某1就购房款102.9万元有无达成赠与的合意。出资购房属于家庭的重大决策与支出，应由夫妻双方平等协商，取得一致意见。首先，毛某1在离婚诉讼中涉及系争房屋、购房款时的陈述及在该案2017年5月3日的谈话中均未提及其向毛某3的赠与意思表示，并有隐瞒购房支出的意思，现其以赠与抗辩，前后矛盾的言行违反了"禁反言"原则，大大降低了其辩称系夫妻合意赠与购房款的陈述的可信度。其次，就系夫妻合意赠与的举证而言，毛某1仅能提供证人证言，无其他证据佐证，考虑到证人证言的主观性，法院对其证明目的不予采信。最后，对于家庭重大决策事项，夫妻应有沟通协商的过程，现毛某1称在购房签合同当日告知金某某购房系赠与父亲，亦与常理不符。综上所述，难以认定购买系争房屋的钱款系金某某与毛某1共同赠与，毛某1无权处分了夫妻共同财产中属于金某某的份额，应予赔偿。据此，依据《婚姻法》第17条①、《婚姻法解释一》第17条②之规定，作出如下判决：毛某1应赔偿金某某514,500元。

二审法院认为，毛某1的上诉请求缺乏依据，依法不予支持。一审法院认定事实清楚，程序合法，所作判决并无不当，驳回上诉，维持原判。

## 例案三 | 李某1与杜某1离婚后财产纠纷案

**【法院】**

北京市第三中级人民法院

**【案号】**

(2019)京03民终3626号

**【当事人】**

上诉人(原审原告)：李某1，男

委托诉讼代理人：许某某，律师

---

① 对应《民法典》第1062条。

② 对应《民法典》第1062条。

被上诉人(原审被告):杜某1,女

委托诉讼代理人:杨某1,系杜某1之母

**【基本案情】**

李某1与杜某1于2012年2月经人介绍相识,2012年8月25日登记结婚,2016年4月21日生育一子李某2。2015年4月,杜某1以253万元的总价购买了涉案203号房屋。2015年4月11日,李某1与杜某1出具房屋产权证明,载明:“现位于北京市朝阳区××××雅园×号楼×层203号房屋,房本建筑面积76.32平方米,购置于2015年4月,购房协议中过户人为杜某1,实际出资购买方为其父母杜某2和杨某1,花费购房金额为263万元整,其中房款253万元,中介费和税费共计10万元。此房与李某1、杜某1夫妇无任何关系,杜某1自愿放弃该房屋所有权利,该住所以后的交易、抵押、贷款等房屋权利属性及收益均为杜某2和杨某1所有”。2015年5月6日,杨某1向杜某1转账147万元。同日,杨某2向杜某1转账63万元。2015年5月7日,杜某1向卖房人孙某转账247万元。2015年5月8日,203号房屋所有权转移登记至杜某1名下。庭审中,李某1表示夫妻共同存款由杜某1保存,杜某1承诺购买203号房屋不动用夫妻共同存款,李某1才同意出具房屋产权证明,但在双方离婚时其才得知购买房屋使用了夫妻共同存款。另外,李某1对杨某1转账杜某1的147万元、杨某2转账杜某1的63万元没有异议,但认为该两笔款项应为借款。杜某1表示李某1自愿出具房屋产权证明,同意夫妻共同存款赠与父母买房,现李某1不认可赠与的事实,杜某1同意补偿李某15万元。

2017年9月13日,李某1以双方感情破裂为由诉至法院,要求与杜某1离婚,婚生子李某2由杜某1抚养,李某1每月支付抚养费并定期探视,依法分割夫妻共同财产。2017年12月15日,法院作出(2017)京0105民初66343号民事判决书,其中审理查明部分对203号房屋购房情况载明,杜某1认可购买203号房屋时使用了夫妻共同存款24万元。判决书认为203号房屋分割涉及案外人利益,在离婚案件中不宜分割,双方可另案主张,法院最后判决:准予李某1与杜某1离婚;婚生子李某2由杜某1负责抚育,李某1每月15日前支付杜某1抚养费2000元,直至李某2年满18周岁;杜某1配合李某1探视李某2,每两周一次,周六9时接走、周日17时负责送回;位于北京市朝阳区×××西街××号楼××层1803号房屋归李某1所有,相应贷款由李某1负责偿还。李某1给付杜某1折价款30万元,杜某1协助李某1办理上述房屋的过户手续;×××号大众牌车辆归杜某1所有,李某1配合杜某1办理车辆过户手续，杜某1给付李某1折价款3.5万元；双方各自名下银行卡内存款归各自所有。判决作出后，杜某1以不同意抚养婚生子李某2为由提出上诉，后于2018年6月11日撤回上诉，一审判决生效，未对203号房屋作出处理。

**【案件争点】**

购买203号房屋时是否使用了李某1、杜某1的夫妻共同财产。

**【裁判要旨】**

一审法院认为，从查明事实来看，购买203号房屋的绝大部分款项来自杜某1的母亲和大姨，李某1和杜某1共同出具房屋产权证明，确认203号房屋权利属性以及收益均为杜某1父母所有，应为双方真实意思，李某1以房屋权属为基础主张权益，没有事实依据。但是，购买203号房屋时确实使用了李某1、杜某1小部分共同存款，李某1据此主张权益，符合事实与法律规定。由于203号房屋登记在杜某1名下，李某1要求与杜某1分割该笔夫妻共同存款，法院予以支持，具体金额法院酌情确定为15万元。判决如下：(1)杜某1补偿李某1北京市朝阳区××××雅园×号楼×层203号房屋折价款15万元。(2)驳回李某1其他诉讼请求。

二审法院认为，李某1上诉称购房实际使用夫妻共同财产43万元，证据不足，法院不予支持。涉案房屋实际权利人为杜某2夫妇，李某1主张分配房屋增值利益，无事实及法律依据。关于杜某1大姨向杜某1转账63万元，杜某1称作为购房款投入，李某1上诉该笔款项作为借款应从房屋价值中予以扣除，于法无据，法院亦不予采信。综上所述，依照《民事诉讼法》第170条第1款第1项的规定，一审判决认定事实清楚，适用法律正确，应予维持。驳回上诉，维持原判。

## 三、裁判规则提要

### (一)夫妻财产制及共有人的处分权

《民法典》第1062条第1款规定："夫妻在婚姻关系存续期间所得的下列财产，为夫妻的共同财产，归夫妻共同所有：(一)工资、奖金、劳务报酬；(二)生产、经营、投资的收益；(三)知识产权的收益；(四)继承或者受赠的财产，但是本法第一千零六十三条第三项规定的除外；(五)其他应当归共同所有的财产。"根据该规定，我国实行的法定夫妻财产制系夫妻婚后所得共同制，即夫妻婚后所得的财产，若夫妻双方无相反的约定，一般均是夫妻共同财产，归夫妻双方共有，且这种共有是共同共有。《民法典》第299条规定："共同共有人对共有的不动产或者动产共同享有所有权。”第 301 条规定:“处分共有的不动产或者动产以及对共有的不动产或者动产作重大修缮、变更性质或者用途的,应当经占份额三分之二以上的按份共有人或者全体共同共有人同意,但是共有人之间另有约定的除外。”

### (二)夫妻间的家事代理权

所谓“家事代理权”,指的是配偶一方在与第三人就家庭日常事务为一定法律行为时,享有代理对方的权利,配偶一方所实施的法律行为,视为配偶双方共同的意思表示,配偶双方对其行为承担共同的连带责任。在这种“代理”的表征下,配偶一方对夫妻共同财产的处分为有权处分。夫或妻享有家事代理权也是男女平等原则在夫妻财产制度上的体现。虽然夫妻婚后所得财产一般归夫妻共同共有,按照共有制度的要求,夫妻在处分时需要一致同意,但社会生活是复杂的,在家庭生活中,需要处理的事务琐碎繁杂,如果在涉及处分夫妻共同财产时,事无巨细都需要取得夫妻的一致同意,一方面会使夫妻双方不胜其烦,另一方面也会使与夫妻双方或一方交易的第三人要时时留意交易时是否经过了夫妻双方共同的同意,将大大提高第三人的交易成本。过分强调夫妻在处分共同财产时必须取得双方协商一致的表征,有时候既不符合社会生活的习惯,又会给夫妻双方及第三人造成不必要的麻烦,所以在日常家庭生活领域赋予夫或妻家事代理权是方便婚姻生活,提高社会经济交易效率的必然要求。

《民法典》第 1060 条第 1 款规定:“夫妻一方因家庭日常生活需要而实施的民事法律行为,对夫妻双方发生效力,但是夫妻一方与相对人另有约定的除外。”第 1062 条第 2 款规定:“夫妻对共同财产,有平等的处理权。”《婚姻法解释一》第 17 条规定:“婚姻法第十七条关于‘夫或妻对夫妻共同所有的财产,有平等的处理权’的规定,应当理解为:(一)夫或妻在处理夫妻共同财产上的权利是平等的。因日常生活需要而处理夫妻共同财产的,任何一方均有权决定。(二)夫或妻非因日常生活需要对夫妻共同财产做重要处理决定,夫妻双方应当平等协商,取得一致意见。他人有理由相信其为夫妻双方共同意思表示的,另一方不得以不同意或不知道为由对抗善意第三人。”2020 年 12 月,最高人民法院废止了《婚姻法解释一》,并颁布了《婚姻家庭编解释一》。《婚姻家庭编解释一》并未继续沿用《婚姻法解释一》第 17 条的内容,但这并不意味着夫妻家事代理制度已被废除,原《婚姻法解释一》第 17 条规定的精神已由《民法典》婚姻家庭编吸纳,具体体现于《民法典》婚姻家庭编第 1060 条、第 1062 条第 2 款、第 1064 条中,这些条文是我国对夫妻之间家事代理权的规定。根据上述规定，夫或妻一方行使家事代理权应限于家庭日常生活需要的范畴，超出该范畴处分夫妻共同财产的，必须取得夫妻双方的一致同意。

（三）婚姻关系存续期间，夫妻一方单方为其父母购房出资的行为不构成家事代理，出资行为应该征得夫妻另一方的同意

法律虽然规定了在家庭日常生活领域中，夫或妻享有一定的家事代理权，但并未就何为“家庭日常生活需要”作出明确的界定。在理论上，史尚宽先生认为，日常家事“包括未成熟子女及夫妻生活方面必要的一切事项，一家之食物、光热、衣着等物之购买，保健、正当娱乐、医疗、子女教养之开支，家具及日常用品之购置，女仆、家庭教师之雇用，亲友之馈赠，报纸杂志之订购等”。也有学者认为，“所谓日常家事是指夫妻双方及其共同的未成年子女日常共同生活所必需的事项”。在实务中，江苏省高级人民法院《婚姻家庭案件审理指南》在“夫妻家事代理权”部分表示：“一般来说，涉及家庭柴米油盐事务自然系日常生活，但如涉及住、行、子女教育等事务自然应夫妻互商互量。”由此可见，“家庭日常生活需要”的范围具有不确定性，理论及实务界也存在着不同的认识。笔者认为，“家庭日常生活需要”与家庭所在地区的经济发展水平，家庭自身的经济收入状况，夫妻的社会地位、职业以及日常消费习惯乃至于社会风俗习惯都有着紧密的联系。同一件事，如花费上万元办理健身卡或购买一件衣物，在有些地区的家庭为司空见惯的一般性家庭支出，而在另一些家庭眼中却为重大的开支项目。故在确定家庭日常生活需要的范围时，应当根据案件的实际情况，综合相关因素进行判断，不宜确定统一而具体的评判标准，但总的原则应将其限于家庭一般性的消费支出及对相对来说价值较小的共同财产的处分。

现阶段，对大部分的家庭而言，房屋都是主要的家庭资产，为购买房屋而支付的对价在家庭财产中占有相当高的比例。为购买房屋，有的家庭甚至耗尽了夫妻双方及各自父母的所有积蓄，是否购买房屋、购买什么样的房屋、为谁购买房屋都属于重大的家庭事务。尽管理论及实务界对“家庭日常生活需要”的范围存在不同的认识，但对购买房屋的行为不属于“家庭日常生活需要”的范围，不适用夫妻家事代理权，基本是能够达成一致的。

在婚姻关系存续期间，夫妻一方使用夫妻共同财产为其父母购买房屋而出资，该行为的性质主要有两类，一为借款，二为赠与。但因该出资的金额较大，无论属于何种性质，该出资的行为都是超出“家庭日常生活需要”范围的行为，不适用家事

代理。在未征得夫妻另一方同意的情况下,该出资行为系无权处分,侵犯了夫妻另一方的共有财产权。在出资为借款的情况下,夫妻另一方可以要求债务人偿还借款。在出资为赠与的情况下,夫妻另一方可以要求受赠人返还相应的款项。在两种情况下,离婚时,夫妻另一方都可以要求擅自处分夫妻共同财产的一方对其财产损失进行补偿。

夫妻一方将夫妻共同财产赠与其本人父母用于购房,有时是出于向其父母尽孝的心理,但这种良好的出发点并不能改变无权处分的行为性质,其仍应承担向另一方进行经济补偿的责任。若赠与方主张该赠与行为得到了夫妻另一方的同意,其应就此承担举证责任。若夫妻一方擅自为其父母出资购房是为了转移、隐藏夫妻共同财产,以达到侵占另一方财产的目的,在离婚时夫妻另一方可以根据《民法典》第1092条要求对该方不分或少分夫妻共同财产,该条规定:“夫妻一方隐藏、转移、变卖、毁损、挥霍夫妻共同财产,或者伪造夫妻共同债务企图侵占另一方财产的,在离婚分割夫妻共同财产时,对该方可以少分或者不分。离婚后,另一方发现有上述行为的,可以向人民法院提起诉讼,请求再次分割夫妻共同财产。”

## 四、辅助信息

**高频词条:**

**《民法典》**

**第299条** 共同共有人对共有的不动产或者动产共同享有所有权。

**第301条** 处分共有的不动产或者动产以及对共有的不动产或者动产作重大修缮、变更性质或者用途的,应当经占份额三分之二以上的按份共有人或者全体共同共有人同意,但是共有人之间另有约定的除外。

**第1060条** 夫妻一方因家庭日常生活需要而实施的民事法律行为,对夫妻双方发生效力,但是夫妻一方与相对人另有约定的除外。

夫妻之间对一方可以实施的民事法律行为范围的限制,不得对抗善意相对人。

**第1062条** 夫妻在婚姻关系存续期间所得的下列财产,为夫妻的共同财产,归夫妻共同所有:

(一)工资、奖金、劳务报酬;

(二)生产、经营、投资的收益;

(三)知识产权的收益;

(四)继承或者受赠的财产,但是本法第一千零六十三条第三项规定的除外;

（五）其他应当归共同所有的财产。

夫妻对共同财产，有平等的处理权。

**第 1064 条** 夫妻双方共同签名或者夫妻一方事后追认等共同意思表示所负的债务，以及夫妻一方在婚姻关系存续期间以个人名义为家庭日常生活需要所负的债务，属于夫妻共同债务。

夫妻一方在婚姻关系存续期间以个人名义超出家庭日常生活需要所负的债务，不属于夫妻共同债务；但是，债权人能够证明该债务用于夫妻共同生活、共同生产经营或者基于夫妻双方共同意思表示的除外。

**第 1079 条** 夫妻一方要求离婚的，可以由有关组织进行调解或者直接向人民法院提起离婚诉讼。

人民法院审理离婚案件，应当进行调解；如果感情确已破裂，调解无效的，应当准予离婚。

有下列情形之一，调解无效的，应当准予离婚：

（一）重婚或者与他人同居；

（二）实施家庭暴力或者虐待、遗弃家庭成员；

（三）有赌博、吸毒等恶习屡教不改；

（四）因感情不和分居满二年；

（五）其他导致夫妻感情破裂的情形。

一方被宣告失踪，另一方提起离婚诉讼的，应当准予离婚。

经人民法院判决不准离婚后，双方又分居满一年，一方再次提起离婚诉讼的，应当准予离婚。

**第 1084 条** 父母与子女间的关系，不因父母离婚而消除。离婚后，子女无论由父或者母直接抚养，仍是父母双方的子女。

离婚后，父母对于子女仍有抚养、教育、保护的权利和义务。

离婚后，不满两周岁的子女，以由母亲直接抚养为原则。已满两周岁的子女，父母双方对抚养问题协议不成的，由人民法院根据双方的具体情况，按照最有利于未成年子女的原则判决。子女已满八周岁的，应当尊重其真实意愿。

**第 1085 条** 离婚后，子女由一方直接抚养的，另一方应当负担部分或者全部抚养费。负担费用的多少和期限的长短，由双方协议；协议不成的，由人民法院判决。

前款规定的协议或者判决，不妨碍子女在必要时向父母任何一方提出超过协议或者判决原定数额的合理要求。

**第1087条** 离婚时,夫妻的共同财产由双方协议处理;协议不成的,由人民法院根据财产的具体情况,按照照顾子女、女方和无过错方权益的原则判决。

对夫或者妻在家庭土地承包经营中享有的权益等,应当依法予以保护。

**第1092条** 夫妻一方隐藏、转移、变卖、毁损、挥霍夫妻共同财产,或者伪造夫妻共同债务企图侵占另一方财产的,在离婚分割夫妻共同财产时,对该方可以少分或者不分。离婚后,另一方发现有上述行为的,可以向人民法院提起诉讼,请求再次分割夫妻共同财产。

# 婚恋财产纠纷案件裁判规则第 15 条：

## 在离婚纠纷案件中，对于所有权登记在他人名下的房屋或者所有权虽登记在夫妻一方或双方名下但有可能涉及他人利益的房屋，当事人一方主张该房屋系夫妻共同财产并要求分割的，一般不予处理

〔**规则描述**〕：因房屋的登记权利人与实际权利人有可能不一致，故对夫妻一方要求分割所有权登记在他人名下的房屋的诉讼请求不宜直接驳回，对夫妻一方要求分割虽然登记在夫妻名下但有可能涉及他人合法权益的房屋的诉讼请求也不宜直接支持，而是应该为案外他人保留主张权利的机会，由利害关系人另行提起诉讼以便于确定房屋权利的归属，在房屋权属确定后，再判断是否应将该房屋在夫妻之间进行分割。

### 一、类案检索大数据报告

时间：2020 年 4 月 20 日之前，案例来源：Alpha 案例库，案件数量：76 件，数据采集时间：2020 年 4 月 20 日。本次检索获取 2020 年 4 月 20 日前共 76 篇裁判文书，其中：当事人请求将登记在他人名下的房屋作为夫妻共同财产分割，法院予以支持的案件有 4 件，约占 5.26%；法院认为涉及第三人利益，应另案审理的案件有 51 件，约占 67.11%；法院认为当事人提供的证据不足，不宜作为夫妻共同财产分割的案件有 21 件，约占 27.63%。整体情况如图 15－1 所示。

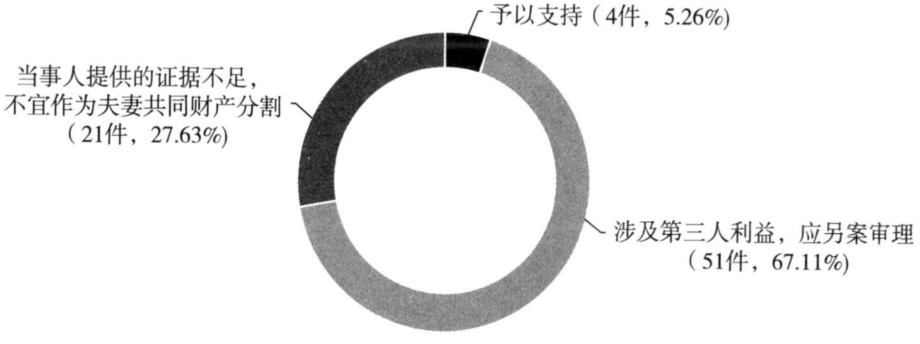


**图 15－1　案件裁判结果分布情况**

如图 15－2 所示，从案件案由分类情况可以看到，当前条件下案件的案由分布由多至少分别是离婚纠纷类、离婚后财产纠纷类。

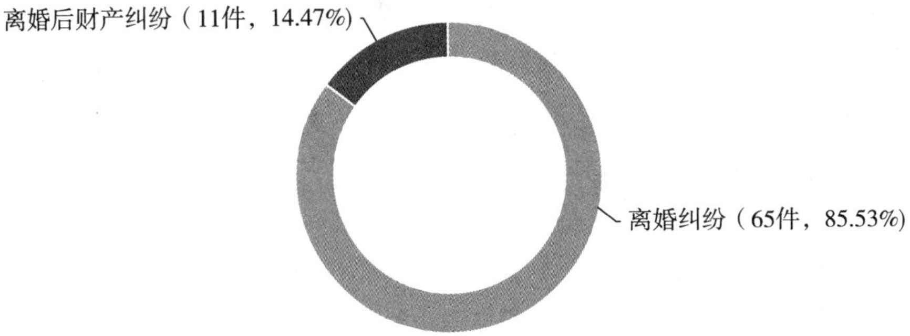


**图 15－2　案件案由分类情况**

如图 15－3 所示，从案件审理程序分布情况可以看到，当前条件下案件的上诉率约为 28.95%。

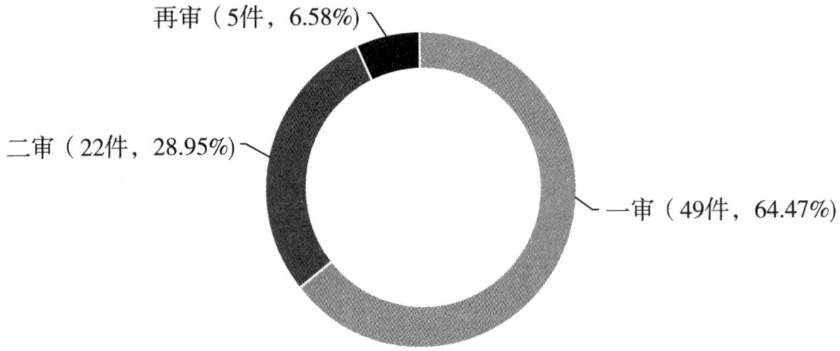


**图 15－3　案件审理程序分布情况**

如图 15－4 所示，从案件二审裁判结果情况可以看到，当前条件下案件维持原判的比例较高，约为 81.82%。

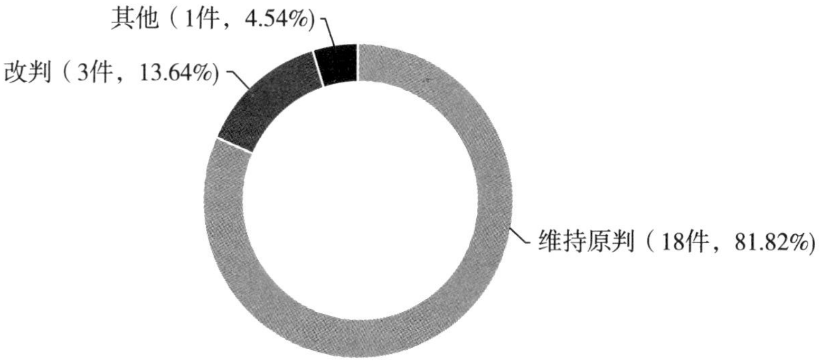


**图 15－4　案件二审裁判结果情况**

## 二、可供参考的例案

### 例案一　卜某某与王某某离婚纠纷案

**【法院】**

吉林省松原市宁江区人民法院

**【案号】**

(2015)宁民初字第 837 号

**【当事人】**

原告：卜某某，男

被告：王某某，女

**【基本案情】**

原告、被告于 2008 年 12 月 26 日经登记结婚，婚后育有一名男孩。原告卜某某起诉至法院要求离婚，被告王某某当庭表示同意离婚。卜某某提出婚生子由其抚养，王某某每月给付子女抚养费 400 元，王某某同意婚生子随卜某某生活，同意每月给付子女抚养费 100 元。双方对共同财产轿车一辆且其价值为 30,000 元无异议，但均提出要求车辆归自己所有，给付对方折价款。共同财产电动车一辆在王某某处，双方对电动车的价值未达成一致意见。对于王某某要求作为共同财产分割的药店经营权和药品的价值，卜某某称为婚前财产，双方均不申请评估鉴定。王某某提出的共同财产电视机、电脑、洗衣机、床，卜某某称是结婚前其父亲购买。王某某提出登记在卜某某父亲名下的房屋属于夫妻共同财产，因为该房屋使用王某某的彩礼购买，房屋的门面装修使用的也是原告、被告的共同财产，卜某某称房屋不是原告、被告的共同财产,房屋是卜某某父亲购买的,有房屋买卖协议和房屋合同证明,装修使用的是卜某某父亲的财产。双方对貂皮大衣及“三金”首饰等财产存在异议。本案经法院主持调解,因双方分歧较大,未达成调解协议。

**【案件争点】**

1. 子女的抚养权与抚养费如何认定。

2. 夫妻共同财产的范围与分割。

**【裁判要旨】**

法院认为,原告、被告经登记结婚系合法婚姻关系,现卜某某称双方的感情已经彻底破裂,要求与王某某离婚,王某某亦同意离婚,可以认定原告、被告夫妻感情已经破裂,对卜某某要求离婚的诉讼请求法院予以确认。卜某某要求婚生子随其生活,王某某表示同意,法院予以确认。卜某某要求王某某每月给付子女抚养费400元,王某某同意每月给付100元,法院参照2014年度吉林省农村居民人均消费性支出标准并综合本案实际,确定王某某自2015年5月起每月给付子女抚养费300元至子女独立生活时止。王某某提出的共同财产电视机、电脑、洗衣机、床,虽卜某某称是婚前其父亲所购买,但确属为结婚而购买且双方共同生活期间占有并使用,应认定为原告、被告夫妻关系存续期间的共同财产,王某某要求电脑归其所有,其余归卜某某,法院予以确认。共同财产轿车一辆,因车辆所有权登记在卜某某名下,故归卜某某所有较为适宜,双方对价值30,000元无异议,故卜某某应给付王某某车辆折价款15,000元。卜某某提出的貂皮大衣,因王某某称是其母亲赠与并已要回,卜某某亦未提供证据证明为夫妻共同出资购买,故不应认定为共同财产在本案中予以分割。王某某提出的房屋及房屋门面的装修,卜某某不予认可,王某某亦未提供证据支持自己的主张,且该房屋所有权登记在他人名下,故对王某某的此项请求,法院不予支持。王某某要求分割药店经营权及药品价值的一半,但双方对药品经营权及现有药品的价值未达成一致意见,法院无法确认该财产的具体价值,且双方均不同意评估鉴定,故对王某某的此项请求在本案中不做处理。卜某某提出的“三金”首饰,王某某称已变卖,卜某某亦无法证实该财产的所在,故卜某某的此项请求,法院不予支持。双方对共同财产有电动车一辆均无异议,但对电动车的价值有异议且不申请评估鉴定,故在本案中不予处理。

综上所述，依照《婚姻法》第 32 条[①]、第 37 条[②]、第 39 条[③]，《民事诉讼法》第 64 条，《民事诉讼证据规定》第 2 条，判决如下：(1)准许卜某某与王某某离婚。(2)婚生子随卜某某生活，王某某自 2015 年 5 月起每月给付子女抚养费 300 元至子女独立生活时止，此款于每年的 12 月 31 日前给付。(3)共同财产电视机、洗衣机、床归卜某某所有、电脑归王某某所有；轿车一辆归卜某某所有，卜某某给付王某某车辆折价款 15,000 元。(4)驳回原告、被告的其他诉讼请求。

## 例案二 ｜ 程某某与谢某某离婚后财产纠纷案

**【法院】**

安徽省芜湖市无为县人民法院

**【案号】**

(2015)无民一初字第 00789 号

**【当事人】**

原告：程某某，男

委托代理人：李某某，律师

被告：谢某某，女

**【基本案情】**

原告、被告于 2000 年 1 月 13 日登记结婚。2014 年 7 月，谢某某向法院起诉要求离婚。2015 年 2 月 12 日法院终审判决原告、被告离婚，同时告知原告、被告就夫妻共同财产的分割可另案主张。2009 年 10 月 20 日，原告、被告向曹某甲、张某某、曹某乙购置某小区回迁安置房，房屋总价 485,550 元；后程某某于 2013 年 11 月 3 日将该房屋以 918,000 元转卖给昆山市月明房地经纪有限公司，程某某与该公司签订合同后，该公司向程某某汇入 228,000 元，余款 690,000 元由该公司于 2014 年 3 月 27 日汇入谢某某所提供的银行卡。2013 年 11 月 3 日，程某某与曹某甲、张某某签订补充协议，程某某一次性补偿曹某甲、张某某共 60,000 元，要求曹某甲、张某某协助办理贷款及交易过户(该 60,000 元由程某某给付)。在安徽省芜湖市无为县人民法院(2013)无民一初字第 01525 号离婚案的 2013 年 8 月 13 日开庭笔

---

① 对应《民法典》第 1079 条。

② 对应《民法典》第 1085 条。

③ 对应《民法典》第 1087 条。

录中,原告、被告均认可夫妻双方花费120,000元,在谢某某的娘家处购买301室房屋,但该房产登记在他人名下。

【案件争点】

1.登记在他人名下的301室房屋的产权归属。

2.其他夫妻共同财产的分割。

【裁判要旨】

法院认为,原告、被告双方在夫妻关系存续期间添置的财产属夫妻共同财产。原告、被告被依法解除夫妻关系后,程某某另案主张夫妻共同财产的分割,符合法律的规定,法院依法支持。原告、被告通过购买和出卖602室房屋,谢某某占有卖房现金690,000元,程某某占有卖房现金168,000元(228,000元-60,000元),原告、被告对双方共同占有的858,000元应平均分割,每人应分得429,000元。程某某要求确认301室房屋50%的产权,无法律依据,该房产现登记在他人名下,程某某无证据证明该房产属夫妻共同财产。综上所述,根据《婚姻法》第17条①、《民事诉讼证据规定》第2条、《民事诉讼法》第144条的规定,判决如下:(1)谢某某一次性给付程某某夫妻共同财产分割款261,000元;(2)驳回程某某其他诉讼请求。

## 例案三 | 程某与梁某离婚纠纷案

【法院】

湖南省长沙市中级人民法院

【案号】

(2014)长中民一终字第03839号

【当事人】

上诉人(原审原告):程某

委托代理人:唐某某,律师

委托代理人:童某,律师

上诉人(原审被告):梁某

委托代理人:梁某某

① 对应《民法典》第1062条。

【基本案情】

原告、被告于××××年××月××日登记结婚，双方均系初婚。婚后初期夫妻感情尚可，婚后双方未生育小孩。2011年12月程某发现梁某与网友的QQ聊天记录后，双方感情开始产生裂痕。2012年8月，程某诉至一审法院，请求离婚。2012年9月一审法院作出了民事判决书，判决不准予离婚。此后双方感情并未得到改善，夫妻感情确已完全破裂，梁某同意离婚。

另查明，双方共同财产有某号房屋一套，该房屋总价（含房屋装修）为922,600元，该项评估产生鉴定费11,700元，后在审理过程中，双方就前述房屋的价值认可为市值1,060,000元（含房屋的装修及所有的家具、电器等），由梁某进行出售，所得的款项扣除产生的相关费用后，由梁某给付一半的折价款给程某。轿车一辆，双方均认可该车现有价值为120,000元。经一审法院从湖南省直单位住房公积金管理中心调取程某截至2013年12月11日公积金账户余额为59,794.84元，梁某截至2013年12月11日公积金账户余额为10,282.55元。

双方的共同债务为：购置某号房屋产生的房贷，截至2014年4月12日欠银行贷款本金为370,590.31元；购置小轿车产生的车贷，截至2013年12月欠银行贷款为16,625元。

另外，梁某主张借款400,000元为夫妻共同债务（其中，梁某分三次向梁某某共计借款220,000元；梁某分别于2012年3月、2013年2月向袁某借款50,000元、70,000元，共计120,000元；梁某向康某借款50,000元、梁某向杨某某借款10,000元），程某对上述欠款均不予认可，并对梁某两次向梁某某出具的借条提出司法鉴定请求，因选定的鉴定机构对借条的形成时间无法进行鉴定，双方均不同意更换鉴定机构，对借条的真实性未予确定。借款人康某未出庭作证，梁某也未提交康某的身份信息，无法证实借款的真实性。

一审判决后，程某与梁某均提起上诉，程某上诉称双方在婚姻存续期间用礼金购买的第二套房产及地下车库，应作为共同财产予以分割，一审法院未予处理是错误的。梁某答辩称，程某所称的第二套房产及地下车位是夫妻共同财产应予以分割的诉求与事实不符，该房屋及地下车位是梁某父亲自行购置的，房屋产权人为梁某的母亲，不是梁某、程某的共同财产。

二审法院经审理查明，一审期间，根据上诉人梁某的申请一审法院调取了上诉人程某、上诉人梁某的相关工资账户的银行流水，发现上诉人程某于2012年8月从其工资账户中合计取款10.35万元，其中8月1日至3日分三次共计取款8.6万元，上诉人程某不能说明该款用于了夫妻共同生活开支或其他合理用途，二审查明的其余事实与一审查明的事实一致。

**【案件争点】**

夫妻共同财产及共同债务的范围与分割。

**【裁判要旨】**

一审法院认为，原告、被告虽系自主婚姻，但双方不注重夫妻感情的培养，发生矛盾后又缺乏沟通与交流，夫妻感情完全破裂，被告梁某同意离婚。故程某提起与梁某离婚的诉讼请求，一审法院予以支持。双方夫妻共同财产有某号房屋一套含房屋内的家具、家电等，鉴于双方确认房屋1,060,000元由梁某以1,060,000元予以出售，且梁某也在办理出售手续，其所得的价款应属于夫妻双方共同所有。截至2014年4月12日某号房屋一套欠银行贷款本金为370,590.31元，实际共同所有的房款为689,409.69元。夫妻共同所有的小轿车，双方认定价值120,000元，扣除贷款16,625元，车辆价值为103,375元，现车辆由梁某使用，程某亦同意分配给梁某所有，由梁某给付程某车辆价值的一半51,687.5元。夫妻共同财产公积金70,077.39元，原告、被告各得一半。梁某称借袁某的120,000元及借杨某某10,000元及2013年12月借梁某某50,000元均有债权人到庭接受了质证，且原告、被告在借款期间确有需要还房贷和车贷的大额支出，而程某自2011年11月离家与梁某分居，其房贷、车贷均由梁某负责偿还，故本案对该三笔借款作为夫妻共同债务认定为宜，原告、被告各承担一半的清偿责任。被告梁某向康某借款50,000元，债权人康某未出庭作证，对该借条真实性无法确认，本案对该笔借款不予认定。另外，梁某提出的借梁某某的170,000元债务，对该两张借条的真实性尚不能确认，可待债权人诉讼时另行处理。程某诉称的地下车库因系案外人的财产，故对原告程某要求作为夫妻共同财产分割的诉讼请求不予支持。综上所述，依照《婚姻法》第17条①、第32条②、第39条③第1款、第41条④，《婚姻法解释二》之规定，判决如下：(1)程某要求与梁某离婚，依法准予。(2)位于长沙市开福区某号房屋一套及房屋内家具、家电等归梁某所有；由梁某给付程某房屋价款344,704.845元；程某应在收到该款项后立即协助梁某办理所有权变更登记手续。如该房屋出售，

---

① 对应《民法典》第1062条。

② 对应《民法典》第1079条。

③ 对应《民法典》第1087条。

④ 对应《民法典》第1089条。

程某应承担相关费用的一半。(3)小轿车(车牌号为湘A×××××)归梁某所有，梁某给付程某车辆补偿款51,687.5元。(4)程某给付梁某公积金补偿款24,756.145元。(5)夫妻双方存续期间的共同债务180,000元，由程某、梁某各承担一半。(6)所欠银行房贷、车贷、由梁某负责偿还。(7)各人的衣物归各人所有。上述2、3、4、5项相抵，梁某应给付程某281,636.2元，此款限在判决书生效后15日内支付。

二审法院认为，2012年8月，程某从其工资账户中共计取款86,000元，不能说明其用于了夫妻共同生活开支或其他合理用途，故法院认定86,000元为夫妻共同财产，应由程某给付梁某43,000元。一审判决认定基本事实清楚，但处理欠妥。依照《民事诉讼法》第170条第1款第2项之规定，判决如下：(1)维持湖南省长沙市天心区人民法院(2013)天民初字第1055号民事判决第1、2、3、5、6、7项。(2)变更(2013)天民初字第1055号民事判决第4项为：程某给付梁某公积金补偿款24,756.145元及夫妻共同存款43,000元；上述程某与梁某的应付款项相抵后，梁某应给付程某238,636.2元，此款限在本判决书生效后15日内支付。

## 三、裁判规则提要

### (一)离婚案件的当事人及分割共同财产的前提

婚姻的主体是男女双方，故离婚纠纷案件中，夫妻双方是当然的适格当事人。离婚纠纷诉讼是复合诉讼，涉及婚姻关系的解除、子女抚养及财产分割，其中婚姻关系的解除是前提和基础。在判断是否解除婚姻关系时，应以双方夫妻感情是否破裂为标准。在审查夫妻感情是否破裂时，必然会对婚姻生活的细节进行必要的了解，而婚姻生活的细节事关夫妻双方的隐私。在有些情况下，这种审查也会涉及夫妻一方与另一方家庭成员之间的交往行为及由此而产生的情感状态，这些因素在某些时候甚至会影响夫妻双方以及各自家庭成员社会评价的高低。鉴于此，在离婚纠纷案件中，一般不允许除夫妻外的其他人作为案件的当事人参与诉讼，亦即在离婚纠纷案件中，原告、被告只能是夫妻双方，且不允许存在第三人。对离婚案件当事人范围问题，有些地方法院作出了明确的规定，如北京市高级人民法院《关于审理婚姻纠纷案件若干疑难问题的参考意见》第51条即规定"人民法院在审理离婚案件过程中，案外人以夫妻间的财产争议涉及其利益为由申请参加诉讼或一方当事人申请追加案外人作为第三人参加诉讼的，人民法院一般不予准许。"深圳市中级人民法院《关于婚姻家庭纠纷案件的裁判指引》(2014年修订)第11条也作出了类似的规定。

在确定解除婚姻关系后,对夫妻共同财产也应依法予以分割。但在分割共同财产时必须要注意,分割的财产应该是确定属于夫妻共同所有的财产,这是分割夫妻共同财产的前提和基础。对于财产权属有争议或者可能涉及他人利益的,不宜直接作为共同财产进行分割。

### (二)房屋权属涉及案外他人利益时的处理

《民法典》第209条第1款规定:"不动产物权的设立、变更、转让和消灭,经依法登记,发生效力;未经登记,不发生效力,但是法律另有规定的除外。"但是,不能仅凭登记的权利状态就确定房屋实际所有权的归属,有时会存在登记的权利状态与实际的权利归属不一致的情况。法律及司法解释针对这种情况也给了利害关系人救济的途径。如《物权编解释一》第1条规定:"因不动产物权的归属,以及作为不动产物权登记基础的买卖、赠与、抵押等产生争议,当事人提起民事诉讼的,应当依法受理。当事人已经在行政诉讼中申请一并解决上述民事争议,且人民法院一并审理的除外。"第2条规定:"当事人有证据证明不动产登记簿的记载与真实权利状态不符、其为该不动产物权的真实权利人,请求确认其享有物权的,应予支持。"

登记在他人名下的房屋有可能是归夫妻双方所有的,登记在夫妻双方或一方名下的房屋实际上也有可能与他人有关,由此也引发了离婚纠纷案件当事人一方要求分割的房屋可能会涉及他人利益的情形的发生。

实践中,发生上述情形的原因很多,有的是因为借名买房,有的是因为赠与,有的是因为旧有房屋拆迁安置,有的是因为房改房或者其他带有福利性质的房屋在购买时使用了他人的相关优惠,有的是因为委托保管,还有的可能是因为报销物业费、供暖费等有优惠。这些复杂的背景只有事件的亲历者才能够说明,而案外他人又不得作为离婚纠纷案件的当事人,其在离婚案件中缺少陈述的平台和机会,若直接对相关房屋进行分割,就有可能损害其权利,故应当为其保留维护自己合法权益的途径和机会。

为案外人保留维护权利的途径和机会体现在诉讼上就是保障其能够充分行使《民事诉讼法》及其司法解释规定的当事人的诉讼权利。而要使案外人能够享有诉讼当事人的身份,就应该允许其另行提起诉讼,让其在诉讼中充分陈述事情的经过并提交相应的证据材料,以此确定房屋实际权利的归属。正如《民法典》第234条的规定:"因物权的归属、内容发生争议的,利害关系人可以请求确认权利。"当房屋登记权利人与实际权利人不符时，实际权利人可以提起诉讼请求确认自己的权利。

综上所述，当离婚案件当事人一方要求分割的房屋权属涉及他人利益时，不宜在离婚纠纷案件中径行对该房屋进行处理，而应由相关利害关系人另行提起诉讼以确定房屋的权属，在权属确定后，再判断是否应在夫妻双方之间进行分割。

### （三）“不予支持”还是“不予处理”

离婚纠纷案件中，在房屋涉及案外人利益时，虽然大部分法院裁判都不会对此直接分割，但在判决书中表述不予分割的态度时用语不一，有的表述为“本院不予支持”，有的表述为“本案不予处理”，有的表述为“认定夫妻共同财产的证据不足”。笔者认为，表述为“本案不予处理”更为适宜。因为“不予支持”“证据不足”的表述容易让人产生以下误解：法院已经对房屋的权属进行了实体审查和处理，只是考虑一方的证据不足或者主张没有法律依据故驳回其诉讼请求；而“不予处理”则体现出法院为案外人留下了另行主张权利的机会，其可以另行提起诉讼，维护自己的合法权益。

## 四、辅助信息

**高频词条：**

**《民法典》**

**第 209 条第 1 款**　不动产物权的设立、变更、转让和消灭，经依法登记，发生效力；未经登记，不发生效力，但是法律另有规定的除外。

**第 234 条**　因物权的归属、内容发生争议的，利害关系人可以请求确认权利。

**第 1062 条**　夫妻在婚姻关系存续期间所得的下列财产，为夫妻的共同财产，归夫妻共同所有：

（一）工资、奖金、劳务报酬；

（二）生产、经营、投资的收益；

（三）知识产权的收益；

（四）继承或者受赠的财产，但是本法第一千零六十三条第三项规定的除外；

（五）其他应当归共同所有的财产。

夫妻对共同财产，有平等的处理权。

**第 1079 条**　夫妻一方要求离婚的，可以由有关组织进行调解或者直接向人民法院提起离婚诉讼。

人民法院审理离婚案件,应当进行调解;如果感情确已破裂,调解无效的,应当准予离婚。

有下列情形之一,调解无效的,应当准予离婚:

(一)重婚或者与他人同居;

(二)实施家庭暴力或者虐待、遗弃家庭成员;

(三)有赌博、吸毒等恶习屡教不改;

(四)因感情不和分居满二年;

(五)其他导致夫妻感情破裂的情形。

一方被宣告失踪,另一方提起离婚诉讼的,应当准予离婚。

经人民法院判决不准离婚后,双方又分居满一年,一方再次提起离婚诉讼的,应当准予离婚。

**第1085条** 离婚后,子女由一方直接抚养的,另一方应当负担部分或者全部抚养费。负担费用的多少和期限的长短,由双方协议;协议不成的,由人民法院判决。

前款规定的协议或者判决,不妨碍子女在必要时向父母任何一方提出超过协议或者判决原定数额的合理要求。

**第1087条** 离婚时,夫妻的共同财产由双方协议处理;协议不成的,由人民法院根据财产的具体情况,按照照顾子女、女方和无过错方权益的原则判决。

对夫或者妻在家庭土地承包经营中享有的权益等,应当依法予以保护。

**第1089条** 离婚时,夫妻共同债务应当共同偿还。共同财产不足清偿或者财产归各自所有的,由双方协议清偿;协议不成的,由人民法院判决。

**《婚姻家庭编解释一》**

**第77条** 离婚时双方对尚未取得所有权或者尚未取得完全所有权的房屋有争议且协商不成的,人民法院不宜判决房屋所有权的归属,应当根据实际情况判决由当事人使用。

当事人就前款规定的房屋取得完全所有权后,有争议的,可以另行向人民法院提起诉讼。

**《物权编解释一》**

**第1条** 因不动产物权的归属,以及作为不动产物权登记基础的买卖、赠与、抵押等产生争议,当事人提起民事诉讼的,应当依法受理。当事人已经在行政诉讼中申请一并解决上述民事争议，且人民法院一并审理的除外。

**第 2 条** 当事人有证据证明不动产登记簿的记载与真实权利状态不符、其为该不动产物权的真实权利人，请求确认其享有物权的，应予支持。

## 婚恋财产纠纷案件裁判规则第 16 条：

## 婚姻关系存续期间，夫妻一方的父母出资为子女购买车辆、船舶、航空器等权属需经登记的动产，权属登记在自己子女一方名下的，不能视为对自己一方子女的赠与。离婚时，一方当事人主张该类动产系其个人财产，不作为夫妻共同财产予以分割的，一般不予支持

〔**规则描述**〕：在婚姻关系存续期间，夫妻一方的父母出资为子女购买车辆、船舶、航空器等并将其所有权登记至自己子女名下的，若无证据证明这是出资的父母对自己子女一方的赠与，则应认定该出资是对夫妻双方的赠与，出资所购车辆、船舶、航空器等是夫妻双方的共同财产，在离婚时应按照夫妻共同财产进行分割。

### 一、类案检索大数据报告

时间：2020 年 5 月 13 日之前，案例来源：Alpha 案例库，案件数量：195 件，数据采集时间：2020 年 5 月 13 日。本次检索获取 2020 年 5 月 13 日前共 195 篇裁判文书，其中：在婚姻关系存续期间，夫妻一方的父母在该夫妻婚姻关系存续期间出资为子女购买车辆、船舶、航空器等权属需经登记的动产，权属登记在自己子女一方名下的，离婚时，一方当事人主张该类动产系其个人财产，不作为夫妻共同财产予以分割，法院予以支持的 44 件，约占 22.56%；法院不予支持的 151 件，约占 77.44%。整体情况如图 16 – 1 所示。

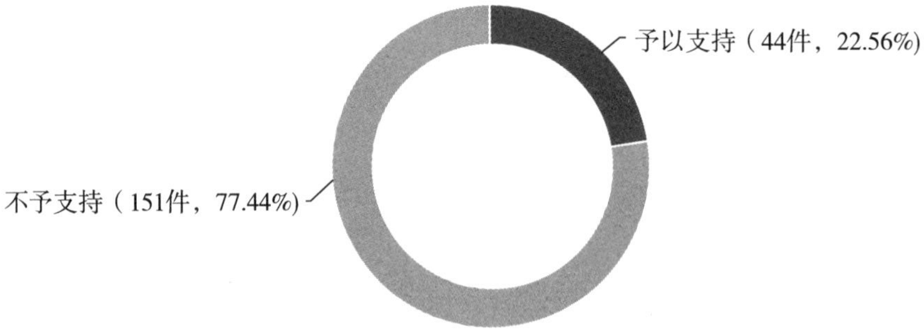


图 16 – 1 案件裁判结果分布情况

如图 16－2 所示，从案件案由分类情况可以看到，当前条件下案件的案由分布由多至少分别是离婚纠纷类、离婚后财产纠纷类、分家析产纠纷类。

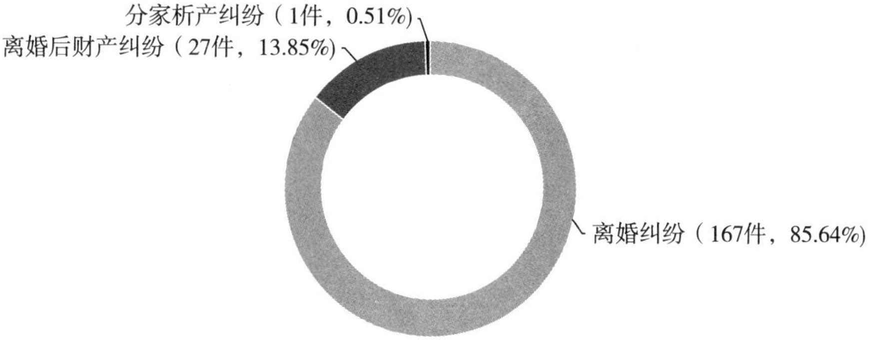


**图 16－2　案件案由分类情况**

如图 16－3 所示，从案件审理程序分布情况可以看到，当前条件下案件的上诉率约为 35.39%。

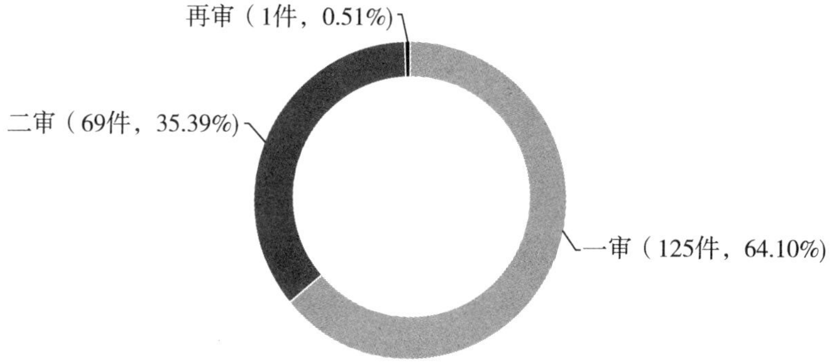


**图 16－3　案件审理程序分布情况**

如图 16－4 所示，从案件二审裁判结果情况可以看到，当前条件下案件维持原判的比例较高，约为 59.42%。

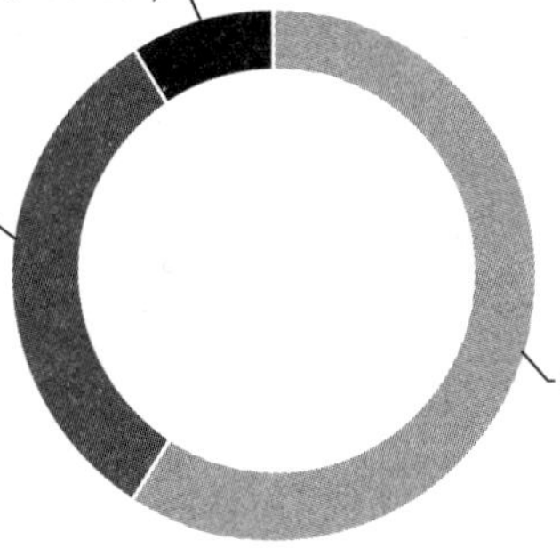


**图 16－4　案件二审裁判结果情况**

## 二、可供参考的例案

### 例案一 | 李某与贾某离婚后财产纠纷案

**【法院】**

北京市丰台区人民法院

**【案号】**

(2015)丰民初字第15459号

**【当事人】**

原告:李某,女

委托代理人:林某,律师

被告:贾某,男

委托代理人:孙某某,系被告之母

委托代理人:冯某某,系被告之父

**【基本案情】**

李某与贾某原系夫妻关系,二人于2009年2月16日登记结婚,于2014年8月25日协议离婚;李某名下有车牌号为京P09×××的丰田牌轿车一辆,该车于2010年购买,购车款共计198,000元,全部由贾某母亲孙某某支付;2014年8月25日贾某与李某协议离婚并签订离婚协议书,内容为“……一、子女抚养:婚后育有一女,3岁,名叫贾某某,离婚后归男方抚养,女方不支付抚养费。二、婚后共同财产分割:无。三、婚后债权、债务处理:无。”

庭审中,贾某提交其父与李某的短信记录,称离婚后其父曾与李某联系,表示愿意将车牌号让给李某，是李某表示不要；对此李某不予认可。另经双方协商一致，上述车辆现价值 5 万元。

**【案件争点】**

原告、被告离婚时是否已对涉案车辆进行了分割。

**【裁判要旨】**

法院认为：涉案车辆系原告、被告婚姻期间购买且登记在李某名下，虽系贾某母亲出资，也应认定为对夫妻共同的赠与，因此涉案车辆系原告、被告的夫妻共同财产。本案的主要争议焦点在于原告、被告离婚时是否已对涉案车辆进行了分割。根据双方陈述及在案证据可知，协议离婚时双方均知道涉案车辆的存在，而签订离婚协议时双方却在共同财产分割一项中注明了“无”，离婚后涉案车辆一直由贾某占有使用，但却仍登记在李某名下，后来李某与贾某父亲在短信中谈及车辆牌照问题，结合这些事实，双方在协议离婚时并未对涉案车辆进行明确分割，李某主张的个人名下财产归个人没有确切依据，贾某所称李某已经放弃涉案车辆的财产权益也无充分证据证明，现由法院根据双方协商的现价值对涉案车辆依法进行分割；考虑涉案车辆一直由贾某及孩子、父母使用，法院认为涉案车辆判决归贾某所有为宜，由贾某给付李某折价款。综上所述，依据《婚姻法》第 39 条①之规定，判决如下：(1) 车牌号为京 P09 × × × 的丰田牌轿车归贾某所有，贾某给付李某折价款 2.5 万元，李某协助贾某办理车辆过户手续；(2) 驳回李某的其他诉讼请求。

## 例案二 | 万某与陈某离婚后财产纠纷案

**【法院】**

重庆市北碚区人民法院

**【案号】**

(2016) 渝 0109 民初 2569 号

**【当事人】**

原告：万某，女

委托代理人：王某某，律师

被告：陈某，男

---

① 对应《民法典》第 1087 条。

委托代理人:潘某,法律工作者

**【基本案情】**

原告、被告于2007年12月27日登记结婚,2011年8月17日双方协议离婚。在离婚协议中,双方约定由陈某于2016年12月31日之前给付给原告150,000元(每年支付30,000元),陈某始终未如约支付。2011年7月19日,原告、被告在陈某父母出资的情况下购买长城哈弗汽车一辆(车牌号为渝A××××××),该车登记在万某名下,庭审中双方一致同意该车目前市场价值为40,000元。2013年2月17日,原告、被告再次登记结婚。

**【案件争点】**

万某名下的长城哈弗汽车一辆如何进行分割。

**【裁判要旨】**

法院认为,离婚后,一方以尚有夫妻共同财产未处理为由向人民法院起诉请求分割的,经审查该财产确属离婚时未涉及的夫妻共同财产,人民法院应当依法予以分割。万某和陈某结婚后,陈某的父母为双方购置车辆出资,且该车登记在万某名下,应当认定该出资是对万某、陈某夫妻双方的赠与,该车辆属于万某、陈某的夫妻共同财产。万某和陈某在离婚时未对万某名下的长城哈弗汽车一辆(车牌号为渝A××××××)进行分割,万某有权在离婚后要求依法分割该车辆。万某、陈某一致同意该车目前市场价值为40,000元,且陈某表示愿意获取该车的所有权,故陈某应支付万某车辆补偿款20,000元。关于陈某提出万某的分割请求已超过诉讼时效的抗辩理由,法院认为,万某对于自己名下财产的分割请求系物权请求权,物权为支配权,不适用诉讼时效的规定,对该抗辩理由不予支持。关于万某和陈某离婚协议中由陈某给付万某150,000元的约定,法院认为,离婚协议是双方当事人自愿签订的,系双方当事人真实意思表示,合法有效,双方均应按照约定履行各自的权利和义务。万某要求陈某支付此款项的诉讼请求,于法有据,法院予以支持。鉴于该150,000元的支付方式为2016年12月31日之前分五次每次30,000元分别支付,最后一次30,000元的支付时间未到支付期,故本案中只对已到期的120,000元予以支持。关于被告提出因原告、被告的复婚导致支付此款项的条件不存在,债务债权混同的抗辩理由,法院认为,原告、被告在离婚时已对双方的债务债权进行了明确,万某享有150,000元的债权,陈某负有150,000元的债务,二者再次登记结婚后,不因婚姻关系的延续导致债务债权的消灭。关于被告提出已经支付了一些款项给原告的抗辩理由,因被告未举示充分证据予以证明,原告亦未认可，对该抗辩理由法院不予支持。综上所述，依照《婚姻法》第39条①、《婚姻法解释三》第18条②和《民事诉讼法》第142条之规定，判决如下：(1)陈某在本判决生效之日起15日内向万某支付12万元；(2)登记在万某名下的长城哈弗汽车一辆(车牌号为渝A××××××)归陈某所有，陈某向万某支付车辆补偿款2万元。

## 例案三 | 张某与艾某甲离婚纠纷案

【法院】

安徽省合肥市庐阳区人民法院

【案号】

(2015)庐民一初字第01434号

【当事人】

原告：张某，女

被告：艾某甲，男

【基本案情】

2002年年底，张某与艾某甲通过朋友介绍相识，××××年××月××日双方登记结婚，××××年××月××日生育一子艾某乙。婚后，双方因家庭琐事产生矛盾，张某于2014年2月11日诉至法院要求离婚，(2014)庐民一初字第×××号民事判决书判决不准予双方离婚。张某再次诉至法院，请求判令：(1)张某与艾某甲离婚；(2)婚生子艾某乙由张某抚养，艾某甲每月支付抚养费2000元；(3)婚前所购位于合肥市××路××小区房屋(价值约65万元)归张某所有，并依法分割其他夫妻共同财产。

另查明，张某于婚前购买位于合肥市××路××小区房屋一套，办理产权登记时间为2005年1月20日。购买价格为276,000元，其中首付116,000元、贷款16万元，截至2015年3月10日，银行贷款已还清。2013年5月13日张某购买了车牌号为皖A×××××的大众牌小型轿车一辆，该车辆登记于张某名下，购买价格为161,800元，其中张某的父亲支付首付款90,800元，张某贷款71,000元。张某于庭审中陈述，该车辆贷款已还清。

---

① 对应《民法典》第1087条。

② 对应《婚姻家庭编解释一》第83条。

【案件争点】

1. 是否准许张某与艾某甲离婚。

2. 婚生子艾某乙由谁抚养。

3. 夫妻共同财产如何分割。

【裁判要旨】

法院认为,张某与艾某甲在生活中缺乏沟通,致使双方矛盾逐渐加深,张某第一次起诉要求离婚,法院判决不准离婚后,双方的关系并未得到改善。张某再次起诉离婚,应视为夫妻感情确已破裂,故法院依法准许双方离婚。

关于子女抚养问题。子女抚养应当从有利于子女的健康、成长,从子女利益最大化的角度出发,作出决定。根据双方陈述,婚生子艾某乙自出生后主要由张某照顾,且自2014年六七月起,艾某乙跟随张某在张某的父母处生活。艾某乙随张某生活时间较长,改变生活环境对其成长不利,结合张某和艾某甲的经济收入情况、离婚后的居住条件、职业状况,法院认为,张某与艾某甲离婚后,由张某抚养艾某乙更有利于艾某乙的成长,故由张某抚养艾某乙。根据艾某甲的陈述,其名下出租车每月收入为5000元,张某主张艾某甲每月支付抚养费2000元过高,法院予以核减,艾某甲每月应支付抚养费1000元,直至艾某乙独立生活时止。艾某甲要求每周探望艾某乙一次,张某表示同意,法院予以确认。

关于夫妻共同财产的分割问题。(1)房产。张某与艾某甲均认可位于合肥市××路××小区的房屋市值为75万元。该房屋系张某婚前签订不动产买卖合同,以个人财产支付首付款并在银行贷款购买,婚后登记在其个人名下,应认定为张某的个人财产。但张某与艾某甲共同还贷支付的款项及其相对应财产增值部分,应作为夫妻共同财产予以分割,张某应对艾某甲进行补偿。张某在庭审中陈述,购买该房屋所欠的银行贷款自第一次还款时起即为双方共同偿还;张某还陈述,2014年2月之后的贷款均为其一人偿还,但未能提供证据加以证明,故法院确认,涉案房屋全部贷款16万元及其相对应的房产增值价值应为双方共同财产予以分割。即涉案房产原价值为276,000元,现价值为75万元,增值474,000元,艾某甲偿还房贷8万元,其应分得的财产金额为217,391元[(160,000元÷2人÷276,000元)×(750,000元-276,000元)+(160,000元÷2人)=217,391元]。故张某应向艾某甲支付房产折价款217,391元。此外,经双方确认,艾某甲支付了涉案房屋的装修费用,张某同意支付艾某甲装修折价款2万元。(2)车辆。车牌号为皖A×××××的大众牌小型轿车系婚后购买,登记在张某名下。张某主张,该车辆的首付款为其父母赠与张某个人,不是夫妻共同财产。根据《婚姻法》第 17 条①之规定:"夫妻在婚姻关系存续期间所得的下列财产,归夫妻共同所有:……(四)继承或赠与所得的财产,但本法第十八条第三项规定的除外"。本案中,虽然张某向法院提交了其父母出具的内容为"为女儿购代步车,赠予女儿张某一人"的证明,但该证明没有出具的时间,且车辆作为动产,不适用《婚姻法解释三》第 7 条②之规定,故本案中张某父母的出资,不能视为只对张某一方的赠与,该车辆应为双方共同财产予以分割。张某与艾某甲均认可车牌号为皖 A×××××的大众牌小型轿车市值为 11 万元,故张某应向艾某甲支付车辆折价款 55,000 元。综上所述,张某应支付艾某甲共同财产折价款 292,391 元。

关于夫妻共同债务的问题。张某主张婚后艾某甲向其母亲王某某借款 7 万元,但艾某甲在庭审中辩称该笔借款已经还清。关于该笔 7 万元债务,在本案中不予处理,如债权属实,债权人可另行主张。

综上所述,依照《婚姻法》第 17 条、第 18 条③、第 32 条④、第 37 条⑤、第 38 条⑥、第 39 条⑦、第 41 条⑧,《婚姻法解释三》第 10 条⑨,《离婚子女抚养意见》第 5 条⑩、第 7 条⑪之规定,判决如下:(1)准予张某与艾某甲离婚;(2)婚生子艾某乙由张某抚养,艾某甲每月支付抚养费 1000 元至艾某乙独立生活时止;(3)艾某甲有权每周探望艾某乙一次,张某对艾某甲探望艾某乙予以协助;(4)合肥市××路××小区房屋、车牌号为皖 A×××××的大众牌小型轿车归张某所有,张某支付艾某甲共同财产折价款 292,391 元。

---

① 对应《民法典》第 1062 条。
② 对应《婚姻家庭编解释一》第 29 条第 2 款。
③ 对应《民法典》第 1063 条。
④ 对应《民法典》第 1079 条。
⑤ 对应《民法典》第 1085 条。
⑥ 对应《民法典》第 1086 条。
⑦ 对应《民法典》第 1087 条。
⑧ 对应《民法典》第 1089 条。
⑨ 对应《婚姻家庭编解释一》第 78 条。
⑩ 对应《婚姻家庭编解释一》第 56 条第 3 项。
⑪ 对应《婚姻家庭编解释一》第 49 条。

## 三、裁判规则提要

### (一)婚后夫妻一方父母出资购买车辆行为的性质

父母出资为子女购买车辆行为的性质在实务中最常见的有两种,即赠与和借贷。在认定该行为的性质时,首先应当尊重出资父母与子女之间的约定。若在出资时,双方约定出资为赠与的,则应认定为赠与;若在出资时,双方约定出资为借款时,则应认定双方之间构成民间借贷法律关系。此时应注意区分以下两种情况:第一种,若夫妻双方对一方父母出资行为的性质有一致的理解,如均认可是赠与或者均认可是借贷,则无论出资父母何时与夫妻双方或一方进行出资性质的约定,均应尊重该约定;第二种,若夫妻双方对一方父母出资行为的性质有不同的认识,如出资父母的子女一方认为是借款,夫妻另一方认为是赠与,则此时应着重审查约定形成的时间。如果该约定形成于出资之时,一般应以约定为准。如果约定形成于出资后的一段时间,甚至是形成于夫妻双方发生矛盾后或者夫妻双方离婚诉讼期间,且该约定是出资父母与其子女之间形成的约定,则一般不应根据该约定认定出资的性质。考虑出资父母与其子女之间的特殊关系以及夫妻感情面临破裂的事实,出资父母和其子女之间有可能会相互串通,作出不符合当初出资意图且不利于夫妻另一方的行为,这种出资父母与自己子女之间的约定一般不具有可信性。

实际上,受传统家庭文化和亲情观念的影响,一方父母在出资购买车辆时一般不会与子女明确约定出资的性质,也不愿明确出资的性质。一般情况下,出资父母也不愿留下能够证明出资性质的证据。实务中,这种当事人之间没有约定或者约定不明的情况很常见。在这种情况下,当事人往往会向着有利于自己的方向陈述意见,出资父母一方的子女通常会主张出资是借款,配偶一方则会主张出资系赠与,但双方都无法为自己的主张提供充分的证据,这就导致案件事实陷入真伪不明的状态。此时,结果意义上举证责任的分配就显得至关重要。《民事诉讼证据规定》第 86 条规定:"当事人对于欺诈、胁迫、恶意串通事实的证明,以及对于口头遗嘱或赠与事实的证明,人民法院确信该待证事实存在的可能性能够排除合理怀疑的,应当认定该事实存在。"按照该条规定,对赠与事实存在的证明标准似乎比对借贷事实存在的证明标准要高,因为该条规定对赠与事实的证明标准要达到"排除合理怀疑"的程度。但是应看到,在父母出资的性质是借贷还是赠与处于真伪不明的状态时,争议双方所能提供的证据均只是"当事人陈述",相较于借贷,将其认定为赠与会更适宜:首先,出资父母与子女之间存在亲密的人身关系,在中国传统家庭观念下，父母出于对子女的关心和疼爱，将出资购买的车辆赠与子女的可能性一般要大于将资金出借给子女的可能性。其次，在双方本意为赠与的情况下，一般只需直接交接款项即可。在双方本意为借贷的情况下，通常会有一些能够证明借贷关系存在的证据，如借条、证人证言、银行转款备注等，故在当事人出示的证据均为“当事人陈述”而无法出示其他证据的情况下，可以认为当事人为证明赠与的存在所提供的证据能够排除合理怀疑。最后，《婚姻家庭编解释一》第 29 条规定：“当事人结婚前，父母为双方购置房屋出资的，该出资应当认定为对自己子女个人的赠与，但父母明确表示赠与双方的除外。当事人结婚后，父母为双方购置房屋出资的，依照约定处理；没有约定或者约定不明确的，按照民法典第一千零六十二条第一款第四项规定的原则处理。”《民法典》第 1062 条第 1 款第 4 项规定，夫妻在婚姻关系存续期间受赠的财产，若赠与合同中没有确定只归一方，则该财产为夫妻的共同财产。由此规定可见，父母为夫妻双方或一方购置房屋出资的，若无相反证据，则该出资视为赠与。举重以明轻，在无相反证据的情况下，父母出资购房视为赠与，那么在无相反证据的情况下，父母出资为夫妻双方购置车辆等特殊动产也应视为对夫妻的赠与。

### （二）是对双方的赠与还是对一方的赠与

《民法典》第 1062 条规定，夫妻在婚姻关系存续期间因受赠所得的财产，除赠与合同中确定只归一方的财产外，为夫妻共同财产，归夫妻共同所有。在夫妻一方父母出资购买车辆的情况下，如果出资父母在出资时明确表示只赠与子女的，该出资即为对子女一方的赠与。

我国实行的是夫妻婚后所得财产共同制。在婚姻关系存续期间，以夫妻双方名义或者一方名义受赠所得的财产，若赠与方没有明确表示赠与一方，则应认为该赠与财产归夫妻双方共有。故若出资父母在出资时没有明确表示将出资赠与自己的子女，则应根据我国夫妻婚后所得财产归夫妻共同所有的原则，认定该赠与是对夫妻双方的赠与。

### （三）争议产生的根源

在夫妻一方的父母出资购买车辆等特殊动产，并将该动产登记至自己子女名下的情况下，将其作为出资父母对自己子女一方的赠与还是对夫妻双方的赠与，存有不同的观点。争议主要源起于《婚姻法解释三》第 7 条第 1 款，该款规定：“婚后由一方父母出资为子女购买的不动产,产权登记在出资人子女名下的,可按婚姻法第十八条第(三)项的规定,视为只对自己子女一方的赠与,该不动产应认定为夫妻一方的个人财产。"《婚姻法》第18条第3项规定为"遗嘱或赠与合同中确定只归夫或妻一方的财产"。据此规定,婚后父母为子女购置房屋出资的,若产权已登记在出资人子女名下,视为只对自己子女一方的赠与,该房屋应认定为夫妻一方的个人财产。

《婚姻法解释三》出台后,有些观点认为,该条规定的"不动产"也应包括车辆、船舶、航空器等,根据该解释第7条的规定,既然在婚姻关系存续期间,夫妻一方父母出资为该方购房且产权登记在该方名下的可以将房屋认定为该方的个人财产,那么对于夫妻一方父母出资购买车辆、船舶、航空器等需要进行产权登记的特殊动产,并将该特殊动产所有权登记至该夫妻一方名下的,也应当认定为出资父母对自己子女一方的赠与,该特殊动产应该属于该夫妻一方个人所有。在这种情况下,应该类推适用《婚姻法解释三》第7条第1款的规定。

该观点出现后,遭到了其他意见的否定,否定的理由主要有:第一,不动产和动产的区分标准为是否可以移动且移动是否会损害其价值,以此划分,车辆、船舶、航空器等均为动产,它们只不过是特殊动产而已。车辆等特殊动产所有权虽然也需要登记,但它们仍然是动产,并非《婚姻法解释三》第7条第1款所规定的"不动产",车辆等所有权的登记也并非取得车辆所有权的要件,登记只是为了对抗善意第三人。第二,《婚姻法解释三》第7条是在房价高涨的背景下出台的,夫妻一方的父母往往为了给夫妻创造良好的居住条件而拿出自己的大部分或全部积蓄资助其购房,若一律将夫妻一方父母的购房出资认定为对夫妻双方的赠与,会造成利益严重失衡的情形,为平衡夫妻之间的财产利益,故制定此条。在制定此条时,又考虑了与《婚姻法》相关规定之间的兼容性,力图在当时的法律框架内解决问题,故将不动产所有权登记在出资方子女名下的行为推定为赠与自己子女一方的行为,以便于和《婚姻法》第18条第3项的规定相衔接。故《婚姻法解释三》第7条实际上是司法解释在出资父母于出资时没有明确表示出资性质的情况下对出资人本意的一种推定,是根据公平原则作出的一种拟制。夫妻一方父母出资购买车辆或其他特殊动产并将该动产所有权登记在自己子女一方名下但未表明出资性质时,在一定程度上也可以视为以默示的方式作出意思表示,在法律或者相关司法解释没有为这种行为进行明确的定性时,不宜贸然突破现有的法律框架,还是应该按照婚后所得共同制的原则,将其认定为对夫妻双方的赠与,而不能类推适用《婚姻法解释三》

第 7 条的规定将其作为对出资方子女一方的赠与。笔者认为，否定方的观点是比较合理的。

2020 年 12 月，最高人民法院废止了《婚姻法解释三》，同时颁布《婚姻家庭编解释一》。《婚姻家庭编解释一》中沿用了相当一部分《婚姻法解释三》的规定，但并未继续沿用《婚姻法解释三》第 7 条的规定，实际上将该条予以废除。同时，《婚姻家庭编解释一》第 29 条延续了《婚姻法解释二》第 22 条规定的精神，在该第 22 条的基础上进行了适当的修改。《婚姻法解释二》第 22 条规定："当事人结婚前，父母为双方购置房屋出资的，该出资应当认定为对自己子女的个人赠与，但父母明确表示赠与双方的除外。当事人结婚后，父母为双方购置房屋出资的，该出资应当认定为对夫妻双方的赠与，但父母明确表示赠与一方的除外。"《婚姻家庭编解释一》第 29 条的内容为："当事人结婚前，父母为双方购置房屋出资的，该出资应当认定为对自己子女个人的赠与，但父母明确表示赠与双方的除外。当事人结婚后，父母为双方购置房屋出资的，依照约定处理；没有约定或者约定不明确的，按照民法典第一千零六十二条第一款第四项规定的原则处理。"该条规定只是文字表述上不同于前述第 22 条，二者的意思在实质上是一样的。即在处理父母出资为夫妻购房的问题上，最高人民法院肯定了《婚姻法解释二》第 22 条的处理原则。《婚姻法解释三》第 7 条被废除后，父母为夫妻购车出资的问题也就不能再类推适用该条。

## 四、辅助信息

**高频词条：**

**《民法典》**

**第 1062 条**　夫妻在婚姻关系存续期间所得的下列财产，为夫妻的共同财产，归夫妻共同所有：

（一）工资、奖金、劳务报酬；

（二）生产、经营、投资的收益；

（三）知识产权的收益；

（四）继承或者受赠的财产，但是本法第一千零六十三条第三项规定的除外；

（五）其他应当归共同所有的财产。

夫妻对共同财产，有平等的处理权。

**第 1063 条**　下列财产为夫妻一方的个人财产：

（一）一方的婚前财产；

(二)一方因受到人身损害获得的赔偿或者补偿;

(三)遗嘱或者赠与合同中确定只归一方的财产;

(四)一方专用的生活用品;

(五)其他应当归一方的财产。

**第1079条** 夫妻一方要求离婚的,可以由有关组织进行调解或者直接向人民法院提起离婚诉讼。

人民法院审理离婚案件,应当进行调解;如果感情确已破裂,调解无效的,应当准予离婚。

有下列情形之一,调解无效的,应当准予离婚:

(一)重婚或者与他人同居;

(二)实施家庭暴力或者虐待、遗弃家庭成员;

(三)有赌博、吸毒等恶习屡教不改;

(四)因感情不和分居满二年;

(五)其他导致夫妻感情破裂的情形。

一方被宣告失踪,另一方提起离婚诉讼的,应当准予离婚。

经人民法院判决不准离婚后,双方又分居满一年,一方再次提起离婚诉讼的,应当准予离婚。

**第1085条** 离婚后,子女由一方直接抚养的,另一方应当负担部分或者全部抚养费。负担费用的多少和期限的长短,由双方协议;协议不成的,由人民法院判决。

前款规定的协议或者判决,不妨碍子女在必要时向父母任何一方提出超过协议或者判决原定数额的合理要求。

**第1086条** 离婚后,不直接抚养子女的父或者母,有探望子女的权利,另一方有协助的义务。

行使探望权利的方式、时间由当事人协议;协议不成的,由人民法院判决。

父或者母探望子女,不利于子女身心健康的,由人民法院依法中止探望;中止的事由消失后,应当恢复探望。

**第1087条** 离婚时,夫妻的共同财产由双方协议处理;协议不成的,由人民法院根据财产的具体情况,按照照顾子女、女方和无过错方权益的原则判决。

对夫或者妻在家庭土地承包经营中享有的权益等,应当依法予以保护。

**第1089条** 离婚时,夫妻共同债务应当共同偿还。共同财产不足清偿或者财产归各自所有的，由双方协议清偿；协议不成的，由人民法院判决。

《婚姻家庭编解释一》

**第29条** 当事人结婚前，父母为双方购置房屋出资的，该出资应当认定为对自己子女个人的赠与，但父母明确表示赠与双方的除外。

当事人结婚后，父母为双方购置房屋出资的，依照约定处理；没有约定或者约定不明确的，按照民法典第一千零六十二条第一款第四项规定的原则处理。

**第49条** 抚养费的数额，可以根据子女的实际需要、父母双方的负担能力和当地的实际生活水平确定。

有固定收入的，抚养费一般可以按其月总收入的百分之二十至三十的比例给付。负担两个以上子女抚养费的，比例可以适当提高，但一般不得超过月总收入的百分之五十。

无固定收入的，抚养费的数额可以依据当年总收入或者同行业平均收入，参照上述比例确定。

有特殊情况的，可以适当提高或者降低上述比例。

**第56条** 具有下列情形之一，父母一方要求变更子女抚养关系的，人民法院应予支持：

……

（三）已满八周岁的子女，愿随另一方生活，该方又有抚养能力；

……

**第78条** 夫妻一方婚前签订不动产买卖合同，以个人财产支付首付款并在银行贷款，婚后用夫妻共同财产还贷，不动产登记于首付款支付方名下的，离婚时该不动产由双方协议处理。

依前款规定不能达成协议的，人民法院可以判决该不动产归登记一方，尚未归还的贷款为不动产登记一方的个人债务。双方婚后共同还贷支付的款项及其相对应财产增值部分，离婚时应根据民法典第一千零八十七条第一款规定的原则，由不动产登记一方对另一方进行补偿。

**第83条** 离婚后，一方以尚有夫妻共同财产未处理为由向人民法院起诉请求分割的，经审查该财产确属离婚时未涉及的夫妻共同财产，人民法院应当依法予以分割。

# 婚恋财产纠纷案件裁判规则第 17 条:

## 婚姻关系存续期间,夫妻一方擅自将夫妻共同财产有偿转让给善意第三人,另一方主张该转让行为无效的,一般不予支持

〔**规则描述**〕:此处的转让行为仅指转让的债权行为。婚姻关系存续期间,夫妻一方只有在家庭日常生活需要的范围内处分夫妻共同财产的,才适用夫妻家事代理权。超出家庭日常生活需要,擅自出卖夫妻共同财产的,应当根据法律或行政法规关于合同效力的规定判断买卖合同是否有效。出卖人在签订买卖合同时是否享有完全的财产所有权不是影响买卖合同效力的因素。不宜将买受人是否构成善意取得作为判断买卖合同是否有效的标准,不宜以买受人构成善意取得为由径行确认买卖合同为有效合同。

### 一、类案检索大数据报告

时间:2020 年 5 月 5 日之前,案例来源:Alpha 案例库,案件数量:28 件,数据采集时间:2020 年 5 月 5 日。本次检索获取 2020 年 5 月 5 日前共 28 篇裁判文书,其中:夫妻一方擅自将夫妻共同财产有偿转让给善意第三人,另一方主张该转让行为无效的,法院均不予支持的案件有 28 件,占比为 100%。整体情况如图 17 - 1 所示。

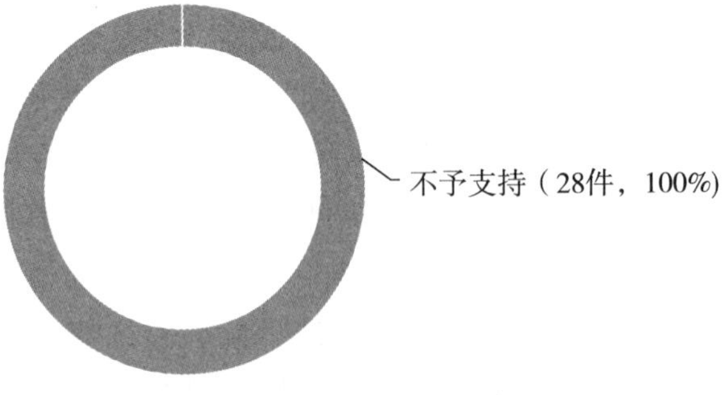


**图 17 - 1 案件裁判结果分布情况**

如图 17 - 2 所示,从案件案由分类情况可以看到,当前条件下案件的案由分布由多至少分别是合同、无因管理、不当得利纠纷类,物权纠纷类,侵权责任纠纷类。

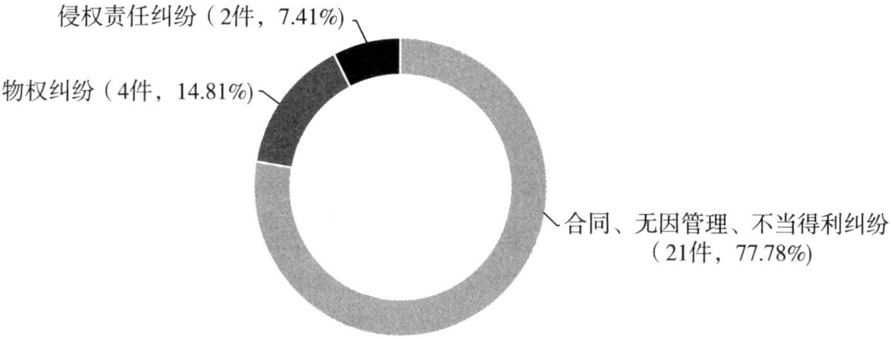


**图 17 -2　案件案由分类情况**

如图 17 -3 所示，从案件审理程序分布情况可以看到，当前条件下案件的上诉率约为 60.71%。

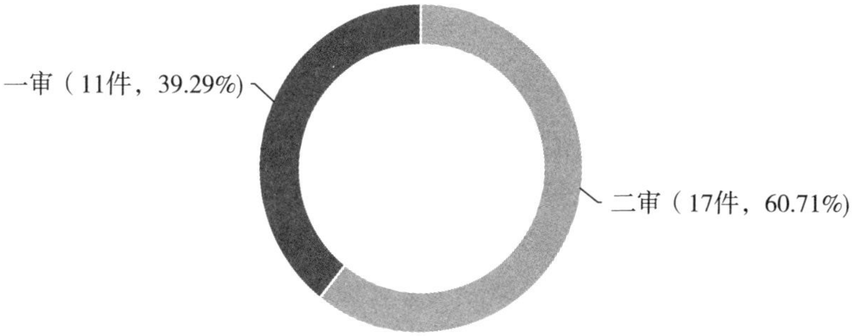


**图 17 -3　案件审理程序分布情况**

如图 17 -4 所示，从案件二审裁判结果情况可以看到，当前条件下案件维持原判的比例较高，约为 47.06%。

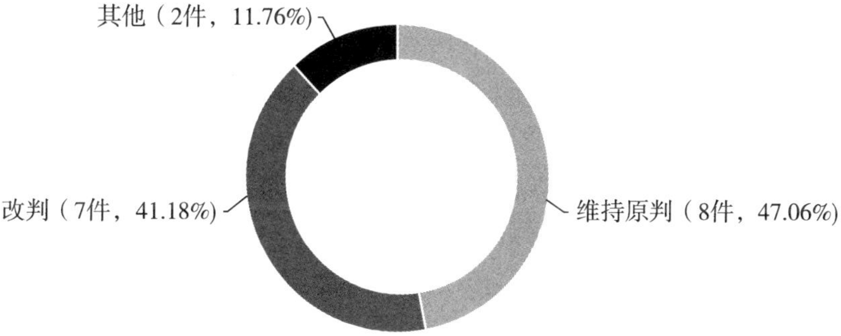


**图 17 -4　案件二审裁判结果情况**

## 二、可供参考的例案

### 例案一 | 廖某毅、吴某江物权保护纠纷案

**【法院】**

福建省龙岩市中级人民法院

**【案号】**

(2020)闽08民终338号

**【当事人】**

上诉人(原审被告):廖某毅,男

委托诉讼代理人:施某某,律师

上诉人(原审被告):吴某江,男

委托诉讼代理人:林某某,律师

被上诉人(原审原告):廖某黎,女

委托诉讼代理人:罗某某、吴某某,律师

**【基本案情】**

廖某河与被告廖某毅系父子,廖某河与被告吴某江系师徒,原告廖某黎与廖某毅系夫妻关系,吴某江曾参加廖某黎与廖某毅的结婚庆典。2009年2月,廖某黎与廖某毅办理结婚登记手续。2017年4月,廖某毅将其于2008年4月办理产权登记手续的附属杂物间出售。2017年,廖某毅与龙岩万达广场投资有限公司签订合同编号为×××××、×××××号的《商品房买卖合同》购买店面,成交价为2,163,680元/间,合计4,327,360元。2017年10月23日,诉争店面办理完备案手续。2017年10月31日,廖某黎与廖某毅共同向中国建设银行龙岩分行办理按揭贷款手续,按揭贷款金额为108万元/间,合计贷款216万元,贷款期限为2017年10月31日至2019年10月31日,借款年利率均为基准利率上浮25%。2018年3月22日,诉争店面办理完产权登记手续。2018年3月23日,廖某毅与陈某来签订《店铺租赁合同》,陈某来承租诉争店面。2019年年初,廖某毅向廖某黎提出要出售一间店面。2019年4月1日,廖某毅与吴某江签订店铺转让合同,合同约定"诉争店面以总价380万元价格转让,过户税费由吴某江负担,吴某江付清购房款后诉争店面的所有权及租金收益归吴某江所有"。同日,吴某江向廖某毅转账支付100万元。2019年4月2日,廖某毅与吴某江签订×××××号、×××××号《存量

房买卖合同》，合同约定廖某毅将店面以30万元/间的价格转让给被告吴某江。同日，廖某毅向吴某江发送短信，要求将购房余款280万元转账至廖某河账户，后吴某江转账支付280万元至廖某河账户。次日，诉争店面转移登记至吴某江名下，不动产权证号分别为(2019)龙岩市不动产权第××号、(2019)龙岩市不动产权第××号。同日，诉争店面承租人陈某来支付15,000元至吴某江账户。2019年4月30日，诉争店面承租人陈某来支付15,000元至吴某江账户。2019年6月1日，诉争店面承租人陈某来支付15,000元至被告吴某江账户。2019年6月10日，廖某毅与陈某来签订《终止合同协议书》，双方约定"双方于2018年3月23日签订的《店铺租赁合同》于2019年6月10日终止，廖某毅当日返还陈某来押金30,000元，双方不得向对方提出任何赔偿请求"。2019年6月10日，吴某江与吴某雄签订《店铺租赁合同》出租诉争店面，合同约定"租期为五年,2019年7月1日起计算租期,2019年7月1日至2021年6月30日的租金为15,000元/月,2021年7月1日至2024年6月30日的租金为16,000元/月，押金为30,000元"。2019年7月3日，吴某雄向吴某江转账支付30,000元。2019年5月23日，一审法院受理廖某黎与廖某毅离婚纠纷案。2019年7月3日，一审法院裁定准许廖某黎撤回起诉。2019年8月21日，一审法院受理廖某毅与廖某黎、郭某娥物权保护纠纷案。2019年9月16日，一审法院裁定准许廖某毅撤回起诉。

二审另查明，2019年4月2日吴某江、廖某毅二人在龙岩市行政服务中心办理涉案房屋的权属变更登记手续时，廖某黎也在现场且未提出异议。

**【案件争点】**

1. 诉争店面是否为廖某黎、廖某毅的夫妻共同财产。
2. 廖某毅与吴某江签订的《店铺转让合同》《存量房买卖合同》是否有效。
3. 吴某江对诉争店面的占有是否属于善意取得。

**【裁判要旨】**

一审法院认为，本案争议的焦点为：(1)诉争店面是否为原告廖某黎、被告廖某毅的夫妻共同财产；(2)被告吴某江购买讼争店面是否为善意取得，是否存在重大过失。

关于争议焦点一。根据《婚姻法》第17条①的规定："夫妻在婚姻关系存续期间所得的下列财产，归夫妻共同所有：(一)工资、奖金；(二)生产、经营的收益；

---

① 对应《民法典》第1062条。

(三)知识产权的收益;(四)继承或赠与所得的财产,但本法第十八条第三项规定的除外;(五)其他应当归共同所有的财产"。诉争店面系廖某黎与廖某毅婚姻关系存续期间购买,并由廖某黎与廖某毅共同向建行龙岩分行办理按揭贷款手续,所贷款项用于支付诉争店面,因此诉争店面应认定属廖某黎与廖某毅的夫妻共同财产。廖某毅主张购买店面的资金源于其父母及出售婚前登记在其名下的附属杂物间,但其提供的证据尚不足以证明其主张,不予采纳。即便购房部分资金源于廖某毅父母,但仍有部分购房款系廖某黎与廖某毅夫妻双方共同向银行按揭贷款支付,并用夫妻共同财产偿还贷款,诉争店面仍属于夫妻共同财产。

关于争议焦点二。夫或妻在处理夫妻共同财产上的权利是平等的,因日常生活需要而处理夫妻共同财产的,任何一方均有权决定。夫或妻非因日常生活需要对夫妻共同财产做重要处理决定,夫妻双方应当平等协商,取得一致意见。诉争店面属廖某黎与廖某毅的夫妻共同财产,廖某黎、廖某毅对店面的出售应取得一致意见,廖某毅出售诉争店面时并未征得廖某黎的同意,廖某毅与吴某江双方签订的《店铺转让合同》侵犯了廖某黎的合法权利。若吴某江主张其与廖某毅签订《店铺转让合同》时有理由相信是廖某毅、廖某黎夫妻双方共同意思表示成立,则廖某黎不得以不同意或不知道为由对抗善意第三人吴某江。吴某江是否构成善意取得?一审法院对吴某江主张其构成善意取得的意见不予支持,理由如下:(1)廖某毅父亲廖某河与吴某江系师徒关系,吴某江认识并熟悉廖某毅,且参加过廖某毅、廖某黎的婚礼庆典,吴某江购买诉争店面时,应当知道诉争店面系廖某毅、廖某黎在婚姻关系存续期间所购买,在与廖某毅签订合同时应当询问廖某黎的意见,但其未询问,仅凭房产登记在廖某毅名下而受让诉争店面,应当认定吴某江构成重大过失。诉争店铺转让系重大、大额财产处理,廖某毅与吴某江签订的《店铺转让合同》仅有廖某毅一人签字,且《店铺转让合同》约定的内容过于简单,又未经廖某黎确认,明显不符合常理。(2)廖某毅与吴某江签订《店铺转让合同》的行为发生在廖某黎与廖某毅夫妻闹矛盾后起诉离婚之前,且距按揭贷款期限截止时间2019年10月31日仅有6月余,廖某毅在这个时间点上擅自转让其名下的诉争店面,不符合常理。(3)2019年4月1日,廖某毅与吴某江签订店铺转让合同,吴某江向廖某毅转账支付转让款100万元。2019年4月2日,廖某毅便办完银行解除抵押手续与吴某江签订存量房买卖合同,同时廖某毅向吴某江发送短信要求将购房余款280万元转账至廖某河账户,吴某江随后转账支付280万元至廖某河账户。廖某毅系诉争店面的产权人,却将转让款转至廖某毅父亲廖某河账户,亦不符合常理。综上所述,吴某江的购买行为存在重大过失，不构成善意取得，廖某毅与吴某江签订的《店铺转让合同》无效。廖某毅与吴某江签订的×××××号、×××××号《存量房买卖合同》是基于《店铺转让合同》所签订，《店铺转让合同》无效，《存量房买卖合同》亦无效。况且，廖某毅与吴某江为少交税费，虚报交易价格签订《存量房买卖合同》，廖某毅与吴某江恶意串通，损害国家及廖某黎利益，亦应认定两份《存量房买卖合同》无效。因此，廖某黎主张《存量房买卖合同》无效，予以支持。无效的合同或者被撤销的合同自始没有法律约束力，因该合同取得的财产，应当予以返还。廖某毅应当返还吴某江购房款380万元，吴某江亦应返还诉争店面并配合办理变更登记手续。诉争店面原系登记在廖某毅名下，廖某黎主张返还后登记在廖某毅、廖某黎名下，理由不充分，法院不予支持。廖某毅与吴某江双方对合同无效都存有过错，应当各自承担相应的责任，造成的所有税费损失应由廖某毅与吴某江双方共同承担。判决：(1)廖某毅与吴某江签订的编号为×××××号、×××××号《存量房买卖合同》无效；(2)廖某毅返还吴某江购房款380万元；(3)吴某江返还廖某毅、廖某黎诉争店面，并配合办理变更登记手续至廖某毅名下，所需税费由廖某毅和吴某江共同负担；(4)驳回廖某黎的其他诉讼请求。

二审法院认为，本案争议的焦点为：(1)涉案房产是否属于夫妻共同财产；(2)廖某毅与吴某江签订的《店铺转让合同》《存量房买卖合同》是否有效；(3)吴某江对涉案房产的占有是否属于善意取得。对于前述争议焦点，二审法院分析认定如下：

关于涉案房产是否属于夫妻共同财产的问题。本案中，廖某毅与廖某黎于2009年登记结婚，涉案的房产系廖某毅于2017年10月购买所得，属于在夫妻关系存续期间取得的财产，依照《婚姻法》第17条①的规定，应当认定为廖某毅与廖某黎的夫妻共有财产。廖某毅主张涉案的房产不属于夫妻共有财产，但其提供的证据不足以证明其主张，二审法院依法不予采信。涉案房屋是廖某毅与廖某黎夫妻关系存续期间取得的财产，依法应为廖某毅与廖某黎共同共有。

关于廖某毅与吴某江签订的《店铺转让合同》《存量房买卖合同》是否有效及吴某江对涉案房产的占有是否属于善意取得的问题。涉案买卖合同的标的物为廖某毅与廖某黎共同共有的房产。《物权法》第97条②规定："处分共有的不动产或者动产以及对共有的不动产或者动产作重大修缮的，应当经占份额三分之二以上

---

① 对应《民法典》第1062条。
② 对应《民法典》第301条。

的按份共有人或者全体共同共有人同意,但共有人之间另有约定的除外。"共有人为夫妻的,《婚姻法解释一》第17条①规定:"婚姻法第十七条关于'夫或妻对夫妻共同所有的财产,有平等的处理权'的规定,应当理解为:(一)夫或妻在处理夫妻共同财产上的权利是平等的。因日常生活需要而处理夫妻共同财产的,任何一方均有权决定。(二)夫或妻非因日常生活需要对夫妻共同财产做重要处理决定,夫妻双方应当平等协商,取得一致意见。他人有理由相信其为夫妻双方共同意思表示的,另一方不得以不同意或不知道为由对抗善意第三人。"《婚姻法解释三》第11条②规定:"一方未经另一方同意出售夫妻共同共有的房屋,第三人善意购买、支付合理对价并办理产权登记手续,另一方主张追回该房屋的,人民法院不予支持。夫妻一方擅自处分共同共有的房屋造成另一方损失,离婚时另一方请求赔偿损失的,人民法院应予支持。"另外,《合同法》第52条③规定的合同无效的法定情形仅有以下五种:(1)一方以欺诈、胁迫的手段订立合同,损害国家利益;(2)恶意串通,损害国家、集体或者第三人利益;(3)以合法形式掩盖非法目的;(4)损害社会公共利益;(5)违反法律、行政法规的强制性规定。

本案中,虽然廖某毅与吴某江签订的《店铺转让合同》《存量房买卖合同》存在对于房屋价款的约定不一致的问题,但经二审法院审查,廖某毅与吴某江签订的《店铺转让合同》中约定涉案的两间店铺转让价格共计380万元,上诉人吴某江分别于2019年4月1日及2019年4月3日以转账的方式支付了380万元价款;而廖某毅与吴某江签订的《存量房买卖合同》中所记载的30万元/间的价款系双方出于避税的目的而写,因此,涉案房产的真实交易价格为《店铺转让合同》中所记载的380万元,双方业已实际履行完毕。涉案的房产登记于廖某毅一人名下,权利份额记载为"单独所有",2019年4月2日吴某江、廖某毅二人在龙岩市行政服务中心办理涉案房屋的权属变更登记手续时,廖某黎也在现场且未提出异议,因此,吴某江有理由相信廖某毅对涉案房屋有处分权,出卖涉案房屋系廖某毅、廖某黎夫妻共同意思的表示,吴某江购买涉案房产的价格为380万元,高于税务机关对涉案房产的评估价2,009,495.24元,且吴某江已通过转账的方式支付了380万元,涉案房产也已权属变更登记至吴某江名下,故应认定吴某江系善意第三人,廖某毅与吴某

① 对应《民法典》第1062条。
② 对应《婚姻家庭编解释一》第28条。
③ 对应《民法典》第146条、第150条、第153条。

江之间对涉案房产的交易符合《物权法》第106条[①]规定的不动产善意取得的情形，吴某江对涉案房屋的占有属于善意取得。

《民事诉讼法解释》第109条规定："当事人对欺诈、胁迫、恶意串通事实的证明，以及对口头遗嘱或者赠与事实的证明，人民法院确信该待证事实存在的可能性能够排除合理怀疑的，应当认定该事实存在。"廖某黎主张廖某毅与吴某江恶意串通损害其合法权益合同无效等理由与查明的事实不符，也不能排除合理怀疑，二审法院不予支持。廖某黎称廖某毅与吴某江约定的房屋价款明显低于市场价值，但其提供的证据不足以证明其主张，且避税涉及税收行政管理事项，并不构成合同无效的理由，故对廖某黎的该主张二审法院不予采纳。

廖某毅与吴某江签订的《店铺转让合同》《存量房买卖合同》，系当事人真实意愿表示，且合同已经履行完毕，不存在欺诈、胁迫、串通等或其他符合法定无效的情形。故对于廖某黎要求确认涉案的《存量房买卖合同》无效及要求吴某江协助办理涉案房产的权属变更登记手续并返还涉案房产的诉讼请求，不予支持。综上所述，一审法院遗漏查明相关事实，适用法律错误，二审法院依法予以纠正。依照《合同法》第52条[②]，《婚姻法》第17条[③]，《物权法》第97条[④]、第106条，《民事诉讼法解释》第109条，《婚姻法解释一》第17条[⑤]，《婚姻法解释三》第11条[⑥]，《民事诉讼法》第170条第1款第2项的规定，判决撤销一审判决；驳回廖某黎的诉讼请求。

## 例案二 | 谢某芝与何某德、何某海房屋买卖合同纠纷

**【法院】**

湖北省武汉市中级人民法院

**【案号】**

（2015）鄂武汉中民终字第01472号

**【当事人】**

上诉人（原审原告）：谢某芝，女

---

① 对应《民法典》第311条。
② 对应《民法典》第146条、第150条、第153条。
③ 对应《民法典》第1062条。
④ 对应《民法典》第301条。
⑤ 对应《民法典》第1062条。
⑥ 对应《婚姻家庭编解释一》第28条。

委托代理人:张甲、张乙,律师

被上诉人(原审被告):何某德,男

委托代理人:万某某

被上诉人(原审被告):何某海,男

委托代理人:吴某某

原审第三人:何某成,男

【基本案情】

原告谢某芝与第三人何某成于1970年结婚,谢某芝、何某成与被告何某德、被告何某海均系武汉市某村村民。1983年12月,谢某芝与何某成共同在武汉市某村建房屋(属于农村房屋,有建房审批手续但未办理产权登记手续,无房产证),此房屋为谢某芝与何某成的共同财产。1992年12月,何某成与何某德、何某海签订一份协议,约定将其与谢某芝位于武汉市某村的房屋以及房屋周围的柑橘、2.3亩鱼池以18,000元的价格转让给何某德、何某海,并将该房屋建房手续原件移交给何某德、何某海。何某成收到18,000元转让款后出具了收条予以证实。何某德、何某海则按协议实际入住了该房屋,并公开、连续地占有使用至今,同时也承包经营了原由谢某芝承包的上述土地,而谢某芝及其丈夫何某成此后既未再入住该房屋,也未再实际承包经营以上土地。

另查明,谢某芝曾就其丈夫何某成与何某德、何某海在1992年12月签订的该协议中的房屋、土地,自2007年起多次提起行政诉讼和民事诉讼,要求收回该协议中的房屋及土地,并多处信访,均未获支持。

二审法院经审理查明的事实与一审法院查明的事实一致。

【案件争点】

何某成与何某德、何某海签订的何某成将位于武汉市某村的房屋以及房屋周围的柑橘、2.3亩鱼池以18,000元的价格转让给何某德、何某海的转让协议是否有效。

【裁判要旨】

一审法院认为,1992年12月,谢某芝丈夫何某成与何某德、何某海签订了一份协议,将其位于武汉市某村的房屋及其房屋周围的柑橘、2.3亩鱼池以18,000元有偿转让给何某德、何某海,其转让款与当时房屋、土地转让价格相当,且实际移交了房屋及有关的建房手续证明等文件,能够体现转让房屋产权的真实意思。此后何某德、何某海公开、连续、和平地占有使用该协议的房屋并承包经营房屋周围的土地，而在十余年的时间里，谢某芝及何某成亦再未居住该房屋和经营该土地。房屋土地作为谢某芝家庭的重要财产权利，谢某芝对其丈夫何某成处置该房产、土地不可能不知情，且谢某芝长期怠于行使权利，与一般房屋所有人对权利的关注形成较大反差，明显不合情理，这表明长期以来谢某芝对何某德、何某海占有使用该房屋并无异议。根据《民法通则》第 66 条第 1 款①的规定，“本人知道他人以本人名义实施民事行为而不作否认表示的，视为同意”，因此谢某芝多年未对何某成与何某德、何某海 1992 年签订的转让该房屋的协议作否认表示，应当视为谢某芝同意该协议。

何某德、何某海与何某成签订房屋及土地买卖合同，并实际接受了房屋及相关手续证明等原件，其交易价格也是合理的，交易后实际入住使用至今。基于谢某芝与何某成的夫妻关系，何某德、何某海与何某成签订协议处置房屋土地等重要家庭财产，谢某芝完全应该知晓内容，却一直未对此提出异议，可以证明何某德、何某海系善意取得且有理由相信何某成有权签订该协议处置房产，何某德、何某海已尽到充分的注意义务，支付了合理的对价，因此协议为何某德、何某海和谢某芝及其丈夫何某成的真实意思表示，协议内容也不违反国家法律规定，该协议合法有效。

另外，根据《婚姻法解释三》第 11 条②“一方未经另一方同意出售夫妻共同共有的房屋，第三人善意购买、支付合理对价并办理产权登记手续，另一方主张追回该房屋的，人民法院不予支持。夫妻一方擅自处分共同共有的房屋造成另一方损失，离婚时另一方请求赔偿损失的，人民法院应予支持”的规定，即使何某成未经谢某芝的同意出售了夫妻共同共有的房屋，谢某芝向人民法院主张追回该房屋，人民法院也不予支持。何某德、何某海与何某成签订转让房屋及周围土地的协议，并实际占有、使用、收益、经营，自 1992 年 12 月起至今已超过 20 年，且自 2007 年起，谢某芝已经围绕此协议多次提起过行政诉讼和民事诉讼均未获支持，现谢某芝又就此协议提起诉讼要求收回房屋，已超过了 20 年的诉讼时效。因此，谢某芝要求确认该协议中转让房屋内容无效并判令何某德、何某海返还该房屋的诉请既无事实依据，也不符合法律规定，对其诉讼请求均依法不予支持。

---

① 对应《民法典》第 171 条。

② 对应《婚姻家庭编解释一》第 28 条。

综上所述,依照《民法通则》第 63 条①、第 66 条②、第 137 条③,《合同法》第 8 条④、第 10 条⑤、第 44 条⑥、第 49 条⑦,《婚姻法解释三》第 11 条⑧的规定,判决驳回谢某芝全部诉讼请求。

二审法院认为,何某成本人在本案审理中明确表示转让《字据》上何某成的签名是由其本人所签,收到 18,000 元的收条上的何某成签名也是其本人所签,故谢某芝认为《字据》及收条上何某成签名为虚假签名的理由与何某成本人自认相矛盾,其认为何某成没有向何某德、何某海转让位于武汉市某村的房屋以及房屋周围的柑橘、2.3 亩鱼池的理由缺乏事实依据不能成立。对何某成与何某德、何某海转让《字据》是否有效的问题,根据《婚姻法解释一》第 17 条⑨的规定,对于《婚姻法》第 17 条⑩关于"夫或妻对夫妻共同所有的财产,有平等的处理权"的规定,应当理解为:(1)夫或妻在处理夫妻共同财产上的权利是平等的。因日常生活需要而处理夫妻共同财产的,任何一方均有权决定。(2)夫或妻非因日常生活需要对夫妻共同财产做重要处理决定,夫妻双方应当平等协商,取得一致意见。他人有理由相信其为夫妻双方共同意思表示的,另一方不得以不同意或不知道为由对抗善意第三人。何某成将其与谢某芝共同所有的房屋转让何某德、何某海,何某德、何某海有理由相信何某成的行为为其与谢某芝的共同意思表示。谢某芝以其不同意或不知道为由认为何某成与何某德、何某海的转让协议无效的理由不能成立,一审判决没有支持其该项诉讼请求并无不当,二审法院予以维持。对谢某芝上诉中提出涉争房屋系借给何某德、何某海父亲何某焕使用,没有出卖的上诉理由,其对此未予举证予以证实,该理由缺乏事实依据,二审法院不予采信。综上所述,一审判决认定事实清楚,适用法律正确,依照《民事诉讼法》第 170 条第 1 款第 1 项的规定,判决驳回上诉,维持原判。

---

① 对应《民法典》第 161 条、第 162 条。
② 对应《民法典》第 164 条、第 171 条。
③ 对应《民法典》第 188 条。
④ 对应《民法典》第 465 条。
⑤ 对应《民法典》第 469 条。
⑥ 对应《民法典》第 502 条。
⑦ 对应《民法典》第 172 条。
⑧ 对应《婚姻家庭编解释一》第 28 条。
⑨ 对应《民法典》第 1062 条。
⑩ 对应《民法典》第 1062 条。

## 例案三 | 郑某英、姜某确认合同无效纠纷

**【法院】**

河南省开封市中级人民法院

**【案号】**

（2018）豫02民终1251号

**【当事人】**

上诉人（原审原告）：郑某英，女

委托诉讼代理人：姜某1，系郑某英之女

被上诉人（原审被告）：姜某，男

委托诉讼代理人：刘某，律师

被上诉人（原审被告：）尹某，女

委托诉讼代理人：郭某某，律师

**【基本案情】**

被告姜某在某公司做客户经理，被告尹某之母赵某梅和原告郑某英、被告姜某夫妇二人是邻居。2014年10月1日，尹某以银行转账方式转账给姜某40万元，2014年10月8日又转账给姜某7万元。姜某将上述钱款共计47万元存入某公司，并签署三份艺术品收藏协议（封面均有"作废"字样），落款处甲方分别为尹某和其母赵某梅，代表人为姜某。尹某因此获得绩效工资和市场推广费0.78万元。2015年1月31日，姜某为尹某出具借条，借条载明"今借到尹某现金2014年10月1日－40万元，2014年11月7日－7万元，以上款项以变现金出具，现出具在尹某手里。以上借款如打水漂的话，把我的房产归尹某所有。姜某：2015年元月31日"。2015年4月24日，姜某和尹某到房管局申请房产转移登记。2015年5月8日，房管局核准将本案诉争房屋登记在尹某名下（开房权证城关镇字第××号）。姜某和尹某签订的转让合同及房管局办理的过户手续中均无郑某英的签名。

2015年5月11日，姜某署名的书面材料上显示，"签订转让合同前，各方已询问过我本人夫妻双方及直系亲属均同意过户转让，且过户费用、税费均是尹某支付的。"2015年5月11日，姜某和尹某签订转让合同，将本案诉争房屋转让给尹某。2015年6月3日，姜某签名的"情况说明"上显示，"当时我（姜某）向尹某承诺保证对这三笔共计47万元书画收藏款及书画增值费承担担保清偿责任。"

二审法院经审理查明的事实与一审查明的事实一致。

**【案件争点】**

1. 姜某与尹某签订的涉案房屋转让合同是否有效。

2. 尹某受让涉案房屋是否属于善意。

**【裁判要旨】**

一审法院认为,依法成立的合同应受法律保护。本案中,姜某和尹某签订的转让合同系双方真实意思表示,符合有关法律规定,合法有效。郑某英称,本案诉争房屋系其与姜某的夫妻共同财产,其对姜某和尹某签订转让合同和办理房屋过户手续均不知情,姜某系未经郑某英同意擅自处分夫妻共同财产,主张姜某和尹某之间的转让合同无效。姜某称姜某和尹某之间不存在民间借贷事实,因有姜某向尹某出具的47万元的借条,并有银行转账记录相印证,姜某在借条上注明以其所有房产为担保。另外姜某又出具一份"情况说明",明确表示对该借款承担担保清偿责任,该保证不违背法律规定亦不损害其他人利益,系双方真实意思表示,合法有效。本案争议的焦点为尹某作为第三人是否属善意取得以及是否支付合理对价。本案诉争房屋原登记在姜某名下,姜某于2015年5月11日书面写明经夫妻双方同意过户,尹某有理由相信姜某有权处分该房屋。姜某和尹某签订转让合同,约定房屋价款为56万元,该价款与借款本金47万元及利息以及由尹某支付的过户费用、税费之和基本相当,应当视为尹某已支付合理对价。姜某将本案诉争房屋转让给尹某,已经有关部门核准,该房屋所有权已经发生转移,且依法办理了房屋所有权转移登记。因此,尹某已取得该房屋所有权,符合善意取得的构成要件,姜某和尹某之间的转让合同合法有效。据此,郑某英要求确认转让合同无效的诉讼请求,法院不予支持。姜某另辩称,签订转让合同及办理房产过户都没有征得郑某英同意,是受到尹某及其家人的胁迫,不是姜某的真实意思表示,但未提供相关证据予以证明,对姜某的上述辩称意见,法院不予采纳。至于郑某英要求恢复原房屋登记的诉讼请求,不属于民事诉讼受理范围,本案不予审理。依照《合同法》第8条①、《物权法》第106条②第1款,《婚姻法解释一》第17条③第2项,《婚姻法解释三》第11条④,《民事诉讼法》第64条、第119条第4项、第124条第1项之规定,判决驳回郑学英的诉讼请求。

---

① 对应《民法典》第465条。

② 对应《民法典》第311条。

③ 对应《民法典》第1062条。

④ 对应《婚姻家庭编解释一》第28条。

二审法院认为，本案房屋过户前登记在姜某名下，尹某已向姜某转款，姜某向尹某出具借条。房管部门变更登记询问笔录中姜某认可房屋单独所有，且其在出具的说明中亦认可经夫妻同意房屋以折价 56 万元抵偿尹某款项，尹某并非无偿受让房屋。房屋已过户于尹某，系姜某真实意思表示，诉讼中郑某英提供的证据不足以证实尹某受让房屋时系非善意。故基于本案姜某的一系列行为，根据相关司法解释规定，结合本案实际，郑某英以姜某签订房屋转让合同其不同意、不知情，该合同无效，尹某受让本案房屋非善意之依据不足，不能成立，不予支持。恢复房屋原登记状态非民事诉讼受理范围，一审中不予审理符合法律规定。本案被上诉人姜某转让房屋、过户的行为，若郑某英因此受损，可另行解决。综上所述，郑某英的上诉请求不能成立，应予驳回；一审判决认定事实清楚，适用法律正确，依照《民事诉讼法》第 170 条第 1 款第 1 项的规定，判决驳回上诉，维持原判。

## 三、裁判规则提要

### （一）夫妻家事代理权

《婚姻法》第 17 条第 2 款规定："夫妻对共同所有的财产，有平等的处理权。"《婚姻法解释一》第 17 条规定："婚姻法第十七条关于'夫或妻对夫妻共同所有的财产，有平等的处理权'的规定，应当理解为：（一）夫或妻在处理夫妻共同财产上的权利是平等的。因日常生活需要而处理夫妻共同财产的，任何一方均有权决定。（二）夫或妻非因日常生活需要对夫妻共同财产做重要处理决定，夫妻双方应当平等协商，取得一致意见。他人有理由相信其为夫妻双方共同意思表示的，另一方不得以不同意或不知道为由对抗善意第三人。"以上条文规定了夫妻之间的家事代理权。虽然《婚姻法》《婚姻法解释一》在《民法典》实施后均已被废止，但其规定的家事代理权制度已由《民法典》所吸收。《民法典》第 1060 条规定："夫妻一方因家庭日常生活需要而实施的民事法律行为，对夫妻双方发生效力，但是夫妻一方与相对人另有约定的除外。夫妻之间对一方可以实施的民事法律行为范围的限制，不得对抗善意相对人。"第 1062 条第 2 款规定："夫妻对共同财产，有平等的处理权。"第 1064 条第 1 款规定："夫妻双方共同签名或者夫妻一方事后追认等共同意思表示所负的债务，以及夫妻一方在婚姻关系存续期间以个人名义为家庭日常生活需要所负的债务，属于夫妻共同债务。"《民法典》中的这些规定，构成了夫妻家事代理权的法律依据。

所谓家事代理权，指的是夫妻任何一方均可以因家庭日常生活需要而处分夫妻共同所有的财产,这里的处分包括买卖、赠与等民事法律行为。夫或妻在行使家事代理权时,在对内关系上,行为人无须征得夫妻另一方的同意,在对外关系上,则视为已经取得了夫妻另一方的同意。需要注意的是,行使家事代理权的前提是出于家庭日常生活的需要,如果超出家庭日常生活需要的范围处分夫妻共同财产。则需要夫妻双方平等协商,取得一致的意见。至于何为“家庭日常生活需要”,因为各地区经济发展水平不一样,同一地区各家庭的经济条件也不同,故需要结合具体案件所在地区的经济发展水平、家庭经济状况、消费习惯、当地习俗等因素综合作出判断,现阶段并无统一的、具体的判断标准。对夫妻一方超出家庭日常生活需要而作出的民事法律行为,不能直接适用夫妻家事代理权的规定而认为对夫妻另一方有当然的约束力,而是应当根据《民法典》合同编及物权编的相关规定分析行为的效力及是否构成善意取得。

### (二)夫妻一方超出家庭日常生活需要出卖夫妻共同财产的合同的效力

1. 关于买卖合同中的无权处分对合同效力的影响

夫妻双方在婚后所得的财产,若双方之间没有相反的约定,即为夫妻双方共同所有。《民法典》第 301 条规定:“处分共有的不动产或者动产以及对共有的不动产或者动产作重大修缮、变更性质或者用途的,应当经占份额三分之二以上的按份共有人或者全体共同共有人同意,但是共有人之间另有约定的除外。”夫妻一方出卖夫妻共同财产,即为处分共同共有的财产,若其超出家庭日常生活需要进行处分,即涉及无权处分的问题。

关于无权处分,《合同法》第 51 条规定:“无处分权的人处分他人财产,经权利人追认或者无处分权的人订立合同后取得处分权的,该合同有效。”但该条规定自 1999 年《合同法》颁布实施开始就引起了理论界巨大的争议。有的观点认为,该条规定不具有合理性,应该废除;有的观点根据国外买卖行为包括物权行为、债权行为两种法律行为的理论,认为该条规定的“无权处分”指的是物权行为,债权行为的效力不受出卖人是否享有完全所有权的影响;还有的观点认为,这里的无权处分指的是债权行为,并据此主张不享有完全所有权的人签订的买卖合同属于“效力待定”的合同。实务中,在相当长的一段时期内都是将不享有完全所有权的人签订的买卖合同作为效力待定的合同对待。

2007 年实施的《物权法》第 15 条规定:“当事人之间订立有关设立、变更、转让和消灭不动产物权的合同,除法律另有规定或者合同另有约定外,自合同成立时生效；未办理物权登记的，不影响合同效力。”至此，在立法中确立了买卖合同中物权行为和债权行为相区分的原则。2012 年 7 月 1 日起施行的《买卖合同解释》第 3 条规定：“当事人一方以出卖人在缔约时对标的物没有所有权或者处分权为由主张合同无效的，人民法院不予支持。出卖人因未取得所有权或者处分权致使标的物所有权不能转移，买受人要求出卖人承担违约责任或者要求解除合同并主张损害赔偿的，人民法院应予支持。”根据该条的规定，没有所有权或者处分权的人签订的买卖合同，一般应为有效的合同。但是，有观点认为该条规定只适用于动产买卖，在不动产买卖领域并不适用，但这一观点已由最高人民法院进行了回应，在 2015 年全国民商事审判工作会议上，最高人民法院指出，这一规定适用于房地产类合同纠纷。此外，理论界还有观点认为这是对买卖合同效力的特别规定，是对《合同法》第 132 条（该条规定：“出卖的标的物，应当属于出卖人所有或者出卖人有权处分。法律、行政法规禁止或者限制转让的标的物，依照其规定。”）的反面解释，主要处理将来物买卖的合同效力问题，不具有一般性。理论界虽有不同观点，但实务中一般均不再将出卖人没有完全所有权的情形作为合同效力的考虑因素。

《民法典》合同编删除了《合同法》第 51 条的规定，转而在其第 597 条规定：“因出卖人未取得处分权致使标的物所有权不能转移的，买受人可以解除合同并请求出卖人承担违约责任。法律、行政法规禁止或者限制转让的标的物，依照其规定。”该条进一步明确了买卖合同中物权行为与债权行为相区分的原则，根据该条的规定，出卖人未取得标的物处分权不影响买卖合同的效力，买受人可以根据合同的约定要求出卖人承担相应的违约责任。

2020 年 12 月，最高人民法院修改了《买卖合同解释》，删除了上述第 3 条的规定。但删除这一条并不意味着否定了该条规定的精神，实际上，该条规定的精神亦已为《民法典》合同编第 597 条所吸收。

2. 夫妻一方超出家庭日常生活需要出卖夫妻共同财产的合同，不能仅因出卖人缺乏处分权而被认定为无效

《合同法》第 2 条规定：“本法所称合同是平等主体的自然人、法人、其他组织之间设立、变更、终止民事权利义务关系的协议。婚姻、收养、监护等有关身份关系的协议，适用其他法律的规定。”《民法典》第 464 条对该条进行了修改：“合同是民事主体之间设立、变更、终止民事法律关系的协议。婚姻、收养、监护等有关身份关系的协议，适用有关该身份关系的法律规定；没有规定的，可以根据其性质参照适用本编规定。”故夫妻一方超出家庭日常生活需要签订的买卖合同虽然涉及家庭关

系,但这种合同涉及家庭外第三人的利益,在本质上与一般的买卖合同并无不同。在《民法典》实施后,应该按照《民法典》的相关规定来确认合同的效力,不能仅因出卖人欠缺完全的所有权或处分权而认定合同无效。

### (三)买卖合同的效力与善意取得

《民法典》第311条规定:"无处分权人将不动产或者动产转让给受让人的,所有权人有权追回;除法律另有规定外,符合下列情形的,受让人取得该不动产或者动产的所有权:(一)受让人受让该不动产或者动产时是善意;(二)以合理的价格转让;(三)转让的不动产或者动产依照法律规定应当登记的已经登记,不需要登记的已经交付给受让人。受让人依据前款规定取得不动产或者动产的所有权的,原所有权人有权向无处分权人请求损害赔偿。当事人善意取得其他物权的,参照适用前两款规定。"这是我国法律规定的善意取得制度。该条内容基本沿用了《物权法》第106条的规定。

关于买卖合同的效力与善意取得之间的关系问题,理论界争论已久,主要有以下不同的观点:

1. 只有在买卖合同无效或效力待定的情况下,才可能成立善意取得。其依据主要是《合同法》第51条。该观点认为,《合同法》第51条规定,无处分权的人处分他人财产,经权利人追认或无处分权的人订立合同后取得处分权,该合同有效。但善意取得制度的适用前提是无权处分,所以在适用善意取得时,需要满足原权利人不追认且无处分权人事后无法取得处分权的条件。在这个条件下,根据上述第51条,合同即无效。《物权法》草案在规定善意取得制度的构成要件时,除前述三个要件外,还将"转让合同有效"作为要件之一进行了规定,但在后来的正式文本中删除了这一要件,故立法中也是不认可合同有效是善意取得构成要件的。

2. 买卖合同有效是适用善意取得制度的前提,只有在买卖合同有效的情况下,才有善意取得制度适用的余地。该观点认为,即使是在有权处分的情况下,如果买卖合同无效,也不能依据买卖合同取得物权。故在无权处分的情况下,买卖合同无效也不应使买受人取得物权;且在合同无效的情况下,买受人无权保留标的物,其负有返还的义务,也无法适用善意取得制度取得物权。只有在买卖合同有效的情况下才能适用善意取得。

3. 在适用善意取得制度时,无须考虑买卖合同的效力,无论买卖合同有效还是无效,均有适用善意取得制度的余地。该观点认为,善意取得制度主要是为了保护财产交易的安全，交易相对人信赖利益，只要转让人是无权处分，买受人实际取得了物权，就构成善意取得。善意取得是原始取得，而非基于法律行为的继受取得，故无论合同行为是否有效，均不影响善意取得的成立。如果合同行为因违反了法律、行政法规的强制性规定而无效，则买受人应负返还原物的义务，但这种情况不属于善意取得制度调整的范围。

理论上的思想不统一也导致司法实践中出现了不同的裁判及论理。为统一司法裁判尺度，最高人民法院公布并于 2016 年 3 月 1 日起实施了《物权法解释一》，该解释第 21 条规定："具有下列情形之一，受让人主张根据物权法第一百零六条规定取得所有权的，不予支持：（一）转让合同因违反合同法第五十二条规定被认定无效；（二）转让合同因受让人存在欺诈、胁迫或者乘人之危等法定事由被撤销。"该规定首次正式提出了善意取得与买卖合同效力之间的关系。根据该条第 1 项的规定，并非所有的无效合同均不适用善意取得，而是只有在转让合同违反了《合同法》第 52 条的情况下，才不适用善意取得制度。《合同法》第 47 条规定的未经法定代理人追认的限制民事行为能力人订立的合同、第 48 条规定的未经被代理人追认的无权代理的合同等并未包含在内。由此可见，并非所有情形下的合同无效均会排除善意取得制度的适用。根据该条第 2 项的规定，只有因转让合同受让人存在欺诈、胁迫或者乘人之危等导致合同被撤销的才不适用善意取得，并不包括因转让人原因导致合同被撤销，也未包括因其他事由导致合同被撤销的情形。最高人民法院在关于该条的释义中也表达过这样的观点：原因行为有效非善意取得之法定要件……本条意旨绝非视原因行为无无权处分之外的瑕疵为善意取得制度适用前提抑或要件。只有转让合同违反了法律、行政法规的强制性规定，损害了国家、社会利益，绝对无效时，才应对其彻底加以否定，排除适用善意取得。《合同法》第 52 条规定的是合同绝对无效的情形。如果转让合同符合《合同法》第 52 条规定的绝对无效的情形，因为其危及公共利益、公序良俗等绝对不可受损之利益，违反了合同正义，自然也就不能适用善意取得。

2020 年 12 月，最高人民法院废止了《物权法解释一》，随即颁布了《物权编解释一》。《物权编解释一》第 20 条规定："具有下列情形之一，受让人主张依据民法典第三百一十一条规定取得所有权的，不予支持：（一）转让合同被认定无效；（二）转让合同被撤销。"根据该条第 1 项的规定，不再区分转让合同是绝对无效还是因其他原因而导致无效，只要转让合同被认定无效，善意取得即不再适用。该规定较《物权法解释一》上述规定来说，扩大了无效合同的范围。《民法典》第 144 条规定:“无民事行为能力人实施的民事法律行为无效。”第145条第1款规定:“限制民事行为能力人实施的纯获利益的民事法律行为或者与其年龄、智力、精神健康状况相适应的民事法律行为有效;实施的其他民事法律行为经法定代理人同意或者追认后有效。”在《物权编解释一》第20条第1项的规范下,买受人在不知或不应知道出卖人为无民事行为能力人的情况下与其订立买卖合同,或者买受人在不知或不应知道出卖人为限制民事行为能力人而与其实施其他民事法律行为,事后又未得到其法定代理人追认或同意,此时若符合善意取得的其他构成要件,一律不适用善意取得是否恰当,也有待于实践的进一步检验。

综上所述,理论及实务界对转让合同的效力与善意取得之间的关系分歧较大,在实践中不宜以买受人善意取得而直接推导出转让合同有效的结论。实际上,合同效力与善意取得二者的着眼点也是不同的,合同效力解决的主要是法律对合同行为的评价以及合同当事人之间的权利义务问题,而善意取得制度调整的是物权变动是否能够完成的问题,侧重保护交易的安全,不宜根据是否符合善意取得的构成要件来对转让合同是否有效进行论理。对合同效力的评判还是应该回到《民法典》合同编及《民法典》总则编民事法律行为效力一章寻找依据。

### (四)夫妻另一方可以依据法律的其他规定要求确认买卖合同的效力

《婚姻法解释三》第11条第1款规定:“一方未经另一方同意出售夫妻共同共有的房屋,第三人善意购买、支付合理对价并办理产权登记手续,另一方主张追回该房屋的,人民法院不予支持。”最高人民法院于2020年12月废止了该司法解释,并颁布了《婚姻家庭编解释一》,新颁布的司法解释第28条第1款将《婚姻法解释三》第11条第1款规定作了一定的修改,修改后的内容为:“一方未经另一方同意出售夫妻共同所有的房屋,第三人善意购买、支付合理对价并已办理不动产登记,另一方主张追回该房屋的,人民法院不予支持。”新司法解释将原司法解释中的“夫妻共同共有的房屋”修改为“夫妻共同所有的房屋”,扩大了共有的范围。原司法解释只包括“共同共有”,新司法解释既包括“共同共有”,也包括“按份共有”。该司法解释规定的不得主张追回房屋的四个要件——无权处分、第三人善意购买、支付合理对价、已办理不动产登记,实际上就是善意取得的构成要件。

《民法典》第311条第1款规定“无处分权人将不动产或者动产转让给受让人的,所有权人有权追回”。《婚姻家庭编解释一》第28条第1款只是从反面对《民法典》该内容作出的具体规定,是在受让人符合善意取得的情况下,对夫妻另一方不得依据物权请求权要求返还房屋作出的规定，而非就房屋买卖合同的效力作出的规定，故不能依据该条的规定来确定买卖合同的效力。

夫妻一方超出家庭日常生活需要签订的买卖合同虽然不能仅依据出卖人没有完全的所有权而被确认无效，但如果该买卖合同具有法律规定的其他导致合同无效的情形，该买卖合同也应是无效的合同。《民法典》合同编第 508 条规定："本编对合同的效力没有规定的，适用本法第一编第六章的有关规定。"《民法典》第一编第六章对无效民事法律行为的类型进行了规定，如第 144 条规定："无民事行为能力人实施的民事法律行为无效。"第 145 条第 1 款规定："限制民事行为能力人实施的纯获利益的民事法律行为或者与其年龄、智力、精神健康状况相适应的民事法律行为有效，实施的其他民事法律行为经法定代理人同意或者追认后有效。"第 146 条规定："行为人与相对人以虚假的意思表示实施的民事法律行为无效。"第 153 条规定："违反法律、行政法规的强制性规定的民事法律行为无效……违背公序良俗的民事法律行为无效。"第 154 条规定："行为人与相对人恶意串通，损害他人合法权益的民事法律行为无效。"这些规定均可以成为确认买卖合同无效的依据。

## 四、辅助信息

**高频词条：**

**《民法典》**

**第 146 条** 行为人与相对人以虚假的意思表示实施的民事法律行为无效。

以虚假的意思表示隐藏的民事法律行为的效力，依照有关法律规定处理。

**第 150 条** 一方或者第三人以胁迫手段，使对方在违背真实意思的情况下实施的民事法律行为，受胁迫方有权请求人民法院或者仲裁机构予以撤销。

**第 153 条** 违反法律、行政法规的强制性规定的民事法律行为无效。但是，该强制性规定不导致该民事法律行为无效的除外。

违背公序良俗的民事法律行为无效。

**第 154 条** 行为人与相对人恶意串通，损害他人合法权益的民事法律行为无效。

**第 161 条** 民事主体可以通过代理人实施民事法律行为。

依照法律规定、当事人约定或者民事法律行为的性质，应当由本人亲自实施的民事法律行为，不得代理。

**第 162 条** 代理人在代理权限内，以被代理人名义实施的民事法律行为，对被代理人发生效力。

**第164条** 代理人不履行或者不完全履行职责,造成被代理人损害的,应当承担民事责任。

代理人和相对人恶意串通,损害被代理人合法权益的,代理人和相对人应当承担连带责任。

**第171条** 行为人没有代理权、超越代理权或者代理权终止后,仍然实施代理行为,未经被代理人追认的,对被代理人不发生效力。

相对人可以催告被代理人自收到通知之日起三十日内予以追认。被代理人未作表示的,视为拒绝追认。行为人实施的行为被追认前,善意相对人有撤销的权利。撤销应当以通知的方式作出。

行为人实施的行为未被追认的,善意相对人有权请求行为人履行债务或者就其受到的损害请求行为人赔偿。但是,赔偿的范围不得超过被代理人追认时相对人所能获得的利益。

相对人知道或者应当知道行为人无权代理的,相对人和行为人按照各自的过错承担责任。

**第172条** 行为人没有代理权、超越代理权或者代理权终止后,仍然实施代理行为,相对人有理由相信行为人有代理权的,代理行为有效。

**第188条** 向人民法院请求保护民事权利的诉讼时效期间为三年。法律另有规定的,依照其规定。

诉讼时效期间自权利人知道或者应当知道权利受到损害以及义务人之日起计算。法律另有规定的,依照其规定。但是,自权利受到损害之日起超过二十年的,人民法院不予保护,有特殊情况的,人民法院可以根据权利人的申请决定延长。

**第301条** 处分共有的不动产或者动产以及对共有的不动产或者动产作重大修缮、变更性质或者用途的,应当经占份额三分之二以上的按份共有人或者全体共同共有人同意,但是共有人之间另有约定的除外。

**第311条** 无处分权人将不动产或者动产转让给受让人的,所有权人有权追回;除法律另有规定外,符合下列情形的,受让人取得该不动产或者动产的所有权:

(一)受让人受让该不动产或者动产时是善意;

(二)以合理的价格转让;

(三)转让的不动产或者动产依照法律规定应当登记的已经登记,不需要登记的已经交付给受让人。

受让人依据前款规定取得不动产或者动产的所有权的，原所有权人有权向无处分权人请求损害赔偿。

当事人善意取得其他物权的，参照适用前两款规定。

**第 465 条** 依法成立的合同，受法律保护。

依法成立的合同，仅对当事人具有法律约束力，但是法律另有规定的除外。

**第 469 条** 当事人订立合同，可以采用书面形式、口头形式或者其他形式。

书面形式是合同书、信件、电报、电传、传真等可以有形地表现所载内容的形式。

以电子数据交换、电子邮件等方式能够有形地表现所载内容，并可以随时调取查用的数据电文，视为书面形式。

**第 502 条** 依法成立的合同，自成立时生效，但是法律另有规定或者当事人另有约定的除外。

依照法律、行政法规的规定，合同应当办理批准等手续的，依照其规定。未办理批准等手续影响合同生效的，不影响合同中履行报批等义务条款以及相关条款的效力。应当办理申请批准等手续的当事人未履行义务的，对方可以请求其承担违反该义务的责任。

依照法律、行政法规的规定，合同的变更、转让、解除等情形应当办理批准等手续的，适用前款规定。

**第 508 条** 本编对合同的效力没有规定的，适用本法第一编第六章的有关规定。

**第 597 条** 因出卖人未取得处分权致使标的物所有权不能转移的，买受人可以解除合同并请求出卖人承担违约责任。

法律、行政法规禁止或者限制转让的标的物，依照其规定。

**第 1060 条** 夫妻一方因家庭日常生活需要而实施的民事法律行为，对夫妻双方发生效力，但是夫妻一方与相对人另有约定的除外。

夫妻之间对一方可以实施的民事法律行为范围的限制，不得对抗善意相对人。

**第 1062 条** 夫妻在婚姻关系存续期间所得的下列财产，为夫妻的共同财产，归夫妻共同所有：

（一）工资、奖金、劳务报酬；

（二）生产、经营、投资的收益；

（三）知识产权的收益；

(四)继承或者受赠的财产,但是本法第一千零六十三条第三项规定的除外;

(五)其他应当归共同所有的财产。

夫妻对共同财产,有平等的处理权。

**《婚姻家庭编解释一》**

**第28条** 一方未经另一方同意出售夫妻共同所有的房屋,第三人善意购买、支付合理对价并已办理不动产登记,另一方主张追回该房屋的,人民法院不予支持。

夫妻一方擅自处分共同所有的房屋造成另一方损失,离婚时另一方请求赔偿损失的,人民法院应予支持。

**《物权编解释一》**

**第20条** 具有下列情形之一,受让人主张依据民法典第三百一十一条规定取得所有权的,不予支持:

(一)转让合同被认定无效;

(二)转让合同被撤销。

# 婚恋财产纠纷案件裁判规则第 18 条：
## 婚姻关系存续期间，夫妻一方擅自将夫妻共同财产赠与或有偿转让给第三人，且财产确已无法返还的，离婚时，另一方主张分割转让价款、财产折价款，或者主张多分离婚时现有财产的，一般予以支持

〔**规则描述**〕：婚姻关系存续期间，夫妻一方超出家庭日常生活需要，未经夫妻另一方同意而擅自赠与或者有偿转让夫妻共同财产的，侵犯了夫妻另一方对共同财产的所有权。在赠与的情况下，赠与财产因故无法返还的，夫妻另一方可以要求赠与方赔偿损失，赔偿损失的方式可以是赠与方单独给付货币或其他实物，也可以在离婚时以现有财产进行抵扣。有偿转让的情况下，转让价款一般视为夫妻共同财产的形式转化，夫妻另一方有权要求分割转让的价款；在转让行为给夫妻另一方造成了损失时，可以要求对方赔偿损失。

### 一、类案检索大数据报告

时间：2020 年 5 月 8 日之前，案例来源：Alpha 案例库，案件数量：43 件，数据采集时间：2020 年 5 月 8 日。本次检索获取 2020 年 5 月 8 日前共 43 篇裁判文书，其中：离婚时，另一方主张分割转让价款、财产折价款，或者主张多分离婚时现有财产的，法院均予以支持，占比为 100%。整体情况如图 18 - 1 所示。

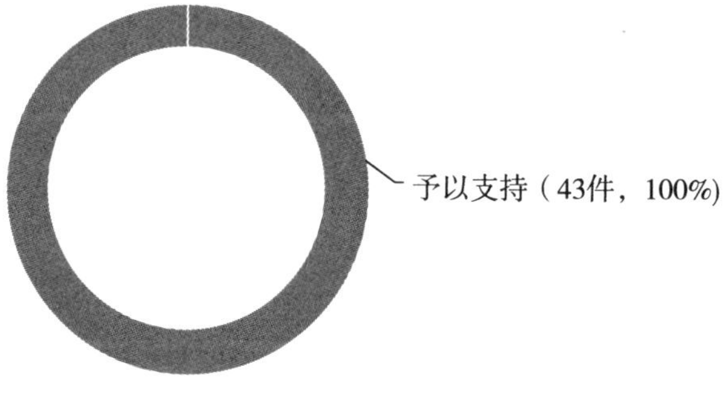


**图 18 - 1　案件裁判结果分布情况**

如图 18 - 2 所示，从案件案由分类情况可以看到，当前条件下案件的案由分布由多至少分别是离婚纠纷类、离婚后财产纠纷类。

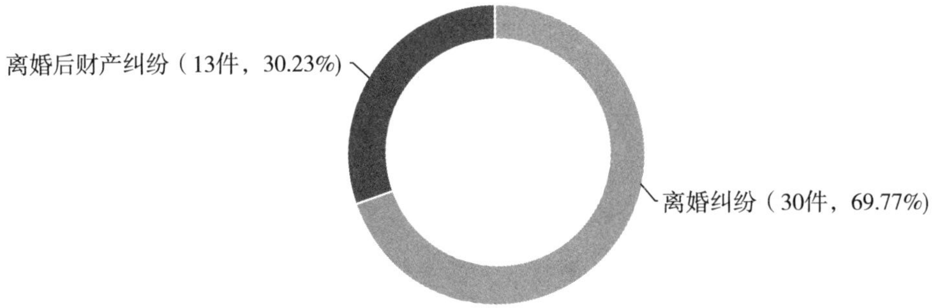


**图 18－2　案件案由分类情况**

如图 18－3 所示,从案件审理程序分布情况可以看到,当前条件下案件的上诉率约为 25.58%。

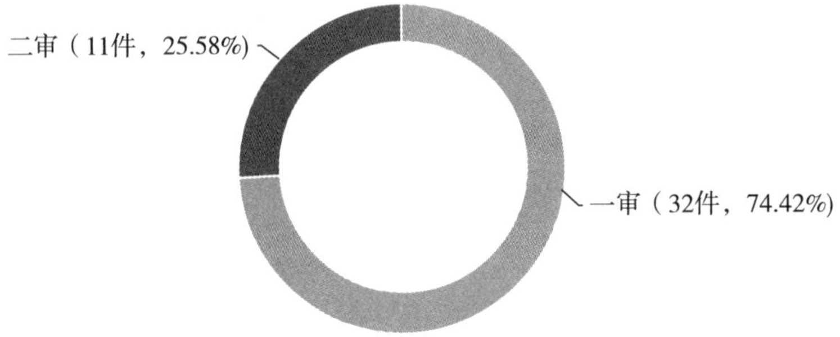


**图 18－3　案件审理程序分布情况**

如图 18－4 所示,从案件二审裁判结果情况可以看到,当前条件下案件改判的比例较高,约为 54.55%。

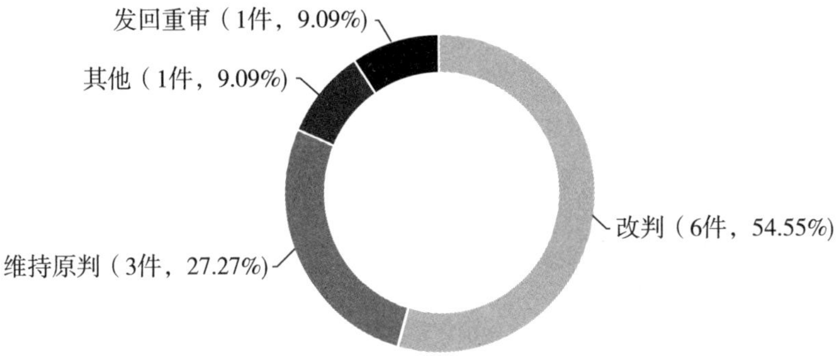


**图 18－4　案件二审裁判结果情况**

## 二、可供参考的例案

### 例案一 | 刘某1与张某离婚后财产纠纷案

**【法院】**

浙江省丽水市遂昌县人民法院

**【案号】**

(2016)浙1123民初1007号

**【当事人】**

原告：刘某1，男

委托代理人(特别授权)：程某某，律师

被告：张某，女

委托代理人(特别授权)：朱某某，律师

第三人：朱某，男

**【基本案情】**

刘某1与张某均系再婚，刘某1与前妻生育女儿刘某2，张某与前夫生育儿子朱某，朱某与刘某2现均已成年。原告、被告双方登记结婚后，生育女儿刘某3。2015年5月，张某向法院提起离婚诉请[案号：(2015)丽遂民初字第×××号]，法院于2016年1月4日判决准予张某与刘某1离婚，但双方的部分财产因涉及刘某2、朱某等人，案中未处理(含本案涉及的坐落于遂昌县××街道牡丹亭××单元××室房产)。

2011年7月31日，张某与案外人郑某1、郑某2签订《房地产转让合同》，合同约定郑某1将坐落于遂昌县××街道××街的安置房以33万元的价格转让给张某，合同载明房屋面积为93平方米，但当时该房屋尚未建成，郑某1亦未取得房屋产权。约定签订合同之日付定金3万元，首付款25万元于2011年8月15日前支付，余款5万元在办理产权过户手续后，办理的贷款手续到位后支付。2011年7月31日和2011年8月15日，张某分别向郑某2支付购房定金3万元、购房款25万元。郑某2出具收条载明的被收款对象亦为张某。2015年9月16日，郑某1将上述合同涉及的房产过户给朱某及其配偶涂某，产权证明载明的面积为141.1平方米，实际面积超过上述合同约定面积。张某与朱某均主张房地产转让合同是张某代朱某签订，上述涉及款项也是由张某代朱某支付。

在张某与刘某1离婚案件审理过程中:(1)张某于2015年5月27日庭审陈述,××街的房子是其经手,儿子想买,但是没钱,就没有买。2015年9月8日,刘某1提供《房地产转让合同》《收条》(复印件)后,张某否认该合同系其签订,可能是儿子朱某以其名义经手,本人也没有支付过款项。之后,张某又认可该合同系其签订,但主张其系代表儿子朱某签订合同并代付款项。(2)朱某向法院陈述,因购房时其在外地,故由母亲张某代理。33万元购房款中,3万元定金及25万元购房款系母亲张某代其支付,其余5万元是房产过户至其名下后,其支付给郑某2。此外,房屋的实际面积比合同约定更大,故增加房款78,000元,其中的54,000元款项是以郑某1的名义交至房管处。郑某2向法院陈述,房地产转让合同系张某签写,3万元定金是张某支付,25万元款项是银行转账,其没必要知道实际是谁支付,余款5万元系朱某现金交付给郑某2的。郑某2是父亲郑某1的代理人,张某是朱某的代理人。另外,朱某向法院提交的收条(复印件)中载明:今收到朱某房款人民币56,343.01元整。收款人为郑某2,落款时间为2015年8月12日。

另外,法院(2015)丽遂民初字第×××号判决认定刘某1与案外人黄某英签订房地产转让合同,但是合同所涉的两套房屋产权分别登记至其女儿刘某2及案外人包某宝名下,对包某宝交付给刘某1的购房款35万元,法院按原告、被告的夫妻共同财产分割,对刘某2名下的房产未做处理。

**【案件争点】**

张某与郑某1、郑某2签订《房地产转让合同》以及向郑某2支付款项系代表朱某还是其本人行为。

**【裁判要旨】**

法院认为,本案中,尽管张某、朱某以及郑某2均表示张某系帮朱某购房,但从以下几方面综合分析,张某的上述行为不能认定其是代表儿子朱某:(1)《房地产转让合同》明确载明合同的相对方是张某而非朱某;(2)郑某1于2011年7月31以及2011年8月15日出具收条明确载明付款方是张某,而非朱某;(3)如果张某是代表儿子朱某签订合同,不应当在(2015)丽遂民初字第×××号案件审理过程中曾出现张某否认存在购房行为、否认《房地产转让合同》中"张某"的名字系其本人签写等情况;(4)张某曾否认3万元定金以及25万元购房款系其经手,但朱某本人亦确认该28万元款项系张某经手。综上所述,在离婚案件审理过程中,张某与刘某1对涉案房屋的权利存在争议,法院尚未作出裁判的情况下,涉案房屋却过户到朱某及其配偶涂某名下,张某的陈述多次出现反复且不合乎常理,法院认定张某存在隐瞒夫妻共同财产的行为，故刘某1相关主张的合理部分，法院予以支持。涉案房屋原交易价格为33万元，但因实际面积超出合同约定，又新增购房款78,000元，张某经手的28万元款项不应认定为代朱某支付，应按夫妻共同财产处理；其余款项支付发生在2015年，郑某2确认有5万元购房款是朱某现金支付，原告也未能提交证据证实其余款项是张某支付，故无法认定全部购房款均系张某支付。涉案房屋的产权已登记在朱某及其配偶涂某名下，而且无法认定全部购房款均系张某支付，况且刘某1又主张涉案房屋整体的价值归其所有，不能认定涉案房屋为夫妻共同财产，本案只宜对可以确认的28万元款项按夫妻共同财产予以分割。张某有隐瞒夫妻共同财产的行为，分割财产时可以少分或不分，但考虑到刘某1也曾与他人签订购房合同，产权登记也在案外人名下，其部分房屋转让款法院确认按夫妻共同财产分割的情况，故法院认为该28万元款项按原告、被告双方各半享有为宜。综上所述，依照《婚姻法》第39条①之规定，判决如下：(1)张某向刘某1支付款项14万元。(2)驳回刘某1的其他诉讼请求。

## 例案二 | 杨某与张某甲离婚纠纷案

**【法院】**

湖南省长沙市岳麓区人民法院

**【案号】**

(2014)岳民初字第01558号

**【当事人】**

原告：杨某，女

委托代理人：王某某

被告：张某甲，男

委托代理人：刘某某

**【基本案情】**

原告杨某与被告张某甲于2009年7月经人介绍相识，并于××××年××月××日登记结婚。××××年××月××日，原告、被告共同生育一子张某乙。婚后初期原告、被告夫妻感情尚可，后双方性格不合，因家庭琐事发生争吵，自2012

---

① 对应《民法典》第1087条。

年7月开始分居。双方分居后,张某乙于2012年11月开始跟随张某甲共同生活至今。2013年5月6日,杨某向法院提起离婚诉讼,2013年7月3日,杨某撤回对张某甲的起诉。自杨某撤回起诉后,原告、被告的夫妻感情并未改善。2014年2月24日,杨某再次向法院提起诉讼,要求与张某甲离婚。

2011年8月,原告、被告共同购买了一辆丰田牌TV7252V5小型汽车,之后该车登记在张某甲的名下(车牌号为湘A×××××),并对该车进行了改装、装饰。在杨某第一次提出离婚诉讼时,杨某向法院提出了财产保全申请,法院于2013年5月21日裁定对该车进行查封,2013年9月12日,张某甲以杨某已撤诉为由,向法院提出解除财产保全的申请,法院于2013年9月13日裁定解除对该车的查封。2014年1月13日,张某甲在杨某不知情的情况下,将该车转移登记在涂某的名下。2014年1月26日,涂某将该车转移登记在施某的名下。原告、被告确认该车现价值10万元。

**【案件争点】**

1.原告、被告婚生子张某乙由谁抚养。

2.夫妻共同财产如何进行分割。

**【裁判要旨】**

法院认为,杨某与张某甲的夫妻关系合法有效,婚后初期夫妻感情尚可,后双方性格不合,因家庭琐事发生争吵,导致原告先后两次诉至法院要求离婚,且张某甲同意离婚,经调解无效,可以认定原告、被告夫妻感情确已破裂,杨某诉请与张某甲离婚,法院予以准许。

对于原告、被告婚生子张某乙,原告、被告双方均主张由对方抚养,因考虑到双方分居后张某乙于2012年11月开始跟随张某甲共同生活至今,故从有利于小孩健康成长的角度出发,法院确定张某乙由张某甲直接抚养,杨某应当承担相应的抚养费,具体抚养费数额和支付方式,法院结合子女的实际需要和当地实际生活水平,确定杨某每月支付张某乙生活费600元,教育费、医疗费凭票据由原告、被告各承担一半,至张某乙独立生活时止。

杨某主张原登记在张某甲名下的丰田牌TV7252V5小型汽车属于夫妻共同财产,因该车购买后登记在张某甲的名下,张某甲在杨某不知情的情况下擅自将该车转移登记在他人名下,对于张某甲主张转让费用全部用于偿还债权人的部分债务,因杨某对该债务不予认可,且张某甲没有提供证据予以证实,故张某甲的上述行为属于转移夫妻共同财产,应认定该车原为夫妻共同财产,法院对杨某要求分割该车价值的主张予以支持。现杨某主张原告、被告均分该车的价值，法院予以确认。因该车现已登记在案外人施某的名下，故由张某甲以现金方式补偿杨某应享有的50%份额，即 5 万元。对于张某甲主张的夫妻共同债权借给杨某甲的 4 万元、夫妻共同债务欠廖某的 15 万元，因杨某不予认可，且张某甲未提供证据予以证实，故法院在本案中不予处理。综上所述，根据《婚姻法》第 32 条①第 3 款第 5 项、第 36 条②、第 37 条③、第 39 条④、第 47 条⑤，《离婚子女抚养意见》第 3 条第 2 项⑥、第 7 条⑦、第 8 条⑧、第 12 条⑨之规定，判决如下：(1)准予杨某与张某甲解除婚姻关系；(2)原、被告婚生子张某乙由张某甲直接抚养，杨某按月支付张某乙生活费 600 元，直至张某乙独立生活时止，张某乙独立生活前需要的教育费和医疗费凭票据由原告、被告各承担一半；(3)张某甲向杨某支付夫妻共同财产分割补偿款 5 万元。

## 例案三 | 郑某甲诉郑某乙离婚纠纷案

**【法院】**

福建省宁德市周宁县人民法院

**【案号】**

(2015)周民初字第 275 号

**【当事人】**

原告：郑某甲，男

委托代理人：彭某 1、彭某 2，律师

被告：郑某乙，女

委托代理人：周某某、林某某，律师

---

① 对应《民法典》第 1079 条。

② 对应《民法典》第 1084 条。

③ 对应《民法典》第 1085 条。

④ 对应《民法典》第 1087 条。

⑤ 对应《民法典》第 1092 条。

⑥ 对应《婚姻家庭编解释一》第 46 条第 2 项。

⑦ 对应《婚姻家庭编解释一》第 49 条。

⑧ 对应《婚姻家庭编解释一》第 50 条。

⑨ 对应《婚姻家庭编解释一》第 41 条。

**【基本案情】**

郑某甲与郑某乙于1992年经人介绍认识,于1996年7月8日登记结婚,双方婚生长女郑某丙、次女郑某丁现均已成年;双方在共同生活过程中产生夫妻感情纠纷,郑某甲于2013年9月18日向太仓市人民法院起诉要求与郑某乙离婚,法院经审理后于2014年3月17日判决不准双方离婚,该判决于2014年4月2日生效后双方关系没有改善。现查明的夫妻共同财产有位于江苏省住宅及地下一层34车库房产、位于江苏省太仓市商业房产,夫妻共同债务有购置亲水半岛别墅的58,806.33元按揭贷款尚未清偿。原告、被告在夫妻关系存续期间还投资开办了太仓瑞强物资有限公司(该公司注册资本和实收资本均为300万元,其中郑某甲认缴出资240万元,郑某乙认缴出资60万元,但双方对该出资比例并没有约定为财产所有权份额),该公司现已被吊销营业执照但未进行清算也未注销。在不考虑双方过错因素的情况下通过竞价方式,郑某乙以自愿支付郑某甲86万元夫妻共同财产分割补偿款的代价获得了江苏省住宅及地下一层34车库房产、家具的所有权并承担该处房产未清偿的按揭贷款,并获得了太仓市商业房产及办公用品。在原告、被告夫妻关系存续期间,郑某甲未经郑某乙的同意擅自将15万元夫妻共同财产赠与他人,并用夫妻共同财产中的奥迪轿车抵偿其个人债务18万元。在本案诉讼中,郑某乙对郑某甲具有在婚姻关系存续期间与他人同居过错的事实举证不能,郑某甲对郑某乙擅自转让夫妻共同财产的事实举证不能。

**【案件争点】**

1. 原告、被告于何时结婚,于何时生育子女。

2. 原告、被告之间的夫妻感情是否确已破裂、无和好可能。

3. 原告、被告双方在婚姻关系存续期间是否存在过错。

4. 原告、被告之间是否有夫妻共同财产,应如何分割。

5. 原告、被告之间是否有夫妻共同债务,应如何分担。

**【裁判要旨】**

法院认为,原告、被告之间属于合法的婚姻关系,郑某甲曾因夫妻感情纠纷诉至法院,要求与郑某乙离婚,在2014年3月法院判决不准原告、被告离婚后其夫妻关系仍未能改善,今郑某甲再次诉至法院要求与郑某乙离婚,说明原告、被告夫妻感情确已破裂;又因双方在本案审理过程中未能调解和好,故郑某甲要求与郑某乙离婚的诉讼请求,法院予以支持。

由于郑某甲在婚姻关系存续期间未经郑某乙同意将15万元夫妻共同财产赠

与他人，并擅自用夫妻共同财产奥迪轿车一辆抵偿其个人债务18万元，郑某甲的该两项行为违反了婚姻法关于夫妻之间应互相忠实、互相尊重的规定，同时也侵犯了郑某乙作为配偶一方对夫妻共同财产所享有的合法权益，故郑某乙要求郑某甲在解除婚姻关系时应向其支付7.5万元及奥迪轿车一半车价款符合法律规定的精神，法院予以支持，但由于郑某乙未能提供证据证明奥迪轿车的残值，故法院根据郑某甲自认的抵偿债务总额确定郑某甲因此行为应支付给郑某乙9万元。由于郑某乙在诉讼中通过竞价取得的方式在不考虑双方过错因素的情况下，以自愿支付郑某甲86万元夫妻共同财产分割补偿款的代价获得江苏省住宅及地下一层34车库房产、家具的所有权并承担该处房产未清偿的按揭贷款，并获得了太仓市商业房产及办公用品，符合法律规定，法院予以认可。由于郑某乙未能举证证明郑某甲具有在婚姻关系存续期间与他人同居的过错，故其要求郑某甲支付5万元精神损害赔偿并要求郑某甲少分或者不分夫妻共同财产的主张，法院不予支持。据此，依照《婚姻法》第2条①、第4条②、第32条③、第46条④、第47条⑤，《婚姻法解释一》第28条⑥，《离婚财产分割意见》第17条第2款第3项⑦、第21条⑧，《民事诉讼法》第64条、第142条、第153条，《民事诉讼法解释》第90条、第92条、第93条的规定，判决如下：(1)准予郑某甲与郑某乙离婚。(2)郑某乙应向郑某甲支付86万元夫妻共同财产分割补偿款，坐落于太仓市的商业房产及该房屋内的办公用品和江苏省住宅及地下一层34车库房产及该房屋内的家具归郑某乙所有，因购置亲水半岛房产而未清偿的银行按揭贷款由郑某乙负责清偿。(3)郑某甲应赔偿郑某乙因其擅自处分夫妻共同财产给郑某乙造成的损失共计16.5万元。(4)驳回郑某甲的其他诉讼请求。

## 三、裁判规则提要

《民法典》第1062条规定："夫妻在婚姻关系存续期间所得的下列财产，为夫

---

① 对应《民法典》第1041条。
② 对应《民法典》第1043条。
③ 对应《民法典》第1079条。
④ 对应《民法典》第1091条。
⑤ 对应《民法典》第1092条。
⑥ 对应《婚姻家庭编解释一》第86条。
⑦ 对应《民法典》第1064条。
⑧ 对应《民法典》第1066条。

妻的共同财产,归夫妻共同所有……夫妻对共同财产,有平等的处理权。”根据这些规定,夫妻间若无相反的约定,在婚姻关系存续期间取得的财产一般为夫妻共同共有的财产。

《民法典》第299条规定:“共同共有人对共有的不动产或者动产共同享有所有权。”《民法典》第301条规定:“处分共有的不动产或者动产以及对共有的不动产或者动产作重大修缮、变更性质或者用途的,应当经占份额三分之二以上的按份共有人或者全体共同共有人同意,但是共有人之间另有约定的除外。”据此,夫妻任何一方处分夫妻共同共有的财产时一般均须取得夫妻双方一致的同意。

《民法典》规定了夫妻间的家事代理制度,如《民法典》第1060条第1款规定:“夫妻一方因家庭日常生活需要而实施的民事法律行为,对夫妻双方发生效力,但是夫妻一方与相对人另有约定的除外。”该制度还体现于《民法典》第1062条第2款及第1064条。根据这些规定,在家庭生活领域,夫或妻处分夫妻共同财产并非一律需要夫妻双方达成一致的意见,而应区分是否出于日常生活需要而进行处分。如果是出于日常生活需要,则任何一方均有权单独对共同财产进行处理;如果不是出于日常生活需要,则需要夫妻双方协商一致,共同处分。

### (一)夫或妻一方将夫妻共同财产赠与第三人的情形

如果夫或妻一方出于家庭日常生活需要而将共同财产赠与第三人,从夫妻内部关系上看,该赠与行为并未侵犯夫妻另一方的共同财产权,该赠与是行为人行使家事代理权的表现;从夫妻与第三人的外部关系看,该赠与行为对夫妻双方均有约束力,赠与人所为的赠与视为夫妻双方共同的意思表示。

如果夫或妻一方非出于家庭日常生活的需要,且在未经夫妻另一方同意的情况下将夫妻共同财产赠与第三人,则该行为侵犯了夫妻另一方对共有财产的所有权。此时,夫妻另一方可以主张赠与无效,要求第三人返还受赠的财产。但是,如果赠与的财产已被第三人进行了处分而无法返还或者财产在被赠与后灭失而无法返还,夫妻另一方可以在离婚时要求作出赠与行为的配偶赔偿其因此而遭受的财产损失。关于赔偿的方式,可以是要求作出赠与行为的配偶单独支付一定的货币或实物,也可以是要求作出赠与行为的配偶少分其他夫妻共同财产以抵扣其应当赔偿的金额。关于赔偿的金额,一般是该赠与财产价值的一半。

关于是否可以要求赔偿精神损失的问题。《侵权责任法》第22条规定:“侵害他人人身权益,造成他人严重精神损害的,被侵权人可以请求精神损害赔偿。”但

《民法典》对此进行了一定的修改，《民法典》第 1183 条规定："侵害自然人人身权益造成严重精神损害的，被侵权人有权请求精神损害赔偿。因故意或者重大过失侵害自然人具有人身意义的特定物造成严重精神损害的，被侵权人有权请求精神损害赔偿。"基于此，在一般情况下，夫或妻一方不得以另一方擅自赠与财产为由要求精神损害赔偿。但是，如果被赠与的财产对夫妻一方具有特定的人身意义，而赠与方出于故意或重大过失而为赠与，则夫妻另一方可以要求对方支付一定的精神损害赔偿。

（二）夫妻一方将夫妻共同财产出卖给第三人的情形

如果夫或妻一方是在家庭日常生活需要的范围内与第三人产生了买卖关系，则该行为对夫妻双方及夫妻与第三人之间均有法律约束力，未实际参与买卖行为的夫或妻一方视为同意该买卖。

如果夫或妻一方非因家庭日常生活需要，且未经夫妻另一方的同意而擅自将夫妻共同财产出售给第三人，该买卖行为对夫妻另一方不生效力，夫妻另一方没有配合交付标的物的义务，在第三人不构成善意取得的情况下，可基于物上请求权要求第三人返还标的物。夫妻另一方也可基于法律关于合同无效情形的规定，要求确认买卖合同无效。

在夫妻另一方因各种考虑而不愿请求人民法院确认买卖合同无效或者因第三人已经构成善意取得而无法追回标的物的情况下，其可以要求分割买方支付的对价。此时，若夫妻另一方对买方支付的对价的金额无异议，则该对价即是夫妻共同财产形式的转化，在性质上，该对价也是夫妻共同财产，夫妻另一方当然有权要求分割。若夫妻另一方认为买方支付的对价不足以弥补其损失的，可以要求对方赔偿损失。关于损害赔偿的问题，《民法典》第 311 条第 2 款可资参考："受让人依据前款规定取得不动产或者动产的所有权的，原所有权人有权向无处分权人请求损害赔偿。"《婚姻家庭编解释一》第 28 条第 2 款对此则作出了更为具体的规定："夫妻一方擅自处分共同所有的房屋造成另一方损失，离婚时另一方请求赔偿损失的，人民法院应予以支持。"

（三）夫妻一方是否可以夫妻另一方擅自处分夫妻共同财产而要求多分财产

《民法典》第 1092 条规定："夫妻一方隐藏、转移、变卖、毁损、挥霍夫妻共同财产,或者伪造夫妻共同债务企图侵占另一方财产的,在离婚分割夫妻共同财产时,对该方可以少分或者不分。离婚后,另一方发现有上述行为的,可以向人民法院提起诉讼,请求再次分割夫妻共同财产。”如果夫妻一方出于侵占另一方财产的目的,故意超出家庭日常生活需要范围擅自出卖或赠与夫妻共同财产,则在离婚时可以对其少分或不分,即另一方可以要求多分财产。要注意审查夫妻一方处分共同财产时是否具有将共同财产据为己有的目的。侵占另一方财产的目的具有主观性,在判断是否具有该目的时,应根据案件的具体情况综合考虑,如处分方与第三人之间的关系、夫妻之间的感情状况、处分方在处分时或处分后是否向另一方作了如实的告知、处分方是否有故意隐瞒出售款项的金额及资金去向的行为、赠与财产的原因、出售价格的高低等。夫妻一方要求多分财产的范围,一般应限于被出卖、赠与的财产范围,而不是及于全部的夫妻共同财产。

## 四、辅助信息

**高频词条:**

**《民法典》**

**第1041条** 婚姻家庭受国家保护。

实行婚姻自由、一夫一妻、男女平等的婚姻制度。

保护妇女、未成年人、老年人、残疾人的合法权益。

**第1043条** 家庭应当树立优良家风,弘扬家庭美德,重视家庭文明建设。

夫妻应当互相忠实,互相尊重,互相关爱;家庭成员应当敬老爱幼,互相帮助,维护平等、和睦、文明的婚姻家庭关系。

**第1064条** 夫妻双方共同签名或者夫妻一方事后追认等共同意思表示所负的债务,以及夫妻一方在婚姻关系存续期间以个人名义为家庭日常生活需要所负的债务,属于夫妻共同债务。

夫妻一方在婚姻关系存续期间以个人名义超出家庭日常生活需要所负的债务,不属于夫妻共同债务;但是,债权人能够证明该债务用于夫妻共同生活、共同生产经营或者基于夫妻双方共同意思表示的除外。

**第1066条** 婚姻关系存续期间,有下列情形之一的,夫妻一方可以向人民法院请求分割共同财产:

(一)一方有隐藏、转移、变卖、毁损、挥霍夫妻共同财产或者伪造夫妻共同债务等严重损害夫妻共同财产利益的行为;

（二）一方负有法定扶养义务的人患重大疾病需要医治，另一方不同意支付相关医疗费用。

**第1067条** 父母不履行抚养义务的，未成年子女或者不能独立生活的成年子女，有要求父母给付抚养费的权利。

成年子女不履行赡养义务的，缺乏劳动能力或者生活困难的父母，有要求成年子女给付赡养费的权利。

**第1079条** 夫妻一方要求离婚的，可以由有关组织进行调解或者直接向人民法院提起离婚诉讼。

人民法院审理离婚案件，应当进行调解；如果感情确已破裂，调解无效的，应当准予离婚。

有下列情形之一，调解无效的，应当准予离婚：

（一）重婚或者与他人同居；

（二）实施家庭暴力或者虐待、遗弃家庭成员；

（三）有赌博、吸毒等恶习屡教不改；

（四）因感情不和分居满二年；

（五）其他导致夫妻感情破裂的情形。

一方被宣告失踪，另一方提起离婚诉讼的，应当准予离婚。

经人民法院判决不准离婚后，双方又分居满一年，一方再次提起离婚诉讼的，应当准予离婚。

**第1084条** 父母与子女间的关系，不因父母离婚而消除。离婚后，子女无论由父或者母直接抚养，仍是父母双方的子女。

离婚后，父母对于子女仍有抚养、教育、保护的权利和义务。

离婚后，不满两周岁的子女，以由母亲直接抚养为原则。已满两周岁的子女，父母双方对抚养问题协议不成的，由人民法院根据双方的具体情况，按照最有利于未成年子女的原则判决。子女已满八周岁的，应当尊重其真实意愿。

**第1085条** 离婚后，子女由一方直接抚养的，另一方应当负担部分或者全部抚养费。负担费用的多少和期限的长短，由双方协议；协议不成的，由人民法院判决。

前款规定的协议或者判决，不妨碍子女在必要时向父母任何一方提出超过协议或者判决原定数额的合理要求。

**第1087条** 离婚时，夫妻的共同财产由双方协议处理；协议不成的，由人民法院院根据财产的具体情况,按照照顾子女、女方和无过错方权益的原则判决。

对夫或者妻在家庭土地承包经营中享有的权益等,应当依法予以保护。

**第1091条** 有下列情形之一,导致离婚的,无过错方有权请求损害赔偿:

(一)重婚;

(二)与他人同居;

(三)实施家庭暴力;

(四)虐待、遗弃家庭成员;

(五)有其他重大过错。

**第1092条** 夫妻一方隐藏、转移、变卖、毁损、挥霍夫妻共同财产,或者伪造夫妻共同债务企图侵占另一方财产的,在离婚分割夫妻共同财产时,对该方可以少分或者不分。离婚后,另一方发现有上述行为的,可以向人民法院提起诉讼,请求再次分割夫妻共同财产。

**《婚姻家庭编解释一》**

**第28条** 一方未经另一方同意出售夫妻共同所有的房屋,第三人善意购买、支付合理对价并已办理不动产登记,另一方主张追回该房屋的,人民法院不予支持。

夫妻一方擅自处分共同所有的房屋造成另一方损失,离婚时另一方请求赔偿损失的,人民法院应予支持。

**第41条** 尚在校接受高中及其以下学历教育,或者丧失、部分丧失劳动能力等非因主观原因而无法维持正常生活的成年子女,可以认定为民法典第一千零六十七条规定的"不能独立生活的成年子女"。

**第46条** 对已满两周岁的未成年子女,父母均要求直接抚养,一方有下列情形之一的,可予优先考虑:

(一)已做绝育手术或者因其他原因丧失生育能力;

(二)子女随其生活时间较长,改变生活环境对子女健康成长明显不利;

(三)无其他子女,而另一方有其他子女;

(四)子女随其生活,对子女成长有利,而另一方患有久治不愈的传染性疾病或者其他严重疾病,或者有其他不利于子女身心健康的情形,不宜与子女共同生活。

**第49条** 抚养费的数额,可以根据子女的实际需要、父母双方的负担能力和当地的实际生活水平确定。

有固定收入的,抚养费一般可以按其月总收入的百分之二十至三十的比例给付。负担两个以上子女抚养费的，比例可以适当提高，但一般不得超过月总收入的百分之五十。

无固定收入的，抚养费的数额可以依据当年总收入或者同行业平均收入，参照上述比例确定。

有特殊情况的，可以适当提高或者降低上述比例。

**第 50 条** 抚养费应当定期给付，有条件的可以一次性给付。

**第 86 条** 民法典第一千零九十一条规定的“损害赔偿”，包括物质损害赔偿和精神损害赔偿。涉及精神损害赔偿的，适用《最高人民法院关于确定民事侵权精神损害赔偿若干问题的解释》的有关规定。

# 婚恋财产纠纷案件裁判规则第 19 条：

## 婚姻关系存续期间，夫妻一方基于工伤保险待遇所得的款项一般应归遭受工伤的夫妻一方所有，属于其个人财产，离婚时，另一方主张作为夫妻共同财产分割的，一般不予支持

〔**规则描述**〕：夫或妻是家庭的一分子，同时也是社会的一员，为实现自己的个人价值及社会价值，其需要参与社会分工，参加社会劳动。在劳动的过程中，难免会因工作的原因受到伤害，即发生工伤。为保护劳动者的合法权益，我国实行强制的工伤保险制度，建立了工伤保险基金，职工因工受伤后，相关主体会根据相应的法律、法规对其进行工伤认定。职工被认定为工伤后，会享受一定的工伤保险待遇，这些工伤保险待遇大多会以货币的形式呈现，在形式上表现为夫妻一方的收入。但工伤保险制度的目的是保障因工作遭受事故伤害或者患职业病的职工获得医疗救治和经济补偿，促进工伤预防和职业康复，分散用人单位的工伤风险。工伤保险待遇虽在表面上与夫妻一方的收入类似，但在实质上与《民法典》婚姻家庭编所规定的夫妻双方婚后所得财产截然不同，工伤保险待遇大部分的补偿项目均有专属于遭受工伤的夫妻一方人身的属性，在性质上应认定为夫妻一方的个人财产。在实际分割因工伤获得的款项时，要根据各补偿项目的性质来区分是个人财产还是夫妻共同财产，在区分的基础上进行分割。

### 一、类案检索大数据报告

时间：2020 年 4 月 30 日之前，案例来源：Alpha 案例库，案件数量：44 件，数据采集时间：2020 年 4 月 30 日。本次检索获取 2020 年 4 月 30 日前共 44 篇裁判文书，其中：夫妻一方主张将另一方所得的具有特定人身依附关系的财产作为夫妻共同财产分割的，法院均不予支持，占比为 100%。整体情况如图 19 - 1 所示。

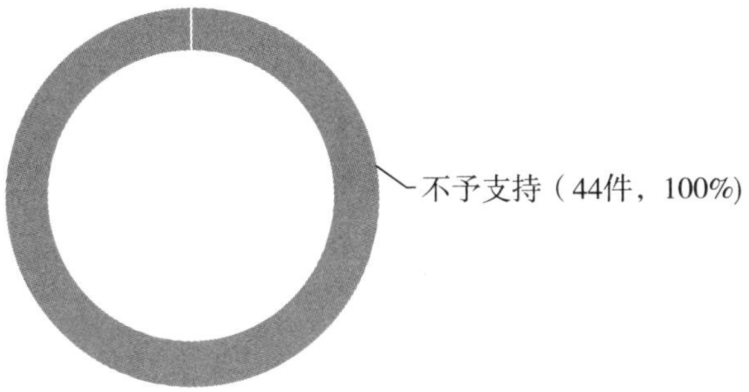


**图19－1　案件裁判结果分布情况**

如图19－2所示，从案件案由分类情况可以看到，当前条件下案件的案由分布主要是离婚纠纷类、离婚后财产纠纷类。

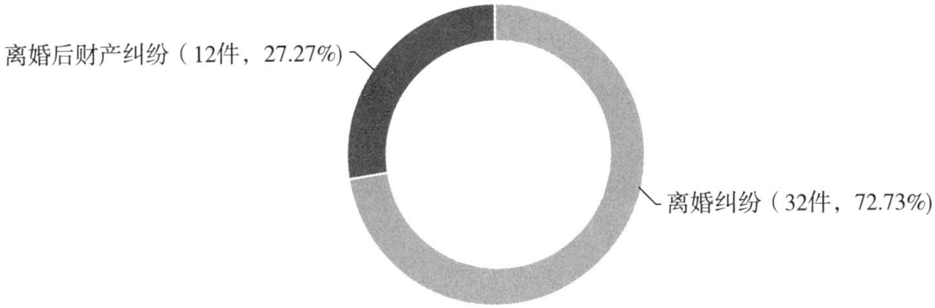


**图19－2　案件案由分类情况**

如图19－3所示，从案件审理程序分布情况可以看到，当前条件下案件的上诉率约为15.91%。

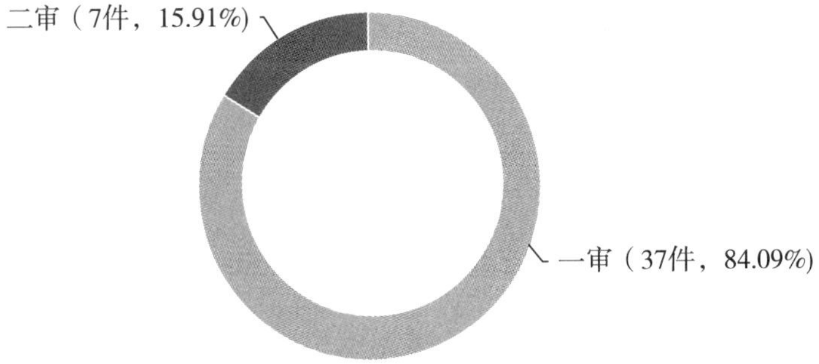


**图19－3　案件审理程序分布情况**

如图 19 -4 所示,从案件二审裁判结果情况可以看到,当前条件下案件维持原判的比例较高,约为 57.14% 。

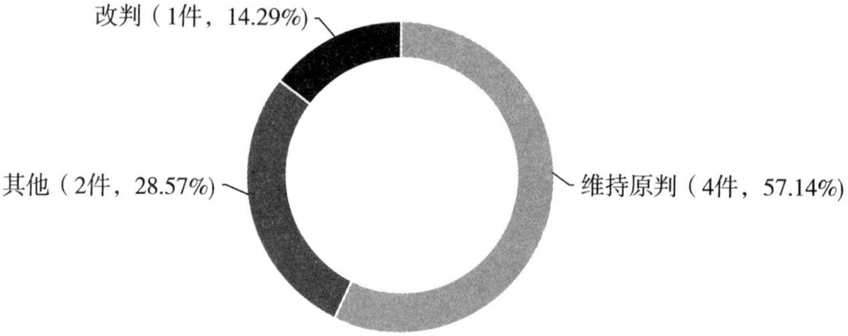


**图 19 -4　案件二审裁判结果情况**

## 二、可供参考的例案

### 例案一 | 王某 1 与何某离婚后财产纠纷案

**【法院】**

重庆市第五中级人民法院

**【案号】**

(2019)渝 05 民终 1128 号

**【当事人】**

上诉人(原审被告):王某 1,男

委托诉讼代理人:陈某,律师

被上诉人(原审原告):何某,女

委托诉讼代理人:刁某某,法律服务所法律工作者

**【基本案情】**

原告、被告原系夫妻关系,于 1996 年 7 月 8 日登记结婚,育有一女王某。2018 年 4 月 8 日王某 1 向法院提起离婚诉讼,2018 年 7 月 30 日法院作出判决,准许王某 1 与何某离婚,该判决已于 2018 年 8 月 30 日起生效。

2012 年 1 月 1 日,王某 1 购买了价值 10,300 元的家具,该家具现由王某 1 使用。

在原告、被告夫妻关系存续期间,被告王某 1 在某银行开立有活期银行账户和定期存款。截至 2018 年 8 月 30 日，活期银行账号 622 × ×下有存款余额 11.38 元，活期银行账号 621 × ×下有存款余额 18,048.51 元。定期存款账号 030 × ×于 2018 年 3 月 5 日存款 10 万元，定期存款账号 030 × ×于 2018 年 7 月 24 日存款 5 万元，以上合计 168,059.89 元。

另查明，王某 1 名下的某银行账号 622 × ×于 2018 年 5 月 26 日取走现金 3 万元，王某 1 否认取款事实，未说明取款用途及去向。王某 1 名下的某银行账号 621 × ×于 2018 年 7 月 24 日取走现金 7 万元，王某 1 否认取款事实，亦未说明取款用途及去向。何某陈述王某 1 取走的现金 10 万元系夫妻共同财产，应当进行分割。

审理过程中，何某于 2018 年 11 月 12 日向一审法院提交《情况说明》一份，何某陈述只认可王某 1 名下的在某银行中的存款中有 2 万元，是王某 1 代替婚生女王某保管的存款。何某陈述自愿放弃分割王某 1 于 2012 年 1 月 1 日购买的价值 10,300 元的家具，该家具归王某 1 所有。

二审法院经审理查明，2010 年 5 月 10 日，王某 1 因工伤而获得用工单位支付的一次性伤残补助金、医疗补助金、就业补助金等各项费用共计 7.8 万元。王某 1 与何某在判决离婚之前各自每月均有 2000～3000 元的务工收入。从王某 1 受伤至王某 1 与何某离婚之前，家庭开支较大的金额有两笔，一为 2012 年改建房屋耗资 1 万～2 万元，二为何某生病住院用去医疗费 5000 元左右（扣除医保报销后）。

另查明，王某 1 于 2018 年 7 月 24 日存入 78,015.33 元到某银行尾号为 0430 账户中。二审法院对一审法院认定的其他事实予以确认。

**【案件争点】**

王某 1 银行存款中属于夫妻共同财产的范围。

**【裁判要旨】**

一审法院认为，离婚后，一方以尚有夫妻共同财产未处理为由，向人民法院起诉请求分割的，经审查该财产确属离婚时未涉及处理的夫妻共同财产，人民法院应当依法予以分割。本案中，查明了在原告、被告夫妻关系存续期间，王某 1 在某银行有存款金额共计 168,059.89 元。王某 1 辩称该存款中有本人受伤所得的赔偿金、母亲做寿所得礼金等，因王某 1 未提供相应证据予以证明，该辩称意见一审法院实难采信，不能予以扣除。由于何某承认王某 1 在某银行的存款中有 2 万元系其替婚生女王某保管的存款，故该 2 万元不能作为原告、被告夫妻共同财产，其余的存款 148,059.89 元应作为夫妻共同财产，由原告、被告平均分割，何某应分得

74,029.94元。何某主张王某1名下账号622××、账号621××,分别于2018年5月26日、2018年7月24日被取走的现金共计10万元系夫妻共同财产,虽然王某1否认取款的事实,但与一审法院查明的事实不符,对王某1该辩称意见不予采信。王某1未能说明取款10万元的去向及合理用途,该10万元亦应认定为夫妻共同财产,由原告、被告平均分割,何某应分得5万元。2012年1月1日,王某1购买的10,300元的家具,双方均承认系夫妻共同财产,一审法院予以确认。何某陈述该家具归王某1所有,系何某对诉讼权利的处分,不违反法律规定,一审法院予以准许。综上所述,何某应当分得的夫妻共同财产为124,029.94元。依照《婚姻法》第39条①、《民事诉讼法》第64条、《婚姻法解释三》第18条②之规定,判决如下:(1)王某1给付何某应当分得的夫妻共同财产人民币124,029.94元。(2)价值10,300元的家具归王某1所有。

二审法院认为,关于一审认定的夫妻共同财产中是否重复计算5万元的问题。本案查明的事实表明,王某1在2018年7月24日既有从其某银行卡(尾号0430)支取7万元的事实,也有于同日将5万元存入其银行定期存款账户的事实。对此,王某1上诉称其将银行卡中的7万元支取后于当日随即将其中5万元转存入该银行的定期账户中以获取较高的利息收入,何某对此不予认可。二审法院认为,根据两笔款项交易发生于同一日,且支取于活期账户,存入的是定期账户,存入额小于支取额,再结合王某1与何某家庭日常收入情况,加之何某并无证据证明双方于当日另有其他5万元的收入,可以认定王某1上诉称其将7万元中的5万元转入了定期的理由更为合理,故二审法院对王某1的该上诉理由予以采信,从而认定王某1于2018年7月24日的取款7万元属于夫妻共同财产,但当日的存款5万元不应再纳入计算。

关于上诉人王某1获得的7.8万元工伤赔偿款应否计入夫妻共同财产的问题。二审查明上诉人王某1于2010年5月因双手指受伤获得了用工单位支付的包括一次性伤残补助金、医疗补助金、就业补助金等工伤赔偿款共计7.8万元。由于《婚姻法》第18条③明确规定一方因身体受到伤害获得的医疗费、残疾人生活补助费等费用均属一方的个人财产而非属夫妻共同财产,故该7.8万元工伤赔偿金应属王某1一方的个人财产,不应纳入夫妻共同财产的范围。又因何某并无证据

---

① 对应《民法典》第1087条。
② 对应《婚姻家庭编解释一》第83条。
③ 对应《民法典》第1063条。

证明王某1在获得工伤赔偿之日至双方离婚之时的数年间存在纯属王某1个人的较大额的消费支出，故二审法院对王某1上诉主张从一审认定的夫妻共同财产金额中扣减7.8万元的理由予以采纳。

综上所述，截至王某1与何某离婚之日，王某1实际从其银行账户中支取两笔存款共计10万元（一笔3万元，另一笔7万元），此应认定为夫妻共同财产。虽然在双方离婚前王某1银行账户内的存款共计168,059.89元，但不应全部认定为夫妻共同财产，其中有5万元来自前述已支取的7万元中，故该5万元应予扣除，同时还应扣减王某1获得的工伤赔偿金7.8万元以及王某1为女儿王某代管的2万元。由此，本案夫妻共同财产共计应计算为120,059.89元。综上所述，王某1的上诉理由部分成立，法院予以支持。一审法院对夫妻共同共有财产（存款）的金额认定有误，法院根据二审新查明的事实对此予以纠正，一审其余判决正确，应予维持。根据《民事诉讼法》第170条第1款第1项及第2项之规定，判决如下：（1）维持一审民事判决之第二项；（2）变更一审民事判决之第一项为：王某1给付何某夫妻共同财产人民币60,029.94元；（3）驳回何某的其他诉讼请求。

## 例案二 | 于某某与孙某离婚纠纷案

**【法院】**

辽宁省大连市中山区人民法院

**【案号】**

（2014）中民初字第02893号

**【当事人】**

原告：于某某，女

委托代理人：于某甲，系于某某父亲

委托代理人：侯某某，律师

被告：孙某，男

委托代理人：周某某，系孙某母亲

委托代理人：田某某，律师

**【基本案情】**

原告于某某与被告孙某于2012年9月17日登记结婚，婚后于2014年3月16日生育一子孙某甲。婚后因生活琐事双方经常争吵，自2014年7月27日起原告、被告分居。分居后,婚生子孙某随于某某共同生活。孙某婚前购买某号房屋一套,房屋总价款为428,728元,其中首付款128,728元,贷款30万元,按现行贷款利率不变,需支付贷款利息252,688.2元。双方婚后共同还贷35,733.44元(2012年9月至2014年7月),双方均认可该房屋现在的市场价值为516,540元。双方存在夫妻共同债务14,200.2元。孙某现就职于某公司,每月收入约为1600元。孙某于2014年8月1日从银行取出个人工伤赔偿款19,800元,后交于某某19,000元。于某某用该款项偿还其名下的广发银行信用卡债务2401元,浦发银行信用卡债务5380元,偿还孙某名下的民生银行信用卡债务1860元,偿还张某某债务2000元,存在婚生子孙某甲银行账户名下5500元。另查,于某某婚前购买双人床一张、床垫一个、床头柜一个、四门衣柜一个、电视柜一个、餐桌一张。双方婚后购买西门子洗衣机一台、容声电冰箱一台、索尼彩电一台、沙发一组、梳妆台一个、酒柜一个、窗帘一套、美的豆浆机一套、美的电压力锅一个、美的电热水瓶一个。

**【案件争点】**

1. 子女抚养费数额如何确定。

2. 孙某应否给付精神损害赔偿。

3. 夫妻共同财产的范围及分割。

**【裁判要旨】**

法院认为,婚姻自由受法律保护。本案中,原告、被告双方由于生活琐事产生矛盾,自2014年7月27日起分居至今,现于某某向法院起诉请求与孙某离婚,孙某亦同意离婚,足以说明原告、被告夫妻感情已经破裂,依法应准予双方离婚。关于子女的抚养问题,婚生子尚不满一周岁,且在双方分居后,一直随于某某共同生活,于某某要求抚养子女,孙某亦同意,法院予以准许。离婚后,一方抚养的子女,另一方应负担必要的生活费和教育费。有固定收入的,抚育费一般可按其月总收入的20% ~30%的比例给付。孙某每月收入约为1600元,其愿意每月承担子女抚养费500元,法院予以准许。

某号房屋系孙某婚前购买,双方婚后共同还贷,孙某应向于某某支付婚后共同还贷支付的款项及其相对应的财产增值部分。但该房屋总的购房成本为681,416.2元(428,728元+252,688.2元),已高于房屋现在的市场价值516,540元,故孙某无须向于某某支付双方婚后共同还贷所对应的房屋升值款,但应向于某某给付婚后共同还贷补偿款17,866.72元(35,733.44元÷2)。2014年8月至11月,孙某母亲通过转账方式将相应的还款金额汇到孙某名下的贷款还款账户,用以偿还房屋贷款，应视为该期间案涉房屋贷款实由孙某母亲偿还，故于某某要求分割该期间内的婚后共同还贷款项及对应的增值款，于法无据，法院不予支持。就此事实，孙某辩称案涉房屋贷款均由孙某母亲偿还，于某某无权分割，法院认为孙某提交的银行存款凭条、存款回单中绝大部分单据中的户名为孙某，虽有少部分单据的客户签名为孙某母亲，但均并不足以证明该部分单据所对应的款项为孙某母亲偿还，故对孙某此辩解，法院不予采信。

离婚时，原为夫妻共同生活所负的债务，应当共同偿还。于某某要求孙某共同承担的信用卡债务14,200.2元，均系在双方分居之前产生，故应由原告、被告共同偿还。一方因身体受到伤害获得的医疗费、残疾人生活补助费等费用为夫妻一方的个人财产，故孙某于2014年8月1日交于某某的19,000元工伤赔偿金应为孙某的个人财产，本应由于某某予以返还。但于某某用该笔款项偿还的信用卡债务、张某某债务合计11,641元(2401元+5380元+1860元+2000元)，均应为夫妻共同债务，由原告、被告各自承担一半。而于某某存入婚生子孙某甲银行账户名下的5500元，未经孙某的同意，且存折实际掌握在于某某手中，故对此笔5500元，于某某亦应予以返还。故在扣除了孙某应承担的夫妻共同债务的一半5820.5元(11,641元÷2)后，于某某应返还孙某工伤赔偿金13,179.5元(19,000元-5820.5元)。

关于于某某要求孙某返还家具、家电的请求，法院认为于某某婚前购买的双人床、床垫、床头柜、四门衣柜、电视柜、餐桌应为于某某的婚前个人财产，归于某某个人所有。双方婚后购买的西门子洗衣机、容声电冰箱、索尼彩电、沙发、梳妆台、酒柜、窗帘、美的豆浆机、美的电压力锅、美的电热水瓶均为夫妻共同财产，由双方分割。根据财产的价值和其他实际情况，索尼彩电、容声电冰箱、梳妆台、酒柜、窗帘、豆浆机应归于某某所有，西门子洗衣机、沙发、美的电压力锅、美的电热水瓶应归孙某所有。

关于于某某要求孙某给付精神损害赔偿金8万元的请求，因于某某向一审法院提交之证据并不足以证明孙某有实施家庭暴力的行为，故对于某某此请求，法院不予支持。关于于某某要求孙某给付房屋租金2000元的请求，法院认为于某某收入高于孙某，且双方分居后于某某一直与其父母共同居住，于某某在旅顺亦有房产，故于某某再行要求孙某给付房屋租金，并无事实和法律依据，法院不予支持。

关于孙某要求于某某返还一对钻戒的请求，因被告孙某未向法院提交任何证据予以证实，故对孙某此主张，法院不予采信。

综上所述,依照《婚姻法》第 18 条[①]第 1 款第 2 项、第 32 条[②]、第 36 条[③]、第 37 条[④]、第 39 条[⑤]、第 41 条[⑥],《婚姻法解释三》第 10 条[⑦],《离婚子女抚养意见》第 7 条[⑧]之规定,判决如下:(1)准予于某某与孙某离婚;(2)婚生子孙某甲由于某某抚养,孙某每月支付子女抚养费 500 元;(3)孙某给付于某某房屋共同还贷补偿款 17,866.72元;(4)于某某返还孙某工伤赔偿金 13,179.5 元;(5)夫妻共同债务 14,200.2元由原告、被告共同偿还;(6)于某某的婚前个人财产双人床一张、床垫一个、床头柜一个、四门衣柜一个、电视柜一个、餐桌一张归于某某个人所有;(7)夫妻共同财产索尼彩电一台、容声电冰箱一台、梳妆台一个、酒柜一个、窗帘一套、豆浆机一台归于某某所有,西门子洗衣机一台、沙发一组、美的电压力锅一个、美的电热水瓶一个归孙某所有。

## 例案三 | 颜某某与李某某离婚纠纷案

**【法院】**

吉林省延边朝鲜族自治州中级人民法院

**【案号】**

(2014)延中民一终字第 252 号

**【当事人】**

上诉人(原审被告):颜某某,女

委托代理人:高某,律师

被上诉人(原审原告):李某某,男

**【基本案情】**

2011 年 11 月 7 日,李某某与颜某某在民政局登记结婚,双方均系再婚。李某某因工伤于 2012 年 2 月 21 日取得工伤赔偿款 120,811.50 元。2012 年 2 月 27

---

① 对应《民法典》第 1063 条。
② 对应《民法典》第 1079 条。
③ 对应《民法典》第 1084 条。
④ 对应《民法典》第 1085 条。
⑤ 对应《民法典》第 1087 条。
⑥ 对应《民法典》第 1089 条。
⑦ 对应《婚姻家庭编解释一》第 78 条。
⑧ 对应《婚姻家庭编解释一》第 49 条。

日，以102,620元的价格购买了701室阁楼，购房收据上购房人为颜某某。共同生活期间，双方共同投资对该阁楼进行了整体装修，此期间向颜某某弟妹借款用于装修，现尚欠8000元未偿还。庭审过程中，双方一致认可房屋（包含装修和家用电器）价值为14万元。李某某主张婚后用其工伤款购买的房屋应归其所有，颜某某主张婚后购买的房屋作为夫妻共同财产依法分割。

二审法院对一审法院查明的事实予以确认。

**【案件争点】**

701室阁楼是否属于夫妻共同财产。

**【裁判要旨】**

一审法院认为，双方系再婚，婚姻感情基础薄弱，现颜某某同意离婚，应予准许。根据《婚姻法》第18条①之规定，“有下列情形之一的，为夫妻一方的财产：……一方因身体受到伤害获得的医疗费、残疾人生活补助费等费用……”李某某在受工伤期间所获得的工伤赔偿款属个人财产。双方在夫妻关系存续期间，用李某某工伤赔偿款共同购买了701室阁楼用于夫妻生活，该阁楼应视为夫妻共同财产，分割该财产时应当将李某某的个人投入部分予以扣除。颜某某以交款收据上记载的购房人为颜某某为依据，主张该阁楼系李某某赠与，属其个人财产，没有事实和法律依据，一审法院不予支持。双方均认可房屋（包含装修和家用电器）价值14万元，扣除李某某个人投入102,620元和债务8000元，剩余29,800元作为夫妻共同财产予以分割。综合本案的实际情况，一审法院确认该阁楼归李某某所有，李某某支付给颜某某28,000元，债务8000元由颜某某偿还。综上所述，根据《婚姻法》第18条、第41条②、第42条③，《婚姻法解释一》第27条第2款④判决如下：(1)准许李某某与颜某某离婚；(2)701室阁楼归李某某所有，李某某给付颜某某28,000元；(3)夫妻共同债务8000元，由颜某某负担。

二审法院认为，《婚姻法》第18条规定：“有下列情形之一的，为夫妻一方的财产：（一）一方的婚前财产；（二）一方因身体受到伤害获得的医疗费、残疾人生活补助费等费用；（三）遗嘱或赠与合同中确定只归夫或妻一方的财产；（四）一方专用的生活用品；（五）其他应当归一方的财产。”颜某某与李某某在双方婚姻关系存续

① 对应《民法典》第1063条。
② 对应《民法典》第1089条。
③ 对应《民法典》第1090条。
④ 对应《民法典》第1090条。

期间购买房屋的款项源于李某某工伤赔偿款,该款项依据法律规定应认定为李某某个人财产,以该个人财产投入购置的房屋应为李某某个人财产,一审判决将该房屋认定为夫妻共同财产错误,予以纠正。双方以共同财产对该房屋进行装修,一审判决对共同投入部分予以分割并从保护妇女权益角度酌定由颜某某分得28,000元符合法律规定。颜某某将李某某的工伤赔偿款存在自己银行卡内亦不能改变该工伤赔偿款为李某某个人财产的属性。颜某某关于占有工伤赔偿款即为工伤赔偿款的所有者及该工伤赔偿款已混同为夫妻共同财产的上诉主张不成立,二审法院不予支持。一审判决认定事实部分清楚,适用法律正确,判决结果正确,应予维持。依照《民事诉讼法》第170条第1款第1项的规定,判决驳回上诉,维持原判。

## 三、裁判规则提要

### (一)夫妻特有财产

夫妻特有财产也称为夫妻保留财产,指的是依照法律规定只归属于夫或妻一方所有的财产。一般而言,特有财产制是与夫妻婚后所得共同制相并存的,没有夫妻共同财产制也就没有特有财产制。特有财产制是对夫妻婚后所得共同制的限制和补充。

夫妻之间组成的虽然是一个家庭共同体,但夫或妻也有各自独立的人格,可以拥有各自特有财产,这些财产不因婚姻关系的存续而产生性质的变化,成为夫妻共同财产。《民法典》第1063条规定:“下列财产为夫妻一方的个人财产:(一)一方的婚前财产;(二)一方因受到人身损害获得的赔偿或者补偿;(三)遗嘱或者赠与合同中确定只归一方的财产;(四)一方专用的生活用品;(五)其他应当归一方的财产。”《婚姻家庭编解释一》第31条规定:“民法典第一千零六十三条规定为夫妻一方的个人财产,不因婚姻关系的延续而转化为夫妻共同财产。但当事人另有约定的除外。”前述两条是我国关于夫妻特有财产制的法律规定。

### (二)基于工伤保险待遇所得的款项一般应归遭受工伤的夫妻一方所有

所谓工伤,是指用人单位的职员或雇员因工作原因遭受人身损害,或者因工作原因而罹患职业病。根据《工伤保险条例》第五章第30~38条的规定,遭受工伤的人员享有以下工伤保险待遇:第一,治疗工伤所需费用符合工伤保险诊疗项目目录、工伤保险药品目录、工伤保险住院服务标准的,该费用可以从工伤保险基金支付;第二,住院期间,可以得到住院伙食补助费;第三,到统筹地区以外就医的,可以得到就医所需的交通费、食宿费；第四，到符合条件的医疗机构进行工伤康复的，可以获得相关的康复费用；第五，安装或配置伤残扶助器具的费用；第六，被评定伤残且经劳动能力鉴定委员会确认需要生活护理的，可以取得生活护理费；第七，因工致残被鉴定为一级至四级伤残的，可以获得一次性伤残补助金，并可以按月获得伤残津贴；第八，因工致残被鉴定为五级、六级伤残的，可以获得一次性伤残补助金，可以按月获得伤残津贴，解除或终止劳动关系的，可以获得一次性工伤医疗补助金及一次性伤残就业补助金；第九，因工致残被鉴定为七级至十级伤残的，可以获得一次性伤残补助金，解除或终止劳动合同的，可以获得一次性工伤医疗补助金及一次性伤残就业补助金。

上述工伤保险待遇中的医疗费、住院伙食补助费、外地就医交通及食宿费、康复费用、辅助器具费、生活护理费、工伤医疗补助金与遭受工伤的夫妻一方的生命健康密切相关，对于保护个人生命及健康权利具有重要意义，应当专款专用，因此应当专属于个人所有，而不能成为共同财产。伤残补助金、伤残津贴、伤残就业补助金是对遭受工伤的夫妻一方将来生活的一种安排和保障，具有一定的人身专属性，这些款项应属于遭受工伤的夫妻一方个人所有。前述款项均可以归属于《民法典》第 1063 条第 2 项所列的“一方因受到人身损害获得的赔偿或者补偿”中，属于夫妻一方的个人财产。

工伤保险待遇中的伤残补助金、伤残津贴和一般的人身损害赔偿中的残疾赔偿金具有同质性。在实践中，有地方的法院也已明确将因伤获得残疾赔偿金规定为夫妻一方的个人财产，如北京市高级人民法院《审理婚姻纠纷案件若干疑难问题的参考意见》第 14 条即规定：“夫妻关系存续期间一方因身体受到伤害而获得的保险金（本人为受益人）应为一方个人财产；夫妻关系存续期间获得的残疾赔偿金应为一方个人财产。”

### （三）并非所有的工伤保险待遇均是夫妻一方的个人财产

《工伤保险条例》第 33 条第 1 款规定：“职工因工作遭受事故伤害或者患职业病需要暂停工作接受工伤医疗的，在停工留薪期内，原工资福利待遇不变，由所在单位按月支付。”据此规定，在停工留薪期间，遭受工伤的夫妻一方仍然能够获得原工资福利待遇，这些工资福利待遇与治疗工伤无关，也与遭受工伤一方未来的生活安排和保障无关，这些所得在本质上与提供正常劳动而获得的报酬没有区别，故停工留薪期内的工资福利待遇应作为夫妻共同财产对待。但在离婚时，对这些工资福利待遇是否按照共同财产进行分割应根据具体的案情确定,并非所有的共同财产均有分割的必要。

根据《工伤保险条例》第36条第1款第2项及第37条第2项的规定,因工致残被鉴定为五级至十级伤残的职工可以在原用人单位继续工作。若遭受工伤的夫妻一方继续在原用人单位工作,其在工作期间获得的工资、奖金等劳动报酬,仍为夫妻共同财产。

(四)举证责任

因我国实行的夫妻法定财产制是婚后所得共同制,故在夫妻双方没有相反约定的情况下,婚姻关系存续期间所得的财产一般推定为夫妻共同财产。夫妻一方因工受伤,取得相应的工伤保险待遇后,所得款项可能会与其他夫妻共同财产混同。根据我国民事诉讼法"谁主张,谁举证"的一般举证责任分配规则,主张存在工伤赔偿款的一方应就此承担相应的举证责任。

(五)用专属于个人的工伤保险待遇款项购买的财产仍属于一方的个人财产

在夫妻双方没有相反约定的情况下,夫妻一方的个人财产不因婚姻关系的存续及财产形态的变化而成为夫妻共同财产。遭受工伤的夫妻一方用其所得的工伤保险待遇款项全款购买的财产,只是一方个人财产在财产形态上发生了转化,其在性质上仍属于一方的个人财产。

同理,若使用专属于一方的工伤相关款项偿还了夫妻共同债务或偿还了夫妻另一方的个人债务,在离婚时,夫妻一方可请求另一方返还其应承担的部分。

## 四、辅助信息

**高频词条:**

**《民法典》**

**第1063条** 下列财产为夫妻一方的个人财产:

(一)一方的婚前财产;

(二)一方因受到人身损害获得的赔偿或者补偿;

(三)遗嘱或者赠与合同中确定只归一方的财产;

(四)一方专用的生活用品;

（五）其他应当归一方的财产。

**第1079条** 夫妻一方要求离婚的，可以由有关组织进行调解或者直接向人民法院提起离婚诉讼。

人民法院审理离婚案件，应当进行调解；如果感情确已破裂，调解无效的，应当准予离婚。

有下列情形之一，调解无效的，应当准予离婚：

（一）重婚或者与他人同居；

（二）实施家庭暴力或者虐待、遗弃家庭成员；

（三）有赌博、吸毒等恶习屡教不改；

（四）因感情不和分居满二年；

（五）其他导致夫妻感情破裂的情形。

一方被宣告失踪，另一方提起离婚诉讼的，应当准予离婚。

经人民法院判决不准离婚后，双方又分居满一年，一方再次提起离婚诉讼的，应当准予离婚。

**第1084条** 父母与子女间的关系，不因父母离婚而消除。离婚后，子女无论由父或者母直接抚养，仍是父母双方的子女。

离婚后，父母对于子女仍有抚养、教育、保护的权利和义务。

离婚后，不满两周岁的子女，以由母亲直接抚养为原则。已满两周岁的子女，父母双方对抚养问题协议不成的，由人民法院根据双方的具体情况，按照最有利于未成年子女的原则判决。子女已满八周岁的，应当尊重其真实意愿。

**第1085条** 离婚后，子女由一方直接抚养的，另一方应当负担部分或者全部抚养费。负担费用的多少和期限的长短，由双方协议；协议不成的，由人民法院判决。

前款规定的协议或者判决，不妨碍子女在必要时向父母任何一方提出超过协议或者判决原定数额的合理要求。

**第1087条** 离婚时，夫妻的共同财产由双方协议处理；协议不成的，由人民法院根据财产的具体情况，按照照顾子女、女方和无过错方权益的原则判决。

对夫或者妻在家庭土地承包经营中享有的权益等，应当依法予以保护。

**第1089条** 离婚时，夫妻共同债务应当共同偿还。共同财产不足清偿或者财产归各自所有的，由双方协议清偿；协议不成的，由人民法院判决。

**第1090条** 离婚时，如果一方生活困难，有负担能力的另一方应当给予适当帮助。具体办法由双方协议;协议不成的,由人民法院判决。

《婚姻家庭编解释一》

**第31条** 民法典第一千零六十三条规定为夫妻一方的个人财产,不因婚姻关系的延续而转化为夫妻共同财产。但当事人另有约定的除外。

**第49条** 抚养费的数额,可以根据子女的实际需要、父母双方的负担能力和当地的实际生活水平确定。

有固定收入的,抚养费一般可以按其月总收入的百分之二十至三十的比例给付。负担两个以上子女抚养费的,比例可以适当提高,但一般不得超过月总收入的百分之五十。

无固定收入的,抚养费的数额可以依据当年总收入或者同行业平均收入,参照上述比例确定。

有特殊情况的,可以适当提高或者降低上述比例。

**第78条** 夫妻一方婚前签订不动产买卖合同,以个人财产支付首付款并在银行贷款,婚后用夫妻共同财产还贷,不动产登记于首付款支付方名下的,离婚时该不动产由双方协议处理。

依前款规定不能达成协议的,人民法院可以判决该不动产归登记一方,尚未归还的贷款为不动产登记一方的个人债务。双方婚后共同还贷支付的款项及其相对应财产增值部分,离婚时应根据民法典第一千零八十七条第一款规定的原则,由不动产登记一方对另一方进行补偿。

**第83条** 离婚后,一方以尚有夫妻共同财产未处理为由向人民法院起诉请求分割的,经审查该财产确属离婚时未涉及的夫妻共同财产,人民法院应当依法予以分割。

# 婚恋财产纠纷案件裁判规则第 20 条：
## 夫妻一方以其婚前个人财产全款购买的不动产，并登记在其个人名下的，离婚时，另一方主张将该不动产或该不动产的自然增值部分作为夫妻共同财产予以分割的，一般不予支持

〔**规则描述**〕：夫妻一方的婚前个人财产不因婚姻关系的存续而自然转化为夫妻共同财产。夫妻一方以其婚前个人财产全款购买的房屋系该方个人财产在财产形式上的转化，转化后，仍为该方的个人财产。在购买房屋后，若因房屋市场行情的变化而致房屋升值，则该升值部分即为自然增值，该增值部分仍系该方的个人财产。但是，若该方以投资为目的而购买房屋，则房屋的增值部分应作为夫妻共同财产对待，在离婚时，另一方可以要求分割该增值部分。

### 一、类案检索大数据报告

时间：2020 年 6 月 17 日之前，案例来源：Alpha 案例库，案件数量：26 件，数据采集时间：2020 年 6 月 17 日。本次检索获取 2020 年 6 月 17 日前共 26 篇裁判文书，其中：夫妻一方请求将登记在另一方名下的，且由另一方以婚前个人财产购买的不动产或不动产的自然增值部分作为夫妻共同财产分割的，法院均不予支持的案件有 26 件，占比为 100%。整体情况如图 20－1 所示。

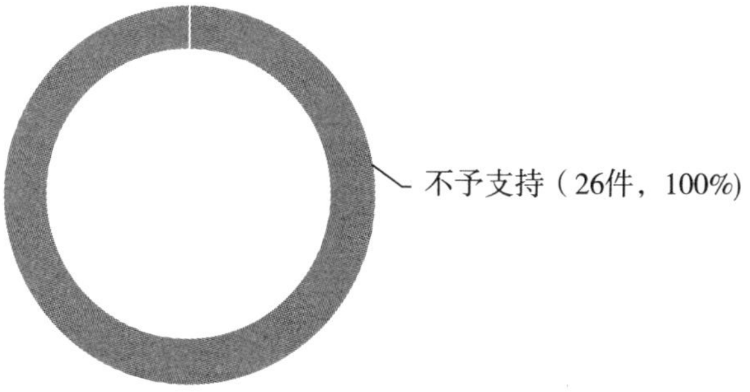


**图 20－1　案件裁判结果分布情况**

如图 20－2 所示，从案件案由分类情况可以看到，当前条件下案件的案由分布由多至少分别是离婚纠纷类、离婚后财产纠纷类。

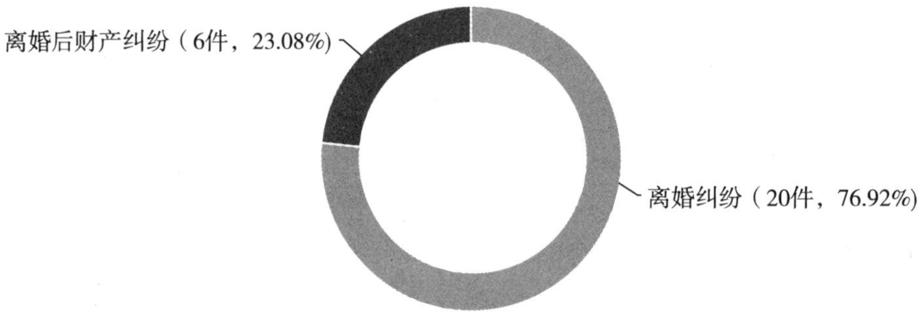


**图 20－2 案件案由分类情况**

如图 20－3 所示，从案件审理程序分布情况可以看到，当前条件下案件的上诉情况，上诉率约为 38.46%。

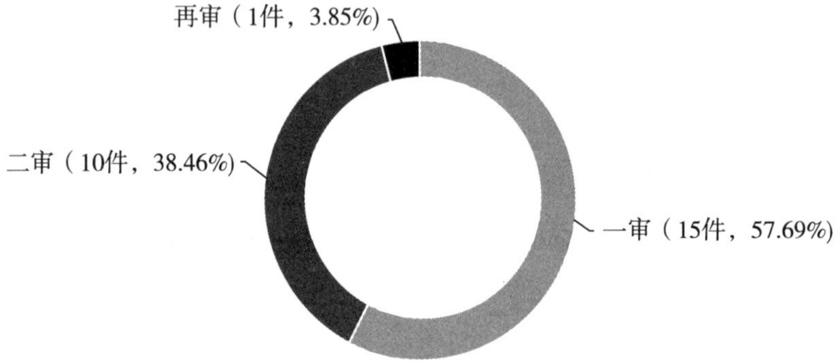


**图 20－3 案件审理程序分布情况**

如图 20－4 所示，从案件二审裁判结果情况可以看到，当前条件下案件维持原判的比例较高，约为 60.00%。

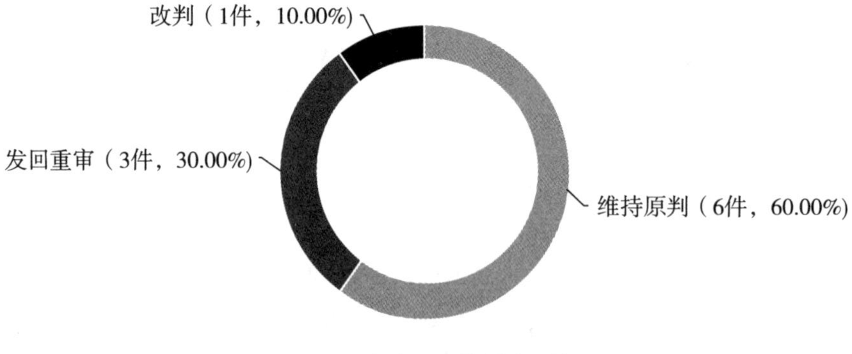


**图 20－4 案件二审裁判结果情况**

## 二、可供参考的例案

### 例案一 | 王某1、张某离婚后财产纠纷案

【法院】

河南省三门峡市中级人民法院

【案号】

(2019)豫12民终1526号

【当事人】

上诉人(原审原告、反诉被告)：王某1，女

委托诉讼代理人：唐某某，律师

被上诉人(原审被告、反诉原告)：张某，男

【基本案情】

王某1系做二手房买卖生意。××××年××月××日，王某1与张某登记结婚，后于2011年8月1日登记离婚。××××年××月××日，双方再次登记结婚，后于2018年8月31日再次登记离婚。双方共同生育一女，名叫王某2。

2005年4月12日，王某1(甲方)与韩某某(乙方)签订补充协议，主要约定："乙方在未将房产证办在甲方名下并交付的情况下，要求甲方付款。甲方同意将余款5.2万元付给乙方。该房位于家属楼×号。总价款为14.5万元，2002年10月15日甲方已付9.3万元。"张某提交收条2张，分别载明："今收到转买房屋款玖万元整，另加利息叁仟元整，共计玖万叁仟元整，韩某某10月15日"；"今收到张某现金伍万元整和一张牛某某借条贰仟元整(购家属楼房屋一套)，收款人韩某某，2005年4月14日"，欲证明该房屋系其全额出资购买，登记在王某1名下是为了支持王某1做二手房买卖。该房屋于2011年8月21日在房屋管理部门登记，所有权人为王某1。

王某1与张某自××××年××月××日登记结婚后，购买国际商贸城商业房，分别是商业-2层236×，建筑面积25.68平方米；商业-2层235×；商业-3层331×，建筑面积24.4平方米；商业-3层316×，建筑面积26.07平方米；商业-3层335×，建筑面积20.08平方米。双方称还购买有一套商业房，因存在纠纷，未办理不动产权证。另购有博×××小区×号楼×单元8××号房屋一套，该房屋系张某单位团购房。2018年6月14日，三门峡市国土资源局颁发不动产权

证,载明:“权利人:张某,共有情况:单独所有”。

张某另提交申请离婚登记声明书、协议离婚询问笔录、离婚协议,欲证明双方婚后无共同财产。双方离婚协议书载明:“双方于××××年××月××日登记结婚,婚后生育有一个女孩,现已成年。婚姻存续期间对外无债权、债务。因双方感情不和无法继续共同生活,经双方协商一致,现就离婚事宜达成协议,内容如下:婚后无共同财产,不存在分割问题。”

2015年5月13日,张某与房地产开发有限公司签订××县商品房买卖合同一份,购买××庄园一期×号楼8××室房屋一套。

二审查明的事实与一审一致。

**【案件争点】**

张某与王某1夫妻共同财产的范围与分割。

**【裁判要旨】**

一审法院认为,本案本诉系离婚后财产纠纷,主要包括以下几种情形:一是当事人双方离婚时,未对婚姻关系存续期间的夫妻财产进行分割,离婚后对于财产的分配问题产生的纠纷;二是当事人协议离婚时达成了财产分割协议,离婚后因履行上述财产分割协议而发生的纠纷;三是男女双方协议离婚后1年内就财产分割问题反悔而引发,一方请求变更或者撤销财产分割协议的纠纷;四是婚姻关系结束后,一方发现对方在婚姻关系存续期间存在的在离婚时未分割的其他财产而引发的纠纷。本案中,王某1、张某双方在2018年8月31日离婚时达成了离婚协议,约定婚后无共同财产,不存在分割问题。现王某1举证称国际商贸城商业房236×号、235×号、335×号、331×号、316×号共5间,系双方婚姻期间共同购买,登记于王某1名下的共同财产。结合张某提供的付款小票及借据复印件,可以认定为王某1、张某夫妻关系存续期间的共同财产。但王某1要求对上述5间商业房进行分割,因未提供证据证明上述房屋的现有价值,且未申请对上述房屋价值进行评估,在现有证据情况下,该5间商业房价值不明,无法分割。关于王某1主张博×××小区×号楼×单元8××号房屋为共同财产并要求分割的请求,虽该房产系在双方婚姻关系存续期间购买,但根据《婚姻法》第18条①:“有下列情形之一的,为夫妻一方的财产:(一)一方的婚前财产”;第19条②:“夫妻可以约定婚姻关系存续期

① 对应《民法典》第1063条。

② 对应《民法典》第1065条。

间所得的财产以及婚前财产归各自所有、共同所有或部分各自所有、部分共同所有"的规定来看,夫妻一方的婚前财产属其一方个人财产,在婚后其用婚前个人财产购买的物品在没有约定的情况下,亦属于其个人财产;另外,即便是在婚后使用夫妻共同财产购买的物品,夫妻双方仍可以约定归个人所有或共有。本案中,张某提交了全部注明其个人购房的收据等手续,且该房在婚姻关系存续期间已办理房屋权属证书,并在权属证书中明确注明系张某单独所有,加之离婚协议中亦未提出该房产系共有财产。现王某 1 仅通过银行交易记录,欲证明该房屋系夫妻共同出资购买,属于夫妻共同财产的意见,证据不足,一审法院不予采纳。王某 1 增加诉讼请求部分,因其未按一审法院规定期限及时交纳诉讼费用,一审法院按撤回增加诉讼请求,在本案中不再处理,其可另行主张。王某 1 庭审后要求继续增加诉讼请求,不符合法定程序,其可另行主张。关于张某主张确认商贸城 6 间商铺归其所有的请求,虽张某提供付款小票及借据复印件以证明款项系其支付,但从张某筹借资金的借据内容显示,该筹借款约定由张某和王某 1 共负连带责任。因该筹借的购房款系夫妻共同债务,故该 6 间商铺亦应属夫妻共同财产。张某主张确认家属楼 ×号归其所有,因该房屋系在王某 1、张某结婚之前购买,且登记在王某 1 个人名下,不在本诉离婚后财产纠纷审理范围内,亦不在反诉范围内,张某可另行主张。综上所述,依照《物权法》第 9 条①、第 14 条②,《婚姻法》第 17 条③、第 18 条④、第 19 条⑤、第 39 条⑥,《民事诉讼法》第 51 条、第 64 条、第 140 条,《民事诉讼法解释》第 90 条、第 213 条、第 232 条、第 233 条之规定,一审法院判决:(1)确认国际商贸城商业房 236×号、235×号、335×号、331×号、316×号共 5 间房屋归王某 1 和张某共同共有。(2)驳回王某 1 的其他诉讼请求。(3)驳回张某的诉讼请求。

二审法院认为,关于王某 1 主张分割博×××小区×号楼×单元 8××号房屋的请求。一审法院依据张某提交全部注明其个人购房的收据手续、有权机关在权属证书中明确注明系张某单独所有、张某工资收入支出状况等情形认定该房屋为张某个人所有并无不当。关于王某 1 主张分割商贸城商业 -3 层 AF××××房屋的请求。王某 1 一审起诉时请求依法分割的房产并不包含商贸城商业 -3 层

① 对应《民法典》第 209 条。
② 对应《民法典》第 214 条。
③ 对应《民法典》第 1062 条。
④ 对应《民法典》第 1063 条。
⑤ 对应《民法典》第 1065 条。
⑥ 对应《民法典》第 1087 条。

AF×××× 房屋,虽然在一审审理中其增加了对该房屋的分割请求,但未按一审法院规定期限及时交纳诉讼费用,一审法院按撤回增加诉讼请求处理,对该房屋不予处理亦无不当。关于王某1主张一审法院审理程序违法的理由。一审案件审理中,王某1增加诉讼请求,张某提出反诉,一审法院限期要求双方交纳相应诉讼费用,张某已按期交纳了诉讼费,王某1未按期交纳,一审法院按王某1撤回增加诉讼请求并无不当,且一审法院已告知王某1可另行主张。王某1据此主张一审法官回避无事实和法律依据。王某1主张一审法院违反法律规定和法定程序的理由不足,二审法院不予支持。

关于张某主张确认商贸城商铺归张某所有的请求。张某虽提供付款小票及借据复印件欲证明商铺款项系其支付,但涉案商铺为双方登记结婚后购买,且其中5套办理产权证的商铺登记权利人为王某1,此购买行为可以认为是双方协商一致后对共同财产的处分行为,一审法院认定商贸城商铺办理产权证的5间房屋归王某1和张某共同共有正确。关于张某主张商贸城商业-3层AF××××房屋归其个人所有的请求。一审从张某筹借资金的借据内容显示该筹借的购房款系夫妻共同债务认为该房产应属夫妻共同财产正确,张某主张该房屋归其个人所有的证据不足,二审法院不予支持。关于张某主张确认家属楼住宅归张某所有的请求。该房屋系王某1、张某结婚之前购买,登记在王某1个人名下,一审认定该请求不在本案审理范围并无不当,张某主张该房屋为其个人所有的理由不足。上诉人张某要求对王某1一审中申请查封的博×××小区×号×单元8××号房产予以解封的上诉请求亦不是本案审理范围,该请求不予支持。综上所述,王某1、张某的上诉请求不能成立,应予驳回;一审判决认定事实清楚,适用法律正确,应予维持。二审法院依照《民事诉讼法》第170条第1款第1项的规定,判决驳回上诉,维持原判。

## 例案二 | 王某、韩某离婚后财产纠纷案

**【法院】**

北京市第二中级人民法院

**【案号】**

(2014)二中民终字第06669号

**【当事人】**

上诉人(原审原告):王某,女

上诉人(原审被告)：韩某，男

委托代理人：赵某

**【基本案情】**

韩某与王某于2008年10月经人介绍相识，双方于2009年3月24日登记结婚。×××1室房屋产权人为韩某，系韩某婚前个人财产。2007年韩某以×××1号房屋作抵押贷款40万元，该贷款尚未偿还完毕。就该贷款用途，韩某主张系用于投资违建房屋，所建房屋已被拆除。×××2号房屋系韩某婚前个人财产，2009年5月21日韩某与案外人张某签订房屋转让协议，约定张某以32.8万元购买×××2号房屋，该协议已履行完毕。

2013年5月20日，一审法院出具(2013)大民初字第4584号民事判决书，判令王某与韩某离婚。该判决书中载明：王某曾起诉要求确认×××1室系夫妻共同财产，一审法院出具(2010)大民初字第9533号民事判决书驳回王某的诉讼请求(该判决书已生效)。后王某不服(2013)大民初字第4584号民事判决书，上诉至北京市第一中级人民法院，北京市第一中级人民法院于2013年9月16日出具(2013)一中民终字第8806号民事调解书，载明：(1)韩某与王某离婚；(2)婚生女韩某1由王某抚养，韩某自2013年6月1日起，于每月10日前，给付韩某1子女抚养费1×××元，至韩某1独立生活之日止；(3)各自随身衣物归各自所有；(4)关于双方婚后共同偿还一方婚前债务之行为，鉴于本案中双方未能对债务金额、还款情况等进行明确说明，暂不予处理，当事人可另行解决。

一审庭审中，王某为证明韩某用夫妻共同财产偿还韩某的×××1号房屋抵押贷款的数额，提交户名为韩某的平安银行账户(卡号为×××)的交易明细1份，载明2009年3月25日至2013年4月11日，该账户还贷金额共计263,385.33元；韩某对交易明细真实性认可，但否认王某与其共同还贷事实。韩某提交了2013年4月11日之后的平安银行账户明细，其上载明2013年4月11日至2013年9月21日其偿还×××1号房屋贷款金额共计15,708.17元。就上述还贷所用款项来源，韩某先主张系用其工资偿还，后改称系借款偿还，但未提交证据证明借款事实。

韩某为证明用×××2号房屋的卖房款偿还了部分×××1号房屋所负贷款，提交房屋转让协议、房产证；王某对上述证据真实性认可，但否认该卖房款全部用于还贷，称卖房款中有10万元系韩某收取，自己仅收取22.8万元，22.8万元中又有11万元偿还了×××1号房屋所负贷款，另有6万元偿还了韩×对案外人的借款，剩余部分已全部用于共同生活花费。韩某自认其已收取10万元，认可王某收取的卖房款中有11万元偿还了×××1号房屋所负贷款,不认可王某收取的6万元偿还了韩某对案外人的借款,不认可剩余款项已花费完毕。韩某为证明王某取得了×××1号房屋租金,要求分割该笔款项,提交出租人为韩某、承租人为冯某某(租期2013年1月13日至2014年1月22日,租金31,200元)的房屋租赁合同1份,出租人为韩某、承租人为孙某某(租期2013年5月1日至2017年1月22日,租金15万元)的房屋租赁合同1份;王某对上述两份租赁合同真实性认可,但主张所收租金已全部用于家庭花费,并提交收费收据、医疗费票据、病例、诊断证明、租赁合同、代理合同予以佐证;韩某对此不认可。就该租金性质,韩某主张系其个人财产。

二审法院审理过程中,双方均表示×××1号房屋系韩某婚前用全款购买,韩某2007年的贷款并非该房屋的按揭贷款。

**【案件争点】**

×××1号房屋的增值部分是否属于夫妻共同财产。

**【裁判要旨】**

一审法院认为,离婚后财产纠纷是指当事人双方离婚时,未对婚姻存续期间的夫妻共同财产进行分割,离婚后对于财产的分割问题产生的纠纷。对王某主张的2009年3月25日至2013年9月16日婚姻关系存续期间对×××1号房屋抵押贷款的共同还贷部分款项,该贷款系韩某的婚前个人债务;对偿还该债务所用款项,韩某主张系向案外人借款,其未提交证据,法庭不予采信;故韩某用于偿还贷款的钱款应视为其使用夫妻共同财产偿还个人债务,所偿还的贷款数额应作为夫妻共同财产予以分割;考虑到双方当庭均认可已偿还的贷款中含有韩某出卖其婚前个人财产×××2号房屋所得11万元,故王某应分得2009年3月25日至2013年9月16日已还贷款数额减去11万元的一半,即84,546.75元。就王某要求分割的房屋增值部分一节,鉴于×××1号房屋系韩某婚前个人财产,故×××1号房屋的增值部分应当属于韩某个人所有,王某要求分割房屋增值部分无法律依据,法院不予支持。对韩某主张分割×××1号房屋的租金,在王某与韩某婚姻关系存续期间的租金(截至2013年9月16日的租金),应当作为夫妻共同财产予以分割;考虑到本地平均生活支出水平及子女花销,韩某未提供证据证明上述期间租金的存续,故法院对韩某要求分割该期间租金的主张不予支持。对王某与韩某离婚后(2013年9月16日之后)的×××1号房屋租金,应视为韩某的个人财产,韩某要求王某返还该期间的租金,与本案不属于同一法律关系,其可另行解决。对韩某主张×××2号的剩余卖房款,该卖房款系出卖韩某婚前个人财产所得,其主张王某返还剩余卖房款与本案亦不属于同一法律关系,其可另行解决。据此,一审法院判决:(1)韩某支付王某财产折价款共计84,546.75元;(2)驳回王某的其他诉讼请求。

二审法院认为,本案系离婚后财产纠纷,一审法院仅就王某与韩某离婚时未予处理且属于其二人夫妻共同财产部分予以分割并无不妥,韩某关于×××2号房屋的售房款问题及双方离婚后×××1号房屋租金的主张均可另行解决。关于×××1号房屋,王某上诉主张根据《婚姻法解释三》第10条①规定,应当改判韩某向其支付折价款84,546.75元及其相对应的房屋增值部分,但《婚姻法解释三》第10条规定指的是一方婚前按揭贷款买房并于婚后用夫妻共同财产偿还该购房贷款的情形,本案中,×××1号房屋系韩某婚前全款购买,属于其婚前个人财产,韩某2007年的贷款并非房屋按揭贷款,×××1号房屋不因被抵押而影响其权属性质,故一审法院认定双方婚姻关系存续期间共同偿还的系韩某婚前个人债务且×××1号房屋及其增值部分均属韩某个人所有合法有据,二审法院对此予以确认。关于×××1号房屋在双方婚姻关系存续期间的租金,韩某以租金为房屋所有权人收益权的体现为理由,上诉主张该部分租金应当属于其个人财产,但根据相关法律规定,婚姻关系存续期间,一方以个人财产投资取得的收益依法属于夫妻共同财产,故一审法院认定×××1号房屋在双方婚姻关系存续期间的租金属于夫妻共同财产并无不妥,所作处理亦无不当之处,二审法院对此予以维持。依照《民事诉讼法》第170条第1款第1项的规定,判决驳回上诉,维持原判。

## 例案三 | 冯某某与刘某某离婚纠纷案

**【法院】**

四川省绵阳市涪城区人民法院

**【案号】**

(2015)涪民初字第5184号

**【当事人】**

原告:冯某某,女

---

① 对应《婚姻家庭编解释一》第78条。

委托代理人:余某某,律师

被告:刘某某,男

**【基本案情】**

原告、被告经人介绍相识恋爱后于2009年12月23日登记结婚。刘某某系再婚。2010年11月6日生育一子取名刘某阳。婚后初期感情尚好,后因家庭琐事常发生争执,冯某某遂诉至法院要求与刘某某离婚。

2000年3月29日,刘某某购买了双菱公司开发的位于××大道××号×幢×楼××号的建筑面积为18.07平方米的商业用房一间。2010年12月9日,双菱公司出具收到刘某某购房款85,833元的发票。该处不动产(以下简称××门面)于2010年12月21日办理了房产证(证号:绵房权证监字第××××××号;所有权人:刘某某;共有情况:单独所有)。在诉讼过程中,双菱公司出具证明一份,主要内容是:刘某某于2000年3月29日一次性付款85,833元购买了我公司开发的位于××大道××号×栋××号,面积为18.07平方米的营业房一间,同日与我公司签订了商品房买卖合同,我公司于2010年12月才为其填制了不动产发票和申请办理了房屋产权登记。

2009年12月7日,刘某某与沿江公司签订《商品房买卖合同》,约定:刘某某购买位于××大道中段×××号的“×××城”×幢负一楼的建筑面积为8.42平方米的商铺一处,总价161,563元,付款方式为一次性付款。合同签订后,刘某某于同日通过商业银行刷卡一次性支付了购房款,沿江公司于同日出具了收到被告161,563元购房款的收款收据。该处不动产(以下简称×××城商铺)的签约备案日期为2009年12月17日。

对于××门面及×××城商铺,冯某某认为该两处不动产均登记于婚后,应作为夫妻共同财产进行分割,而刘某某认为虽然该两处不动产登记于婚后,但购房款均已在婚前全部缴纳,应系其婚前个人财产。

刘某某还在婚前购买了位于××大道北段××号×××苑×幢×单元×楼×号建筑面积×××平方米的住房一套(以下简称×××苑住房),并于2009年12月8日登记于自己名下。

2009年12月18日,刘某某在新川萨汽车销售服务有限公司购买了汽车一辆,销售发票显示:购货人为刘某某,车价为115,800元。该车于原告、被告结婚的当天即2009年12月23日上户,登记的车主为刘某某。对此,冯某某称刘某某驾照初次领证日期为2011年11月22日,冯某某驾照初次领证日期为2009年12月8

日，从时间上来看，该车应系刘某某对冯某某的赠与，但刘某某对此予以否认。

刘某某主张的共同债务有：截至 2015 年 11 月底，自己的建设银行卡欠款 31,017.79 元，自己的兴业银行卡欠款 37,865.28 元。

冯某某婚前购得舜苑公司开发的××花园×××室住房一套（以下简称××花园住房），冯某某在支付首付款后，于 2009 年 9 月 21 日在农业银行贷款 107,222 元。开发商于 2011 年 7 月 11 日出具了收到冯某某购房款 134,542 元的发票。原告、被告婚后于 2010 年对该套住房进行了装修，庭审中均认可装修费为 3 万元；但对于该套房屋的现值，刘某某认为值 20 万元，冯某某认为只值 16 万元。

又查明，2011 年 1 月 1 日起，四川省通信产业服务有限公司与刘某某的劳动合同到期，公司未再与其续签合同，之后刘某某无固定工作及收入。双方无共同债权。

**【案件争点】**

夫妻共同财产与夫妻共同债务的范围与分割。

**【裁判要旨】**

法院认为，冯某某提起离婚诉讼表明双方感情产生裂痕，审理过程中双方关系并无改善，法院认定原告、被告感情已经破裂，冯某某要求离婚的诉请，法院予以支持。

婚生子刘某阳年龄尚小，且刘某某再婚前已生育子女，故刘某阳由冯某某抚养为宜，抚养费由法院根据本地实际生活水平酌情确定。

×××苑住房在双方婚前即已付清全款后登记于刘某某名下，显系刘某某婚前个人财产；×××城商铺房款总价为 161,563 元，沿江公司的收据、刘某某的刷卡付款记录及签约备案日期均在双方登记结婚前，而双菱公司也证明刘某某系一次性付款购买的××门面，在冯某某没有相反证据的情况下，法院认定这两处不动产均系婚前付完全款、婚后办理产权。此种情况下，不能改变这两处不动产的婚前个人财产的性质。理由是，根据《婚姻法解释三》第 10 条①的规定，即使是夫妻一方婚前签订不动产买卖合同，以个人财产支付首付款并在银行贷款，婚后用夫妻共同财产还贷，不动产登记于首付款支付方名下的，也系婚前个人财产，能够作为夫妻共同财产分割的仅为双方婚后共同还贷支付的款项及其相对应的财产增值部分。既然按揭的不动产能够分割的都只是双方婚后共同还贷支付的款项及其相对

① 对应《婚姻家庭编就解释一》第 78 条。

应的财产增值部分,那么全款购买的不动产就不存在任何可供分割的部分。冯某某认为,房屋所有权证是房屋权利取得的标志,因为诉争的两处不动产的房产证在婚后取得,因而属于夫妻共同财产。实际上,不动产物权登记的立法目的在于维护交易安全、保护善意第三人的利益,而离婚诉讼中房屋的分割只在夫妻之间进行,并不存在与善意第三人的利益冲突。本案中,刘某某在婚前已经向开发商支付了全部购房款,作为购房人的合同义务已经履行完毕,婚后获得房产证只是婚前财产权利的自然转化而已。故法院认定×××苑住房、×××城商铺、××门面这三处不动产均属刘某某婚前的个人财产。同理,诉争汽车系刘某某婚前全款购买,也系其婚前个人财产。冯某某欲从双方驾照的取得时间上证明该车系刘某某对自己的赠与,但根据《合同法》第186条①第1款的规定,“赠与人在赠与财产的权利转移之前可以撤销赠与”,而机动车赠与完成的标志就是机动车产权证的上户或过户登记,但双方结婚后机动车的登记车主仍为刘某某,所以赠与行为并未完成,且审理中刘某某也否认所购汽车系对冯某某的赠与,故该辆汽车不能作为共同财产分割。

××花园住房与前述情况类似,支付首付款及办理按揭在婚前,开发商出具正式发票在婚后。根据《婚姻法解释三》第10条②的规定,该套住房应归冯某某所有,但“双方婚后共同还贷支付的款项及其相应财产增值部分”以及装修部分的权益,均应由冯某某作价补偿给刘某某。但考虑到刘某某已经拥有相对较多的婚前个人财产且冯某某需要抚养小孩,该套住房中属于夫妻共同财产的部分不再进行分割,该套住房全归冯某某所有,尚未归还的贷款也由冯某某负责偿还。基于同样的原因,刘某某应给予冯某某适当的经济帮助,金额由法院酌定。

刘某某主张自己银行卡上6万余元的债务系因家庭共同生活而透支,应作为夫妻共同债务,既有违常理,冯某某也未予认可,故刘某某该项主张法院不予采信,该笔债务由刘某某自行承担。

综上所述,依照《婚姻法》第18条③第1项,第32条④第2款,第37条⑤第1

① 对应《民法典》第658条。
② 对应《婚姻家庭编解释一》第78条。
③ 对应《民法典》第1063条。
④ 对应《民法典》第1079条。
⑤ 对应《民法典》第1085条。

款，第38条[①]第1款、第2款，第39条[②]，第41条[③]，第42条[④]；《婚姻法解释三》第10条[⑤]；《合同法》第186条[⑥]第1款；《民事诉讼证据规定》第2条之规定，判决如下：(1)准予冯某某与刘某某离婚；(2)婚生子刘某阳由冯某某抚养，刘某某每月支付生活费800元并凭据负担教育费、医疗费的一半至刘某阳独立生活时止；(3)刘某某每月可以探视刘某阳两次，冯某某应予协助。但刘某某如需带刘某阳在外过夜或离开绵阳城区时需经冯某某同意；(4)××花园住房一套归冯某某所有，并由冯某某自行偿还银行按揭贷款；(5)×××苑住房、×××城商铺、××门面、汽车均系刘某某婚前个人财产，归刘某某所有；(6)刘某某在建设银行、兴业银行所负债务，由刘某某独自偿还；(7)刘某某给予冯某某经济帮助1万元。

## 三、裁判规则提要

### (一)夫妻一方婚前财产不因婚姻关系的存续而自然转化为夫妻共同财产

1993年11月3日，最高人民法院发布并实施了《离婚财产分割意见》，该意见第6条规定："一方婚前个人所有的财产，婚后由双方共同使用、经营、管理的，房屋和其他价值较大的生产资料经过8年，贵重的生活资料经过4年，可视为夫妻共同财产。"该规定出台后，遭到了学界部分观点的批评，认为其会导致借婚姻敛财或为避免财产被转化而提前终止婚姻的现象发生，没有物权法或者时效取得制度的理论依据且不利于民事交易安全。2001年修正的《婚姻法》并未将该第6条的内容纳入法律规定中。2001年12月27日实施的《婚姻法解释一》第19条则正式废除了该第6条的规定，第19条的内容为："婚姻法第十八条规定为夫妻一方所有的财产，不因婚姻关系的延续而转化为夫妻共同财产。但当事人另有约定的除外。"而《婚姻法》第18条第1项规定夫妻一方婚前财产为夫妻一方的财产。虽然学界也有观点认为不应贸然废除前述第6条的规定，但《民法典》婚姻家庭编亦并未延续该第6条规定的精神和内容，在《民法典》第1063条仍旧规定夫妻一方的婚前财产为夫妻一方的个人财产。故根据现行法律及司法解释的规定，若夫妻之间没有相

---

① 对应《民法典》第1086条。
② 对应《民法典》第1087条。
③ 对应《民法典》第1089条。
④ 对应《民法典》第1090条。
⑤ 对应《婚姻家庭编解释一》第78条。
⑥ 对应《民法典》第658条。

反的约定,夫妻一方的个人财产只归该夫妻一方所有,并不会转化为夫妻共同财产。2021 年 1 月 1 日,《民法典》开始实施,《婚姻法》及其相应的司法解释也被废止,但《婚姻法解释一》第 19 条规定的精神被承继,规定于《婚姻家庭编解释一》第 31 条:"民法典第一千零六十三条规定为夫妻一方的个人财产,不因婚姻关系的延续而转化为夫妻共同财产。但当事人另有约定的除外。"

### (二)婚姻关系存续期间,夫妻一方以其婚前个人财产全款购买的房屋系其婚前个人财产的形式转化,在性质上仍系其个人财产

财产的存在形式多种多样,有的以货币形式存在,有的以实物形式存在,有的以财产性权利的形式存在。夫妻一方以其婚前所有的财产购买房屋,该方在支付完毕所有的购房款后即已履行完毕买卖合同中主要的合同义务,此后若该房屋所有权登记于出资方名下,则该房屋的价值即源于夫妻一方婚前个人财产,房屋应当视为夫妻一方婚前原有财产价值形态的转化。在本质上,财产的性质并不因形式的转化而发生改变,仍旧属于该夫妻一方所有。

在离婚案件中,不能仅以房屋所有权登记时间作为判断房屋所有权归属的依据。《民法典》物权编第 209 条第 1 款规定:"不动产物权的设立、变更、转让和消灭,经依法登记,发生效力;未经登记,不发生效力,但法律另有规定的除外。"关于何为"登记",2015 年 3 月 1 日施行、2019 年 3 月修订的《不动产登记暂行条例》第 2 条规定:"本条例所称不动产登记,是指不动产登记机构依法将不动产权利归属和其他法定事项记载于不动产登记簿的行为。"《民法典》第 211 条规定:"当事人申请登记,应当根据不同登记事项提供权属证明和不动产界址、面积等必要材料。"根据前述条文内容,登记行为是登记机构依据当事人的申请做出的记载不动产权利归属和其他法定事项的行为。在纯粹的物权领域,登记制度的目的主要在于对不动产权利的归属进行公示以及基于公示而衍生出公信,以此保护交易的安全,实现交易的便捷。前述《民法典》第 209 条第 1 款的立法意旨也主要在于此。离婚诉讼中,房屋的分割只在夫妻之间进行,并不涉及对交易安全的保护,此时,物权公示、公信原则并没有太多适用的余地。夫妻之间对于财产价值的来源,尤其是该来源是否与自己有关是非常清楚的。在夫妻内部关系上,应更关注房屋价值的来源,而不是将注意力集中在是否办理所有权登记及何时办理登记的问题上。基于此,即使房屋所有权是在婚姻关系存续期间登记于出资方名下,也不能仅据此认定房屋是夫妻双方的共同财产。

（三）房屋自然增值价值的归属

夫妻一方个人财产在婚姻存续期间的自然增值，是指该增值的发生是因通货膨胀或市场行情的变化而致，与夫妻一方或双方是否为该财产投入物资、劳动、努力、投资、管理等无关。[①] 即自然增值一般是基于财产交换价值的上升，不以人的意志为转移。《婚姻家庭编解释一》第 26 条规定："夫妻一方个人财产在婚后产生的收益，除孳息和自然增值外，应认定为夫妻共同财产。"按照该条的内容，夫妻一方个人财产在婚后产生的自然增值原则上应归该财产所有人个人所有。故夫妻一方以其婚前个人财产购买并将所有权登记至自己名下的房屋在婚后产生的自然增值，一般也应归该房屋出资人所有。但也应注意以下两种特殊情形：

1. 有约定从约定。如果夫妻双方对夫妻一方个人财产在婚后产生的收益（包括自然增值）有约定的，从尊重当事人意思自治的角度出发，应该尊重当事人之间的这种约定，按照约定的内容决定该收益（包括自然增值）的归属。

2. 若夫妻一方或双方以投资为目的而购买房屋，即使购买该房屋时使用的是一方婚前个人财产，该房屋的增值部分也宜作为夫妻共同财产对待。

判断个人财产在婚姻关系存续期间所得的收益的归属，可从该收益是基于原个人财产的自然增值还是基于夫妻共同经营行为进行判断，前者原则上为个人所有，后者一般为夫妻共同所有。如果夫妻一方或双方购买房屋不是用来自住，而是出于转卖房屋，专以获取买卖差价为目的，则这种购房行为可以认为是以投资为目的进行购房。在这种情况下，房屋交换价值的上涨虽然也不以当事人的意志为转移，而是依赖于房地产市场行情，但转卖房屋赚取差价一般会体现夫妻另一方的贡献或协力，这种行为应被认为是夫妻一方或双方的投资经营行为。根据《婚姻家庭编解释一》第 25 条第 1 项的规定："婚姻关系存续期间，下列财产属于民法典第一千零六十二条规定的'其他应当归共同所有的财产'：（一）一方以个人财产投资取得的收益……"对于是否是以投资为目的而购买房屋，原则上应由主张方承担证明责任。

---

① 参见最高人民法院民事审判第一庭编著：《最高人民法院婚姻法司法解释（三）理解与适用》，人民法院出版社 2015 年版，第 97 页。

## 四、辅助信息

**高频词条:**

**《民法典》**

**第209条** 不动产物权的设立、变更、转让和消灭,经依法登记,发生效力;未经登记,不发生效力,但是法律另有规定的除外。

依法属于国家所有的自然资源,所有权可以不登记。

**第211条** 当事人申请登记,应当根据不同登记事项提供权属证明和不动产界址、面积等必要材料。

**第214条** 不动产物权的设立、变更、转让和消灭,依照法律规定应当登记的,自记载于不动产登记簿时发生效力。

**第658条** 赠与人在赠与财产的权利转移之前可以撤销赠与。

经过公证的赠与合同或者依法不得撤销的具有救灾、扶贫、助残等公益、道德义务性质的赠与合同,不适用前款规定。

**第1062条** 夫妻在婚姻关系存续期间所得的下列财产,为夫妻的共同财产,归夫妻共同所有:

(一)工资、奖金、劳务报酬;

(二)生产、经营、投资的收益;

(三)知识产权的收益;

(四)继承或者受赠的财产,但是本法第一千零六十三条第三项规定的除外;

(五)其他应当归共同所有的财产。

夫妻对共同财产,有平等的处理权。

**第1063条** 下列财产为夫妻一方的个人财产:

(一)一方的婚前财产;

(二)一方因受到人身损害获得的赔偿或者补偿;

(三)遗嘱或者赠与合同中确定只归一方的财产;

(四)一方专用的生活用品;

(五)其他应当归一方的财产。

**第1065条** 男女双方可以约定婚姻关系存续期间所得的财产以及婚前财产归各自所有、共同所有或者部分各自所有、部分共同所有。约定应当采用书面形式。没有约定或者约定不明确的,适用本法第一千零六十二条、第一千零六十三条的规定。

夫妻对婚姻关系存续期间所得的财产以及婚前财产的约定,对双方具有法律约束力。

夫妻对婚姻关系存续期间所得的财产约定归各自所有,夫或者妻一方对外所负的债务,相对人知道该约定的,以夫或者妻一方的个人财产清偿。

**第1079条** 夫妻一方要求离婚的,可以由有关组织进行调解或者直接向人民法院提起离婚诉讼。

人民法院审理离婚案件,应当进行调解;如果感情确已破裂,调解无效的,应当准予离婚。

有下列情形之一,调解无效的,应当准予离婚:

(一)重婚或者与他人同居;

(二)实施家庭暴力或者虐待、遗弃家庭成员;

(三)有赌博、吸毒等恶习屡教不改;

(四)因感情不和分居满二年;

(五)其他导致夫妻感情破裂的情形。

一方被宣告失踪,另一方提起离婚诉讼的,应当准予离婚。

经人民法院判决不准离婚后,双方又分居满一年,一方再次提起离婚诉讼的,应当准予离婚。

**第1085条** 离婚后,子女由一方直接抚养的,另一方应当负担部分或者全部抚养费。负担费用的多少和期限的长短,由双方协议;协议不成的,由人民法院判决。

前款规定的协议或者判决,不妨碍子女在必要时向父母任何一方提出超过协议或者判决原定数额的合理要求。

**第1086条** 离婚后,不直接抚养子女的父或者母,有探望子女的权利,另一方有协助的义务。

行使探望权利的方式、时间由当事人协议;协议不成的,由人民法院判决。

父或者母探望子女,不利于子女身心健康的,由人民法院依法中止探望;中止的事由消失后,应当恢复探望。

**第1087条** 离婚时,夫妻的共同财产由双方协议处理;协议不成的,由人民法院根据财产的具体情况,按照照顾子女、女方和无过错方权益的原则判决。

对夫或者妻在家庭土地承包经营中享有的权益等,应当依法予以保护。

**第1089条** 离婚时,夫妻共同债务应当共同偿还。共同财产不足清偿或者财产归各自所有的,由双方协议清偿;协议不成的,由人民法院判决。

**第1090条** 离婚时,如果一方生活困难,有负担能力的另一方应当给予适当帮助。具体办法由双方协议;协议不成的,由人民法院判决。

**《婚姻家庭编解释一》**

**第25条** 婚姻关系存续期间,下列财产属于民法典第一千零六十二条规定的“其他应当归共同所有的财产”:

(一)一方以个人财产投资取得的收益;

(二)男女双方实际取得或者应当取得的住房补贴、住房公积金;

(三)男女双方实际取得或者应当取得的基本养老金、破产安置补偿费。

**第26条** 夫妻一方个人财产在婚后产生的收益,除孳息和自然增值外,应认定为夫妻共同财产。

**第78条** 夫妻一方婚前签订不动产买卖合同,以个人财产支付首付款并在银行贷款,婚后用夫妻共同财产还贷,不动产登记于首付款支付方名下的,离婚时该不动产由双方协议处理。

依前款规定不能达成协议的,人民法院可以判决该不动产归登记一方,尚未归还的贷款为不动产登记一方的个人债务。双方婚后共同还贷支付的款项及其相对应财产增值部分,离婚时应根据民法典第一千零八十七条第一款规定的原则,由不动产登记一方对另一方进行补偿。

**图书在版编目(CIP)数据**

婚恋财产纠纷案件裁判规则. 一 / 代秋影主编. --北京 : 法律出版社, 2021
ISBN 978-7-5197-5423-5

Ⅰ. ①婚… Ⅱ. ①代… Ⅲ. ①家庭财产-财产权益纠纷-审判-案例-中国 Ⅳ. ①D923.905

中国版本图书馆 CIP 数据核字(2021)第 043275 号

**婚恋财产纠纷案件裁判规则(一)**
**HUNLIAN CAICHAN JIUFEN ANJIAN CAIPAN GUIZE(YI)**

代秋影 主编

责任编辑 朱轶佳
装帧设计 李 瞻

**出版发行** 法律出版社
**编辑统筹** 司法实务出版分社
**责任校对** 周合芝 周诗湄
**责任印制** 胡晓雅
**经　　销** 新华书店

**开本** 710 毫米×1000 毫米 1/16
**印张** 22.75 **字数** 433 千
**版本** 2021 年 3 月第 1 版
**印次** 2021 年 3 月第 1 次印刷
**印刷** 固安华明印业有限公司

地址:北京市丰台区莲花池西里 7 号(100073)
网址:www.lawpress.com.cn
投稿邮箱:info@lawpress.com.cn
举报盗版邮箱:jbwq@lawpress.com.cn
销售电话:010-83938349
客服电话:010-83938350
咨询电话:010-63939796


**书号**:ISBN 978-7-5197-5423-5
**定价**:55.00 元